musik & moneten

wirtschaftliche aspekte von künstler-,
bandübernahme- und produzentenverträgen

robert lyng

mit

doerte goetzke

gernod borchert

stefan klein

michael von rothkirch

jörg ullmann

Ein Fachbuch von

Impressum

Verlag, Herausgeber und Autor machen darauf aufmerksam, daß die im vorliegenden Buch genannten Markennamen und Produktbezeichnungen in der Regel patent- und warenrechtlichem Schutz unterliegen. Die Veröffentlichung aller Informationen und Abbildungen geschieht mit größter Sorgfalt, dennoch können Fehler nicht ausgeschlossen werden. Verlag, Herausgeber und Autor übernehmen deshalb für fehlerhafte Angaben und deren Folgen weder eine juristische Verantwortung noch irgendeine Haftung. Sie sind jedoch dankbar für Verbesserungsvorschläge und Korrekturen.

© 2000
PPV Presse Project Verlags GmbH, Bergkirchen

2. Auflage 2001

ISBN 3-932275-24-1

Titelgestaltung: R. Koffman
Motiv unter Verwendung von 200 €
Herstellung: SDV, Saarbrücken

II

Inhaltsverzeichnis

Vorwort

Die größte Gefahr beim Schreiben eines solchen Buches liegt darin, daß der Leser es vielleicht als „Do-it-yourself"-Handbuch auffaßt. Nichts könnte weniger mit der Wahrheit zu tun haben als ein solches Verständnis dieses Buches. Der Umgang mit Verträgen, besonders mit solch langfristigen wie Künstlerexklusiv- und Bandübernahmeverträgen, will gut überlegt sein. Darum möchte ich Ihnen zuallererst 6 Tips bezüglich des Umgangs mit solchen Verträgen geben. Sie sind wichtig, weil sie erheblich mit dem Lauf Ihrer Karriere und daher mit Ihrem Leben zu tun haben. Also, unterschreiben Sie einen Vertrag NICHT:

1. bevor Sie kompetente rechtliche und wirtschaftliche Beratung eingeholt haben, die in keiner Weise mit demjenigen assoziiert ist, der Ihnen den Vertrag anbietet – jemand also, der Sie nur in Ihrem Interesse beraten wird.

2. bevor Sie tatsächlich verstehen, wozu Sie sich verpflichten und welche Konsequenzen diese Verpflichtung für Sie mit sich bringt, was Sie dafür erhalten und ob Sie das Erhaltene dann auch behalten.

3. bis die Gegenpartei Ihnen klar und detailliert erklärt hat, was sie genau für Sie tun will und wie sie plant, es zu erreichen.

4. wenn die Gegenpartei Sie unter Druck setzt, den Vertrag sofort zu unterschreiben – natürlich darf man auch nicht ewig auf dem Vertragsangebot herumsitzen, ohne etwas im eigenen Interesse zu unternehmen. Außerdem muß man damit rechnen, daß kompetente Beratung und das Verhandlungsverfahren auch ihre Zeit brauchen.

5. wenn die Gegenpartei erwartet, daß Sie für die Produktionskosten usw. in Vorlage gehen – dies gilt ganz besonders für Künstler, denn es wimmelt geradezu von schlauen und gemeinen Gaunern, die die Wissenslücken des Künstlers gnadenlos ausnutzen. Als wirtschaftlicher Produzent werden Sie selbstverständlich vorerst ein gewisses finanzielles Risiko im Hinblick auf Produktionskosten eingehen müssen.

6. wenn „die Chemie" zwischen Ihnen und dem Vertragspartner nicht stimmt – die Beziehung zwischen Künstler und Produzent und Plattenfirma basiert auf einem gerüttelt Maß an Vertrauen; man muß nicht zum besten Freund des Vertragspartners avancieren, aber ohne berechtigtes Vertrauen geht die Zusammenarbeit fast immer schief.

Jedenfalls sollte man keine Angst vor diesen Verträgen haben. Sie sind zwar oft kompliziert und immer wichtig, aber mit ein bißchen Geduld und Übung kann jeder die Grundsätze dieser Verträge verstehen – auch wenn man sich nicht mit jeder kniffligen Kleinigkeit auskennt. Dafür sind Rechtsanwälte, wirtschaftliche Berater, Steuerberater usw. da. Grundkenntnisse sind auch im Hinblick darauf wichtig, daß man beurteilen kann, ob diese Berater auch kompetent sind, was nicht selbstverständlich ist, wenn sie nicht regelmäßig mit dieser Art von Verträgen zu tun haben.

Das letztendliche Ziel der Vertragsparteien sollte ein fairer, ausgewogener Vertrag sein. Dieses Ziel ist nicht immer einfach zu erreichen. Der Vertrag, den man angeboten bekommt, wird fast immer eine sogenannte Maximalforderung sein. Das heißt, er wurde ausschließlich nach den Interessen der anbietenden Partei gestaltet. Je mehr das der Fall ist, desto nachteiliger kann es für Sie werden, auch die kleinsten Vertragspunkte unverhandelt zu lassen.

Und die Schönheit – ja, ein wohlgestalteter Vertrag, der fair und gut formuliert ist, kann tatsächlich so schön wie ein Gedicht sein – liegt im Detail. Nur ein kleines Beispiel: Es macht einen Unterschied, ob der Produzent die Masterbänder der Plattenfirma übergeben oder überlassen muß. Übergeben bedeutet hier „hinbringen", überlassen bedeutet, vom Vertragspartner „abholen lassen". Interessant ist dies deshalb, weil der Hinbringende bzw. der Abholende die Transportkosten zu tragen hat. Die Plattenfirma wird in ihrem Vertragsangebot den Produzenten regelmäßig dazu verpflichten, ihr die Masterbänder zu übergeben, wohingegen die Plattenfirma dem Produzenten bei Ablauf der Verwertungsdauer die Bänder lediglich zu überlassen pflegt. Der Produzent darf also beide Male die Transportkosten übernehmen, wenn er seine Bänder zurückhaben will. Befindet sich das Studio des Produzenten mit der Plattenfirma nicht im selben Land und sind mehrere Kartons an Bandmaterial angefallen, können Transport- und Versicherungskosten durchaus unangenehm werden.

Ein Vertrag ist voll von solchen kleinen Juwelen.

Eine Karriere als selbständiger Künstler, Produzent oder Manager in der Musikindustrie kann hart sein. Die meisten kommen und gehen mit einer rasanten Geschwindigkeit. Und auch diejenigen, die einen langen Atem haben, die die Durststrecken und die Ablehnungen verkraften können und dabei bleiben, werden nicht immer mit Erfolg belohnt. Aber diese Leute haben die besten Chancen auf eine langjährige Karriere.

Sie alle aber brauchen Hilfe – und oft auch die Rechtsanwälte etc., die sie beraten –, weil die meisten nur wenig oder gar keine Erfahrung mit den wirtschaftlichen Gepflogenheiten der Tonträgerindustrie haben und sich die gesamte Musikindustrie zudem derzeit verstärkt im Umbruch befindet. Aus diesen Gründen wurde dieses Buch geschrieben. Es ist das Ergebnis jahrelanger wirtschaftlicher Beratung und zahlreicher Seminare über die wirtschaftlichen Aspekte der in diesem Buch behandelten Verträge. Dieses Buch wäre allerdings viel länger in der Entwicklungsphase geblieben, wenn ich mich nicht auf die Kompetenz eines wunderbaren Teams hätte verlassen können. Ihnen gilt meine ewige Dankbarkeit.

Vor allem danke ich Doerte Goetzke, die mir während unserer ständigen Zusammenarbeit einige Löcher in den Bauch gefragt hat, um mich im Dialog dazu zu zwingen, mich endlich in einer verständlichen Weise auszudrücken. Sie ist nicht nur für die Kapitel III und IV verantwortlich, sondern hat auch maßgeblich zu Inhalt und Ausdruck des Gesamtwerkes beigetragen. Doerte Goetzke ist zur Zeit Rechtsreferendarin und war unverzichtbar bei der Bearbeitung der rechtlichen Problematiken innerhalb der Thematik dieses Buches. Zusammen mit Michael von Rothkirch achtete sie auf die Genauigkeit der juristischen Ausführungen. Ihre Hartnäckigkeit und Durchsetzungsfähigkeit war ein wichtiger Motor für die Realisierung dieses Buches.

Rechtsanwalt Gernod Borchert, der eine eigene Kanzlei in Bremen hat, schrieb die Kapitel VIII und XV und trug mit Vorschlägen und Ideen auch maßgeblich zu anderen Kapiteln bei. Schon als Referendar war er mit Leib und Seele als Künstlerberater tätig. Aufgrund seiner Erfahrungen in diesem Bereich war der Austausch mit ihm für mich schon immer sehr inspirierend.

Nach mehrjähriger anwaltlicher Tätigkeit arbeitet Stefan Klein nun als Vertragsberater für ein Immobilienunternehmen im Rhein-Main-Gebiet. Stefan, der hauptverantwortlich für die Kapitel XVIII, XIX und XX ist, war schon ein wertvoller Mitarbeiter beim Schreiben meines letzten Buches „Die Praxis im Musikbusiness".

Rechtsanwalt Michael von Rothkirch, der in einer Bremer Kanzlei angestellt ist, hat sowohl die Einleitung als auch viele andere Kapitel mitgestaltet und das Gesamtwerk auf Inhalt und Grammatik korrekturgelesen. Daneben hat er wertvolle zusätzliche Anregungen und Tips gegeben.

Der Jurist Jörg Ullmann ist hauptverantwortlich für die Einleitung sowie für die Kapitel V, VI, VII, XVI und XVII. Seine Einsatzbereitschaft und Freundschaft dienten manchmal als notwendiger Rettungsring vor allem in der Anfangsphase des Buches.

Das Buch ist aber nicht nur das Ergebnis unserer Arbeit. Mein herzlicher Dank für die gute Zusammenarbeit und die Bestärkung in meinem Vorhaben gilt besonders für RA Stefan A. Schäfer, der mir in Rat und Tat immer zur Verfügung stand, Thilo Kramny, Winfried Kumetat, der sich für mich und das Buch besonders eingesetzt hat, das SDV-Team und die ganze PPV/Verlag Erwin Bochinsky-Mannschaft.

Und last but not least möchte ich meiner Frau Marianne für ihr liebesvolles Verständnis und ihre grenzenlose Geduld von tiefstem Herzen danken. Sie schufen mir ein halbes Jahr lang genügend Freiraum, um dieses Projekt durchziehen zu können. Ein Geschenk, das schwierig zu erwidern ist.

Robert Lyng
Frankfurt, März 2000

Vorwort zur 2. Auflage

Dieses Buch basiert auf den rechtlichen Regelungen, die für die besprochenen Vertragsarten heute gelten. Anläßlich der zweiten Auflage soll an dieser Stelle auf einige Neuregelungen hingewiesen werden, die möglicherweise bald ins Haus stehen.

Der Gesetzgeber befasst sich in der laufenden Legislaturperiode intensiv mit einer gesetzlichen Regelung des Urhebervertragsrechts. Mit dem Inkrafttreten dieser derzeit intensiv diskutierten Regelungen ist wegen des hohen Tempos des Gesetzgebungsverfahrens bald zu rechnen, auch wenn zur Zeit mehrere Entwürfe des Gesetzes kursieren und die Wellen der Diskussion hoch schlagen.

Der Gesetzgeber will mit der Neuregelung dem Umstand Rechnung tragen, dass „Urheber und ausübende Künstler sich (...) seit jeher weit überwiegend in einer schwachen Verhandlungsposition befinden" (aus der Begründung des von der Justizministerin in Auftrag gegebenen „Professorenentwurfs", S. 15). Ziel des Gesetzes solle es sein, „zu verhindern, dass eine wirtschaftliche Machtstellung der Verwerterseite dazu mißbraucht wird, unausgewogene Verträge durchzusetzen".

Nach einer vom IFO-Institut vorgelegten Untersuchung macht der Anteil der urheberrechtsbezogenen Wirtschaftszweige an der nationalen Bruttowertschöpfung 3,6 % aus, während das durchschnittliche Jahreseinkommen freischaffender Urheber und ausübender Künstler aus schöpferischer Tätigkeit durchschnittlich kaum 20.000 DM beträgt.

Aus den genannten Gründen sollen in das Urheberrecht zentrale Vorschriften aufgenommen werden, die die vertraglichen Regelungen zwischen Urheber- und Leistungsschutzberechtigten und den Verwertern dieser Rechte regeln. Bislang stehen den Künstlern hier nur wenige Vorschriften zur Seite, so z.B. der in der gerichtlichen Praxis nahezu irrelevante sogenannte Bestsellerparagraph, § 36 Urheberrechtsgesetz (UrhG), der bei einem groben und auffälligen Mißverhältnis zwischen der vereinbarten Vergütung und dem wirtschaftlichen Erfolg eines Werks eine Nachbesserung der Vergütung anordnet. Diese Regelungen sind jedoch nach Auffassung des Justizministeriums unzureichend, um den genannten Missständen zu begegnen, und auch das Gesetz über die allgemeinen Geschäftsbedingungen (AGB) kann wegen der in dieser Hinsicht zurückhaltenden Rechtsprechung des Bundesgerichtshofes ungerechte Vertragsklauseln nur in Extremsituationen zu Fall bringen.

Kern der Neuregelung sind die §§ 32 und 36 UrhG. § 32 UrhG soll nach dem derzeitigen Entwurf ein Recht des Urhebers auf angemessene Vergütung, angemessene Zahlungsfristen sowie ein unverzichtbares Recht zur Kündigung von Nutzungsverträgen nach 30 Jahren festschreiben. Der künftige § 36 UrhG soll die Möglichkeit des Abschlusses von Gesamtverträgen regeln, in denen Urheberverbände und Werknutzer ähnlich einem Tarifvertrag für ihre Mitglieder bindende Mindestvertragskonditionen schließen können.

Medienverbände sehen vor allem den „Professorenentwurf" als „völlig unannehmbaren" Eingriff in die Vertragsfreiheit an, da eine detaillierte Überprüfung der vereinbarten Vergütung in Nutzungsverträgen bevorstehe. Der individuelle Nutzungsvertrag ist, sofern es zu dieser Regelung kommt, zweitrangig gegenüber der gesetzlichen Vorgabe, die wiederum unklar sei und durch die Gerichte präzisiert werden müsse. Hierin und auch in der skizzierten Neuregelung des § 36 UrhG sehen die Kritiker des Entwurfs gefährliche, planwirtschaftliche Eingriffe in die Privatautonomie. Aus der Sicht der Urheber wird die Regelung überwiegend begrüßt, da die gegenwärtige Regelung die Urheber unangemessen benachteilige.

Für die urheber- und leistungsschutzberechtigten Künstler ist die beabsichtigte Neuregelung möglicherweise auch nur vorübergehend nützlich, da die Verwerter nach dem Inkrafttreten der Neuregelung wahrscheinlich noch deutlich weniger risikobereit sein werden als in der Vergangenheit. Zu erwarten ist eine Vielzahl von Prozessen, in denen die Höhe der im Einzelfall „angemessenen" Vergütung zu klären ist.

Soweit der Diskussionsstand. In kommenden Auflagen werden wir selbstverständlich auf die neue rechtliche Lage eingehen, soweit diese durch Gesetz festgelegt ist.

Um auf die jetzige Zwischensituation zu reagieren, wurden alle auf die Zukunft gerichteten oder allgemeingültigen Beträge in Euro angegeben. Beträge, die aus Gesetzen oder anderen offiziellen Quellen stammen wurden in DM belassen, ebenso wie historische Angaben.

September 2001
Robert Lyng

*The music business is a cruel and shallow money trench,
a long plastic hallway where thieves and
pimps run free, and good men die like dogs.
There is also a negative side.*

Hunter S. Thompson

 # Einleitung

1. Entwicklung der Verträge im Musikgeschäft

Wer als junger Musiker oder Producer in die Lage gerät, mit Plattenfirmen Verträge auszuhandeln, wird sehr schnell merken, daß es sich um ein hochkomplexes Geschäft handelt.

Alte Hasen, die bereits in den 50er und 60er Jahren im Musikbusiness mitmischten, schwärmen deshalb nostalgisch von den Tagen, in denen wichtige Vereinbarungen im Restaurant auf einer Serviette unbürokratisch und für einen langen Zeitraum zur Zufriedenheit aller Beteiligten geschlossen wurden.

Aber die Zeiten, in denen Vereinbarungen „per Handschlag" besiegelt wurden, gehören der Vergangenheit an.

Die heutigen Verträge stammen aus der Feder von Juristen und enthalten umfangreiche Klauseln mit weitreichenden wirtschaftlichen Folgen.

Insbesondere Plattenfirmen, aber auch alle anderen Unternehmen, die mit der Ware Musik arbeiten, wie Musikverlage oder Sendeunternehmen, haben im Laufe der Jahre immer mehr ins Detail gehende Vertragswerke geschaffen, die sie ihren Verhandlungspartnern vorlegen. Nichts soll dem Zufall überlassen werden.

Gründe für diese Anhäufung von Klauseln und Passagen in den Verträgen gibt es viele. Im Telegrammstil sollen die wichtigsten kurz angerissen werden:
- Vermeiden von Vertragslücken im Hinblick auf neue und künftige Verwertungsformen der Musik im Multimedia-Zeitalter
- Verzahnung der klassischen Aufgabengebiete in der Musikwirtschaft
- Globalisierung und geschäftliche Vernetzung mit Auslandspartnern
- neue, kostenintensivere Werbe- und Marketingmaßnahmen durch Kooperation mit anderen Medienträgern
- Ausbau neuer Vertriebswege und, damit einhergehend, die sorgfältige Regelung von Sonderkonditionen
- gestiegene Kosten und Risiken der Produktion und Vermarktung von Tonträgern bei etwa gleichbleibenden Verkaufspreisen.

Ohne eine intensive Beschäftigung mit den wirtschaftlichen und rechtlichen Hintergründen ist deshalb kaum zu durchschauen, was sich hinter den einzelnen Passagen verbirgt.

Angesichts der Vielzahl zu beachtender Einflußfaktoren sollte man das scheinbare Ausufern der Verträge deshalb nicht als Schikane oder Zeichen gegenseitigen Mißtrauens betrachten. Komplexe Verträge sind eine Reaktion auf wirtschaftliche Veränderungen. Sie dienen der Planung und helfen den Beteiligten, wirtschaftlich keinen Schiffbruch zu erleiden.

Die in diesem Buch zu behandelnden Vertragsformen des Künstlerexklu-siv-, Bandübernahme- und Produzentenvertrages bewegen sich speziell in dem Beziehungsgeflecht zwischen folgenden Beteiligten: Plattenfirmen (genauer gesagt: Tonträgerunternehmen), Produzenten und ausübenden Künstlern.

Mit diesem Hinweis soll gleichzeitig eine Abgrenzung zu solchen Vertrags-beziehungen getroffen werden, die man als Komponist oder Texter mit der GEMA oder mit einem Musikverlag eingeht.

Die Unterscheidung ist deshalb so wichtig, weil man strikt trennen muß zwi-schen den Verwertungen der Komposition, die nur dem Urheber zugute kom-men, und der Verwertung der Aufnahme an einer Komposition, bei denen sog. Leistungsschutzrechte betroffen sind und die Inhalt derjenigen Verträge sein werden, mit denen wir uns beschäftigen.

Das Gesagte gilt auch dann, wenn man Komponist und ausübender Künst-ler/Interpret in einer Person und darüber hinaus auch noch selbst Produzent sein sollte.

Bevor jedoch Fragen wie die Lizenzreduzierungen bei Videopreisen fürs Ausland oder die Feststellung der Titelanzahl bei Controlled Compositions behandelt werden, soll zunächst eine Basis geschaffen werden.

2. Der Aufbau der Einleitung

Bevor ein Sportler eine Leistung erbringt, muß er sich erst einmal warmlau-fen, um sich nicht gleich eine Zerrung zu holen. Deshalb steht am Anfang die-ses Buches, bevor es kompliziert wird, erst einmal ein „gedankliches Auf-wärmtraining", damit der Leser das Buch nicht gleich wieder frustriert weglegt.

Am Anfang der Einleitung wird im Teil „Grundsätze des Vertragsrechts" ein juristisches Grobgerüst für den Leser erarbeitet, in dem er sich später orientie-ren kann. Bestimmte Begriffe sind den meisten Lesern sicherlich bereits bekannt. Diese gilt es nochmals an der richtigen Stelle einzuordnen, damit Zusammenhänge leichter erkannt werden können.

Danach erfolgt ein kurzer Ausflug in das Urheberrecht. Im Urheberrechtge-setz sind die Rechte geregelt, die der Gesetzgeber den Urhebern, d.h. den Komponisten und Textdichtern eines Songs, zukommen läßt. Weiterhin gere-gelt sind darin auch die sogenannte Leistungsschutz- und urheberrechtsähn-lichen Rechte. Inhaber von Leistungsschutzrechten sind unter anderem aus-übende Künstler, Hersteller von Tonträgern, Sendeunternehmen, Mitglieder einer Band, Interpreten oder Produzenten.

Das Urheberrecht ist die Quelle, aus der man Honig saugen kann. Die darin enthaltenen Rechte sind das Kapital der Künstler. In diesem Bereich sollte man sich daher einigermaßen auskennen.

Darauf aufbauend werden die Konturen eines Künstlerexklusiv-, eines Bandübernahme- und eines Produzentenvertrages dargestellt und es wird aufgezeigt, welche grundsätzlichen wirtschaftlichen Überlegungen hinter diesen Verträgen stehen.

Anschließend finden sich als Handwerkszeug 12 „goldene Regeln", wie man einen Vertrag richtig liest, bevor dann der Feinschliff erfolgt. Eines schon vorab: Im Feinschliff stecken die Moneten!!

3. Grundsätze des Vertragsrechts

Vertrag kommt von „sich vertragen". In gewissen Grenzen gesteht die deutsche Rechtsordnung deshalb dem einzelnen die Freiheit zu, seine Rechtsverhältnisse selbständig und ohne Einmischung durch den Staat zu gestalten: es herrscht der Grundsatz der Privatautonomie.

Dieser Grundsatz gibt die Anschauung unseres Kulturkreises wieder, der vom Menschen als einem selbständig handelnden Wesen ausgeht. Im Grundgesetz ist dieser Gedanke durch das Grundrecht der freien Entfaltung der Persönlichkeit (Art. 2 I GG) verankert und garantiert. Die zentralen Grundregeln des Vertragsrechts, deren Grundsätze für die gesamte Rechtsordnung Gültigkeit haben, findet man im Bürgerlichen Gesetzbuch (BGB).

3.1 Vertragsfreiheit und ihre Grenzen

Die Privatautonomie enthält als zentrales Element die sogenannte Vertragsfreiheit.

Unter Vertragsfreiheit versteht man zweierlei: Freiheit bezüglich der Frage, ob und mit wem man abschließen will (Abschlußfreiheit), und Freiheit bezüglich der näheren Ausgestaltung der angestrebten Rechtsfolgen (Gestaltungsfreiheit).

3.1.1 Gestaltungsfreiheit

Die Gestaltungsfreiheit ist ein zweischneidiges Schwert. Sie geht im Grundsatz von ebenbürtigen und gleich starken Partnern aus und überläßt den Inhalt eines Vertrages dem jeweiligen Verhandlungsgeschick.

3

Es hat sich jedoch zu oft gezeigt, daß der wirtschaftlich Stärkere die Gestaltungsfreiheit für sich allein in Anspruch nimmt und den wirtschaftlich Schwächeren unter das Diktat vorweg fixierter, für ihn günstigeren Vertragsbedingungen stellt.

Aufgrund des eklatanten Ungleichgewichtes in bestimmten Bereichen hat der Gesetzgeber durch die Schaffung zwingenden Rechts in die Gestaltungsfreiheit eingegriffen, um wieder ein Gleichgewicht herzustellen. Die größten derartigen Eingriffe finden sich in den Bereichen des Arbeitsrechts, des Mietrechts und des Konsumentenschutzes.

Des weiteren sind im Rechtssystem Einbruchstellen vorgesehen, die ein Entstehen allzu ungerechter Vertragsinhalte verhindern sollen. Derartige Korrektive sind z.B. die Nichtigkeit sittenwidriger Verträge, § 138 BGB (z. B. bei Wuchergeschäften), sowie der Grundsatz von Treu und Glauben, § 242 BGB.

Dennoch behält der Grundsatz der Gestaltungsfreiheit im wesentlichen seine Gültigkeit. Hiermit sind Chancen und Risiken verbunden, die beachtet werden müssen.

3.1.2 Abschlußfreiheit

Der Grundsatz der Abschlußfreiheit gestattet es jeder geschäftsfähigen Person, selbst zu entscheiden, ob und mit wem sie einen Vertrag schließen möchte.

Das Gegenteil der Abschlußfreiheit ist der sogenannte Kontrahierungszwang.

Hierbei ist eine Partei aufgrund einer Monopolstellung, die sie innehat oder aufgrund besonderer gesetzlicher Regelungen verpflichtet, mit dem Antragenden einen Vertrag abzuschließen. Zu den Personen, die zum Abschluß von Verträgen verpflichtet sind, zählen z. B. Apotheker, Ärzte, Taxifahrer oder Gepäckträger an Bahnhöfen. Aber auch für die genannten Personen gilt der Kontrahierungszwang nicht grenzenlos. Ein Taxifahrer darf jedoch eine Fahrt genausowenig grundlos verweigern wie ein Arzt die Behandlung eines Kranken nur aus wichtigem Grund ablehnen kann.

Der Kontrahierungszwang gilt auch für die GEMA, da sie die einzige Verwertungsgesellschaft für musikalische Urheberrechte in Deutschland ist und somit praktisch eine Monopolstellung (ein „faktisches Monopol") besitzt.

3.2 Checkliste

Bevor wir uns näher mit der inhaltlichen Gestaltung von Verträgen und deren Konsequenzen für die Parteien befassen, wird zunächst dargestellt, welche allgemeinen Anforderungen an das Vorliegen wirksamer Vereinbarungen gestellt werden.

Anhand der folgenden Checkliste kann man überprüfen, ob ein Vertrag wirksam zustande gekommen ist:

3.2.1 Liegt ein Konsens vor?

a) Sind wirksame Willenserklärungen abgegeben worden?

Die Parteien müssen wirksame Willenserklärungen abgegeben haben. Hierfür ist erforderlich, daß die Parteien

– geschäftsfähig sind (oder wirksam vertreten werden),
– eine rechtserhebliche Erklärung abgeben wollen („Erklärungsbewußtsein"),
– durch ihre Erklärung eine rechtliche Bindung eingehen wollen.

b) Haben die Parteien sich geeinigt?

Der Abschluß eines Vertrages erfolgt durch Antrag und Annahme. Beides sind zugangsbedürftige Willenserklärungen, d.h., sie müssen wirksam abgegeben werden und der anderen Partei zugehen. Es muß ein Antrag vorliegen und nicht nur die Aufforderung an den anderen, seinerseits ein Angebot abzugeben (dies ist z.B. bei Katalog- „Angeboten" und im Schaufenster ausgestellter Ware der Fall).

Die Annahme muß rechtzeitig geschehen, § 146 ff. BGB: der einem Anwesenden erklärte Antrag muß sofort, der an einen Abwesenden gestellte in einer erwartungsgerechten Zeitspanne angenommen werden, § 147 BGB.

Zwischen den Anträgen muß Kongruenz bestehen, d.h., sie müssen einander entsprechen. Bei unklaren Äußerungen ist Auslegung erforderlich. Die Auslegung geht nicht vom Willen des Erklärenden, sondern vom sogenannten „Empfängerhorizont" aus. Es ist zu ermitteln, was der Empfänger als den Willen des Erklärenden erkennen konnte, wobei die im fraglichen Rechtskreis bestehenden Verkehrssitten berücksichtigt werden müssen. Unklare Äußerungen schaden nicht, wenn die Parteien sich trotzdem verständigt haben und im Willen einig sind. Es gilt dann das Gewollte.

Die Annahme eines Antrags kann durch ausdrückliches oder schlüssiges (konkludentes) Verhalten erfolgen. Konkludentes Verhalten ist z. B. die nicht bloß probeweise Ingebrauchnahme der Kaufsache oder deren Bezahlung. Ein Schweigen bzw. schlichtes Nichtstun müssen hiervon unterschieden werden: diese stellen regelmäßig keine Erklärungen dar.

Die wichtigste, gesetzlich nicht geregelte Ausnahme hiervon ist das Schweigen auf ein Bestätigungsschreiben unter Kaufleuten. Dieses Schweigen hat zustimmenden Charakter.

Die Einigung muß ferner die wesentlichen Vertragsinhalte enthalten (beim Kauf z. B. die Ware und den Preis).

3.2.2 Sind Formvorschriften beachtet worden?

a) Abweichend vom allgemeinen Grundsatz der Formfreiheit schreibt der Gesetzgeber für die Abgabe bestimmter Erklärungen eine besondere Form vor. Ein Formgebot besteht z.b. bei Bürgschaften, Schuldversprechen oder Schuldanerkenntnissen. Bei solch gravierenden Verpflichtungen soll die Form eine gewisse Warnfunktion erfüllen. Kaufleute hingegen sind aufgrund der für sie strengeren Regeln aus dem Handelsrecht, die eine zügige Geschäftsabwicklung ermöglichen sollen, auch ohne Schriftform an derartige Erklärungen gebunden.

Bei Verstößen gegen gesetzliche Formvorschriften kann der Vertrag unwirksam sein. Allerdings können Formmängel in einigen Fällen durch die Erfüllung des Vertrages geheilt werden, da es in diesen Fällen offenbar nicht auf die Form ankam.

Bei den in diesem Buch behandelten Verträgen zur Auswertung von Leistungsschutzrechten besteht kein gesetzliches Formgebot. In der Praxis werden diese Verträge wegen des Umfangs der in ihnen geregelten Rechtsverhältnisse allerdings immer schriftlich abgefaßt. Außerdem wird so der Beweis erleichtert, welche Vereinbarungen tatsächlich getroffen wurden. Regelmäßig finden sich in den behandelten Vertragswerken auch Klauseln, nach denen mündliche Nebenabreden unwirksam sind.

Die Berufung auf Formmängel kann in Ausnahmefällen gegen Treu und Glauben verstoßen.

3.2.3 Ist der vereinbarte Vertrag inhaltlich zulässig?

Nichtigkeit oder Teilnichtigkeit können sich ergeben aus:
– Verstoß gegen zwingendes Recht
– Verstoß gegen ein gesetzliches Verbot (§ 134 BGB)
– Sittenwidrigkeit (§138 BGB)

Außerdem kann die Berufung auf den Vertrag oder auf einzelne Vertragsteile wegen Verstoßes gegen Treu und Glauben unzulässig sein.

Auch Allgemeine Geschäftsbedingungen, die Vertragsbestandteil geworden sind, können nichtig sein. AGB sind die Allgemeinen Geschäftsbedingungen einer Partei, die für eine Vielzahl von Verträgen vorformuliert sind, also das berüchtigte „Kleingedruckte". Im Gesetz über Allgemeine Geschäftsbedingungen (AGBG) sind die Voraussetzungen und die Grenzen ihrer Einbeziehbarkeit geregelt. Der Verwender muß auf die AGB regelmäßig hinweisen und ihre Kenntnisnahme durch den Vertragspartner ermöglichen, damit sie für den Vertrag wirksam sind, § 2 AGBG. Dennoch kann die Einbeziehung einzelner Klauseln scheitern, wenn diese überraschend sind oder einer Individualabrede der Parteien widersprechen, §§ 3,4 AGBG. Bei der Verwendung von AGB ist zu beachten, daß die Nichtigkeit einzelner Klauseln die Gültigkeit des übrigen Vertrages unberührt läßt.

3.2.4 Mitwirkung von Vertretern beim Vertragsschluß

Der Abschluß eines Vertrages ist auch durch eine Vertreter möglich. Damit die Stellvertretung wirksam ist, muß der Vertreter

a) im Namen des Vertretenen auftreten,

b) gegenüber dem Geschäftspartner Vertretungsmacht für den Vertretenen haben und

c) vom Vertretenen bevollmächtigt sein.

Außerdem ist zu prüfen, ob der Vertreter nicht unzulässigerweise mit sich selbst kontrahiert hat (§ 181 BGB).

3.2.5 Anfechtung eines Vertragsschlusses

Liegen Gründe für eine Anfechtung des Vertrages vor? Die wichtigsten Gründe sind:

a) Anfechtungsgründe gemäß § 119 I BGB:

i) Erklärungsirrtum: jemand hat objektiv erklärt, was er gar nicht wollte (z. B. Versprechen, Verschreiben). Er hat versehentlich also nicht das Erklärungszeichen benutzt, das er benutzen wollte.

ii) Inhaltsirrtum: der Erklärende hat sich über den Inhalt seiner Erklärung geirrt (z.B. darüber, daß „ein Dutzend" zwölf bedeutet). Er hat also zwar das gewollte Erklärungszeichen auch verwendet, sich aber über dessen Aussagegehalt geirrt.

iii) Eigenschaftsirrtum: der Erklärende hat sich über eine verkehrswesentliche Eigenschaft des Erklärungsgegners oder des Vertragsgegenstandes geirrt.

In diesen Fällen kann der Erklärende den Vertrag mit dem Ergebnis anfechten, daß der Vertrag als nicht geschlossen gilt (Nichtigkeit). Er muß jedoch gemäß § 122 BGB den Schaden ersetzen, der dem anderen durch das Vertrauen auf die Richtigkeit der Erklärung entstanden ist.

Etwas anderes gilt, wenn man einen Vertrag abgeschlossen hat und nachher das Motiv für den Vertragsschluß wegfällt. Ein Beispiel hierfür ist der Irrtum über den Wert einer Sache (welcher keine verkehrswesentliche Eigenschaft darstellt) oder der Kauf einer Hochzeitstorte, wenn die Hochzeit platzt. Trotz eines solchen Irrtums bleibt man an seine Erklärung gebunden. Der Vertrag bleibt wirksam.

b) Wenn die Abgabe einer Erklärung unter Täuschung und Drohung erfolgt ist, kann der Vertrag auch angefochten werden, ohne daß Schadensersatz geleistet werden muß.

3.2.6 Fehlen oder Wegfall der Geschäftsgrundlage

Ausnahmsweise kann ein Vertragspartner die Anpassung eines Vertrages fordern oder dessen Kündigung erklären, wenn dem Vertrag von vornherein die Geschäftsgrundlage fehlte oder diese später weggefallen ist und dem benachteiligten Vertragspartner ein Festhalten am Vertrag nach dem Grundsatz von Treu und Glauben (§ 242 BGB) nicht zugemutet werden kann. Ein solcher Fall ist z.b. gegeben, wenn jemand ein Fenster zur Besichtigung des Karnevalszuges mietet und sich herausstellt, daß der Zug überhaupt nicht an dem Fenster vorbeiführt. Oder auch, wenn die Herstellungskosten einer Sache plötzlich und unvorhersehbar derart enorm ansteigen, daß der Verkäufer vom vereinbarten Kaufpreis nicht einmal die Steuern zahlen kann. Das Rechtsinstitut der Geschäftsgrundlage ist aber mit Vorsicht zu genießen, da es nur in seltenen Extremfällen zur Anwendung kommt und auch dann vorrangig ein Anspruch auf Vertragsanpassung und nur als letztes Mittel ein Rücktritts- oder Kündigungsrecht entsteht.

3.3 Verpflichtungs- und Verfügungsgeschäfte oder – Schokolade kaufen ist komplizierter, als man denkt

In Verträgen mit Plattenfirmen wird man mit Klauseln konfrontiert wie: „Das gesamte Bandmaterial geht in das Eigentum der Firma über" oder „Der Künstler überträgt der Firma das ausschließliche, unbeschränkte und übertragbare Recht, alle auf Tonträger aufgenommenen Darbietungen verwerten zu lassen" oder „Der Produzent verpflichtet sich, der Firma pro fertiggestellter Produktion die Bänder XYZ abzuliefern".

Wie man sieht, geht es hierbei immer um Übertragungen bestimmter Gegenstände oder Rechte oder um Verpflichtungen zu einem bestimmten Tun oder Unterlassen.

Die vertragliche Festlegung auf das eine oder das andere hat ausschlaggebende wirtschaftliche Konsequenzen.

Mit der Übertragung des Eigentums am Bandmaterial verliert man nämlich nicht nur das Band selbst, sondern auch sämtliche Rechte, die man als Eigentümer des Bandes innehatte. Die Rechte, welche Plattenfirma zusammen mit dem Eigentum erhält, wirken dann gegenüber jedermann. Man bezeichnet sie daher als absolute Rechte.

Steht im Vertrag nichts von einer Eigentumsübertragung bzw. Übereignung der Bänder, sondern nur, daß der Produzent die Bänder bei der Plattenfirma abliefern muß, behält er das Eigentum an den Bändern und somit auch alle Rechte, die damit zusammenhängen. Die Pflicht zur Ablieferung besteht nur gegenüber der Plattenfirma. Diese Verpflichtung wird als ein sogenanntes relatives Recht oder Schuldrecht bezeichnet.

Den Unterschied zwischen Verpflichtungsgeschäft, durch das man sich zu einer Verfügung verpflichtet, und Verfügungsgeschäft, durch das die Rechtslage an einer Sache tatsächlich verändert wird (Eigentumsübertragung), soll an einem simplen Beispiel dargestellt werden:

Ein Kunde geht in einen Laden und verlangt eine Tafel Schokolade. Die Verkäuferin gibt dem Kunden die Schokolade, er legt das Geld auf den Ladentisch, steckt die Schokolade ein und verläßt das Geschäft.

Was hat sich juristisch ereignet? Ein Kaufvertrag, sonst nichts? Das möchte man zwar zunächst glauben. Aber: weit gefehlt!

Es liegen drei Verträge vor: ein Kaufvertrag, ein Eigentumsübertragungs-Vertrag (Übereignungsvertrag) hinsichtlich der Schokolade und ein Eigentumsübertragungs-Vertrag hinsichtlich des Geldes. Außerdem finden als sogenannte „Realakte" noch die Übergabe von Geld und Schokolade statt.

Der Gesetzgeber versteht unter einem Kaufvertrag also lediglich die Verpflichtung zur Übertragung des Eigentums an der Kaufsache und am Geld, also eine Art „Vorvertrag". Die tatsächliche Übertragung des Eigentums ist als eigener, völlig selbständiger Vertrag konstruiert, bei dem die Kaufsache und das Geld wechselseitig übereignet und übergeben werden.

Damit ist ein fundamentales Prinzip des BGB angesprochen, nämlich das sogenannte Abstraktionsprinzip. Nach diesem Prinzip trennt das BGB säuberlich zwischen dem sogenannten Grundgeschäft, durch das sich jemand zu etwas verpflichtet, und der Erfüllung dieser Verpflichtung, die davon rechtlich losgelöst (abstrahiert) wird.

Das Verpflichtungsgeschäft ist der Grund, warum die abstrakte Eigentums-Übertragung vorgenommen wird. Dieser Übereignung könnte statt eines Kaufvertrages z.B. auch ein Schenkungs- oder Tauschvertrag als Kausalgeschäft zugrunde liegen. Im obigen Beispiel mit dem Produzenten könnte z.B. als Grundgeschäft ein Werkvertrag vorliegen.

Im Grunde ist es ganz einfach: Wer mit einem anderen einen schuldrechtlichen Vertrag schließt, schafft dadurch rechtliche Beziehungen von Person zu Person; wer mit seinem Partner dagegen einen sachenrechtlichen Vertrag (dinglichen Vertrag) schließt, schafft dadurch rechtliche Beziehungen im Verhältnis Person – Sache.

Bildlich ausgedrückt: das juristische Ergebnis eines schuldrechtlichen Vertrages ist ein rechtliches Band zwischen den Vertragspartnern, das juristische Ergebnis eines sachenrechtlichen Vertrages ist ein rechtliches Band zu einer Sache.

Der Partner des Kaufvertrages hat daher nur die Person des Verkäufers „an der Leine". Erst der Partner des Übereignungsvertrages hat die Kaufsache selbst „am Bandel" und erst jetzt kann sie ihm nicht mehr so leicht entzogen werden. Dieser dingliche Vertrag wirkt auf alle rechtlichen Beziehungen einer

Sache zur Umwelt ein. Dies kann z.B. durch Übertragung des Eigentums (wie Übereignung eines Buches) oder Belastung mit einem besonderen dinglichen Recht (wie Hypothek, Pfandrecht) erfolgen. Man bezeichnet daher die dinglichen Rechtsgeschäfte als Verfügungen im Gegensatz zu den Verpflichtungsgeschäften des Schuldrechts.

Ganz allgemein ist eine Verfügung ein Rechtsgeschäft, das durch die Aufhebung, Änderung oder Übertragung eines Rechts unmittelbar auf die Rechtslage eines Gegenstandes einwirkt.

Wichtig ist das Prinzip, daß der abstrakte dingliche Vertrag und der kausale schuldrechtliche jeweils ein rechtliches Eigenleben führen, auch wenn sie im täglichen Leben meist zugleich abgeschlossen und vom Laien nicht auseinandergehalten werden. Fehler in einem Vertrag berühren die Wirksamkeit des anderen Vertrages nicht.

Kann der Produzent beispielsweise den Bandübernahmevertrag anfechten, weil die Plattenfirma ihn über ihre Fähigkeit, die Aufnahmen zu veröffentlichen, getäuscht hat (sie ist kurz vor der Pleite), hat er ihr die Masterbänder aber bereits übereignet (dinglicher Vertrag), bleibt das Eigentum an den Bändern zunächst bei der Plattenfirma. Denn der dingliche Vertrag war rechtlich okay. Bei der Übergabe der Bänder unterlag der Produzent nämlich keinem Irrtum, der zur Anfechtung des dinglichen Vertrages berechtigen würde (wie z. B., wenn der Produzent versehentlich die falschen Bänder übergeben hätte). Er irrte lediglich über Voraussetzungen des schuldrechtlichen Vertrages. Die Firma muß ihm jedoch die Bänder nach den Vorschriften über die ungerechtfertigte Bereicherung (§§ 812 ff. BGB) rückübereignen. Wurde die Firma jedoch vorher verkauft, gehören die Bänder bereits der übernehmenden Firma, denn das Eigentum an den Bändern war ja einwandfrei auf die verkaufte Firma übergegangen. Da die Geschäftsführer der verkauften Firma nun dem Produzenten das Eigentum nicht mehr verschaffen können, haben sie dem Produzenten in diesem Fall nach § 818 II BGB den Wert der Bänder zu ersetzen (der unter Umständen schwer zu ermitteln ist). Die Bänder selbst bekommt der Produzent aber nicht wieder. Das liegt daran, daß das Eigentum ein absolutes Recht ist und gegenüber jedermann wirkt.

3.4 Verträge soll man halten

„Pacta sunt servanda". Verträge soll man halten. Diese schlichte Weisheit war auch schon im alten Rom bekannt. Aber schon damals schien es damit nicht immer so recht geklappt zu haben. Heute ist es nicht viel besser. Was passiert, wenn ein Vertrag nicht eingehalten wird, wollen wir im folgenden sehen.

3.4.1 Das Prinzip der Leistungsstörungen und seine rechtlichen Folgen

Ein Vertrag ist primär auf Erfüllung von Leistung und Gegenleistung gerichtet. Die Leistungen sind Gegenstand des Vertrages und können die verschiedensten Inhalte haben.

Kommt der Austausch von Leistungen ins Holpern, liegen sogenannte Leistungsstörungen vor.

Die Vertragspartner können die Konsequenzen der Leistungsstörungen selbst regeln oder sich an die Vorgaben des Gesetzes halten. In der Passage eines Künstlerexklusivvertrags könnte dies etwa wie folgt verklausuliert sein:

„Umstände, welche die Herstellung und Bereitstellung sowie Lieferung von Materialien und die Bereitstellung von Mitwirkenden unmöglich machen oder übermäßig erschweren, ebenso alle sonstigen Fälle höherer Gewalt auch in der Person von Lieferanten der Firma, entbinden die Firma für die Dauer der Behinderung von den im Vertrag übernommenen Verpflichtungen. Die Firma ist in diesen Fällen berechtigt, ohne Begründung von Schadensersatzansprüchen von diesem Vertrag zurückzutreten. Ansonsten gelten die gesetzlichen Bestimmungen über Leistungsstörungen."

3.4.2 Leistungsstörungen im einzelnen

Wie das obige Beispiel zeigt, gilt es auch hier, zunächst ein grundsätzliches Raster zu schaffen, an dem man sich später orientieren kann. Das nachstehende Grundmuster gilt für alle gegenseitigen Verträge, die nicht im Gesetz oder durch Vereinbarung der Parteien speziell geregelt sind.

Ist in einem Schuldverhältnis die geschuldete Leistung nicht bewirkt worden, so kann man an zwei Möglichkeiten denken:

a) Es ist nicht erfüllt worden, es kann auch nicht mehr erfüllt werden (z. B. weil die geschuldete Sache untergegangen ist). Diesen Fall nennen wir Unmöglichkeit der Leistung bzw. Unvermögen.

b) Es ist nicht erfüllt worden, es kann aber noch erfüllt werden: die Leistung ist nachholbar. Hier liegt eine bloße Verzögerung der Leistung vor, die wir, wenn sie auf einem vom Schuldner zu vertretenden Umstand beruht, als Verzug bezeichnen.

3.4.2.1 Unmöglichkeit

Bei der Unmöglichkeit kann man unterscheiden zwischen der objektiven Unmöglichkeit (niemand kann die Leistung erbringen) und der subjektiven

Unmöglichkeit (der Schuldner kann die Leistung nicht erbringen, wohl aber ein anderer).

Was es bedeutet, daß grundsätzlich jeder auf eine bloß subjektiv unmögliche Leistung gerichtete Vertrag wirksam ist, muß man sich klarmachen: jedermann kann jederzeit jedem anderen das Haus des Nachbarn, Madonnas Bühnenkostüm, den Frankfurter Flughafen oder die ganze Volkswagen AG verkaufen. Ob man seine Verpflichtungen jedoch auch erfüllen und dem anderen die Sache verschaffen kann, ist eine andere Frage. Auch kann man die gleiche Sache mehrfach verkaufen. Die Verträge sind alle wirksam, auch wenn nur einer die Sache bekommen kann.

Außerdem unterscheidet man bei der Unmöglichkeit zwischen nachträglicher (nach Vertragsschluß eingetretener) und ursprünglicher oder anfänglicher (bei Entstehung des Vertrages vorliegender) Unerfüllbarkeit.

Damit ergeben sich vier Grundfälle, für die ich jeweils ein Beispiel anführe.

Musiker M verkauft morgens um 11.00 Uhr seine Gitarre an Rockstar R. Am Nachmittag fährt R zum Probenraum von M, um die Gitarre abzuholen. Er erfährt, daß das Instrument morgens um 11.15 Uhr mitsamt dem Probenraum verbrannt ist. Hier liegt ein Fall der nachträglichen Unmöglichkeit vor. Niemand kann die Gitarre mehr an R. liefern, und die Unmöglichkeit ist nach Vertragsschluß eingetreten. Die einzelnen Rechtsfolgen werden wir später behandeln.

Im zweiten Fall wird die Gitarre nicht zerstört, sondern an den Instrumentensammler S, der unerwartet in den Probenraum kommt, verkauft und von S mitgenommen (= an ihn übereignet). Dies ist ein Fall von nachträglichem Unvermögen: Auch diese Leistungsstörung ist erst nach Entstehung des Vertrages mit R entstanden. Der Unterschied zwischen Fall 1 und 2 ist, daß die Gitarre noch existiert und der neue Eigentümer S sie noch an R übereignen könnte, M jedoch nicht mehr.

Wenn die Gitarre bereits um 10.45 Uhr, also vor Vertragsschluß, verbrannt war, liegt ursprüngliche Unmöglichkeit vor. In diesem Fall ist der Vertrag nichtig. R hat dann keine vertraglichen Ansprüche gegen M. R kann aber den Ersatz seines sogenannten „Vertrauensschadens" von M fordern, d.h., er kann verlangen, so gestellt zu werden, als ob vom Vertrag nie die Rede gewesen wäre, zum Beispiel durch Ersatz seiner Fahrtkosten. Allerdings entfällt auch hier dieser Anspruch, da die Unkenntnis des M von der Zerstörung der Gitarre nicht auf Fahrlässigkeit beruhte.

Ist die Gitarre um 10.45 Uhr, also vor Vertragsschluß, nicht verbrannt, sondern von M an S verkauft und übereignet worden, so liegt ursprüngliches Unvermögen vor. In diesem Fall geht das Gesetz von einer Garantiehaftung aus: Mit dem Vertragsschluß garantiert der Schuldner sein persönliches Leistungsvermögen zu diesem Zeitpunkt!

M ist also von seiner Leistungspflicht nicht befreit. Kann er sein Unvermögen nicht beheben, so haftet er gegenüber R ohne Rücksicht auf ein Verschulden auf Schadensersatz wegen Nichterfüllung. Wahlweise kann R auch einfach vom Vertrag zurücktreten, ohne daß dies für ihn Folgen hat. Wenn er jedoch nicht zurücktreten möchte, hat M ihn so zu stellen, als ob der Vertrag ordnungsgemäß erfüllt worden wäre. Wenn in diesem Beispiel R die Gitarre für 5.000 € gekauft hatte und für 10.000 € hätte weiterverkaufen können, muß M. ihm also 5.000 € zahlen (sogenannter Erfüllungsschaden).

3.4.2.2 Verzug

Von der Unmöglichkeit unterscheidet sich der Verzug durch die Nachholbarkeit der Leistung: Die Leistung kann noch erbracht werden, sie ist nur infolge eines vom Schuldner zu vertretenen Umstandes verzögert worden. Da die Leistung nachholbar ist, bleibt der Anspruch bestehen. Daneben hat der Gläubiger Anspruch auf den Ersatz des ihm infolge der Verzögerung entstandenen Schadens. Dem Gläubiger ist aber nicht zuzumuten, ewig auf seine Leistung zu warten. Er kann deshalb klare Verhältnisse schaffen, indem er dem Schuldner eine Nachfrist zur Leistung setzt. Ist nunmehr immer noch nicht geleistet worden, hat der Gläubiger wiederum das Wahlrecht zwischen Ersatz des Erfüllungsschadens und Rücktritt vom Vertrag.

3.4.2.3 Schlechtleistung

Hierunter werden Leistungsstörungen verstanden, die weder unter Unmöglichkeit noch unter Verzug fallen. Damit sind Fälle gemeint, in denen der Schuldner schuldhaft und rechtswidrig eine vertragliche Pflicht verletzt und dem Gläubiger dadurch einen Schaden zugefügt hat. Die Rechtsfolgen sind ebenfalls das Entstehen eines Schadensersatzanspruchs wegen Nichterfüllung bzw. eines Rücktritts- oder Kündigungsrechts.

4. Klassische und moderne Vertragstypen

Der Gesetzgeber hat bestimmte Vertragstypen, die im Privat- und Geschäftsleben besonders häufig auftreten, ausdrücklich geregelt. Dies bedeutet, daß das Gesetz einen Vertragstyp benennt, die dafür typischen Elemente vorgibt und die damit verbundenen Rechtsfolgen bzw. die Folgen bei Leistungsstörungen festlegt.

Die Parteien können sich solcher gesetzlich bestimmter Vertragstypen bedienen, um ihre Geschäfte zu regeln. Sie können die damit gesetzlich geregelten Folgen zum Vertragsinhalt machen oder diese abändern. Stichwort: Grundsatz der Vertragsfreiheit. Von manchen gesetzlichen Regelungen dürfen die Vertragsparteien aber nicht abweichen (z.B. darf der Verkäufer einer Sache nicht seine Haftung dafür ausschließen, daß er gegenüber dem Käufer einen Mangel der Sache arglistig verschwiegen hat).

Zu den ausdrücklich geregelten Verträgen zählen z.B. die im Bürgerlichen Gesetzbuch (BGB) genannten Vorschriften über Kauf, Schenkung, Miete, Pacht sowie Dienst-, Werk- oder Maklerverträge. Aber auch „exotische" Vertragsarten wie der im Verlagsgesetz geregelte Verlagsvertrag oder der im Handelsgesetzbuch zu findende Kommissionsvertrag gehören hierzu. Sie werden im folgenden als klassische Vertragstypen bezeichnet. „Klassisch" sind diese Verträge, weil die meisten von ihnen dem BGB entstammen, das bereits über 100 Jahre in Kraft ist.

Des weiteren gibt es Vertragstypen, die das BGB nicht kennt, die aber im Wirtschaftsleben einen festen Platz gefunden haben. Sie werden im folgenden als moderne Vertragstypen bezeichnet. Hierzu zählen beispielsweise Franchise-, Factoring- oder Leasingverträge.

Bei den in diesem Buch zu behandelnden Musikverträgen (Künstlerexklusiv-, Bandübernahme- und Produzentenverträge) handelt es sich ebenfalls um moderne Vertragstypen. In „Reinform" wird man sie in Gesetzestexten vergeblich suchen.

Die modernen Vertragstypen wurden als eine Reaktion auf wirtschaftliche Bedürfnisse entwickelt. Die Parteien wollen rechtlich das umsetzen, was wirtschaftlich gewollt ist und den aktuellen wirtschaftlichen Gegebenheiten entspricht.

4.1 Das Zusammenspiel zwischen klassischen und modernen Vertragstypen

Wie so oft liegen Klassik und Moderne näher beieinander, als man denkt. Viele der modernen Vertragstypen enthalten Elemente der klassischen Vertragstypen, setzen sich aus diesen zusammen oder sind sogar eindeutig einem klassischen Typus zuzuordnen. Im letztgenannten Fall trägt das Kind nur einen anderen Namen, um besser einer bestimmten Wirtschaftsbranche zugeordnet werden zu können.

Da ich später auf die unseren Musikverträgen innewohnenden Elemente der klassischen Verträge zurückgreifen möchte, werden diese nun kurz dargestellt.

Es sind außer dem Kauf vor allem der Miet-, Pacht-, Leih-, Darlehens-, Dienst- und Werkvertrag.

4.2 Darstellung der klassischen Verträge und ihre Eigenheiten

4.2.1 Leihe und Darlehen

Der Unterschied zwischen Leihe (§§ 598 ff. BGB) und Darlehen (§§ 607 ff. BGB) liegt darin, daß beim Darlehen nicht mehr der gleiche Gegenstand zurückgegeben wird, sondern ein Gegenstand „gleicher Art und Güte".

Ein Beispiel soll den Unterschied klarmachen. Die Nachbarin klingelt an der Tür und fragt, ob sie sich eine Flasche Sekt für ihre Einweihungsparty „leihen" kann. Der dann zu schließende Vertrag ist kein Leih-, sondern ein Darlehensvertrag. Die Nachbarin wird Eigentümerin der Flasche und kann sie austrinken. Dafür muß sie nach Ablauf der vereinbarten Darlehensfrist bzw. der Kündigung durch den Darlehensgeber eine entsprechende Flasche Sekt zurückgeben.

Bittet die Nachbarin stattdessen darum, ihr ein Auto auszuborgen, so liegt ein Leihvertrag vor. Der Verleiher möchte in diesem Falle dasselbe Auto wieder zurückhaben; es geht ihm um die Rückgabe ein- und derselben Sache.

4.2.2 Miet- und Pachtvertrag

Im Gegensatz zum Kauf, bei dem es um die Veräußerung eines Gegenstandes geht (siehe die obigen Absätze über Verpflichtungs- und Verfügungsgeschäfte), handelt es sich bei Miete, Pacht und Leihe um Verträge zur vorübergehenden Gebrauchsüberlassung, denn diese Verträge sind auf die zeitweise Überlassung des Gebrauchs eines Gegenstandes gerichtet. Im Gegensatz zum Miet- und Leihvertrag besteht die Verpflichtung des Verpächters allerdings nicht ausschließlich in der Gebrauchsüberlassung, sondern auch darin, dem Pächter zusätzlich die „Fruchtziehung" für die Dauer der Pachtzeit zu gewähren. Daher kommen als Pachtobjekte – anders als bei der Miete – nicht nur Gegenstände, sondern auch Rechte in Betracht, soweit aus ihnen Früchte gezogen werden können. Zu unterscheiden ist hierbei zwischen sogenannten unmittelbaren und mittelbaren Früchten. Zu den unmittelbaren Früchten eines Rechts gehören die aus ihm zu erzielenden Erträge. Mittelbare Früchte eines Rechtes sind alle Erträge, die aus der Überlassung seiner Nutzung erlangt werden (sogenannte Nutzungsrechte).

„Gewährung der Fruchtziehung" bedeutet, daß der Verpächter dem Pächter die Möglichkeit verschaffen muß, die Früchte des Gegenstandes oder des eingeräumten Rechts als Eigentum zu erwerben. (Beispiel: Das Grundstück und die Apfelbäume darauf gehören dem Verpächter; die Äpfel gehören dem Pächter.)

4.2.3 Dienst- und Werkvertrag

Der Dienstvertrag ist ein gegenseitiger Vertrag, in dem sich der eine Teil (der Dienstverpflichtete) zur Leistung der versprochenen Dienste und der andere Teil (der Dienstberechtigte) zur Gewährung der vereinbarten Vergütung verpflichtet.

Gegenstand des Dienstvertrages können Dienste jeder Art sein. Es ist also gleichgültig, ob es sich um einmalige oder auf Dauer angelegte Tätigkeiten handelt. Auch kommt es nicht darauf an, ob die Dienste eigenverantwortlich, aufgrund besonderer Fachkenntnis, unselbständig oder in untergeordneter Stellung erbracht werden.

Eine Sonderstellung unter den Dienstverträgen nehmen die Verträge über sogenannte „höhere Dienste" ein. Beispiele hierfür sind die Tätigkeiten des frei praktizierenden Arztes, Rechtsanwaltes, Steuerberaters oder Managers. Diese Verträge unterliegen den erleichterten Kündigungsbedingungen des § 627 BGB.

Sind dagegen Dienste von gewisser Dauer in persönlicher und wirtschaftlicher Abhängigkeit zum Dienstberechtigten zu erbringen, so handelt es sich um abhängige Beschäftigungsverhältnisse. In diesen Verträgen wird der Dienstverpflichtete in der Regel in den Wirtschaftsbetrieb des Berechtigten eingegliedert und unterliegt in weitem Umfange dessen Weisungen. Dieser Unterfall des Dienstvertrages stellt dann einen Arbeitsvertrag dar, für den dann die speziellen Bestimmungen des Arbeitsrechtes gelten.

Der Werkvertrag ist ein gegenseitiger Vertrag, in dem sich der eine Teil (Unternehmer) zur Herstellung des versprochenen Werkes verpflichtet und der andere (Besteller) zur Entrichtung der vereinbarten Vergütung.

Kennzeichnend für den Werkvertrag ist die Verpflichtung des Werkunternehmers, ein bestimmtes und mangelfreies Werk herzustellen. Sie korrespondiert mit der Verpflichtung des Bestellers, das Werk abzunehmen und es zu bezahlen.

Im allgemeinen braucht der Werkunternehmer nicht persönlich tätig zu werden, sondern kann sich zur Erfüllung seiner Pflicht auch Dritter bedienen. Demgegenüber begründen Dienstverträge eine Verpflichtung zur Erbringung der Dienste in eigener Person.

16

Aus dem Werkvertrag kann sich aber ergeben, daß der Unternehmer das Werk selbst herstellen muß. Das ist vor allem dann anzunehmen, wenn die Herstellung entscheidend von den Fähigkeiten und Kenntnissen des Unternehmers abhängt.

Der Werkvertrag unterliegt zunächst den bereits erläuterten allgemeinen Regelungen der Leistungsstörungen. Das Gesetz enthält jedoch für den Werkvertrag einige wichtige Sonderregelungen.

Stellt der Unternehmer das Werk nicht oder nur mangelhaft her, dann stehen dem Besteller in erster Linie Ansprüche auf Erfüllung zu, die bei mangelhafter Leistung auf Neuherstellung oder Nachbesserung des Werkes gehen. Ein weiteres besonderes Merkmal sind die Rechte des Bestellers für den Fall, daß der Unternehmer sich mit der Behebung eines Mangels im Verzug befindet. Der Besteller hat dann das Recht, den Mangel selbst zu beseitigen oder von einem Dritten beseitigen lassen und vom Unternehmer den Ersatz der dabei entstehenden Kosten zu verlangen.

Die Abgrenzung dieser beiden Vertragsarten bereitet manchmal Schwierigkeiten. Beim Werkvertrag wird ein bestimmter Erfolg geschuldet, beim Dienstvertrag lediglich das Tätigwerden als solches, auch wenn es unter anderem auf einen bestimmten Erfolg gerichtet ist. Das Schlagwort lautet: Der Dienstvertrag ist zeit-, der Werkvertrag erfolgsbestimmt. Jedoch sind die Grenzen fließend. Der wesentliche Unterschied besteht darin, daß der Verpflichtete beim Werkvertrag für die Verwirklichung des angestrebten Erfolges einzutreten hat, also insoweit das unternehmerische Risiko zu tragen hat, während der aus einem Dienstvertrag Verpflichtete nicht mit dem Erfolgsrisiko belastet ist. Der Unternehmer beim Werkvertrag kann das vereinbarte Entgelt nicht beanspruchen, wenn der versprochene Erfolg ausbleibt, während der Dienstverpflichtete seinen Lohn auch dann erhält, wenn der mit seiner Tätigkeit bezweckte Erfolg nicht eintritt. Allerdings kann der Dienstvertrag dann möglicherweise gekündigt werden.

5. Die Beteiligten und ihre Rechte nach dem Urheberrechtsgesetz

Das Urheberrechtsgesetz (UrhG) ist das wichtigste Gesetz für alle, die in der Musikbranche arbeiten.

Es ist ein Schutzgesetz, das den darin genannten Personengruppen und Unternehmen bestimmte Rechte einräumt und diese unter die Obhut des Gesetzes stellt. Für unsere noch zu behandelnden Musikverträge interessieren uns im wesentlichen drei Gruppen:

Die Schutzrechte des ausübenden Künstlers, des Herstellers von Tonträgern und – zum Grundverständnis – die Schutzrechte des Urhebers.

Als Ausgangspunkt für die Person des Urhebers dient uns der Wortlaut des § 11 UrhG. Danach schützt das Urheberrecht den Urheber in seinen geistigen und persönlichen Beziehungen zum Werk und in der Nutzung des Werkes.

Mit Entstehung des Werkes (also der „Schaffung geistigen Eigentums") erwachsen dem Urheber „kraft Natur der Sache" Urheberpersönlichkeits- und Verwertungsrechte.

Die Rechte des Urhebers und deren Nutzungsmöglichkeiten spielen in erster Linie eine Rolle bei den Verträgen mit einem Musikverlag und der GEMA. Sie sollen uns im Moment nicht näher interessieren.

Die Erläuterung des Begriffs des Urhebers soll lediglich dazu dienen, die Abgrenzung zu der Person des ausübenden Künstlers und seiner denen des Urhebers verwandten Rechte besser zu verstehen. Nach § 73 UrhG ist ausübender Künstler, wer ein Werk vorträgt oder aufführt oder bei dem Vortrag oder der Aufführung eines Werkes künstlerisch mitwirkt.

Das Gesetz räumt dem Darbietenden für diese Leistung nach § 75 UrhG Rechte ein, ohne selbst Urheber des Werkes sein zu müssen. Diese Rechte werden als sogenannte Leistungsschutzrechte bezeichnet und bestehen in Aufnahme-, Vervielfältigungs- und Verbreitungsrechten, deren Nutzung dem ausübenden Künstler vorbehalten ist und deren Verwertung nur mit seiner Einwilligung erfolgen darf.

Räumt der Künstler die ihm zustehenden Nutzungsrechte einem Hersteller von Tonträgern ein, so werden diesem durch die Rechtsübertragung von Gesetzes wegen selbst Schutzrechte nach dem Urheberrecht zuteil.

Nach § 85 UrhG hat der Hersteller eines Tonträgers das ausschließliche Recht, den Tonträger zu vervielfältigen und zu verbreiten. Ist der Tonträger in einem Unternehmen hergestellt, so gilt der Inhaber des Unternehmens als Hersteller.

6. Darstellung der Vertragsarten

6.1 Künstlervertrag

Der Künstlerexklusivvertrag ist ein Vertrag, der die Herstellung eines Tonträgers und dessen wirtschaftliche Auswertung durch Vervielfältigung zum Vertragsgegenstand hat. Vertragsparteien sind der ausübende Künstler (Darbietende) und derjenige, der den Tonträger herstellt bzw. produziert (Tonträgerhersteller bzw. Tonträgerproduzent). Ein Unternehmen, das Tonträger herstellt bzw. produziert, wird im Sprachgebrauch als Schallplattenfirma bezeichnet.

Zunächst sollen die unterschiedlichen Rollen der Parteien in diesem Vertrag dargestellt werden.

Als Tonträgerproduzent wird derjenige bezeichnet, der die Produktion eines überspielungsreifen Bandes (eines sogenannten Masterbandes) als Unternehmer auf eigenes Risiko und eigene Kosten durchführt. Er ist der wirtschaftliche Produzent des Bandes, denn ihm obliegt die organisatorische Leitung der Produktion, und er trägt die wirtschaftliche Verantwortung für die erste Tonfestlegung. Aufgrund dieser Funktion muß er mit allen an der Produktion Beteiligten Verträge abschließen und sämtliche Studiokosten übernehmen.

Beteiligte an der Produktion sind im wesentlichen:
– der Produzent (oder auch: künstlerische Produzent)
– die Studiomusiker
– der ausübende Künstler/Interpret

Auf der Seite der ausübenden Künstler sind dies vor allem die als Solokünstler oder Musikergruppen auftretenden Musikinterpreten.

Den Künstlerexklusivvertrag unterzeichnet der ausübende Künstler in seiner Eigenschaft als Interpret und damit als Inhaber der Leistungsschutzrechte aus § 73 UrhG. Hiermit überträgt der Künstler dem wirtschaftlichen Produzenten das Recht, seine Darbietung auf Tonträger aufzunehmen und durch Vervielfältigung zu verwerten. Als Vergütung für die Rechtsübertragung des Künstlers wird durchweg eine Beteiligung des Künstlers am Absatz der Tonträger vereinbart.

Mit dem Vertrag bindet sich der Künstler in aller Regel ausschließlich an einen Tonträgerhersteller (Exklusivbindung). Diese für den Künstlerexklusivvertrag typische Vereinbarung wird mit den erheblichen Kosten begründet, die dem Tonträgerhersteller durch die Produktion und die anschließende Verwertung (Vermarktung und Promotion) –der Tonträger entstehen. Mit der Exklusivität, die der Künstler dem Vertragspartner überträgt, geht für die Dauer des Vertrages ein ganzes Bündel von Nutzungs- und Verwertungsrechten auf den Tonträgerhersteller über, welches dieser zur Umsetzung seiner unternehmerischen Ziele benötigt.

Die Leistungsschutzrechte selbst können nicht übertragen werden, sondern verbleiben beim Künstler. Es ist daher falsch zu sagen, ein Künstler habe seine Rechte an eine Plattenfirma „verkauft".

Der Umfang der übertragenen Rechte richtet sich nach dem Inhalt und dem Zweck des Vertrages. Hier ist Verhandlungsgeschick gefragt.

Bei Unklarheiten über die Frage, welche Nutzungsrechte übertragen wurden, ist der sogenannte Zweckübertragungsgrundsatz aus § 31 V UrhG entscheidend: Im Zweifel sind dem Tonträgerhersteller nur diejenigen Nutzungsrechte übertragen worden, die zur Verwertung der Aufnahmen auf Tonträger benötigt werden. Da eine Produktion jedoch eng mit der Person des Interpreten verbunden ist, werden auch Exklusivitätsrechte im Hinblick auf die Person des Künstlers vereinbart, dessen Vermarktungsmöglichkeit einen wichtigen Teil des Vertragsinhaltes darstellt.

Der Künstlerexklusivvertrag ist demnach als ein urheberrechtlicher Verwertungsvertrag eigener Art zu sehen. Er enthält verschiedene Elemente der uns bereits bekannten klassischen Vertragstypen. Insbesondere sind dies Elemente des Dienst-, Geschäftsbesorgungs-, Kauf- und Werkvertrages.

Wegen der engen Bindung des Künstlers an den Tonträgerhersteller kommt der Künstlerexklusvivertrag aufgrund der Pflichten, die der Künstler damit eingeht, einem Arbeitsverhältnis nahe. Dieses Thema war schon Gegenstand mancher Rechtsstreitigkeiten. Überwiegend wurde das Vorliegen eines Arbeitsvertrages aber mit der Begründung abgelehnt, es lägen zwischen den Parteien sogenannte wechselseitige Dienste höherer Art vor, die nicht typisch für ein Verhältnis zwischen Arbeitgeber und Angestellten seien.

6.2 Produzentenvertrag

Bei dem sogenannten Produzentenvertrag geht es um die Rechtsposition des künstlerischen Produzenten gegenüber dem Tonträgerhersteller.

Als künstlerischer Produzent wird bezeichnet, wer im Studio die Aufnahme eines Bandes koordiniert und leitet. Vergleichbar mit einem Filmregisseur, zeichnet er im wesentlichen für das künstlerische Ergebnis verantwortlich. So ist er die maßgebliche Person im Hinblick auf das Arrangement, die Auswahl der Titel, die Soundgestaltung und die Auswahl der beteiligten Studiomusiker.

Nochmals sei an dieser Stelle erwähnt, daß der künstlerische Produzent an der Finanzierung der Produktion nicht beteiligt ist.

Je nachdem, in welchem Maße ihm im Verlaufe des Herstellungsprozesses der Tonaufnahme bis zu ihrer endgültigen Form ein gestalterischer Spielraum eingeräumt wird, ist seine Leistung entweder die eines technischen Gehilfen, eines ausübenden Künstlers oder gar die eines Musikurhebers.

Der Produzent erhält als Vergütung für seine Arbeit entweder eine festgelegte Pauschale, mit der seine etwa entstandenen Urheber- oder Leistungsschutzrechte abgegolten sind, oder Gewinnanteile an dem verwerteten Tonträger.

Da der Produzent ebenfalls die Leistungsschutzrechte der §§ 73 ff. UrhG an die Plattenfirma abtritt, ähnelt die vertragliche Ausgestaltung der des Künstlerexklusivvertrages. Umfassende Bindungen wie eine persönliche Exklusivität oder Merchandisingverwertungen und andere Auswertungspflichten sind hingegen nicht Gegenstand eines Produzentenvertrages.

Produzentenverträge beinhalten vorwiegend Elemente eines selbständigen Dienstvertrages, da Produzenten meist für mehrere Auftraggeber arbeiten und ihre Leistung keinen ausschließlichen Erfolgscharakter wie die aus einem Werkvertrag geschuldete Leistung hat.

6.3 Bandübernahmevertrag

Nicht selten produzieren Künstler oder künstlerische Produzenten veröffentlichungsreifes Bandmaterial von ihren Darbietungen selbst, auch ohne daß damit bereits ein Veröffentlichungszweck verbunden ist. Dies liegt daran, daß der Hersteller der Aufnahmen wirtschaftlich nicht in der Lage ist, die Auswertung ohne Zusammenarbeit mit einem starken Vertriebsunternehmen (Lizenznehmer) vornehmen zu können.

Gegenstand dieses Vertrages, der auch als Tonträgerlizenzvertrag bezeichnet wird, ist dann die fixierte Tonaufzeichnung als sogenanntes immaterielles Gut.

Die Hauptleistungspflicht des wirtschaftlichen Produzenten ist die Ablieferung des von ihm erstellten Masterbandes an den Lizenznehmer und Tonträgerhersteller.

Zu beachten ist, daß gemäß § 85 UrhG bereits der wirtschaftliche Produzent mit der Erstellung des Bandes die Rechte zur Vervielfältigung und zur Verbreitung des Tonträgers erworben hat. Die Plattenfirma muß diese Rechte erst noch erwerben. Mit der Ablieferung des Bandes an die Plattenfirma geht dann die Übertragung der Nutzungs- und Verwertungsrechte, der dem wirtschaftlichen Produzenten entstandenen Tonträgerleistungsschutzrechte gemäß §§ 85 ff. UrhG und der Leistungsschutzrechte des ausübenden Künstlers gemäß § 73 UrhG einher. Voraussetzung hierfür ist natürlich, daß der wirtschaftliche Produzent mit dem Künstler zuvor einen Künstlerexklusivvertrag vereinbart hatte, um die Rechte wirksam weiter übertragen zu können.

Mit dem künstlerischen Produzenten schließt der wirtschaftliche Produzent einen Produzentenvertrag. Die Studiomusiker werden in der Regel durch einen zuvor ausgehandelten Pauschalvertrag für ihre Leistung abgegolten.

Wegen des genau festgelegten Erfolges, den der wirtschaftliche Produzent schuldet – nämlich Abgabe eines selbst finanzierten Masterbandes, das nicht mit Rechten Dritter belastet ist – hat der Bandübernahmevertrag neben pachtrechtlichen Elementen den eindeutigen Charakter eines Werkvertrages. Bei auftretenden Leistungsstörungen finden somit die gesetzlichen Vorschriften des Werkvertragsrechtes Anwendung, soweit die Parteien keine anderweitigen Abmachungen getroffen haben.

7.Wirtschaftliche Aspekte der Verträge

Im Bereich der aktuellen elektronischen Musik verwischen die Tätigkeitsbereiche und die Aufgaben der genannten Beteiligten immer mehr. Die Übernahme aller drei Funktionen (Künstler, wirtschaftlicher Produzent und künstlerischer Produzent) in einer Person ist keine Seltenheit. Die Wahl, in welcher Eigenschaft man Verträge schließt, bestimmt sich demnach immer mehr nach wirtschaftlichen Gesichtspunkten. Ein Künstler, der die finanziellen Mittel besitzt, seine Produktion in eigener Regie durchzuführen, kann mit dem jeweiligen Tonträgerunternehmen wahlweise einen Bandübernahmevertrag oder aber einen Künstlerexklusivvertrag abschließen.

Die Entscheidung für die eine oder andere Variante kann sich maßgeblich auf den wirtschaftlichen Erfolg auswirken. Oft bekommt ein Produzent eine Beteiligung in Höhe von 14 bis 18 %, ein Künstler hingegen nur 4 bis 8 %. Von einer bestimmten Verkaufszahl an, die je nach Kostensituation unterschiedlich ist, wird aus Sicht des Künstlers der Abschluß eines Bandübernahmevertrages lukrativer, weil die Differenz zwischen Künstlerlizenz und höherer Bandübernahmelizenz die von ihm getragenen Produktionskosten übersteigt.

Es gilt deshalb, mit spitzem Bleistift die Berechnung des Break-even, also des Punktes, in dem die Erträge die Kosten zu übersteigen beginnen, zu ermitteln und seine Marktchancen realistisch einzuschätzen. Legt man dann alleine den rechnerischen Aspekt zugrunde, ist durchaus zu überlegen, ob man bei überschaubaren Produktionskosten das Risiko der Produktion selbst trägt und sich für den Abschluß eines Bandübernahmevertrages entscheidet.

8. Zwölf goldene Regeln zum Lesen eines Vertrages

Wie aufgezeigt wurde, geben die Vertragsfreiheit und das Spiel mit zwingenden und abdingbaren Gesetzesvorschriften eine Menge Spielraum für die Vertragsgestaltung.

Zum Abschluß dieses Kapitels sollen noch einige Faustregeln aufgezählt werden, die für das Lesen und Verhandeln eines Vertrages allgemeine Gültigkeit haben und dennoch allzu leicht übersehen werden:

1. Jeden Vertrag von 3 Seiten lesen

Verträge sind aus folgenden Blickwinkeln zu bewerten:
1. dem eigenen
2. dem Deines Gegenübers
3. dem richtigen

Hierbei sollte man sich immer die Ausgangssituation und Zielvorstellung der Parteien im Vorhinein klarmachen. Vertrag kommt von „sich vertragen". Das setzt voraus, daß beide Parteien als Sieger aus einer Verhandlung hervorgehen („win-win-Situation"). Ein Vertrag, der eine Seite über Gebühr benachteiligt, kann keine Grundlage für eine längere harmonische Zusammenarbeit sein.

2. Verträge haben einen Anfang und ein Ende

Auch wenn es simpel klingen mag: Den Vertrag vom Anfang bis zum Ende durchlesen, bevor man sich mit den Details beschäftigt.

3. Maximalforderungen sind keine Bibelseiten

Man muß sich vor Augen halten, daß der vorgelegte Vertrag eine Maximalforderung darstellt. Hierbei hat sich die andere Partei viele Gedanken gemacht, um ihre wirtschaftlichen und rechtlichen Vorstellungen optimal zu positionieren. Ein Vertragsangebot muß daher als Verhandlungsbasis verstanden werden, auf deren Grundlage nun eigene Vorstellungen formuliert werden sollten.

4. Technik beachten: Spezielle Klausel vor Allgemeiner Klausel

In einem Vertrag haben spezielle Klauseln Vorrang vor allgemeinen Klauseln. Allgemeine Klauseln haben lediglich eine Auffangfunktion. Vertragliche Vereinbarungen haben Vorrang vor gesetzlichen Bestimmungen, soweit diese vertraglich abdingbar sind. Ein Verweis auf gesetzliche Bestimmungen hat Gründe und Folgen: Die Verträge sind kürzer – man muß sich klarmachen, welche Rechtsfolgen an die gesetzlichen Bestimmungen geknüpft sind.

5. Keine kritiklose Verwendung von Musterverträgen

Musterverträge machen Sinn für die Orientierung beider Parteien. Dabei kommen die Parteien aber allzu leicht in die Versuchung, die darin enthaltenen Klauseln zu überfliegen und sich deren Reichweite nicht bewußt zu werden.

6. Das Gesamtergebnis entscheidet

Man muß den Vertrag in seiner Gesamtheit betrachten und sollte nicht eine einzelne Klausel herausgreifen und diese isoliert bewerten. Ob eine Bestimmung günstig, ungünstig oder gar unzumutbar ist, kann nicht ohne die Einbeziehung der übrigen Bestimmungen entschieden werden. Letztendlich entscheidet das Gesamtergebnis.

7. Fragen kostet nichts

Man kann die andere Vertragspartei ruhig fragen, wenn man etwas nicht verstanden hat. Kann diese etwas nicht erklären oder sagt sie, es sei nicht wichtig, muß man mißtrauisch sein. Verträge sind sorgsam ausgeklügelt und vorbereitet (siehe: Maximalforderung).

8. Nicht den Allwissenden spielen

Vertragsprofis auf der Gegenseite hoffen auf dieses Verhalten. Des weiteren sind natürlich auch viele Emotionen im Spiel, da der Künstler viel von sich selbst einbringen will. Ein Lizenzvertrag ist zu bewerten, als sei es ein Wohnungsmietvertrag – nüchtern.

9. Zahlen prüfen

Verträge sind auf ihre mittel- und langfristigen rechtlichen und wirtschaftlichen Folgen hin zu überprüfen. Der Vertrag muß daher bezüglich der Beteiligung, Abzüge und Lizenzreduzierungen immer mit einem funktionierenden Taschenrechner in der Hand durchgelesen werden.

10. Den Vertrag selbst verstanden haben

Vertragsinhalte sollte man durch und durch auch selbst verstanden haben. Eine sinnvolle Kontrolle hierfür ist, den Vertrag einem interessierten Laien vorzulegen. Dessen Fragen sollte man mindestens so souverän und einfach beantworten können, als ob man seiner Großmutter eine Fernbedienungsanleitung erklärt.

11. Eine Nacht vor der Entscheidung

Verträge sollte man nie sofort oder unter künstlich (von der anderen Vertragspartei) erzeugtem Druck unterschreiben. Elegante Begründung: „Bei großen Entscheidungen pflege ich immer eine Nacht darüber zu schlafen."

12. Rücksprache halten

Bei etwaigen Zweifeln: Bedenkzeit nutzen, um mit einem Fachmann Rücksprache halten zu können. Die im Verhandlungsgespräch zuvor gestellten Fragen und deren Antworten mit einem Fachmann, der auf der eigenen Seite steht, auf Plausibilität überprüfen. Sind falsche Angaben gemacht worden, sollte man skeptisch werden!

Die Vertragsparteien

Der Traum, eine Platte aufnehmen zu können, hat sich realisiert. Eine Plattenfirma wurde gefunden. Der verantwortliche A&R-Manager fand das Demo „gut genug" oder hat vielleicht sogar den Radiohit darin gehört, und ein echter Vertrag flattert ins Haus.

Kaum hat man den Umschlag geöffnet und das erste Vertragsangebot herausgeholt, kommt man gleich ins Schwitzen. Zwar weiß man, daß dies erst der Anfang ist, daß erst einmal hart verhandelt werden muß, bevor man überhaupt an die Arbeit gehen kann. Aber wer hätte gedacht, daß man schon beim Lesen des Vertrages die Fußangeln wirtschaftlicher Benachteiligung finden kann?

Folgendes ereignete sich vor nicht allzulanger Zeit hier in Deutschland. Eines Tages kam ein Künstler mit seinem Produzenten zu mir und erzählte:

Nach Ablehnungen von mehreren Plattenfirmen landeten er und sein Produzent mit ihrer Single-Produktion bei einer größeren deutschen ehemaligen Indie-Firma, die einige Zeit vorher von einem Major gekauft worden war. Dort wollte der A&R-Manager die Produktion veröffentlichen, bekam jedoch keine Unterstützung von den Marketing- und Vertriebsabteilungen. Machtlos im eigenen Haus, hat der A&R-Manager dem Paar geraten, zu einem kleinen, norddeutschen Indie-Label zu gehen, das bald von der Major-Tochterfirma in Vertrieb genommen werden sollte.

Dort angekommen und vom Label-Eigentümer in Empfang genommen, erhielten der Künstler und sein Produzent endlich eine positive Resonanz. Ja, das Label würde die Single veröffentlichen, jedoch nicht in ihrer jetzigen Form. Die Single müßte neu abgemischt werden. Nun ja, dachte das Duo, Remixe sind heutzutage in der Industrie sowieso gang und gäbe, und selbst wenn man die Remixkosten vielleicht teilweise oder gar ganz verrechnen müßte oder es einen Teil der Beteiligung kosten würde, könnte der Name eines bekannten Remixers die Verkäufe doch vielleicht ankurbeln.

Der Labelchef schlug zwei seiner Bekannten, die angeblich Mitarbeiter seines Labels waren, als Remixer vor, die zudem ein hervorragendes Studio ganz in der Nähe hätten. Begeistert begaben sich Künstler und Produzent an die Arbeit. Einigermaßen zufrieden mit dem Resultat, machten sie sich wieder auf den Weg nach Hause, um den Vertragsentwurf der Plattenfirma abzuwarten.

Unter normalen, branchenüblichen Umständen in einem Fall dieser Art wäre erst ein Künstlerexklusiv-Vertrag zwischen dem Künstler und dem Label bzw. ein Bandübernahmevertrag zwischen dem Produzenten und dem Label geschlossen worden. Das Label hätte dann seinerseits mit dem Remixer einen separaten Auftrags-Vertrag abgeschlossen, um die Rechtsübertragung, die

25

Beteiligung, die Abrechnungsmodalitäten, die Kostendeckung, die Verrechnung von Kosten oder Vorschüssen, die Lieferungspflicht usw. zu regeln.

Was aber der oben erwähnte Umschlag tatsächlich enthielt, war mehr, als zu erwarten war. Der Künstler wurde zusammen mit den zwei Remixern als „der Produzent" dargestellt, was die Einzelparteien zu Gesellschaftern einer Gesellschaft bürgerlichen Rechts (GbR) machte. Dieser Gruppierung wurde sogar ohne jegliche Rücksprache mit dem Künstler ein Firmenname verliehen.

Solche Probleme kommen zwar selten vor, bringen jedoch für den Künstler schon einige Gefahren und Nachteile mit sich. In diesem Beispiel liegt der primäre wirtschaftliche Nachteil für den Künstler darin, daß es keinen schriftlichen Gesellschaftsvertrag zwischen den Künstlern und den Remixern gab, worin die Anteile am Gewinn und Verlust der „Gesellschafter" deutlich geregelt werden. In solchen Fälle gelten die Regeln des Bürgerlichen Gesetzbuches (BGB, §§ 705 – 740).

Bezüglich der Anteile am Gewinn und Verlust ist das BGB ziemlich eindeutig. § 722 (1) lautet nämlich:

„Sind die Anteile der Gesellschafter am Gewinn und Verlust nicht bestimmt, so hat jeder Gesellschafter ohne Rücksicht auf die Art und die Größe seines Beitrags einen gleichen Anteil am Gewinn und Verlust."

Das bedeutet, daß ohne eine schriftliche, abweichende Regelung im Rahmen eines Gesellschaftsvertrags jeder Gesellschafter einen Anspruch auf ein Drittel des Gewinns bzw. der den Produzenten zustehenden Verkaufs- und Lizenztantiemen hat. Im Vertrag wurden den Produzenten als Grundtantiemen 16 % des bereinigten Händlerabgabepreises (HAP) als Entgelt angeboten. Ohne Berücksichtigung einer eventuellen Zahlung von Tantiemen aus diesen 16 % an den Künstler und seinen ursprünglichen Produzenten, der inzwischen vertraglich völlig weg vom Fenster ist, würde jeder Gesellschafter Anspruch auf 5,33 % des bereinigten HAPs haben. Also, die zwei Remixer würden insgesamt 10,66 % erhalten – eine durchaus lächerlich übertriebene Vergütung für ihren Beitrag. Der Künstler würde höchstens seine 5,33 % beanspruchen können, und es könnte durchaus vorkommen, daß er diese sogar mit dem ursprünglichen Produzenten teilen muß. Darum wäre es um so wichtiger für den Künstler, ordentliche Tantiemen im Rahmen eines Künstlervertrages auszuhandeln.

Die Beteiligung des Künstlers wird auch weiter beeinträchtigt, indem die Remixkosten vertraglich als verrechenbarer Vorschuß definiert und behandelt werden – und wie es auch in § 722 heißt, der Gesellschafter trägt auch Anteile an Verlusten bzw. Schulden. Diese Studiokosten für die Remixe sollten aber laut Vertrag durch die Plattenfirma direkt an das Studio ausgezahlt werden. Das wäre an und für sich halb so schlimm, wenn das Studio den zwei Remixern nicht gehört hätte. Die Remixer/Produzenten stellen die Remixkosten im Namen ihres Studios (eine separate Gesellschaft, die mit ihrer Rolle als Remixer der

Single in diesem Fall nichts zu tun haben muß) der Plattenfirma in Rechnung und erhalten das Geld. Diese Summe müssen die Produzenten, inklusive der Künstler, dann mit ihren eventuellen Tantiemen verrechnen, aber die Remixer/ Produzenten nur zu zwei Dritteln. Der Künstler/Produzent erhält keinen roten Pfennig, muß jedoch ein Drittel der Remixkosten gegen seine 5,33 %-Beteiligung verrechnen.

Wenn diese Remixkosten vertraglich nicht nur verrechenbar (sie werden ausschließlich aus den eingespielten Tantiemen durch die Plattenfirma zurückgeholt), sondern auch im Falle der Nicht-Einspielung rückzahlbar wären, würde der Künstler/Produzent gegebenenfalls auch für ein Drittel dieser Summe haften. Die wirkliche Gefahr in diesem Fall ist jedoch, daß nach außen jeder einzelne Gesellschafter für sämtliche Schulden haftet. Im schlimmsten Fall melden die Remixer/Produzenten Konkurs an. Der Gläubiger könnte dann an den Künstler herantreten, und seine Forderung bei ihm geltend machen. Es obliegt dann dem Künstler, sich die Anteile an den Verlusten der anderen Gesellschafter von diesen zurückzuholen.

Wenn der Künstler und sein Produzent diese Konstellation dennoch akzeptieren, was nicht besonders empfehlenswert wäre, müßte der Künstler darauf bestehen, einen schriftlichen Gesellschaftsvertrag mit den Remixern abzuschließen, in dem diese und andere potentielle Probleme geregelt werden.

Eine mögliche Lösung des obengenannten Problems der Beteiligung der Remixer liegt darin, daß die Bestimmung der Anteile am Gewinn und Verlust nach § 722 BGB anders ausgehandelt werden kann. Wichtig ist, daß der Künstler versucht, die Anteile am Gewinn der Remixer (wenigstens bezüglich der ersten von ihnen bloß bearbeiteten Single) von einem Drittel des Gewinns bis auf eine ihrer Leistung entsprechende Höhe von beispielsweise 2 % bis 3 % des bereinigten HAPs, bezogen auf die sonstigen Bedingungen des Bandübernahmevertrages, herunterzuhandeln. Dies kann entweder durch die Vereinbarung auf eine entsprechende Beteiligung für den Künstler im Rahmen eines Künstlerexklusivvertrages, die dann den Gewinn der Gesellschafter reduziert, oder durch eine andere Aufteilung der Anteile im Gesellschaftsvertrag erreicht werden.

Ein Beispiel der ersten Möglichkeit: Wenn die GbR 16 % des bereinigten Händlerabgabepreises für Inlandverkäufe von der Plattenfirma erhält und beispielsweise 2 % des bereinigten HAPs an den Produzenten und 7 % an den Künstler auszahlt, so verbleiben immer noch 7 %, die unter den drei Gesellschaftern gleichmäßig aufgeteilt werden können. Am Ende sieht die Abrechnung so aus:

Künstler: 7 % als Tantiemen
Original-Produzent: 2 % als Tantiemen
GbR: 7 % aufgeteilt wie folgt:

Künstler: 2,33 % als Gewinnbeteiligung
Remixer 1: 2,33 % als Gewinnbeteiligung
Remixer 2: 2,33 % als Gewinnbeteiligung

Also haben die Remixer insgesamt 4,66 % des bereinigten HAPs – ein ordentliches Entgelt für einen Remix! Der ursprüngliche Produzent ist mit 2 % besänftigt, und der Künstler hat eine in Hinsicht auf die Verrechnung von einem Drittel der Studiokosten akzeptable Beteiligung in Höhe von 9,33 %.

In dem Fall, daß die Remixer dann doch neue Aufnahmen produzieren, fallen möglicherweise gleich die 2 % des ursprünglichen Produzenten erst einmal weg. Und es ist denkbar, daß eine etwas niedrigere Künstlerbeteiligung von etwa 6 % des bereinigten HAPs vereinbart werden könnte. Da sieht die Abrechnung schon anders aus:

Künstler: 6 % als Tantiemen
GbR: 10 % aufgeteilt wie folgt:
Künstler: 3,33 % Gewinnbeteiligung
Remixer 1: 3,33 % Gewinnbeteiligung
Remixer 2: 3,33 % Gewinnbeteiligung

Wie wir später sehen werden, ist es heutzutage nicht unüblich, daß Künstler bloß 3 % oder 6 % des bereinigten HAPs erhalten. Akzeptiert der Künstler eine solche Beteiligung, erhöhen sich entsprechend die Anteile am Gewinn der Gesellschafter.

Künstler: 4 % als Tantiemen
GbR: 12 % aufgeteilt wie folgt:
Künstler: 4 %
Remixer 1: 4 %
Remixer 2: 4 %

Im Vertragsangebot verlangte die Plattenfirma von den Produzenten, daß sie auch die Dienste des Künstlers so abzusichern haben, daß der Künstler den Produzenten bzw. der Plattenfirma für die Dauer von drei Vertragsperioden (ein Jahr plus zwei einjährige Optionen auf Verlängerung) exklusiv zur Verfügung steht.

Das heißt, daß der Künstler einen Künstlerexklusivvertrag mit der GbR, d.h. mit den zwei Remixern und sich selbst, abschließen muß. Das bringt jedoch ein zusätzliches Problem mit sich: damit ist er nämlich für längere Zeit an die Remixer gebunden, die mit der ursprünglichen Produktion, die als Remix-Vorlage verwendet wurde, nichts zu tun hatten – auch wenn die Plattenfirma ihre Optionen auf Verlängerung des Vertrages nicht ausübt und der Künstler ohne Deal dasteht. Daß die Bedingungen dieses Künstlervertrages eine verheerende wirtschaftliche Auswirkung auf nicht nur die obengenannten Zahlen, sondern auch auf die Karriere und das Bankkonto des Künstlers haben könnten, liegt auf der Hand. Derartige Fehler zu vermeiden, ist der Zweck dieses Buches.

Vertragsgegenstand

Der Gegenstand eines Vertrages scheint beim ersten Blick nicht so wichtig zu sein. Diese Klausel kann aber dazu dienen, die von den Parteien jeweils zu erfüllenden, grundsätzlichen Pflichten festzulegen.

Diese Klauseln werden oft sehr allgemein oder sogar einseitig (siehe Produzentenvertrag) ausgedruckt und klingen meistens sehr ähnlich, wie ein Vergleich aus den im Anhang befindlichen Künstlerexklusiv-, Bandübernahme- und Produzentenverträgen deutlich macht.

Aus dem Künstlervertrag:

„Gegenstand dieses Vertrages ist die Herstellung von Tonaufnahmen mit Künstler zum Zwecke deren Verwertung nach Maßgabe dieses Vertrages und die Übertragung aller diesbezüglichen Rechte und Ansprüche des Künstlers auf Firma."

Aus dem Bandübernahmevertrag:

„Gegenstand dieses Vertrages ist das Recht von Firma, Schallaufnahmen, deren Auswertungsrechte Lizenzgeber besitzt, wie nachstehend vereinbart auszuwerten. Zu diesem Zweck überläßt Lizenzgeber Firma Tonaufnahmen."

Aus dem Produzentenvertrag:

„Der Produzent produziert exklusiv für die Firma Tonaufnahmen mit dem Künstler."

Nichtsdestotrotz gibt es Fälle, wo die Formulierung des Vertragsgegenstandes doch eine wirtschaftliche Rolle spielen kann.

Manchmal (aber selten) werden auch die Übertragung, Einräumung und Verwertung von anderen Rechten (Verlagsrechte, kommerzielle Merchandisingrechte) in Künstler- und Bandübernahmeverträgen oder das Management des Künstlers in Künstlerverträgen im Vertragsgegenstand erwähnt.

Auch wenn diese zusätzlichen Themen nicht im Vertragsgegenstand auftauchen, können sie Vertragsbestandteil werden. Maßgebend ist hier, daß spezifische Klauseln in einem Vertrag immer allgemeinen Klauseln vorgehen. Das heißt, daß eine Vertragsbedingung durch eine spezifischere Klausel beschränkt, geändert oder ergänzt werden kann.

Es war gerade diese Regel, die einer jungen Sängerin zur Hilfe kam, als die Situation für sie wirtschaftlich nicht mehr erträglich war.

Die Sängerin hat einen Bandübernahmevertrag mit einer kleinen Plattenfirma auf 10 Jahre geschlossen. Das heißt, die Firma hatte das Recht, die vertragsgegenständlichen Aufnahmen 10 Jahre lang zu verwerten.

Im erstem Absatz des Vertragsgegenstands hieß es:

„Gegenstand des Vertrages ist es, im Rahmen der gesetzlichen Vorschriften und unter Berücksichtigung der Wahrnehmungsverträge zwischen LIZENZ-

NEHMER (Firma) und der GVL und GEMA Tonträger in Art und Umfang laut Abschnitt X herzustellen und zu vertreiben."

Während im Absatz 2 festgelegt wird, daß die Aufnahmen auf CD veröffentlicht werden, wird weder im Abschnitt X noch irgendwo anders im Vertrag über eine Minimal- oder Maximalauflage gesprochen. Darum liegt es auf der Hand, davon auszugehen, daß die Firma für die zehnjährige Dauer der Rechtsübertragung dazu verpflichtet ist, CDs mit diesen Aufnahmen herzustellen und zu vertreiben. Das ist in jedem Fall im wirtschaftlichen Interesse der Künstlerin.

Als es nach etwa 5 Jahren dazu kam, daß die Firma keine CDs mehr auf Lager hatte, war es für die Sängerin unmöglich, mit diesen Aufnahmen weiterhin Geld zu verdienen. Sie hatte zwar mehrere CDs auf dem Markt, aber die vertragsgegenständliche CD war in diesem Fall eine ihrer populärsten. Weil sie nur moderate, aber für ihre Verhältnisse hohe Verkaufszahlen pro CD erzielen konnte, machte sich das Fehlen dieser CD im Angebot schnell bemerkbar. Um ihr Repertoire wirtschaftlich wiederzubeleben, nahm die Künstlerin unmittelbar Kontakt mit dem Label auf, um eine neue Pressung zu veranlassen. Längere Zeit reagierte die Firma überhaupt nicht auf ihre Anrufe und Briefe. Die Künstlerin ging sogar so weit, der Firma anzubieten, die Pressung selber vorzufinanzieren, sofern das Label die Verantwortlichkeit für die Durchführung übernehme. Wieder kam keine Antwort.

Nun, es ist durchaus üblich, daß die Firma sich in solchen Verträgen durch eine spezifische Klausel später im Vertrag das Recht vorbehält, nach ihrem wirtschaftlichen Ermessen ein Produkt aus ihren Katalog zu streichen und wiederzuveröffentlichen.

In unserem Beispiel hat es die Firma zum Glück für die Sängerin versäumt, diese Einschränkung ihrer Pflichten zu erwähnen. Ohne diese einschränkende Klausel ist es möglich, die Sache so auszulegen, daß eine Unfähigkeit oder Verweigerung, CDs in genügender Menge herzustellen, um sie für die Dauer der Rechtsübertragung zu vertreiben, einen Wegfall der Geschäftsgrundlage darstellt. Dieser Begriff fällt unter § 242 BGB:

„[Leistung nach Treu und Glauben] Der Schuldner ist verpflichtet, die Leistung so zu bewirken, wie Treu und Glauben mit Rücksicht auf die Verkehrssitte es erfordern."

Diese Auslegung könnte zur Aufhebung des Vertrages wegen Wegfall der Geschäftsgrundlage oder gar zur Kündigung aus wichtigem Grund führen. Dieses Argument hat die Künstlerin der Firma vorgetragen, und es ist ihr tatsächlich gelungen, das Label dazu zu bringen, wieder CDs herzustellen und zu vertreiben.

Damit war die Vermarktung der Aufnahmen wieder möglich, und alle Parteien waren zufrieden.

Rechtsübertragung

Das Urheberrecht dient dazu, den Urheber an den wirtschaftlichen Früchten zu beteiligen, die andere aus der Nutzung seines Werkes ziehen. Daher sieht es das Urheberrecht vor, daß gewisse Nutzungsarten vom Urheber erlaubt und vom Nutzer vergütet werden müssen. Die Vergütungspflicht steht meist nicht ausdrücklich im Gesetz. Wenn aber ein Nutzungsrecht durch Gesetz dem Urheber ausschließlich zugewiesen ist, dann müssen sich andere, die das Werk nutzen wollen, das entsprechende Nutzungsrecht erst einräumen lassen. Das geschieht per vertragliche Vereinbarung. Damit ist der zum Schutz des Urhebers erforderliche Verhandlungsspielraum eröffnet. Dieser wird Nutzungsrechte regelmäßig nicht umsonst übertragen, sondern gegen eine Vergütung. Da man aber in einem Vertrag so gut wie alles vereinbaren kann, was nicht gegen das geltende Recht oder die guten Sitten verstößt, muß der Urheber gegenüber seinen oft viel erfahreneren Verhandlungspartnern, wie Plattenfirmen oder Produzenten, vorsichtig sein. Denn diese werden natürlich versuchen, die Preise zu drücken, und zwar so versteckt, daß es der Urheber nicht merkt und das von ihnen vorgelegte Vertragsangebot unterschreibt.

Ob der Nutzer das Werk gewerbsmäßig verwertet oder ob er hierdurch Gewinne erzielt, ist egal. Er muß sich auf jeden Fall das jeweilige Nutzungsrecht einräumen lassen. Der private Werkgenuß ist allerdings im wesentlichen frei. Das hat jedoch rein praktische Gründe: Da sich die Nutzungshandlungen der Endverbraucher nur schwer kontrollieren lassen, muß der Werkvermittler, beispielsweise eine Plattenfirma, den Urheber vergüten. Der Werkvermittler kann die an den Urheber gezahlten Lizenzgebühren am besten über den Preis seiner Waren oder Dienstleistungen auf den Endverbraucher umlegen (vergleiche H. Schack, Urheber- und Urhebervertragsrecht).

Auch sieht es das Gesetz vor, daß der Urheber für jede Erweiterung der Öffentlichkeit, der sein Werk zugänglich gemacht wird, eine neue Gelegenheit der Entlohnung bekommt.

Das Gesagte gilt auch für den ausübenden Künstler und dessen Darbietung. Er wird jedoch nicht so umfassend geschützt wie der Urheber, weil er keinen schöpferischen Beitrag leistet wie der Urheber, sondern lediglich einen interpretatorischen. Die Leistungsschutzrechte sind daher nach Inhalt und Dauer schwächer ausgestaltet als die Schutzrechte des Urhebers.

31

1. Einteilung der Rechte

1.1 Leistungsschutzrecht

Weil der Gesetzgeber den Beitrag des ausübenden Künstlers zum wirtschaftlichen Wert eines Werkes anerkennt, hat er die künstlerische Darbietung über die §§ 73 ff. UrhG geschützt.

Gemäß § 73 UrhG ist ausübender Künstler, wer ein Werk vorträgt oder aufführt oder bei dem Vortrag oder der Aufführung eines Werkes künstlerisch mitwirkt. Gemeint ist also nicht die Leistung eines Urhebers, z. B. eines Songschreibers, sondern desjenigen, der ein bereits bestehendes Werk darbietet, also eines Musikers, Sängers etc. Ob der Song von dem Musiker selbst geschrieben wurde, betrifft das Leistungsschutzrecht nicht. Die künstlerische Darbietung wird neben der Urheberschaft geschützt.

Zur Verdeutlichung des Unterschiedes zwischen Urheber und ausübendem Künstler sei folgendes Beispiel gegeben:

John Lennon und Paul McCartney schrieben den Song „With a little help from my friends". Sie sind die Urheber bzw. Autoren bzw. Komponisten. Wenn die Beatles ihre eigenen Songs interpretiert haben, waren sie gleichzeitig auch ausübende Künstler. In den Sechzigern sang Joe Cocker auf dem Woodstock-Festival diesen Song. Er ist diesbezüglich nur ausübender Künstler.

Ein weiteres Beispiel:

Andrew Lloyd Webber schrieb das Musical „Evita". Er ist Urheber. Madonna sang die Hauptrolle im gleichnamigen Film. Sie ist ausübende Künstlerin. Da Webber seine Songs nie selber singt oder einspielt, kann er natürlich nicht wie die Beatles gleichzeitig Urheber und ausübender Künstler sein.

Ohne die Übertragung der Leistungsschutzrechte dürfen weder Produzenten noch Tonträgerhersteller die Darbietung des ausübenden Künstlers verwerten. Wenn also ein Gitarrist ein Solo in einem Popsong im Studio eingespielt, er dem Produzenten aber nicht seine Leistungsschutzrechte übertragen hat, kann der Produzent mit dem gesamten Song nichts anfangen, solange er das Solo drin läßt. Daher werden Studiomusiker, Sessionsänger, Sprecher etc. in der Regel nach der Studioarbeit eine sogenannte Künstlerquittung (siehe Anhang) unterschreiben müssen. In dieser Künstlerquittung werden ihre Leistungsschutzrechte sowie andere Nutzungsrechte dem Produzenten bzw. Tonträgerhersteller übertragen. Auch die Höhe ihrer Vergütung wird darin bestätigt, damit die Interpreten mit diesem Dokument ihre Ansprüche bei der GVL geltend machen können. Dies gilt vor allem für Pauschalzahlungen. Im Falle einer Lizenzbeteiligung des Künstlers an Tonträgerverkäufen ist normalerweise ein umfangreicherer Vertrag u. a. mit Abrechnungsmodus und Zahlungsbedingungen erforderlich.

Wird ein erschienener Tonträger, auf dem die Darbietung eines ausübenden Künstlers aufgenommen ist, zur öffentlichen Wiedergabe der Darbietung benutzt (beispielsweise im Radio; siehe Senderecht und Recht der öffentlichen Wiedergabe), so hat der Hersteller des Tonträgers gegen den ausübenden Künstler einen Anspruch auf angemessene Beteiligung an der Vergütung, die durch die GVL bezahlt werden. Die GVL teilt deshalb die Gebühren, die von Restaurants, Bars, Sendern usw. für die öffentliche Wiedergabe von Tonträgern und Funksendungen bezahlt werden, unter den Tonträgerherstellern und den ausübenden Künstlern auf.

Auch die Verwendung von Samples ist leistungsschutzrechtlich relevant. Wie Dr. Udo Kornmeier im Handbuch der Musikwirtschaft ausführt, wären Sänger und Instrumentalisten, die außerhalb der Aufführung eines Songs z. B. probeweise eine Hookline im Studio einsingen oder ein Gitarrenriff einspielen, schutzlos, wenn nur der künstlerische Vortrag als solcher geschützt wäre. Die aufgenommene Spur könnte beliebig gesampelt werden, ohne daß der Künstler eine Vergütung dafür verlangen könnte. Von daher muß sich der leistungsrechtliche Schutz auch auf die Art und Weise der künstlerischen Darbietung beziehen. Dieser Schutz reicht freilich nicht so weit, daß jede x-beliebige Tonprobe erfaßt ist. Hat ein Künstler aber eine unverwechselbare Art zu singen (James Brown erkennt man schon nach dem ersten Schrei) oder hat er einen unverkennbaren Sound auf seinem Instrument geschaffen (wie Phil Collins auf seinen Drums), so ist dies auch über § 73 ff. UrhG geschützt. Unerheblich ist die Länge eines Samples. Sobald der Sample wegen seiner Originalität und Unverwechselbarkeit einem bestimmten Künstler zugeschrieben werden kann, greift der leistungsrechtliche Schutz, egal ob der Künstler ein Werk aufführte oder lediglich ein Paar Takte spielte.

1.2 Nutzungsrechte

Zusätzlich sind alle Arten, auf die man sowohl eine urheberrechtliche Leistung als auch eine künstlerische Darbietung verwerten kann, geschützt.

1.2.1 Vervielfältigungsrecht

Das Vervielfältigungsrecht ist in § 16 UrhG geregelt. Es ist das Recht, Vervielfältigungsstücke des Werkes herzustellen, egal in welchem technischen Verfahren und in welcher Stückzahl.

Da das Vervielfältigungsrecht gem. §§ 16, 75 I, II UrhG ausschließlich dem Urheber bzw. dem ausübenden Künstler zugewiesen ist, muß es vor der Verwertung durch den Produzenten oder Tonträgerhersteller an diese übertragen werden.

Wirtschaftlich werden die Ansprüche der Urheber und Verlage durch die über die GEMA bezogenen mechanischen Vervielfältigungsrechtsgebühren, die die Tonträgerhersteller an die GEMA zu zahlen haben, abgegolten. Der ausübende Künstler kann seinerseits seine Ansprüche auf Vergütung, die ihm durch den Verkauf oder die sonstige Nutzung der Aufnahmen zustehen, bei der GVL geltend machen.

1.2.2 Verbreitungsrecht

Gem. § 17 I UrhG ist das Recht des Urhebers, sein Werk körperlich zu verbreiten, das Recht, das Original oder Vervielfältigungsstücke des Werkes der Öffentlichkeit anzubieten oder in Verkehr zu bringen. Der ausübende Künstler hat über § 75 II UrhG auch das ausschließliche Recht, den Bild- oder Tonträger, auf dem seine Darbietung festgehalten ist, zu verbreiten. Das ist natürlich im Sinne des Interpreten, da eine Plattenfirma ohne die Übertragung dieses Rechtes den Tonträger nicht in Vertrieb nehmen kann. Neben dem Vertrieb betrifft das Verbreitungsrecht noch den Verleih und die Vermietung des Tonträgers.

Urheber und ausübender Künstler haben ferner das ausschließliche Recht, ihr Werk bzw. ihre Darbietung in unkörperlicher Form öffentlich wiederzugeben.

1.2.3 Aufführungsrecht und Aufnahmerecht

Unter Aufführungsrecht ist nach § 19 II, III UrhG das Recht des Urhebers zu verstehen, ein Werk der Musik öffentlich zu Gehör zu bringen. Das Recht, die Aufführung außerhalb des Aufführungsraumes durch Lautsprecher zu übertragen, fällt ebenso hierunter.

Für den ausübenden Künstler greift dieses Recht natürlich nicht, da er keine Werke komponiert, deren Aufführung er verbieten könnte. Für ihn ist aber relevant, daß seine Darbietung, beispielsweise ein Konzert, nicht unerlaubt aufgenommen wird. Das kann er über § 75 I UrhG verhindern bzw. sich vergüten lassen.

Wie bereits erwähnt, gibt es auch Urheber, die ihre Werke selbst aufführen. Da sie dann Urheber und ausübender Künstler in einem sind, können sie Rechte aus beiden Positionen herleiten.

1.2.4 Senderecht und Recht der öffentlichen Wiedergabe

Nach § 20 UrhG ist das Senderecht das Recht, das Werk des Urhebers durch Funk, wie Ton- und Fernsehrundfunk, Satellitenrundfunk, Kabelfunk oder ähnliche technische Mittel, der Öffentlichkeit zugänglich zu machen.

Ein Live-Konzert des ausübenden Künstlers darf (wie das des Urhebers) nur mit dessen Einwilligung durch Funk übertragen werden. Darbietungen, die erlaubterweise auf Bild- oder Tonträger aufgenommen worden sind, dürfen allerdings ohne die Einwilligung des Interpreten gesendet werden, wenn der betreffende Bild- oder Tonträger bereits erschienen ist, § 76 I, II UrhG. Dem Künstler ist dafür jedoch eine angemessene Vergütung zu zahlen.

Das Recht der öffentlichen Wiedergabe ist in den §§ 21 und 22 UrhG geschützt. Eine Darbietung kann zum einen durch Bild- oder Tonträger wiedergegeben werden. Ein wichtiger Fall hiervon ist das Abspielen von CDs in Restaurants, Kaufhäusern oder Bars. Zum anderen ist auch die Wiedergabe von Funksendungen geschützt. Wenn in einer Kneipe also der Fernseher oder das Radio läuft, können der ausübende Künstler und die Plattenfirma, der das Recht zur öffentlichen Wiedergabe eingeräumt wurde, wie für das Abspielen einer CD gem. § 77 UrhG eine angemessene Vergütung verlangen, wenn die Darbietung des Künstlers betroffen ist. Deswegen müssen die Inhaber von Restaurants, Bars, Sendern etc. Beiträge an die GVL zahlen, welche diese Einnahmen an die ausübenden Künstler und Plattenfirmen ausschüttet.

1.2.5 Synchronisationsrecht

Synchronisation ist die Unterlegung beispielsweise eines Films oder einer TV-Serie mit einem Song. Auch diese Verwertung bedarf der Erlaubnis. Durch die Inhaberschaft dieses Rechts kann eine Vergütung für die Verwendung des Songs in einem anderen Werk verlangt werden.

Wenn Steven Spielberg in seinem neuen Film einen Song der Ärzte verwenden will und er die konkrete Aufnahme der Ärzte einschneiden möchte, muß er zunächst von der Plattenfirma der Ärzte eine Lizenz einholen (denn das Synchronisationsrecht wird regelmäßig vertraglich auf die Plattenfirma übertragen worden sein). Die Vergütung, die er dafür zahlen muß, wird zwischen der Plattenfirma und den Ärzten, die hier auch in ihrer Eigenschaft als ausübende Künstler auftreten, in der Regel 50/50 aufgeteilt. Will Steven Spielberg anstelle der Aufnahme der Ärzte den Song lieber von Barbara Streisand und dem London Symphony Orchestra aufnehmen und einschneiden lassen, wird die Verwertung der Komposition über die GEMA vergütet. Die GEMA schüttet dann pro Aufführung des Films die jeweilige Gebühr an die Ärzte als Urheber aus.

Diese Gebühr steht den Ärzten natürlich auch im Fall der Verwertung ihrer konkreten Aufnahme zu, da sie nach wie vor Urheber sind.

Damit ein Song nicht Gefahr läuft, z. B. in einem Pornofilm verwendet zu werden, sollte sich der Urheber oder der ausübende Künstler zuvor vertraglich absichern, daß die Plattenfirma von ihm eine schriftliche Genehmigung einholen muß, bevor sie Synchronisationsrechte des Songs an einen Filmproduzenten einräumt.

Bei der Verwertung eines Songs in TV-Produktionen sind regelmäßig Verwertungsgesellschaften dazwischengeschaltet. Außerdem existieren Rahmenabkommen über die Höhe der Vergütung. Bei Kinofilmen hingegen ist dies meist nicht der Fall. Bei der lukrativeren Verwertung in Kinofilmen wollen die Verlage die Vergütung für Synchronisationsrechte selber aushandeln und rufen diese daher von der GEMA zurück (falls sie die Übertragung der Synchronisationsrechte an die GEMA nicht von vornherein ausgeschlossen haben). Denn die GEMA wäre verpflichtet, jedem, also auch einem Hollywood-Produzenten, die Nutzungsrechte eines Werkes zu festgelegten Lizenzgebühren einzuräumen. Der Rückruf hat einerseits die Folge, daß der Filmproduzent zunächst die Rechteinhaber über GEMA-Auskunft bzw. Tonträger-Credit ausfindig machen muß, bevor er ein Werk oder eine Aufnahme einspielen kann. Andererseits ist die Höhe der geforderten Vergütung nicht vorhersehbar.

Die Vergabe von Synchronisationsrechten klappt nicht immer, denn die Interessen von Verlag und Plattenfirma und ausübendem Künstler sind oft gegenläufig.

Meist werden die Synchronisationsrechte an einer spezifischen Aufnahme eines Songs („With a little help from my friends" von Joe Cocker) im Künstlerexklusivvertrag der Plattenfirma eingeräumt. Hält die Plattenfirma den Filmeinsatz des Songs für eine gute Promotion, wird sie die Einblendungsrechte unentgeltlich freigeben. Der Verlag, der die Synchronisationsrechte an der Originalkomposition (von Lennon/McCartney) wahrnimmt, könnte hingegen die Lizenzierung unter einer Mindestvergütung in Höhe von 10.000 € schlichtweg ablehnen. Auf der anderen Seite ist es möglich, daß der Verlag eine Komposition, die schon länger im Katalog ist, durchaus gegen eine geringe Gebühr verwerten lassen würde, aber die Interpreten der gewünschten Aufnahme ihrer Plattenfirma nicht die zur Lizenzierung erforderliche schriftliche Genehmigung erteilen.

1.2.6 Recht zur Kopplung

Eine Kopplung ist die Verbindung mehrerer Aufnahmen auf einem Tonträger. Sie ist heutzutage eine wichtige Einnahmequelle für alle Beteiligten (Plattenfirmen, Produzenten und Künstler), vor allem wenn es sich um Bestseller wie Bravo Hits, Smash, Kuschelrock oder andere sogenannte Special Products handelt. Allerdings führen sie oft zu für Künstler und Produzenten nachteiligen Lizenzreduzierungen, wie später in Kapitel XII. noch näher erläutert wird.

Es ist durchaus sinnvoll, das Recht zur Kopplung an die Plattenfirma zu übertragen. So kann sie für die optimale Verwertung der Aufnahme sorgen, indem sie sich darum bemüht, die Aufnahme auf Compilations unterzubringen, denn so können zusätzliche Lizenzeinnahmen erzielt werden. Die Plattenfirma ist also für den ausübenden Künstler das, was der Verlag für den Autor ist. Was in der Praxis oft zu Mißmut führt, ist die Höhe der Beteiligung für Produzent und Künstler.

Eine andere Möglichkeit für Interpreten wie für Autoren, zusätzliche Lizenzen einzunehmen, ist die Kopplung eigener Aufnahmen als „Best Of"- CD. Auch wenn ein Künstler seine ersten zwei LPs bei Warner unter Vertrag hatte, die letzten drei aber bei BMG, kann BMG sich die besten Songs der ersten LPs von Warner lizenzieren lassen.

1.2.7 Werbung

Firmen, die ihre Produkte oder Dienstleistungen bewerben wollen, müssen sich die Werberechte an den Aufnahmen, die sie in ihrer Werbung verwenden möchten, einräumen lassen. Berühmte Beispiele sind Eric Clapton's „Layla" für Opel, Lenny Kravitz' „Fly away" für Renault, Kate Yanai's „Summer Dreaming" für Bacardi, „Stay" für Bitburger oder unzählige Oldies für Levis. Die zu erwartenden Lizenzeinnahmen hängen von der Länge des Werbespots, der Häufigkeit der Ausstrahlung und der Sendezeit ab und können durchaus sechs- bis siebenstellig werden.

Will der Werbende den Song „Respect" in seiner Werbung benutzen, erstellt er aber ein eigenes Playback und läßt eine Sessionsängerin gegen eine Pauschalbezahlung die Melodie einsingen, muß er sich nur die Werberechte vom Verlag des Autors einräumen lassen. Will er hingegen Aretha Franklin's Originalversion im Spot haben, muß er sich auch von Ms. Franklin's Plattenfirma eine Lizenz erteilen lassen.

Wie das Synchronisationsrecht kann auch das Werberecht das Persönlichkeitsrecht des Künstlers tangieren. Es wäre z. B. undenkbar, irgendeinen Song oder irgendeine Aufnahme von der Sängerin und militanten Vegetarierin Chrissie Hynde in irgendeiner Weise in Verbindung mit bestimmten Fast-Food-Restaurants zu bringen. Solche Konstellationen sind auch in Bezug auf Religionsgemeinschaften und politische Parteien denkbar – Situationen, in denen Urhebern und Künstlern verständlicherweise ein Vetorecht bezüglich der Nutzung ihrer Songs oder Aufnahmen zugestanden werden muß. Darum sollten Künstler und Produzenten auf dem Erfordernis einer schriftlichen Genehmigung vor der Verwertung ihrer Aufnahmen in der Werbung bestehen.

1.2.8 Multi-Media

Musikaufnahmen können körperlich natürlich auch multimedial verwertet werden, vor allem auf CD-ROMs und CD-Is, also interaktiven CDs, mittels derer man die gespeicherten Songs z. B. neu abmischen und verfremden kann.

Sobald es um die multimediale Nutzung geht, sind gleich ein ganzes Bündel von Rechteinhabern und Nutzungsrechten betroffen. Auf einem multimedialen Datenträger findet man Beiträge von Musikurhebern, ausübenden Künstlern, Filmproduzenten, Filmurhebern, darstellenden Künstlern, Urhebern von Sprach- oder Schriftwerken, Fotografen, Zeichnern und natürlich derjenigen, welche die Werke all dieser Urheber und Künstler konzeptionell zu einem Gesamtkunstwerk zusammenfügen und diesbezüglich ebenfalls als Urheber anzusehen sind. An Nutzungsrechten sind vor allem das Recht zur Vervielfältigung, zur Verbreitung und zur Wiedergabe betroffen.

Nach Kornmeier ist die multimediale Nutzung aber urheberrechtlich noch nicht ganz durchdrungen. Wer welche Rechte kontrolliert, steht noch nicht fest. Auch konnten Richtlinien für alle möglichen Verwertungsformen, vor allem aber für die Höhe einer angemessenen Vergütung noch nicht entwickelt werden. Der am Markt durchsetzbare, aber auch rechtlich haltbare Preis muß sich noch einpendeln. Am problematischsten wird die Festlegung der auszuzahlenden Anteile sein, die den verschiedenen Beiträgen auf einem multimedialen Datenträger zukommen. Denn eine verwertete Fotografie kann man ebensowenig in zeitliche Relation zu einem Musikstück setzen wie die Datenmenge eines Videoausschnitts zu der eines Textbeitrages.

Auch das Persönlichkeitsrecht kann bei multimedialer Nutzung der Darbietung leicht berührt werden. Daher sollte man auch hier im Vertrag das Erfordernis einer schriftlichen Genehmigung fixieren, die vor der Vergabe der Rechte durch die Plattenfirma an Multi-Media-Nutzer vom Künstler einzuholen ist.

Überdies müssen im Vertrag alle Konfigurationen (CD-ROM, CD-I, CD-ROM-XA etc.) explizit aufgeführt werden, für die der Künstler die Rechte übertragen soll.

1.2.9 Online-Nutzung

Bezüglich der unkörperlichen Form der Verwertung im Online-Bereich ist es ratsam, die Rechte an der Darbietung nicht ausschließlich zu übertragen. Man wäre anderenfalls daran gehindert, eine eigene Website mit eigenem Material zu erstellen. Die Plattenfirmen wollen sich mit der ausschließlichen Übertragung der Nutzungsrechte die Kontrolle über die Nutzung im Internet sichern.

Die Frage nach der Vergütung ist bei der Online-Nutzung noch komplizierter (vergleiche Kapitel XII.1.2 Höhe der Beteiligung). „Was das Beteiligungsverhältnis Tonträgerfirma/Künstler im Falle der Online-Verwertung eines Tonträgers anbetrifft", so Kornmeier, Handbuch der Musikwirtschaft (S. 903), „sollte Maßstab sein, daß derjenige Teil, den ein Künstler aus den Verkaufseinnahmen einer CD erhält, grundsätzlich dem Anteil an den Einnahmen aus der Online-Verwertung des Tonträgers entspricht. Die Festlegung dieses Anteils muß dann im Künstlervertrag erfolgen, wenn die Rechtewahrnehmung durch die Tonträgerfirma erfolgt und dann im Verteilungsschlüssel der GVL, wenn die Rechtewahrnehmung durch diese Verwertungsgesellschaft durchgeführt wird. Bei der Kalkulation sind natürlich die geringeren Kosten des Tonträgerherstellers zu berücksichtigen, der bei electronic delivery keine CD herstellen muß."

1.2.10 Namens- und Bildrechte

Das Namensrecht ist in § 12 BGB verankert. Geschützt wird das Recht des Berechtigten, einen bestimmten Namen zu gebrauchen. Bestreitet jemand dieses Recht oder gebraucht jemand unbefugt den gleichen Namen, so kann der Berechtigte von dem anderen verlangen, daraus entstandene Beeinträchtigungen zu beseitigen. Sind weitere Beeinträchtigungen zu befürchten, kann er auf Unterlassung klagen. Geschützt ist nicht nur der bürgerliche Name, sondern auch der Künstlername einer Person oder ein Bandname.

Der Schutz des § 12 BGB entsteht, sobald die Band einen Namen öffentlich benutzt hat. Einer Eintragung des Namens bedarf es nicht. Der Schutz gem. § 12 BGB gilt bundesweit, man muß allerdings die Priorität der Benutzung des Namens nachweisen. Dieser Schutz hat mit dem Urheberrecht nichts zu tun, da ein Name kein Werk darstellt.

Ein Name dient der Identifikation des Namensträgers und soll Verwechslungen vermeiden. Daher muß der Name Unterscheidungskraft besitzen. Bei Ortsnamen, Gattungsbezeichnungen und Ausdrücken der Umgangssprache ist dies grundsätzlich nicht der Fall, weswegen sie nicht schutzfähig sind. Außerdem müssen solche Begriffe für den allgemeinen Gebrauch freigehalten werden und dürfen nicht monopolisiert werden.

Ausnahmsweise kann ein Begriff der Umgangssprache oder der Geographie doch unterscheidungskräftig sein, wenn er aus dem üblichen Kontext herausgerissen wird. Bandnamen wie Europe, Oasis, The Doors oder The The sind daher schutzfähig.

Wenn ein Bandname keine originäre Unterscheidungskraft besitzt, kann er schutzfähig werden, wenn er Verkehrsgeltung erlangt hat, d. h. wenn die Band so bekannt ist, daß ein nicht unbeträchtlicher Teil der Musikinteressierten den Begriff mit der jeweiligen Band in Verbindung bringt.

Ein Bandname kann auch über §§ 5, 15 Markengesetz Schutz genießen. Das Markengesetz schützt die Geschäftsbezeichnung eines wirtschaftlichen Unternehmens vor unerlaubter Benutzung und Ausbeutung. Sobald eine Band kommerziell an die Öffentlichkeit tritt, nimmt sie am Geschäftsleben teil und ist daher wie ein wirtschaftliches Unternehmen zu behandeln. Der Name einer Band ist demgemäß ab dem Zeitpunkt, in welchem die Band öffentlich auftritt oder Platten verkauft, auch über das Markengesetz geschützt.

Auch für die Entstehung des markenrechtlichen Schutzes nach § 5 Markengesetz ist eine Eintragung nicht erforderlich, wenn der Name Verkehrsgeltung erlangt hat, § 4 Nr. 2 Markengesetz. Die Reichweite des Schutzes erstreckt sich dann allerdings nur auf den Bereich des örtlichen Geschäftsfeldes. Namen von lokalen Bands, die nur in ihrer Region auftreten, sind ohne Eintragung ins Markenregister beim Patentamt also nur in ihrer Region, d. h. in ihrem Verkehrskreis, geschützt.

Gibt sich eine Band aus einer anderen Region den gleichen Namen, kann dagegen aufgrund von § 5 MarkenG nichts unternommen werden. Will diese zweite Band allerdings in der Region der ersten auftreten, muß sie einen Namenszusatz benutzen.

Ist der Name gem. §§ 32 ff. MarkenG im Markenregister eingetragen, genießt er bundesweiten Schutz für diejenigen Kategorien, für die die Eintragung beantragt wurde. Der Vorteil der Markeneintragung gegenüber dem Schutz des Namens nach § 12 BGB oder des Schutzes kraft Verkehrsgeltung nach § 5 MarkenG besteht darin, daß mit der Eintragung eine wesentlich höhere Sicherheit gewährleistet ist, denn man muß keinen Nachweis darüber führen, wer früher unter dem betreffenden Namen bekannt war oder in welcher Region der Name benutzt wurde.

Das Markenregister hat 42 Kategorien (Klassen). Sie reichen von alkoholischen Getränken über Bekleidung bis hin zu Unterhaltung. Wollte man seinen Namen für alle Klassen bundesweit schützen lassen, müßte man allerdings 7.400 DM bezahlen. Die Gebühren schlüsseln sich wie folgt auf: für bis zu drei Klassen beträgt die Gebühr pauschal 575 DM, für jede weitere 175 DM. Soll das Patentamt prüfen, ob der Name auch in anderen Ländern benutzt wird, und wird auch in diesen Ländern der Markenschutz beantragt, ist eine zusätzliche Gebühr pro Land zu bezahlen. Gem. § 47 MarkenG läuft die Schutzdauer 10 Jahre und kann gegen eine Gebühr von 1.150 DM um weitere 10 Jahre verlängert werden. Ab der vierten Klasse ist zusätzlich wieder jeweils eine Klassengebühr von 290 DM je Klasse fällig.

Künstler- oder Bandnamen gehören unter die 41. Kategorie Unterhaltung. Da die erste Gebühr sowieso für bis zu drei Kategorien gleich bleibt, könnte man den Namen noch für zwei weitere Kategorien schützen lassen, wenn man mit dem Namen weitere Zwecke verfolgt. So hat z. B. ein bekannter deutscher Bassist den Namen seines Projekts nicht nur unter der 41. Kategorie (Unterhaltung u. a.), sondern auch unter der 33. für alkoholische Getränke (ausgenommen Bier) schützen lassen, da er beabsichtigte, einen Schnaps unter dem Namen des Projekts herauszubringen.

Ist ein Künstler im Markenregister eingetragen, ein anderer mit demselben oder einem ähnlichen Namen aber nicht, so muß sich letzterer umbenennen. Es gab z. B. einen Solokünstler, der seinen Namen Milch im Markenregister für die Kategorie 41 eingetragen hatte, und eine Band mit dem Namen Milch auf ex ohne Eintrag. Ersterer klagte auf Unterlassung der Benutzung des Namens Milch auf ex, da Verwechslungsgefahr bestand, weil sowohl er als auch die verklagte Band im Musikbereich tätig waren. Die Band änderte daraufhin ihren Namen in *milk* auf ex, und ihre Plattenfirma mußte die bereits mit dem alten Namen gepreßten CDs zurückrufen und neue Cover drucken lassen.

Einerseits können bei Doppelnutzung eines Namens vom Bevorrechtigten zum Teil sehr hohe Schadensersatzforderungen geltend gemacht werden, zum anderen kann eine Band, die ihren bei einem gewissen Publikum schon bekannten Namen nicht weiter benutzen darf, mit erheblichen Verkaufsverlusten rechnen, wenn ihre CDs nicht mehr im gewohnten Fach stehen oder ihre Plakate für ein Konzert unter dem neuen Namen kein Interesse mehr erzeugen. Man sieht also: der Name ist Geld. Die dänische Gruppe Aqua bekam nach ihrem Hit „Barbie Girl" zu spüren, wie teuer ein Name werden kann. Ein deutscher Künstler/Produzent, der schon seit den frühen 90ern CDs unter dem Namen Aqua veröffentlichte, sprach die Plattenfirma (Universal) der Gruppe Aqua diesbezüglich an und bekam von dieser sofort ein Angebot in Höhe von 20.000 DM, damit er den Namen aufgebe. Da er ohnehin nicht vorhatte, weitere Veröffentlichungen unter diesem Namen auf den Markt zu bringen, fiel es ihm nicht schwer, dieses meiner Meinung nach viel zu niedrige Angebot zu akzeptieren.

Neben einem Wort als Name können gem. § 3 MarkenG auch Abbildungen, Buchstaben, Zahlen, Hörzeichen (z. B. Jingles), dreidimensionale Gestaltungen einschließlich der Form einer Ware oder ihrer Verpackung sowie sonstige Aufmachungen einschließlich Farben und Farbzusammenstellungen als Marke geschützt werden. Das heißt, daß auch das Logo einer Band schutzfähig ist.

Ein bandinternes Problem hinsichtlich des Bandnamens ergibt sich, wenn sich die Band auflöst bzw. wenn ein Mitglied ausscheidet. Es stellt sich die Frage, wer den Namen weiterführen darf oder ob der Name überhaupt noch benutzt werden darf.

Eine Band ist eine Gesellschaft bürgerlichen Rechts, kurz GbR genannt. Wurden hinsichtlich des Bandnamens im Gesellschaftsvertrag keine Regelungen getroffen, ist entscheidend, ob sich die gesamte Gesellschaft aufgelöst hat oder ob lediglich ein Mitglied gekündigt hat oder rausgeschmissen wurde, die Gesellschaft aber weiterbesteht.

Die gesetzliche Regelung des § 12 BGB gilt auch für die GbR. In den meisten Gesellschaftsverträgen ist geregelt, daß die Gesellschaft auch bei Ausscheiden eines Gesellschafters fortbestehen soll. Verläßt ein Mitglied, aus welchen Gründen auch immer, die Band, besteht diese also weiter, wenn eine entsprechende vertragliche Regelung getroffen wurde. Da der Bandname ein gemeinsames Recht der Bandmitglieder darstellt, also nicht jedem einzelnen zugewiesen ist, steht das Recht zur Benutzung des Namens weiterhin der Band zu. Das ausgeschiedene Mitglied darf den Namen nicht mehr verwenden.

Besteht auch keine Regelung darüber, ob die Band auch nach Ausscheiden eines der Mitglieder weiterbestehen soll, greift § 723 BGB. Hiernach endet die Gesellschaft mit der Kündigung eines oder mehrerer Gesellschafter, und das Gesellschaftsvermögen ist unter allen ehemaligen Gesellschaftern aufzuteilen. Zum Gesellschaftsvermögen gehört auch das Namensrecht, da es sich hierbei (wie bei der Inhaberschaft einer Marke) um ein eigentumsähnliches Recht handelt. Das Namensrecht kann jedoch nicht aufgeteilt werden. Deshalb kann keines der Bandmitglieder den Namen der Band weiterbenutzen, wenn es darüber nicht zu einer nachträglichen Einigung zwischen ihnen kommt. Aber auch Dritte dürfen den Namen dieser Band nicht benutzen, obwohl es die Band gar nicht mehr gibt, wenn die Band einen derartigen Bekanntheitsgrad erreicht hatte, daß es nach wie vor zu Verwechslungen zwischen der neuen und der aufgelösten Band kommen könnte. Wirtschaftliche Relevanz hat dies deshalb, weil ehemalige Mitglieder einer bekannten Gruppe auch nach deren Auflösung noch Erträge aus fortlaufenden Plattenverkäufen etc. haben werden. Diese sollen nicht durch Verwechslungen beim Käufer mit der neuen Band geschmälert werden. Man sollte es daher besser unterlassen, eine Band mit dem Namen ABBA zu gründen, wenn man nicht das nötige Kleingeld für die Schadensersatzforderung hat.

§ 22 KunstUrheberGesetz schützt das Recht am eigenen Bild. Danach dürfen Bildnisse nur mit Einwilligung des Abgebildeten verbreitet oder öffentlich zur Schau gestellt werden. Die Einwilligung gilt jedoch im Zweifel als erteilt, wenn der Abgebildete dafür, daß er sich abbilden ließ, eine Entlohnung erhielt. Bis zum Ablauf von 10 Jahren nach dem Tod des Abgebildeten bedarf es immer noch der Zustimmung der Angehörigen.

Auch wenn das Bild (noch) nicht veröffentlicht wurde, liegt eine Beeinträchtigung des Abgebildeten vor, wenn dieser nicht gefragt wurde und das Bild zum Zwecke der Veröffentlichung angefertigt wurde. Hier ist allerdings nicht sein

Recht am eigenen Bild, sondern sein allgemeines Persönlichkeitsrecht aus Art. 1 I, 2 I GG verletzt.

Durch § 23 KunstUrhG wird das Recht am eigenen Bild sinnvollerweise eingeschränkt. Bilder von Personen der Zeitgeschichte dürfen auch ohne deren Einwilligung veröffentlicht werden (allerdings nicht zu Werbezwecken und nicht unter Verletzung der Privatsphäre). Ansonsten wüßten wir womöglich nicht, wie unser Bundeskanzler aussieht.

Eine Einwilligung des Abgebildeten ist auch dann entbehrlich, wenn es nicht um die Abbildung seiner Person geht, wie z. B. bei Bildern, auf denen die Person nur als Beiwerk neben einer abgebildeten Landschaft oder sonstigen Örtlichkeit erscheint oder bei Aufnahmen von Versammlungen, Aufzügen und ähnlichen Vorgängen, an denen die abgebildeten Personen teilgenommen haben. Diese Einschränkung dient vor allem dazu, die freie Berichterstattung nicht unmöglich zu machen.

Hinsichtlich der wirtschaftlichen Verwertung von Namens- und Bildrechten gibt es viele Möglichkeiten. Von Sponsoring und Endorsement bis hin zu Werbung, Merchandising und dem Betreiben einer Website; Quellen, die etablierten Künstlern manchmal mehr einbringen als der Verkauf von Konzertkarten.

Wenn möglich, sollten die Namens- und Bildrechte nicht exklusiv auf die Plattenfirma übertragen werden. Außerdem sollte man versuchen, die Rechtsübertragung auf die Bereiche der Nutzung des Namens oder Bildes in Verbindung mit dem Tonträger und zu Werbe- und Promotionszwecken zu beschränken. Denn für die anderen oben genannten Bereiche gibt es spezialisierte Firmen, die die Interessen des Künstlers besser wahrnehmen können als die Plattenfirma, welche sich ohnehin nicht um Sponsoring und Werbeeinsätze des Künstlers für andere Produkte als die eigene CD kümmern wird. Auch im World Wide Web wird der Künstler allenfalls eine Zeitlang auf der Website der Plattenfirma, nicht jedoch separat vertreten sein. (Zum Glück gibt es die furchtlosen Fans, die trotz exklusiver Rechtsübertragung eigene Homepages über ihren Star bauen, die viel interessanter sind als die der Plattenfirmen.) Im Klartext heißt das, daß der Künstler nach der exklusiven Übertragung seiner Namens- und Bildrechte an die Plattenfirma nicht mehr die Möglichkeit hat, ohne Genehmigung der Plattenfirma eine eigene Website zu erstellen oder kommerzielles Merchandising zu betreiben. Eine exklusive Rechtsübertragung schränkt auch die Handlungsmöglichkeiten des Managers eines Künstlers ein, da er natürlich auch keine Werbedeals für den Künstler mehr abschließen, keine Sponsoren akquirieren und keine Merchandisingfirma mit der Herstellung von Kalendern, T-Shirts, Jacken und Postern des Künstlers zu kommerziellen Zwecken beauftragen kann. Der wirtschaftliche Nachteil einer Exklusivübertragung an die Plattenfirma ergibt sich daraus, daß diese bis zu 50 % der hieraus erwirtschafteten Gewinne für sich behalten wird.

2. Einschränkungen der Rechtsübertragung

Grundsätzlich ist die Übertragung von Nutzungsrechten zeitlich, räumlich und inhaltlich beschränkbar, § 32 UrhG.

Bei Künstlerexklusivverträgen kommen zeitliche und räumliche Einschränkungen so gut wie nie vor. Das liegt daran, daß die Plattenfirma die Produktion finanziert oder zumindest vorfinanziert. Mit Vorfinanzierung ist gemeint, daß ein an den Künstler gezahlter Produktionsvorschuß mit den Einnahmen aus Plattenverkäufen verrechnet wird. Die Plattenfirma wird sich daher die Rechte weltweit und für die Dauer der gesetzlichen Schutzfrist (50 Jahre nach Ersterscheinung) übertragen lassen.

Für inhaltliche Einschränkungen besteht jedoch meistens Verhandlungsspielraum. So ist z. B. die Einschränkung des Umfangs der persönlichen Exklusivität verhandelbar: der Künstler kann sich von der persönlichen Exklusivität nicht nur für die branchenüblichen Studio- und Sessionarbeiten sowie für Produzententätigkeiten befreien lassen, sondern auch für Musical- und Filmsoundtracks, falls der Künstler eine realistische Chance hat, in diesem Bereich tätig zu werden. Auch kann die persönliche Exklusivität nur auf die Performance des Künstlers innerhalb eines bestimmten Projekts beschränkt werden (Projektexklusivität). Mit anderen Projekten und solo könnte der Künstler dann weiterhin auftreten und Plattendeals aushandeln. Ein dritter Bereich, in dem eine inhaltliche Einschränkung denkbar ist, besteht in der Vergabe von Rechten für Zwecke, die das Persönlichkeitsrecht des Künstlers eng tangieren. Es könnte z B. sein, daß ein Künstler nicht mit bestimmten politischen Parteien oder bestimmten Produkten in Verbindung gebracht werden will oder daß er auf keinen Fall will, daß ein Musikstück, an dem er mitgewirkt hat, in einem Pornofilm verwendet wird. Um dies zu vermeiden, kann er entweder die auszuschließenden Fälle detailliert im Vertrag auflisten (was zu anglo-amerikanischen Vertragslängen führen würde) oder eine Genehmigungspflicht in den Vertrag aufnehmen, wonach jede Vergabe vor allem von Namens- oder Bildrechten (sofern nicht ohnehin auf Werbe- und Promotionzwecke beschränkt) und Synchronisations- oder Werberechten erst nach vorheriger Einholung einer schriftlichen Genehmigung des Künstlers erfolgen darf.

Bei Bandübernahmeverträgen sind sowohl inhaltliche als auch räumliche und zeitliche Einschränkungen denkbar.

Es ist inzwischen branchenüblich, daß Aufnahmen für nur 3, 5 oder bis zu 10 Jahren lizenziert werden. Mit dieser zeitlichen Einschränkung der Rechtsübertragung hat der Produzent nach Ablauf der Frist die Möglichkeit, mit der gleichen oder mit einer neuen Plattenfirma eine Neuauflage des Tonträgers auszuhandeln. Hierbei können neue Vorschüsse und neue Vertragsbedingungen vereinbart werden, die dem mittlerweile hoffentlich höheren Marktwert der Aufnahme Rechnung tragen.

Der Produzent kann Tonträger auch nur für bestimmte Gebiete lizenzieren. Eine räumliche Beschränkung innerhalb Europas ist wegen der gefallenen Handelsschranken allerdings nicht sinnvoll. Eine beschränkte Lizenzierung eines Tonträgers beispielsweise für Deutschland, Österreich und die Schweiz wird im Hinblick auf eine weitere Lizenzierungsmöglichkeit in Frankreich nicht viel nutzen, da in Frankreich wahrscheinlich schon aus Deutschland etc. importierte Tonträger erhältlich sein werden. Eine französische Plattenfirma wird daher in der Regel kein Geld für die Übertragung der Rechte an diesem Tonträger mehr ausgeben wollen, da ein Teil des französischen Marktes bereits gesättigt ist.

Es könnte aber sinnvoll sein, andere wichtige Gebiete wie Nordamerika und Japan aus dem räumlichen Geltungsbereich des Vertrages auszuschließen. Hier müssen die ausländischen Kontakte der Plattenfirma und des Produzenten gegeneinander abgewogen werden. Wenn die Plattenfirma ein gutes Netzwerk hat, kann man ein Sicherheitsventil in den Vertrag einbauen, indem man zwar die Rechte an der Aufnahme auch für diese Gebiete der Plattenfirma überträgt, ihr aber eine Frist von 6 bis 12 Monaten setzt, in der sie eine Veröffentlichung in diesen Gebieten erreicht haben muß. Anderenfalls fallen die Rechte für diese Gebiete an den Produzenten zurück.

Natürlich werden die Vorschüsse geringer ausfallen, wenn man die Rechte nur räumlich beschränkt überträgt. Dafür kann man aber Vorschüsse von mehreren Lizenznehmern in den verschiedenen Gebieten erzielen.

Bezüglich der inhaltlichen Einschränkungen muß der Produzent der Plattenfirma gegenüber natürlich die Einschränkungen, die er mit dem Künstler vereinbart hat, berücksichtigen, denn ansonsten würde gegen vertragliche Vereinbarungen mit dem Künstler verstoßen. Wenn der Produzent den Künstler nur für das betreffende Projekt vertraglich gebunden oder Genehmigungspflichten in den Vertrag aufgenommen hat, muß er das der Plattenfirma gegenüber klarstellen.

Der Produzentenvertrag hat einen stark werkvertraglichen Charakter, weil es nur um die Erstellung von Aufnahmen geht. Kreative Elemente sind zwar vorhanden, der Auftragsproduzent muß allerdings Weisungen der Plattenfirma bezüglich der Art und Weise der Produktion Folge leisten. Da die Plattenfirma sich vom Künstler im Künstlerexklusivvertrag alle Rechte räumlich und zeitlich unbeschränkt hat einräumen lassen, wird die Plattenfirma auch keine räumlichen oder zeitlichen Beschränkungen der Rechtsübertragung seitens des den Künstler produzierenden Auftragsproduzenten zulassen. Inhaltlich kann der Auftragsproduzent jedoch Einschränkungen in den gleichen Bereichen wie der Künstler vereinbaren.

45

Sollten die Rechte wegen Zeitablauf der Rechtsübertragung oder mangels Veröffentlichung im Ausland an den Auftragsproduzenten zurückfallen, sollte dieser darauf achten, daß die Masterbänder und andere Werkteile an ihn zurückgegeben und ihm nicht bloß überlassen werden. Wichtig ist das deshalb, weil die Kosten einer Übergabe derjenige zu tragen hat, der die Sache zurückgeben muß, wohingegen bei einer Überlassung der Empfänger die Sache auf seine Kosten abholen muß.

3. Optionen auf neue Technologien

Gem. § 31 Absatz 4 UrhG ist die Einräumung für noch nicht bekannte Nutzungsarten sowie Verpflichtungen hierzu unwirksam.

Dieses Problem manifestierte sich in der Musikindustrie zum erstenmal mit der Erfindung der Compact Disc. Plattenfirmen mit alten, nur auf die Herstellung von analogen Tonträgern gerichteten Verträgen mußten sich das Recht, die vertragsgegenständlichen Aufnahmen auf CD pressen zu dürfen, erst einräumen lassen. Von wirtschaftlicher Bedeutung war dies deshalb, weil somit erneuter Verhandlungsbedarf über diese Nutzungsart entstand. Als die Plattenverkäufe zugunsten der CD-Verkäufe zurückgingen, hätten die Künstler und Produzenten technische Abzüge in Höhe von 30 % hinnehmen müssen, wenn sie mit der Einräumung des Rechts, Langspielplatten zu veröffentlichen, auch die Rechte bezüglich des neuen Tonträgers Compact Disc übertragen hätten. Denn die Plattenfirmen wollten mit der Erhöhung der technischen Abzüge einen Teil der Produktionskosten für das neue Medium CD auf die Künstler bzw. Produzenten abwälzen. Da die Rechte für CDs wegen § 31 Absatz 4 UrhG jedoch noch nicht übertragen waren, konnten sie in neuen Verhandlungen mit ihrer Plattenfirma bessere Bedingungen für sich erreichen, da anderenfalls die Verwertung der vertragsgegenständlichen Aufnahmen auf CD nicht möglich gewesen wäre.

Seitdem nehmen die Plattenfirmen eine Klausel in den Vertrag auf, wonach sich der Künstler verpflichtet, nach der Entdeckung einer neuen Nutzungsart seine entsprechenden Rechte zuerst seiner Plattenfirma zu branchenüblichen Bedingungen anzubieten. Der Künstler oder auch der Produzent ist durch diese Klausel nicht verpflichtet, die entsprechenden Rechte an seine Plattenfirma zu übertragen, denn das verstieße gegen § 31 Abs. 4 UrhG. Er muß sie seiner Plattenfirma nur zuerst anbieten.

Ein Vertrag kommt durch Angebot und Annahme zustande. Eine Annahme, die das Angebot in irgendeiner Form abändert, gilt gem. § 150 Abs. 2 BGB als neues Angebot, welches wiederum erst angenommen werden müßte. Wird also eine neue Nutzungsart entdeckt und bietet der Künstler oder der Produzent der Plattenfima die Übertragung seiner diesbezüglichen Rechte gegen eine gewisse Vergütung an, kann diese das Angebot annehmen. Will sie aber nur eine geringere Vergütung bezahlen, muß sie ein neues Angebot machen, welches wiederum der Künstler oder der Produzent annehmen kann oder auch nicht. Wenn er es nicht annimmt, ist er frei, seine Rechte an der neuen Nutzungsart einer anderen Plattenfirma anzubieten, wenn er nicht exklusiv an seine Plattenfima gebunden ist. Bei exklusiver Bindung kann er zumindest die neue Art der Nutzung seiner Aufnahmen durch seine Plattenfirma verhindern und eventuell später eine bessere Vergütung für sich aushandeln.

Wäre es entgegen § 31 Abs. 4 UrhG möglich, den Künstler oder den Produzenten im voraus zu verpflichten, neue Nutzungsarten an die Plattenfirmen zu übertragen, so wäre dieser Verhandlungsspielraum nicht eröffnet. Natürlich versuchen die Plattenfirmen aber, diesen Verhandlungsspielraum im voraus einzuschränken, indem sie in den Vertrag aufnehmen, daß der Künstler bzw. der Produzent ihnen seine Rechte zu branchenüblichen Bedingungen anzubieten hat. Was aber ist eine branchenübliche Vergütung bei einer Nutzungsart, die es bisher gar nicht gab? Wie bereits erwähnt, stellt sich dieses Problem gerade bei der multimedialen Nutzung. Wenn eine Musikdatei allerdings zum Download angeboten wird, kann man sich an der branchenüblichen Vergütung für Tonträger orientieren.

Im als Anlage abgedruckten Produzentenvertrag wurde unter § 3 d) gegen § 31 Abs. 4 UrhG verstoßen, da sich die Nutzungsrechte der Plattenfirma auch auf alle zukünftigen Nutzungsarten erstrecken sollen. Unter § 11 1. des Vertrages wurde allerdings die sogenannte Salvatorische Klausel in den Vertrag aufgenommen. Diese besagt, daß die Unwirksamkeit einer Klausel nicht die Wirksamkeit der übrigen Bestimmungen berührt und die nichtige Bestimmung durch eine andere Bestimmung ersetzt wird, die den von den Parteien ursprünglich gewollten wirtschaftlichen Zweck sichert. Dadurch wird regelmäßig die Regelung in Kraft treten, mit welcher der Produzent seiner Plattenfirma zuerst die Option zur Erlangung der Rechte betreffend der neuen Nutzungsart einräumen muß.

4. Künstlergarantien und Freistellung von Ansprüchen Dritter

Der Künstler bzw. Produzent wird in einem Vertrag regelmäßig garantieren müssen, daß die übertragenen Nutzungsrechte frei von Ansprüchen Dritter sind. Für den Fall, daß die vertragsgegenständlichen Aufnahmen doch mit

Rechten Dritter behaftet sein sollten, läßt sich die Plattenfima vom Künstler
bzw. Produzenten regelmäßig von Ansprüchen Dritter freistellen.

Wie schon am Beispiel der dänischen Gruppe Aqua unter 1.2.10 dieses
Kapitels erläutert, können an einem Namen Rechte Dritter bestehen. Da sich
die Plattenfirma auch in diesem Fall von Ansprüchen Dritter hat freistellen lassen, konnte sie die an den ursprünglichen Benutzer des Namens Aqua gezahlten 20.000 DM von der Gruppe zurückfordern. Ebenfalls können Persönlich-
keitsrechte Dritter betroffen sein, z. B. wenn in einem Song beleidigende
Textpassagen verwendet werden. Auch an unautorisierten Samples bestehen
Rechte Dritter, nämlich seitens der Urheber des Samples und seitens der ausübenden Künstler, die den Sample eingespielt haben. Wenn ein Produzent eine
Aufnahme bereits an eine andere Plattenfirma lizenziert hat, ist das Problem der
Rechte Dritter besonders augenfällig. Außerdem muß sich der Produzent alle
Leistungsschutzrechte von an der Aufnahme beteiligten ausübenden Künst-
lern übertragen haben lassen.

Andere Rechte

In Künstler- und Bandübernahmeverträgen wird seitens der Plattenfirmen regelmäßig auch die Einräumung weitere Rechte gefordert. Ginge es nur nach den Plattenfirmen, würden diese Rechte ohne jeden Vorschuß oder sonstige vorherige vertragliche Vereinbarungen an sie übertragen werden. Eine solche frühzeitige Übertragung führt – besonders in Anbetracht der Tatsache, daß eine Plattenfirma diese Rechte mit aller Wahrscheinlichkeit nicht selber verwerten können wird – nicht nur zum Verlust der Kontrolle über die eigene Karriere, sondern auch zu einem extrem verkürzten Verhandlungshebel, wenn ein entsprechender Vertrag endlich vorliegt.

Die von den Plattenfirmen am häufigsten geforderten Rechte und sonstigen Interessengebiete sind:

1. Merchandisingrechte

Zunächst ist zwischen Merchandising für Promotionzwecke und kommerziellem Merchandising zu unterscheiden. Merchandisingartikel werden zu Promotionzwecken kostenlos an Journalisten, Radiomoderatoren und sonstige Meinungsmacher abgegeben. Diese Rechte werden schon im Zusammenhang mit der nicht ausschließlichen Übertragung von Namensrechten und der Rechte am eigenen Bild im Rahmen von Künstlerverträgen der Firma oder dem Produzenten eingeräumt. Bei kommerziellem Merchandising werden Merchandisingartikel an das Publikum verkauft. Dieses Recht sollte nicht ohne weiteres übertragen werden. Denn Merchandisingsartikel sind nicht nur eine willkommene Einnahmequelle für No-name-Bands, die selbstgedruckte T-Shirts auf Konzerten verkaufen, sondern auch für etablierte Künstler, die damit manchmal siebenstellige Gewinne erzielen. Die Plattenfirmen argumentieren, daß sie berechtigterweise eine Beteiligung an diesen Einnahmen fordern können, weil der Künstler ohne sie nicht in der Lage wäre, Merchandisingartikel in einer bestimmten Menge und Auswahl an den Mann zu bringen. Das trifft jedoch nicht zu. Plattenfirmen sind keine Merchandisingfirmen. Sie würden ihrerseits lediglich die betreffenden Rechte an Merchandisingfirmen lizenzieren und sich am Gewinn beteiligen lassen. Das kann der Künstler auch selbst. Selbst in den Fällen, in denen die Plattenfirma einen eigenen Merchandisingvertrieb hat, würde sie sich nur um Detailmerchandising (Ladenverkauf) kümmern, nicht jedoch um Tourmerchandising.

Sollte die Plattenfirma auf die Einräumung der Merchandisingrechte bestehen, kann man versuchen, vertraglich eine Frist zu vereinbaren, innerhalb derer die Plattenfirma Merchandising in einem gewissen Umfang betrieben haben muß, und anderenfalls einen Rückfall der Rechte an den Künstler fordern. Eine andere Möglichkeit besteht darin, der Plattenfirma lediglich eine Option auf die Merchandisingrechte einzuräumen. Solange sie von dieser Option keinen Gebrauch gemacht hat, kann der Künstler Angebote von Dritten einholen. Meistens wird dies so geregelt, daß der Künstler vor Abschluß eines Vertrages mit einer Merchandisingfirma der Plattenfirma das Angebot vorlegen und ihr eine Entscheidungsfrist setzen muß, innerhalb derer sie erklären soll, ob sie von ihrer Option Gebrauch machen will. Diese Entscheidungsfrist wird in der Regel schon in den Vertrag aufgenommen. Sie sollte meiner Meinung nach ca. 10 Tage ab Vorlage betragen, nach Ansicht der Plattenfirmen allerdings eher einen Monat. Will die Plattenfirma dann ihre Option wahrnehmen, ist sie an die mit der Merchandisingfirma ausgehandelten Vertragsbedingungen gebunden. Daher sollte man schlechte Angebote nicht der Plattenfirma vorlegen.

Für den Fall, daß die Plattenfirma ihre Option nicht wahrnehmen will, wird sie versuchen, sich im Künstlervertrag einen Override zu sichern. Ein Override ist eine Beteiligung an einer Beteiligung. Von der Beteiligung, die der Künstler von der Merchandisingfirma an den Verkaufserlösen bekommt, will die Plattenfima also etwas abhaben. Der Override bewegt sich in der Praxis zwischen 10 und 25 % der Nettoeinnahmen des Künstlers, er ist jedoch meiner Meinung nach strikt abzulehnen – sonst bekommen die Plattenfirmen wirklich „money for nothing".

2. Verlagsrechte

Sicherlich hat eine große Plattenfirma, ein sogenannter Major, nichts dagegen, wenn ein Künstler oder Produzent die Urheberrechte an Kompositionen und Texten einem an die Plattenfirma angeschlossenen Verlag einräumt. Diese Einräumung an einen konkreten Verlag ist aber in Verträgen mit Majors so gut wie nie gefordert. Indie-Firmen und Produzenten andererseits verlangen oft die Einräumung von Verlagsrechten an einen von ihnen ausgesuchten Verlag – weil es meistens ihr eigener ist. Sie wollen sich damit absichern, weil sie meinen, das Risiko der Produktionskosten über Verlagseinnahmen ausgleichen zu können. Man kann von ihnen jedoch keine vollwertige verlegerische Leistung erwarten, da sie sich vorwiegend um ihr Label kümmern müssen.

Auch wenn kleine Plattenfirmen oder Produzenten die administrative Arbeit ihre Verlage von einem größeren Verlag durchführen lassen, ist Vorsicht geboten, denn abgesehen davon, daß die Administrationsverlage Vorschüsse zahlen, behandeln sie das Repertoire der administrierten Verlage oft stiefmütterlich. Ein Künstler, der bei einem Indie-Label unter Vertrag ist, sollte daher lieber einen unabhängigen Verlag mit der Wahrnehmung seiner Urheberrechte betrauen. Das Risiko bei einem firmenassoziierten Verlag besteht ferner darin, daß der Verlag sich wahrscheinlich nicht mehr mit voller Kraft für die Verwertung der Stücke einsetzt, wenn die Plattenverkäufe nicht so gut laufen und das Label das Interesse an dem Künstler verloren hat. Das gleiche gilt natürlich auch für Produzenten mit eigenen Verlagen.

Weil die Einräumung von Verlagsrechten eigentlich nichts im Künstler- oder Bandübernahmevertrag zu suchen hat, sollte der Produzent bzw. die Platten-firma einfach ein Verlagsvertragsangebot inklusive Vorschuß auf den Tisch legen. Dieses Angebot kann dann mit anderen vom Künstler eingeholten Ange-boten verglichen werden.

Da Verlagseinnahmen im Erfolgsfall die Einnahmen aus Plattenverkäufen oft in den Schatten stellen, sollte man hinsichtlich der Einräumung von Verlags-rechten besonders vorsichtig sein. Für den Fall, daß die Plattenfirma unaus-weichlich auf die Einräumung der Verlagsrechte an einen mit ihr verbundenen Verlag besteht, sollte man die Möglichkeit einer Refundierung sowie einer zeit-lichen, räumlichen und/oder inhaltlichen Einschränkung in Betracht ziehen. Unter Refundierung versteht man die Rückzahlung von Teilen der Verlagsein-nahmen durch den Verlag an die Urheber. Branchenüblich ist eine Refundierung von 25 % der Verlagsanteile. Grundsätzlich bekommt der Verlag 40 % der Ein-nahmen aus den mechanischen Vervielfältigungsrechten, der Komponist und der Texter jeweils 30 %. Refundiert der Verlag 25 % seiner Einnahmen, also 10 % der Gesamtmasse, so verbleiben ihm 30 %, dem Komponisten und dem Texter jeweils 35 % der Lizenzeinnahmen.

Zeitliche Einschränkungen der Einräumung von Verlagsrechten bewegen sich meistens zwischen 5 und 10 Jahren.

In geographischer Hinsicht kann die Rechtsübertragung z. B. auf Gebiete beschränkt werden, in denen eine Veröffentlichung erzielt wurde. Man kann dies so erreichen, in dem man die Verlagsrechte Stück für Stück überträgt, je nach dem, in welchem Gebiet eine weitere Veröffentlichung erreicht wurde. Oder man kann die Rechte befristet zunächst weltweit übertragen und sie für diejenigen Gebiete zurückrufen, in welchen innerhalb der Frist keine Tonträger veröffent-licht wurden.

Ein Beispiel der inhaltlichen Einschränkung ist der Ausschluß der Einräu-mung der Großen Rechte – das sind die Rechte, die betroffen sind, wenn ein Musikstück in einer dramatischen Inszenierung verwendet wird, beispielsweise in einem Musical.

3. Management

Es kommt gelegentlich bei kleinen Platten- oder Produktionsfirmen vor, daß sie versuchen, den Künstler zu verpflichten, sich von ihnen managen zu lassen.

51

(Das hat jedoch nichts mit einer Rechtsübertragung zu tun.) Selbst wenn hierzu explizit nichts im Vertrag steht, läuft doch die regelmäßig vorangegangene massive Rechtsübertragung auf eine Kastrierung des Künstlers bzw. dessen Managers hinaus.

Ein Managementvertrag kommt jedoch auf keinen Fall in Frage, da es ansonsten zu Interessenkonflikten kommen würde. Wie kann man ernsthaft glauben, daß der Manager, der zugleich Plattenfirma, Merchandisingfirma und Verlag ist, die Interessen des Künstlers gegen sich selbst vertritt? Außerdem steht man am Ende völlig allein da, wenn die Plattenfirma oder der Produzent das Interesse am Künstler verloren hat.

4. Agentur

Normalerweise ist der Künstler frei, sich eine Booking-Agentur selbst auszuwählen. Plattenfirmen werden lediglich ein paar von ihnen bevorzugte Agenturen vorschlagen. Im Dance- und Dance-Pop-Bereich gehören in der Regel alle Rechte dem Produzenten. Die gecasteten Interpreten haben keine Rechte an dem Projekt, und es wird ihnen oft verboten, ohne Genehmigung des Produzenten als Gruppe oder einzeln in der Öffentlichkeit in Erscheinung zu treten. In solchen Fällen wird der Produzent eine Agentur für Booking und Betreuung des Projekts beauftragen. Die Künstler sind verpflichtet, dies zu akzeptieren.

Eine mögliche wirtschaftliche Beteiligung einer Agentur sieht folgendermaßen aus:

– Für das Booking kommerzieller Auftritte erhält die Agentur ihre normale Provision.

– Für Betreuungstätigkeiten, z. B. bei Promotion- und Live-Auftritten oder als Schnittstelle zwischen Künstler und Promotionabteilung der Plattenfirma bezüglich der Organisation dieser Termine, bekommt die Agentur einen kleinen Override in Höhe von 5 bis 10 % der Nettoeinnahmen des Produzenten. Außerdem ist sie an den Nettogagen kommerzieller Live-Auftritte beteiligt.

Ein Gesangsduo mit drei Tänzern (jeweils à 500 € pro Tag) und einem Top-20-Hit in der Tasche erhält eine Gage von z. B. 15.000 € für einen Halbplayback-Auftritt in einer Disco. Hiervon werden die 1.500 € Gage der Tänzer abgezogen, der Rest wird gleichmäßig zwischen Agentur und Gesangsduo aufgeteilt.

Die Höhe der angeführten Beteiligungen sind nur Beispiele und in der Praxis selbstverständlich verhandelbar.

V Exklusivität

1. Allgemeines

Die Vereinbarung von Ausschließlichkeitsbindungen ist fester Bestandteil in Künstlerexklusiv-und Bandübernahmeverträgen.

Ziel ist es, sich die volle Konzentration des Künstlers auf die eigenen Belange zu sichern, um so die Früchte der entstandenen Produktions- und Vermarktungskosten ausschließlich selbst zu ernten.

Drei Arten der Exklusivbindung sind hierbei üblich und müssen klar getrennt werden: Persönliche Exklusivität, Exklusivität an den vertraglichen Aufnahmen und Titelexklusivität.

Wegen der umfangreichen künstlerischen, wirtschaftlichen und rechtlichen Folgen dieser Bindungsklauseln bedürfen sie der näheren Erläuterung.

2. Persönliche Exklusivität

Bei der persönlichen Exklusivität verpflichtet sich der Künstler, während der Laufzeit des Vertrages keine Aufnahmen an Dritte zu überlassen bzw. keine weiteren Aufnahmen mit Dritten einzuspielen. Ausnahmen von diesem Grundsatz sind allenfalls dann erlaubt, wenn dadurch nicht die Interessen der Firma an einer ordnungsgemäßen Vertragserfüllung beeinträchtigt werden.

2.1 Umfang und Dauer

Mit der Beendigung des Vertrages erlöschen die Verpflichtungen des Produzenten zur Herstellung von Tonträgern sowie des Künstlers zur Erbringung von Darbietungen und zur Beachtung der persönlichen Exklusivität.

Optionen auf einseitige Vertragsverlängerungen, die dem Produzenten oder den Plattenfirmen vorbehalten sind, verlängern natürlich den Bindungszeitraum.

Ausnahmsweise besteht eine persönliche Exklusivitätsbindung über das reguläre Vertragsende hinaus. Dies kommt bei Fällen sog. ausstehender Aufnahmen vor, in denen bei Vertragsende der vereinbarte Umfang an Aufnahmen noch nicht abgeschlossen ist und deren Verzögerung durch den Künstler verschuldet war. In Kapitel XVII des Buches soll noch einmal näher auf den Vertragspunkt der ausstehenden Aufnahmen eingegangen werden.

2.2 Ausnahmen

Persönliche Exklusivität ist allumfassend. Der Künstler darf sich keiner anderen Plattenfirma oder einem Produzenten für Tonaufnahmen bereitstellen.

Ausnahmen sind selten. Als bekannteste Beispiele dienen die Popgrößen Rod Stewart und Phil Collins. Obwohl die beiden Musiker noch als Bandmitglieder der Faces bzw. Genesis unter Exklusivbindung standen, wurde ihnen eingeräumt, gleichzeitig bei einer anderen Firma ihre Solokarriere voranzutreiben.

Für noch nicht etablierte Musiker, die auf verschiedene Weise Geld verdienen müssen, oder für Musiker, die schon auf eine Karriere als Studio- oder Sessionmusiker zurückschauen können, kann in der Regel eine Art begrenzte Exklusivität ausgehandelt werden. Hier sollte auf jeden Fall versucht werden, sich für Studio- und Sessionarbeiten freistellen zu lassen. Sonst könnte dies einem Berufsverbot ähnliche Auswirkungen haben. Ausnahmen von der persönlichen Exklusivität werden öfter auch bei reiner Produzententätigkeit von Künstlern gemacht, die im Auftrag und für Rechnung Dritter erfolgen.

Immer mehr Künstler genießen auch eine Ausbildung als Schauspieler oder Musical-Darsteller. Diese Künstler haben berufliche Möglichkeiten, die weit über die des normalen Popkünstlers hinausgehen. Daher ist es in Fällen, in denen der Künstler ernsthaft in diesen Bereichen arbeiten will, durchaus empfehlenswert, auch Aufnahmen für Film- und Musical-Soundtracks aus der persönlichen Exklusivität auszuklammern.

Natürlich werden die Plattenfirmen oder Produzenten, die einen Künstler unter Vertrag nehmen möchten, ihren festen Griff um den Kragen des Künstlers nicht lockern wollen. Sie werden daher oft vom Künstler verlangen, daß er dafür sorgt, daß sie die Nutzungsrechte an solchen Aufnahmen bekommen. Da dies außer in extremen Fällen, in denen der Künstler auch Star des Films oder Musicals sowie Urheber der Musik und der Texte ist, so gut wie unmöglich ist, wird nicht selten ein Override vereinbart. Das heißt, der Künstler wird einen Teil seiner Einnahmen aus dem Verkauf solcher Soundtracks an die Plattenfirma abgeben müssen, bei der er unter Exklusivvertrag steht. Dieser Override sollte 10 % seiner Netto-Einnahmen aus dem Verkauf des Soundtracks nicht übersteigen.

Schwierig ist eine Freistellung, wenn man Mitglied in mehreren Gruppen ist. Es liegt auf der Hand, daß die Firma nicht möchte, daß ein Musiker in zwei oder drei stilgleichen oder stilähnlichen Gruppen spielt und Tonträger bei verschiedenen Plattenfirmen veröffentlicht. Der Künstler stünde sonst in direkter Konkurrenz mit seinen eigenen Platten, die bei der ersten Firma erschienen sind. Gibt es aber wesentliche Unterschiede in den Stilrichtungen der verschiedenen

Bands, kann eine Exklusivitätsbegrenzung manchmal auf bestimmte Projekte in Betracht gezogen werden. So könnte sich zum Beispiel eine Exklusivität auf alle Tonaufnahmen im Bereich Pop und Dancefloor erstrecken. Ist man gleichzeitig Mitglied einer Jazzformation, wären diese Tonaufnahmen nicht der Exklusivbindung unterworfen.

Sämtliche der dargestellten Varianten werden jedoch nur dann gewährt, soweit und solange dadurch nicht die Interessen der Firma an einer ordnungsgemäßen Vertragserfüllung beeinträchtigt werden.

3. Verstoß gegen die persönliche Exklusivität

Ist die Arbeitsbeziehung zwischen dem Künstler und seinem Vertragspartner gut, gibt es selten Probleme wegen der persönlichen Exklusivität des Künstlers. Geht sie aber schief, sei es wegen mangelnden Erfolges, der Nichterfüllung vereinbarter Pflichten oder schlichtweg wegen persönlicher Meinungsverschiedenheiten, kann die Exklusivität zusammen mit der Dauer des Vertrages oder den Optionen ein wahres Gefängnis für den Künstler werden.

Falls der Künstler sich während des laufenden Vertrages einer neuen Plattenfirma für die Auswertung von Tonträgern zur Verfügung stellen sollte, stellt sich die Frage, welche rechtliche Handhabe die alte Plattenfirma besitzt, um gegen den Verstoß vorzugehen.

Gegenüber dem Künstler liegt es auf der Hand: Der mit ihr vertraglich gebundene Künstler haftet natürlich auf Unterlassung und Schadensersatz aus dem Künstlerexklusivvertrag.

Interessant ist die Situation in Kalifornien, wo wesentlich künstlerfreundlichere Gesetze gelten als beispielsweise in New York. Um eine Unterlassungsanordnung gegen einen Künstler erwirken zu können, wenn dieser gegen seine persönliche Exklusivität verstößt, z. B. indem er gleichzeitig auch für eine andere Plattenfirma aufnimmt, muß die Firma im Vertrag Zahlungen in Höhe von 9.000 US$ im ersten Vertragsjahr, 12.000 US$ im 2. und 15.000 US$ im 3. Vertragsjahr gewährleistet haben, und zwar pro Gruppenmitglied. Daher kann eine gerichtlich durchsetzbare Exklusivitätsklausel für die Firma ziemlich teuer werden. Besonders wenn es sich um eine noch nicht markterprobte Gruppe handelt, wird die Firma oft auf diese Zahlung und dadurch auch auf ihre Möglichkeit verzichten, den Künstler zur Unterlassung zu zwingen. Trotz dieses Verzichts hat die Firma nach kalifornischem Recht bei einem Verstoß gegen die Exklusivität immer noch einen Anspruch auf Schadensersatz gegen den Künstler. Dieser Schadensersatz kann sehr leicht die Tantiemen des Künstlers übersteigen.

Die Gesetzeslage in New York verlangt keine vertraglich gewährleisteten jährlichen Zahlungen für die gerichtliche Durchsetzbarkeit der Exklusivität.

Schwierig hingegen gestaltet sich das Vorgehen gegen diejenigen, die Tonträger von dem vertragsbrüchigen Künstler hergestellt und verwertet haben. Der Grund hierfür ist, daß die Exklusivvereinbarung lediglich zwischen dem Künstler und der Plattenfirma besteht. Das Ausschließlichkeitsrecht der Plattenfirma reicht nicht so weit, daß sie gegen Dritte wegen Tonträgervervielfältigungen, die der Künstler unter Verstoß gegen seine persönliche Exklusivbindung durch Dritte vornehmen läßt, vorgehen kann. Um die persönliche Exklusivität zu sichern, lassen sich die Plattenfirmen in den meisten Verträgen daher die Leistungsschutzrechte des Künstlers an allen künftigen Aufnahmen, die während der Dauer des Vertrages entstehen, schon mit Unterzeichnung des Vertrags übertragen. *Jede fremde Nutzung solcher Aufnahmen wäre dann eine Verletzung der der Firma übertragenen Leistungsschutzrechte, wegen der die Firma juristische Maßnahmen gegen die andere Plattenfirma ergreifen kann.*

Die Plattenfirma hat ebenfalls gemäß § 826 BGB einen Anspruch auf Unterlassung und Schadensersatz gegen Dritte, wenn der Künstler nachweislich zum Vertragsbruch verleitet worden ist oder abgesprochen wurde, die alte Plattenfirma auf unlautere Art und Weise zu schädigen.

Künstler, die vor Ablauf ihrer Exklusivitätsbindung die Plattenfirma wechseln wollen, um ein neues Vertragsverhältnis einzugehen, ist deshalb anzuraten, mit offenen Karten zu spielen. Hier sollte man von der Möglichkeit Gebrauch machen, einen Vertrag in beiderseitigem Einvernehmen vor dem regulären Ende lösen zu können. Naturgemäß wird dies nicht ganz ohne Kompromisse gehen. In der Regel wird die bisherige Plattenfirma einer vorzeitigen Entlassung aus dem Vertrag nur zustimmen, wenn sie an der zukünftigen Tonträgerauswertung durch einen prozentualen Anteil in bestimmter Höhe beteiligt wird. Um einen sauberen Schnitt zwischen alten und neuen musikalischen Wegen zu bekommen, sollte in Absprache und Abstimmung mit der übernehmenden Plattenfirma dieser sogenannte Override vereinbart werden.

4. Exklusivität an den vertraglichen Aufnahmen

Mit der Exklusivität an vertraglichen Aufnahmen räumt der Künstler bzw. Lizenzgeber die Verwertungsrechte an den Aufnahmen ein, die er während der gesamten Vertragsdauer mit der Firma gemacht hat. Der Künstler ist nicht mehr befugt, die Verwertungsrechte an den vertraglichen Aufnahmen gleichzeitig Dritten einzuräumen.

Nicht-exklusive oder beschränkt exklusive Übertragungen von Nutzungsrechten sind jedoch auch denkbar. Ein Produzent, der die Nutzungsrechte für nur ein Gebiet, zum Beispiel Europa, Japan oder Nordamerika, einräumt, wird diese Rechte nur für diese Länder beschränkt exklusiv übertragen. Eine Plattenfirma oder ein Produzent, die bzw. der die Aufnahmen eines Songs für einen Sampler lizenziert, tut das auch innerhalb des vereinbarten Lizenzgebietes auf nicht-exklusiver Basis.

5. Titelexklusivität

Bei der Titelexklusivität geht der Künstler die Verpflichtung ein, auch nach Vertragsablauf solche Titel nicht nochmals für Dritte aufzunehmen, die er bereits für den Vertragspartner aufgenommen hat. Hierdurch soll sichergestellt sein, daß ein bestimmtes Musikstück in der Interpretation des Vertragskünstlers auch über das Vertragsende hinaus dem Produzenten oder der Plattenfirma, der bzw. die diese Aufnahme populär gemacht hat, zur Auswertung vorbehalten bleibt (sog. Wiederaufnahmeverbot).

5.1 Umfang und Dauer der Titelexklusivität

Die Titelexklusivität des Künstlers oder Produzenten ist zeitlich begrenzt und muß vertraglich festgelegt werden. Die Frist für die Titelexklusivität beginnt meist ab Erstveröffentlichung der Aufnahmen oder ab Vertragsende zu laufen und bewegt sich in der Regel in einem Zeitraum von 5 bis 10 Jahren. In jedem Fall sind aber 10 Jahre nach Vertragsende zu lang.

Es liegt im Interesse des Künstlers, daß er möglichst bald wieder neue Aufnahmen von erfolgreichen früheren Songs machen darf – besonders in Hinsicht auf den großen Erfolg von heute gängigen Wiederveröffentlichungen. Die für den Künstler akzeptable Vereinbarung hängt von der Vertragsdauer und der Anzahl der durch Optionen gewährten Verlängerungsmöglichkeiten ab. Eine akzeptable Lösung wäre, eine Titelexklusivitätsdauer bzw. eine Wiederveröffentlichungsverbotsfrist für 5 Jahre nach Erstveröffentlichung, jedoch nicht länger als 3 Jahre nach Vertragsende, zu vereinbaren.

Denkbar ist es auch, den Wegfall der Titelexklusivität von bestimmten Absatzzahlen anstatt von der Anzahl seit der Erstveröffentlichung vergangener Jahre abhängig zu machen. So kann in Verträgen geregelt werden, daß die Verpflichtung entfällt, sobald der Tonträgerhersteller an zwei aufeinanderfolgenden Jahresabrechnungen nicht mehr jeweils 100 Tonträger absetzt und abrechnet. Eine weitere Vertragsvariante wäre, daß die Titelexklusivität entfällt, wenn der Tonträgerhersteller eine bestimmte Darbietung aus seinem Vertriebsrepertoire streicht. Wie dargestellt, läßt dieser Bereich viele Verhandlungsformen offen, die im Interesse einer schnellstmöglichen Rückerlangung der Titel zu nutzen sind.

VI Vertragsgebiet und Veröffentlichungspflicht

Das Vertragsgebiet beschreibt den territorialen Raum, für den die Verwertungsrechte vergeben werden und in dem der Tonträger veröffentlicht werden darf. Das Vertragsgebiet kann einzelne Länder oder Territorien (wie z. B. Südamerika oder EU) umfassen und natürlich auch weltweit definiert werden. In manchen Verträgen erstreckt sich das Vertragsgebiet sogar schon auf das gesamte Universum, wohl in der Hoffnung, daß wir bald einen Sender oder wenigstens eine WOM-Filiale auf dem Mond haben werden.

1. Künstlervertrag

In Künstlerexklusivverträgen werden sämtliche Rechte (insbesondere auch die Leistungsschutzrechte an künftigen Aufnahmen, die während der Dauer des Vertrages produziert werden) immer weltweit vergeben. Die Plattenfirmen werden sich mit weniger nicht zufriedengeben, da sie so ihre Investitionen in den Künstler mindestens amortisieren wollen.

Diese weltweite Übertragung kann, trotz der an sich wünschenswerten Möglichkeit der weltweiten Verwertung, auch in eine Sackgasse führen. Erstens muß eine deutsche Produktion im Inland schon einen sehr großen Erfolg haben, um das Ausland überhaupt zu interessieren. Zweitens sind manche der großen deutschen Plattenfirmen Tochtergesellschaften anderer Firmen und haben daher gewissen corporate politics zu folgen. Manchmal bestehen Regelungen, nach denen inländische Tochterfirmen nur an ausländischen Firmen der gleichen Korporation lizenzieren dürfen. Wenn diese ein Produktangebot jedoch ablehnen, ist der betreffende ausländische Markt nicht mehr zu erschließen.

2. Bandübernahmevertrag

Bei Bandübernahmeverträgen hingegen ist es zwischen dem Produzenten und der Plattenfirma im Grunde frei verhandelbar, für welche Länder bzw. Territorien die Verwertungsrechte an den Aufnahmen vergeben werden.

Ziel des Produzenten bzw. Lizenzgebers ist es naturgemäß, eine hohe Veröffentlichungsbreite zu erzielen. Dies kann im Ergebnis dazu führen, daß der

Produzent die Verwertungsrechte an einer Aufnahme an mehrere Lizenznehmer vergibt. Erlaubt ist ihm die Mehrfachlizenzierung jedoch nur für nicht vertragsgegenständliche Länder bzw. Territorien. Wenn der Produzent also der
Plattenfirma die Rechte für Deutschland, Österreich und die Schweiz oder die
EU eingeräumt hat, kann er z. B. in Japan und Südostasien oder in Nordamerika einen anderen Lizenznehmer suchen.

Innerhalb des Vertragsgebiets wird sich die Plattenfirma alle Rechte an den
Aufnahmen exklusiv einräumen lassen. Anderen Plattenfirmen wird die Plattenfirma die Verwertungsrechte innerhalb des Vertragsgebiets nicht lizenzieren, da
sie den Tonträger hier ausschließlich selbst wirtschaftlich nutzen will. Damit will
sie vor allem Konkurrenz vermeiden. Auch will sie verhindern, daß andere den
Bekanntheitsgrad des Tonträgers bzw. des Künstlers, der durch ihre Investitionen in Werbung und Promotion gewachsen ist, ausnutzen können.

Denkbar ist jedoch, daß die Plattenfirma einzelne Songs aus dem Tonträger innerhalb des Vertragsgebiets an Dritte lizenziert, beispielsweise für einen
Sampler. Sie wird die Rechte an dem betreffenden Song aber nicht exklusiv,
sondern beschränkt auf eine spezifische Nutzung (nur auf diesem Sampler,
nur in dieser Werbung etc.) übertragen.

Werden die Rechte für das Vertragsgebiet Europa übertragen, muß man
den Umfang des Gebietes genau festlegen. Europa ist kein exakter Begriff.
Meist wird die EU gemeint sein. Europa umfaßt jedoch z. B. auch die osteu-
ropäischen Staaten, die noch nicht Mitglied der EU sind.

Im Zuge des freien europäischen Warenverkehrs ist darüber hinaus eine
Lizenzierung an verschiedene Firmen schwierig geworden, da ein Importver-
bot für Tonträger zwischen Mitgliedsstaaten der EU gegen den Grundsatz der
Wettbewerbsfreiheit verstieße. Wird eine Aufnahme z. B. an eine französische
und eine deutsche Plattenfirma lizenziert, müssen beide Firmen Importe aus
dem jeweils anderen Mitgliedsstaat befürchten, die ihnen auf dem eigenen
Markt Konkurrenz machen würden. Für den Lizenzgeber (also den Produzenten) ist es allerdings durchaus von Interesse, in jedem Mitgliedsstaat, auf dessen Markt er vertreten sein möchte, eine dort ansässige Plattenfirma zu finden. Denn eine Plattenfirma, die zwar die Rechte für die gesamte EU hat, wird
trotzdem nur in ihrem Land aktiv Marketing und Promotion für die Veröffentlichung betreiben. In den anderen Mitgliedsstaaten wird der Tonträger nur als
Importware ohne zusätzliche verkaufsfördernde Maßnahmen in den Regalen
stehen.

3. Veröffentlichungspflicht bei Bandübernahme- verträgen

Die meisten Plattenfirmen lassen sich die Rechte jedoch weltweit einräumen.

Hat der Produzent einer deutschen Plattenfirma die Rechte weltweit über- tragen, so hat sie zunächst nur die Pflicht, die Aufnahmen in Deutschland zu veröffentlichen. Darum sollte man zusätzlich vereinbaren, daß die Veröffentli- chungspflicht für das gesamte Vertragsgebiet besteht.

Bei Nichtveröffentlichung der Aufnahmen in einem oder mehreren ausländi- schen Territorien innerhalb einer vertraglich festgelegten Zeit kann man zwei Alternativen vereinbaren.

Hat der Lizenzgeber eine starke Position, wird er dafür sorgen, daß nach Ablauf der Frist (in der Regel sind dies 6 bis 12 Monate nach Erstveröffentli- chung) die Rechte für dieses Territorium an ihn zurückfallen, wenn der Tontrā- ger dort bis dahin nicht veröffentlicht wurde und zu diesem Zeitpunkt auch keine Veröffentlichungszusage einer Plattenfirma im betreffenden Territorium vorliegt. In diesem Fall kann der Produzent selbst nach einem Lizenznehmer in dem betreffenden Territorium suchen.

Abhängig von der Höhe des Vorschusses (siehe Kapitel IX), den die Platten- firma an den Produzenten gezahlt hat, wird sie einen Override aus den Einnah- men fordern, die der Produzent durch Tonträgerverkäufe in diesem Gebiet erzielt.

Eine solche Regelung könnte die Plattenfirma hart treffen, wenn außerdem ver- einbart wurde, daß sie bei Nichtveröffentlichung für das betreffende Territorium auch die Rechte an den nachfolgenden Aufnahmen des Produzenten verliert.

Eine gemäßigtere Lösung bei Nichtveröffentlichung ist, daß der Produzent sich für das entsprechende Gebiet selbständig Lizenznehmer sucht und diese an seine Plattenfirma vermittelt (vgl. Kapitel VIII Teil 7). Die Plattenfirma kann dann einen Lizenzvertrag mit dem vermittelten Auslandspartner abschließen. Im Falle einer geglückten Vermittlung kann der Produzent eine Erhöhung sei- ner Umsatzbeteiligung oder eine einmalige Provision (sog. „finders-fee") ver- langen.

 Dauer des Vertrages

1. Dauer

Künstlerexklusivverträge sind regelmäßig auf eine Zusammenarbeit von mehreren Jahren angelegt, in denen Tonträger aufgenommen und verwertet werden sollen. Unbeachtlich ist hierbei, ob es sich bei dem Vertragspartner des Künstlers um eine Produktionsfirma oder eine Plattenfirma handelt, und zwar deshalb, weil ein Produzent der Plattenfirma genau das gleiche garantieren muß wie ein Künstler, der direkt mit der Plattenfirma einen Deal macht.

Typisch für einen Künstlerexklusivvertrag ist, daß bei Abschluß noch nicht genau vorhersehbar sein wird, über welchen Zeitraum sich die Zusammenarbeit erstreckt.

In nahezu allen Fällen wird lediglich die Dauer einer ersten Vertragsperiode zeitlich festgelegt und das weitere Schicksal der Zusammenarbeit von der Ausübung sogenannter Optionsrechte abhängig gemacht. Die Dauer einer Vertragsperiode ist üblicherweise 1 Jahr. Der Künstler sollte es vermeiden, sich über längere Vertragsperioden zu verpflichten.

Oft macht aber in Musikerkreisen das Gerücht die Runde, ein junger Künstler oder eine Gruppe habe bei einer Plattenfirma einen Exklusivvertrag über 5 Jahre unterschrieben. Dies ist ein Mißverständnis.

Mit Newcomern werden nur selten Verträge abgeschlossen, die eine feste Laufzeit von mehr als 1 Jahr haben. Im obigen Beispiel wird es sich um eine erste feste Vertragsperiode von 1 Jahr handeln mit einer viermaligen Option der Plattenfirma, den Vertrag um jeweils 1 Jahr zu verlängern. Zutreffend wäre deshalb von einer möglichen Vertragsdauer zu sprechen, die zwischen 1 und 5 Jahren liegen kann. Wie lange der Vertrag tatsächlich gedauert hat, kann deshalb nur im nachhinein festgestellt werden.

2. Produktionsbezogene Dauer

Aufgrund der Entwicklung, daß zahlreiche Künstler Produktionsintervalle von mehr als 1 Jahr bevorzugen, werden Verträge immer mehr produktionsbezogen abgeschlossen. Im Vordergrund steht hierbei die Erreichung vertraglich festgelegter Produktions- und Anlieferungsvolumina.

Beide Vertragsvarianten, sowohl die laufzeitbezogene wie auch die produktionsbezogene Variante, führen zu unvollständigen Ergebnissen und bedürfen ergänzender Regelungen.

Meist enthalten deshalb Verträge mit einer zeitlich festgelegten Laufzeit den Zusatz, daß eine Verlängerung des Vertragszeitraumes eintritt, wenn die vorgesehenen Aufnahmen nicht produziert oder angeliefert worden sind.

Im Vergleich dazu enthalten rein produktionsbezogene Verträge eine bestimmte zeitliche „dead-line", bis zu der die Produktion oder die Anlieferung zu erfolgen hat. Trotz des unterschiedlichen Ansatzes kommt man unter dem Strich zu fast gleichen Ergebnissen.

3. Optionen auf Verlängerung des Vertrages

Unter einem Optionsrecht versteht man die Möglichkeit einer Vertragspartei, den Vertrag nach Ablauf der ersten Vertragsperiode um eine oder mehrere Perioden zu den gleichen Vertragsbedingungen zu verlängern.

Naturgemäß bleibt dieses Optionsrecht der Firma vorbehalten. Begründet wird dies mit der einfachen Formel, daß derjenige, der das finanzielle Risiko für Produktion und Vermarktung trägt, auch bestimmt, wie lange der Vertrag dauert.

Hiermit will sich die Firma die Entscheidung vorbehalten, ob sie nach Ablauf der ersten Periode die Zusammenarbeit mit dem Künstler einstellt oder in der Hoffnung, daß sich die Investitionen der Anfangsphase auszahlen, eine weitere Kooperation anstrebt.

Die Anzahl und Dauer von Optionsklauseln sind sorgfältig zu überlegen. Eine überlange Bindung liegt keinesfalls im Interesse der Künstler und dient letztlich auch nicht den Produzenten, da es bei einem Zerwürfnis zu einer lähmenden Arbeitsatmosphäre kommen wird.

Für den Künstler können solche Vertragsbedingungen extrem nachteilig sein, wenn sie die Möglichkeit vorsehen, den Vertrag über einen sehr langen Zeitraum (10 Jahre oder länger) immer wieder zu verlängern, ohne daß er die Konditionen neu verhandeln kann.

Unter welchen Umständen derartige Optionsrechte unzumutbar sind, ist eine Frage des Einzelfalles und richtet sich danach, ob und welche Verbesserungen der Vertrag innerhalb der einzelnen Vertragsperioden vorsieht.

Mit den Vertragsklauseln über Optionsrechte sind zahlreiche Fragen verknüpft. Die Ausübung von Optionsrechten hat maßgeblichen Einfluß auf die Dauer der persönlichen Exklusivität des Künstlers, den Beginn der Titelexklusivität sowie auf die gesamte Planung des Künstlers in bezug auf seine musikalische Entwicklung und seine Verhandlungsposition gegenüber der Firma.

Um sich ein Bild von vertraglichen Optionsklauseln zu machen, sollen folgende Musterbeispiele dienen:

„Der Vertrag tritt am (...) in Kraft für die Dauer von zunächst 1 Jahr, d.h. bis zum (…) geschlossen (1. Vertragszeitraum).

Firma ist ein dreimaliges Optionsrecht auf Verlängerung des Vertrages um jeweils ein weiteres Jahr eingeräumt

Künstler und Firma verpflichten sich wechselseitig, pro Vertragsjahr mindestens (…) Titel aufzunehmen. Die Verpflichtung der Firma erstreckt sich auf die Vornahme branchenüblicher Verwertungshandlungen.

Auf Wunsch von Firma wird Künstler im 1. Vertragszeitraum bzw. in den jeweiligen Optionsvertragszeiträumen auch für die Produktion von über den in den vorstehenden Absätzen vereinbarten Produktionsrahmen hinausgehenden Aufnahmen zur Verfügung stehen".

Wie man sieht, werden regelmäßig nur die Rahmenbedingungen einer Zusammenarbeit festgelegt. Die endgültige zeitliche und inhaltliche Ausgestaltung verbleibt in den Händen der Firma.

Eine Vertragsvariante, die auf ein verstärktes Mitspracherecht des Künstlers Rücksicht nimmt (und deshalb in der Praxis leider selten vorkommt), könnte wie folgt gestaltet sein:

„ Der Vertrag beginnt mit der Unterzeichnung durch beide Parteien und endet nach Ablauf von einem Jahr. Er verlängert sich automatisch um ein weiteres Vertragsjahr, sofern nicht eine der Vertragsparteien den Vertrag mit einer Frist von sechs Monaten durch schriftliche Erklärung kündigt.

Die Firma garantiert die Durchführung und Veröffentlichung von Aufnahmen für mindestens eine Langspielplatte pro Vertragsjahr. Auf Wunsch der Firma wird der Künstler für weitere über die Mindestzahl hinausgehende Aufnahmen zur Verfügung stehen."

Ungewöhnlicherweise wird hier eine Mindestzahl von Aufnahmen (sowie ihrer Veröffentlichung, was äußerst unüblich ist) pro Jahr garantiert. In der Regel taucht diese Mindestaufnahmepflicht (vgl. Kapitel 8, Teil 2) in der Vertragsklausel über die Produktion auf.

Diese Mindestaufnahmepflicht wird sehr oft von der Plattenfirma bzw. vom Produzenten auf eine oder zwei Singles mit einer Option auf eine LP pro Vertragsperiode beschränkt. Damit halten sie ihr wirtschaftliches Risiko gering. Wird eine solch niedrige Mindestaufnahmepflicht vereinbart, kann der Künstler versuchen, auszuhandeln, daß die Ausübung einer Option von der Firma oder dem Produzenten leistungsgebunden ist. Das heißt, daß die Firma oder der

Produzent nur dann eine Option ausüben darf, wenn sie oder er die Produktion einer LP in der Optionsperiode garantiert.

Weitere Einschränkung des einseitigen Optionsrechts der Firma können dadurch erreicht werden, daß der Künstler sich im Vertrag vorbehält, eine weitere Option von der rechtzeitigen Zahlung eines nochmaligen Vorschusses oder von der Zahlung eines Demobudgets abhängig zu machen. Wie man sieht, sind hierbei schon in den Vertragsverhandlungen frühzeitig die Weichen für den weiteren Vertragsablauf zu stellen.

In manchen Verträgen wird diese Zahl der in einer Vertragsperiode aufzunehmenden Songs mit „im Durchschnitt pro Vertragsjahr" ausgedrückt. „Im Durchschnitt" bedeutet, daß in einem Jahr über die vertragliche Verpflichtung hinaus erstellte Aufnahmen auf die anderen Jahre der Laufzeit des Vertrages angerechnet werden.

Dies kann im schlimmsten Fall eine negative Wirkung haben, wenn zum Beispiel im Taumel des ersten Vertragsjahres genug Aufnahmen durchgeführt worden sind, so daß später keine weiteren Aufnahmen gemacht werden und der Künstler für die Dauer des Vertrages „auf Eis liegt".

Sollte die Aufnahme oder deren Veröffentlichung nicht erfolgen, wäre es nach diesem Modellvertrag möglich, Schadensersatz wegen Nichterfüllung einzuklagen.

Umgekehrt kommt es gelegentlich vor, daß die Firma auch ihre Verlängerungsbefugnis davon abhängig macht, ob der Künstler gegenüber dem Produzenten noch Vorschußschulden hat oder ein bestimmtes Produktionsvolumen noch nicht eingespielt hat (siehe Kapitel XVII).

4. Ausübung der Optionsrechte

Häufig ist unklar, wie und bis zu welchem Zeitpunkt die Firma ihr Optionsrecht auszuüben hat. Hier variieren die Zeitpunkte von 6 Monaten vor Ende der Vertragsperiode bis hin zu 2 Monaten nach deren Ablauf!

Eine gängige Klausel ist deshalb folgende:

„Der Vertrag beginnt mit der Unterzeichnung durch beide Parteien und endet nach Ablauf von X Jahren. Er verlängert sich automatisch um ein weiteres Vertragsjahr, sofern nicht eine der Vertragsparteien den Vertrag mit einer Frist von sechs Monaten durch schriftliche Erklärung kündigt.

Andere Optionsvereinbarungen sind davon abhängig, daß sie gegenüber dem Künstler schriftlich erfolgen. "

Eine automatische Verlängerung des Vertrages ist jedoch nie akzeptabel. Die Ausübung der Option sollte immer schriftlich, und zwar vor Ablauf einer Vertragsperiode, stattfinden. Dann liegt die Last der Rechtzeitigkeit der Ausübung bei der Plattenfirma bzw. beim Produzenten.

Grundsätzlich ist vom Künstler auf eine frühestmögliche Geltendmachung des Optionsrechtes seitens der Firma Wert zu legen und auf die genaue Definition, bis wann das Recht geltend gemacht wird. Hierdurch erhält der Künstler Zeit, sich auf Verhandlungen mit potentiellen neuen Plattenfirmen oder Produzenten einzustellen, falls die Option nicht ausgeübt wird.

5. Optionsvereinbarungen („Head of Agreement")

Optionsvereinbarungen sind nicht mit den oben beschriebenen Optionen auf Verlängerung zu verwechseln. Eine Optionsvereinbarung, auch oft Eckdatenvereinbarung genannt, ist eigentlich ein Unding. Solche sogenannten Vorverträge gibt es in der Wirklichkeit nicht, sondern nur kurze oder ausführliche Verträge. In der Praxis will sich eine Platten- oder Produktionsfirma möglichst schnell die Dienste eines Künstlers sichern. Sie wird daher in einer Eckdatenvereinbarung zunächst nur die für sie wichtigen Dinge wie Vertragsgebiet, Vertragsdauer, Optionen auf Verlängerung, Rechtsübertragung und ganz grob die Höhe der Beteiligung und etwaige Lizenzreduzierungen aufführen. Unterschreibt man dieses Dokument, sind die beschriebenen Eckdaten bindend, also nicht mehr verhandelbar. Die Gefahr liegt darin, daß auf der einen Seite Positionen verhandelt werden, die mit anderen noch nicht verhandelten Positionen in Verbindung stehen. Legt man in der Eckdatenvereinbarung beispielsweise schon die Höhe der Grundbeteiligung fest, läßt aber Lizenzreduzierungen vorläufig unberücksichtigt, wird die Verhandlungsposition des Künstlers geschwächt. Sieht er sich im späteren detaillierten Vertrag mit der Forderung der Plattenfirma nach einer Doppelreduzierung konfrontiert, kann er diese nur noch ablehnen oder versuchen zu drücken. Der Weg, einen Ausgleich über die Höhe der Grundbeteiligung zu schaffen, ist ihm versperrt. Er kann nicht einmal mehr den Vertragsschluß ganz ablehnen, da er sich in der Eckdatenvereinbarung schon verpflichtet hat, Aufnahmen für die Plattenfirma zu erstellen und ihr für die Verwertung derselben die Rechte einzuräumen.

VIII Produktion

Neben der Tatsache, daß sich mit Unterzeichnung eines Vertrages der Künstler und sein Vertragspartner darüber geeinigt haben, daß etwas produziert bzw. aufgenommen wird, stellt sich nunmehr nur noch die Frage nach den **4 großen W:**

- **Was wird wie aufgenommen**
- **Wieviel darf es kosten**
- **Wer zahlt die Rechnung**
- **Wann wird geliefert**

wobei die letzte Frage meiner Ansicht nach immer die interessanteste Frage bei allen Verträgen nach dem Prinzip „Geld gegen Ware" darstellt.

1. Titelauswahl und Durchführung

1.1 Entscheidungsrecht

Sowohl in Künstlerverträgen als auch im Bereich des Bandübernahmevertrages und des Vertrages mit einem künstlerischen Produzenten müssen sich die Parteien darüber einigen, welche Songs/Titel/Stücke aufzunehmen sind. Jedem wirtschaftlich interessierten Künstler wird es einleuchten, daß gerade diese Frage für seine weitere Zukunft und die seiner Platten- bzw. Produktionsfirma von existentieller Bedeutung sein kann. Zum einen bestimmen die später veröffentlichten Songs die Stilrichtung des Künstlers aus Sicht der Käufer und Konsumenten. Zum anderen läßt sich über die Auswahl der Titel auch die Marktchance bzw. eine zusätzliche Veröffentlichung im Ausland trefflich bestimmen.

Fast immer steht in den Verträgen, daß die Parteien einvernehmlich oder in gegenseitiger Abstimmung über die auszuwählenden Titel bestimmen. Doch jetzt kommt der Haken: Meist steht dann in einem 2. Satz, daß die Firma, der Produzent oder sonstwer das **Letztentscheidungsrecht** oder auch den **Zustimmungsvorbehalt** besitzt.

Diese beiden Begriffe sollte man sich gut merken, denn wer hier das letzte Wort hat, bestimmt in nicht unerheblichen Maße auch über das Wohl und Wehe der Produktion und über die weitere Karriere des Künstlers. Obwohl in der Regel die Firma für die Aufnahme der Titel Geld bezahlt, geht es nicht nach dem Prinzip: „Wer die Kapelle bezahlt, bestimmt auch die Musik". Alles ist Verhandlungssache. Oft wurden Künstler schon damit beruhigt, es stünde doch

im Vertrag, daß beide Parteien einvernehmlich über die Auswahl der Titel entscheiden. Daß das Letztentscheidungsrecht aber bei der Company lag, wurde
dann vom Künstler schlichtweg überlesen oder aber in seiner Bedeutung falsch
gewertet.

Interessenkonflikte scheinen hier vorprogrammiert. Wie immer ist bei den
Verhandlungen Feingefühl auch für die Belange des Vertragspartners gefragt.
So kann die Entscheidung der Plattenfirma, aus einer aktuellen HipHop-Pro-
duktion nur die kommerziellen Titel auszuwählen, für den Künstler schnell
bedeuten, den Respekt seiner Community und somit auch die Basis für seinen
Erfolg zu verlieren. Andererseits kann es für einen jungen Produzenten den
Ruin bedeuten, wenn ihm die Company seine Produktion nicht abkauft
respektive das Band nicht abnimmt, weil sein Künstler aufgrund seines Letzt-
entscheidungsrechtes und einer gewissen, alle wirtschaftlichen Aspekte
ignorierenden Profilneurose nur die „glaubhaftesten und ehrlichsten" Songs
ausgewählt hat.

Der Künstler sollte auf jeden Fall versuchen, das Letztentscheidungsrecht
bei sich zu behalten. Ferner sollte in einem solchen Fall von seiten der anderen
Vertragspartei dieses Letztentscheidungsrecht oder der Zustimmungsvorbehalt ausdrücklich und schriftlich anerkannt werden.

Eine entsprechende Klausel könnte dann so aussehen:

*Die Entscheidung über die zu produzierenden (bzw. aufzunehmenden) Titel
treffen Künstler und Produzent/Firma gemeinschaftlich, wobei das Letztentscheidungsrecht Künstler zusteht, welches von Produzent/Firma ausdrücklich
anerkannt wird.*

Eine andere Klausel, welche auch standardmäßig verwandt wird, erfordert
etwas mehr Verständnis für die Systematik beim Lesen, daher sei hier
nochmals darauf verwiesen, was in der Einleitung steht, auch wenn es lang-
weilig erscheint:

Verträge müssen sorgfältig gelesen werden!!

*Die Auswahl der aufzunehmenden Titel trifft alleinig Künstler, wobei es zu der
Aufnahme der betreffenden Titel der Zustimmung von Firma bedarf. Dieser
Zustimmungsvorbehalt von Firma wird von Künstler ausdrücklich anerkannt.*

Ein unaufmerksamer Leser dieser Klausel übersieht schnell, daß der
1. Halbsatz dieser Klausel letztendlich Makulatur ist. Also Vorsicht!

1.2 Sprache

In den Verträgen, welche hier behandelt werden, werden z.T. verschiedene
Begriffe für die Sprache der aufzunehmenden Titel verwandt. Zumeist gibt es
zwei Variationen:

70

Die Produktion/Aufnahme erfolgt in (...) Sprache, soweit nicht fallweise etwas anderes bestimmt ist.

oder auch

Die Synchronisation der Vertragsaufnahmen erfolgt in (...) Sprache, soweit im Einzelfall nichts anderes vereinbart wurde.

Beide Klauseln haben denselben Regelungsgehalt und dieselbe Bedeutung.

Bedenkt man, wie lange es gedauert hat, daß deutsche Musik auch in ihrem eigenen Lande von den Käufern und Konsumenten überhaupt akzeptiert wurde und nicht mehr von der Industrie pauschal als „Krautrock" belächelt wurde, leuchtet die Bedeutung der Entscheidung, in welcher Sprache die Titel produziert werden sollen, jedem ein.

Heutzutage gibt es auch außerhalb des „Schlagersegments" einen Markt für deutschsprachige Popmusik, der sich nicht allein auf kölnische Mundart-Rocker bzw. irgendwelche Philosophen und Lehrer mit Sendungsbewußtsein beschränkt. Auch bislang so typisch englischsprachige Themen wie HipHop und R&B werden heute in Deutsch interpretiert; mittlerweile in eigenen nationalen Styles.

Viele Künstler, mit denen ich zusammenarbeite, schreiben ihre Werke mittlerweile in mehreren Sprachen. Oft genug lassen sich die Plattenfirmen vertraglich auch die Aufnahme in einer weiteren Sprache zusichern, so daß im Falle einer deutschsprachigen Produktion eine anschließende Auslands-Veröffentlichung ohne große Sprachbarriere möglich ist. Andererseits sollte auch der Künstler sich die Möglichkeit einer Aufnahme in einer weiteren Sprache offenhalten.

Hat die Firma bislang noch gar keine Auslands-Veröffentlichung getätigt respektive dies in Erwägung gezogen, so kann der Künstler mit einer Aufnahme in z.B. englischer Sprache von vornherein die Möglichkeiten dafür schaffen. In der Regel sollte man sich daher schon vor Unterzeichnung und Verhandlung eines Vertrages Gedanken darüber machen, ob man einen Titel mehrsprachig aufnehmen will.

1.3 Minimum-Liefer- bzw. -Aufnahmepflicht

1.3.1 Mindestanzahl

Rechte geben auch Pflichten auf, daran sollte man immer denken. Grundsätzlich ist die Verpflichtung der Firma zur Herstellung/Aufnahme/Abnahme einer bestimmten Anzahl von Aufnahmen eine absolute Notwendigkeit, da ansonsten den Verträgen über die Auswertung von Darbietungen mit einem Künstler die Grundlage fehlt. Wo nichts ist, kann auch nichts verwertet werden. Auf der anderen Seite kann für den Künstler die Verpflichtung zur Aufnahme eine erhebliche Bürde darstellen. Insbesondere wenn es nicht nur um eine Single im Jahr geht.

Es ist auf eine ausgewogene Anzahl an aufzunehmenden Titeln zu achten. Meistens versuchen die Firmen, soweit es nicht gleich um ein Album geht, die Produktionsverpflichtung so niedrig wie möglich zu halten. Dies versuchen sie allein schon deshalb, weil sie sich nicht so hohe Kosten einfahren wollen und zunächst einmal eine Test-Single veröffentlichen wollen.

Andererseits hat der Künstler nichts als Arbeit, wenn die Firma verpflichtet ist, x Titel mit ihm zu produzieren, welche dann gar nicht oder nur widerwillig bis laienhaft veröffentlicht werden, da die Company keine Lust mehr hat, mit dem Künstler zusammenzuarbeiten oder keine weiteren Chancen für das Produkt sieht. Hier sind einfach Augenmaß, das richtige Gespür und wieder Feingefühl für den Vertragspartner gefragt.

In Bandübernahmeverträgen kann die Vereinbarung über die aufzunehmenden Titel in etwa so aussehen, wobei Produzent und Künstler in diesem Fall identisch sind :

Produzent wird im Vertragszeitraum mindestens Aufnahmen mit Künstler im Umfang 1 (eines) Studioalbums („Mindestalbum") mit dem Obertitel „n.n." und folgende Einzelaufnahmen („Mindestaufnahmen") 1 bis xy: n.n. neu produzieren und Firma anliefern.

Der Lieferumfang des Mindestalbums und der Optionsalben umfaßt die für jeweils mindestens 2 (zwei) Singleauskopplungen erforderlichen Mixe (mindestens A-Seite plus 2 Mixe und B-Seite nach Wahl).

Der Lieferumfang des Mindestalbums sowie jedes Optionsalbums umfaßt mindestens 12 Aufnahmen unterschiedlicher Titel mit einer Gesamtlänge von mindestens 45 Minuten und maximal 60 Minuten.

1.3.2 Remixe

Vorsicht bei Remixen. Dieser Punkt bedarf besonders genauer Prüfung, da hier oftmals auch versteckte Kostenlasten für den Künstler enthalten sind. Oft ist in den Verträgen zu lesen, daß hergestellte Remixe auf die Mindestanzahl der Aufnahmen angerechnet werden. Das ist natürlich in Künstlerverträgen von vornherein auszuschließen, da man ja nicht nur einen Song in 20 Versionen produzieren möchte.

Grundsätzlich solle folgende Klausel immer enthalten sein:

Die Produktion von Remixen bedarf der vorherigen Zustimmung von Produzent/Künstler.

Hat man eine derartige Klausel vereinbart, ist man meiner Ansicht nach vor unliebsamen Überraschungen gefeit und kann sich immer noch einen Tag Bedenkzeit ausbitten.

Zu den Kosten derartiger Remixe komme ich unten unter Ziffer 8.4.4

1.3.3 Neue Titel / Live-Aufnahmen

Grundsätzlich befassen sich sowohl Künstlerverträge als auch Bandübernahmeverträge mit neuen bislang unveröffentlichten Werken und nicht mit sogenannten Cover-Versionen. Das hat den Grund, daß für die Industrie grundsätzlich nur neue Werke interessant sind, da die Beteiligungen für die Firmen höher sind und keine Abgaben erfolgen müssen. Weiter hat niemand ein wirkliches Interesse daran, wenn ein Künstler zum dreizehnten Mal eine neue Version seines 1953er-Sommerhits aufnimmt und damit gedenkt, seine vertraglichen Pflichten zu erfüllen. Ferner besteht auch immer die Gefahr, daß durch die Neuaufnahme von Titeln Exklusivrechte Dritter verletzt werden.

Diesem Haftungsrisiko will sich die Industrie selbstredend nicht grundsätzlich und von vornherein aussetzen. Daher erfolgt in den meisten Verträgen zum einen die Verpflichtung des Künstlers, der Firma mitzuteilen, welche Titel er bereits aufgenommen/produziert hat und ob durch eine Wiederaufnahme von Titeln Exklusivrechte Dritter verletzt werden. Verstößt der Künstler hiergegen, kann die Firma den entsprechenden Schaden dann regressieren.

Ein weiteres Interesse der Plattenfirmen ist es, nur Studioaufnahmen von neuen Werken als Vertragserfüllung anzusehen. Dies resultiert daraus, daß in der Vergangenheit diverse Künstler ihre Produktionsverpflichtungen bei Bandübernahmeverträgen mit vergleichsweise billigen Live-Alben erfüllt haben und die garantierte Vorauszahlung für die Alben freudestrahlend einkassiert haben. Je nach zu zahlender Summe und der Anzahl abzuliefernder Alben pro Vertragsperiode kann dies u.U. ein lukratives Geschäft für einen bereits etablierten Künstler sein, will er gegebenenfalls seinen Verpflichtungen gegenüber der Company nicht mehr weiter nachkommen.

Daher taucht dann in etwa folgende Klausel in Verträgen auf:

Produzent/Künstler garantiert, daß es sich bei allen Aufnahmen gemäß dieser Ziffer um mit Künstler neu produzierte Studio-Aufnahmen bislang nicht veröffentlichter Werke handelt.

Um aber nicht völlig vom guten Willen der Firma abhängig zu sein, sollte man sich immer eine Hintertür offenhalten, um im Falle eines grandiosen Konzertmitschnitts doch noch mit diesen Live-Aufnahmen den Vertrag erfüllen zu können. Dann könnte folgende Klausel vereinbart werden:

Sogenannte Live-Aufnahmen gelten insofern als Vertragserfüllung, als daß sie mindestens zu 70 % neue und jeweils bislang unveröffentlichte Werke enthalten.

So kann man den guten Mitschnitt verwerten, und die Firma hat auch ihren Willen. Dies ist allerdings meist erst dann reizvoll und denkbar, wenn man an die Ablieferung von Folge- oder auch Optionsalben denkt.

1.3.4 Erweiterung der Anzahl

Eine meiner „beliebtesten" Klauseln in Künstlerverträgen mit wirtschaftlichen Produzenten ist folgende:

Wird in einem Vertragsjahr die vorgenannte Zahl der aufzunehmenden Titel überschritten, so kann die Firma die überzähligen Titel auf ein anderes Vertragsjahr anrechnen. Im Einvernehmen mit dem Künstler kann die Firma über die vorgenannte Titelanzahl hinaus Aufnahmen weiterer Titel durchführen.

Die Sache hat immer einen Haken, und die Firma hat mit der Vereinbarung immer einen für den Künstler ungünstigen Hintergedanken. Dazu folgender Sachverhalt:

Firma, in der Regel ein wirtschaftlicher Produzent, und Künstler schließen einen Künstlervertrag über 2 Jahre mit 2 Optionen auf 2 weitere Jahre. Als Mindestanzahl werden 2 Titel, ausreichend für 1 Maxi-CD, vereinbart, zzgl. eventueller Remixe. Die Arbeit im Studio läuft gut, der Künstler ist kreativ und kann gegebenenfalls mit dem Produktionsteam hervorragend arbeiten. Im Laufe der nächsten Zeit werden insgesamt 5 Titel aufgenommen, von denen letztlich 2 für die Maxi genommen werden.

Das Problem ist nun: Wenn die erste Maxi floppt und ein zweiter Versuch mit den übrigen 3 Titeln unternommen wird, bleibt im Folgejahr nach obiger Klausel kein Material mehr für eine erneute Veröffentlichung. Hat der Künstler der Firma auch keine Pflicht zur Veröffentlichung pro Vertragsperiode abgerungen (siehe Ziffer 8.9), dreht er in den nächsten 12 Monaten Däumchen. Anders herum: Wird kein zweiter Versuch unternommen und hat die Firma die Pflicht zur Veröffentlichung vereinbart, so kann sie die übrigen 3 Titel auf das Folgejahr anrechnen, muß also nichts Neues mehr aufnehmen lassen. Der Super-GAU für den Künstler ist dann die halbherzige Veröffentlichung von Material, das gegebenenfalls über 12 Monate alt ist, damit die Firma den Vertrag erfüllt hat.

Daher ist eine Bestimmung wie die obige Klausel, was die Anrechnung auf ein anderes Vertragsjahr angeht, meines Erachtens immer zu streichen.

Bei Produzentenverträgen sollte immer darauf geachtet werden, daß die folgende Klausel immer gestrichen wird:

74

Produzent wird auf Wunsch von Firma weitere Vertragsaufnahmen bis zum Umfang von (...) herstellen.

Erstens können die Parteien, sofern sie Lust dazu haben, immer einen weiteren neuen Vertrag abschließen. Derartiges muß nicht noch schriftlich fixiert werden. Übernimmt man als Produzent diese Klausel ohne weiteres, so kann es Probleme bei den nachfolgenden Terminen mit anderen Künstlern geben. Schließt man während einer Produktion schon einen Vertrag mit einer anderen Firma, einem anderen Künstler über eine nachfolgende Produktion, so kann, wenn der Produzent seinen Verpflichtungen der wunschgemäßen Herstellung weiterer Aufnahmen nachkommen muß, dies dazu führen, daß der Produzent gegenüber einem Vertragspartner vertragsbrüchig wird. Schließlich kann niemand an zwei Orten zugleich sein.

Wenn eine derartige Klausel vereinbart werden sollte, dann müssen sich die Parteien aber auch darüber einigen, daß in diesem Falle das Produktionsbudget entsprechend steigt respektive diese Aufnahmen nicht im vereinbarten Honorar enthalten sind. Es ist also Vorsicht geboten.

1.3.5 Aufnahmerückstand

Es gibt, gerade in Verträgen mit wirtschaftlichen Produzenten, Klauseln, die der Firma die Möglichkeit geben, sich im Falle eines Aufnahmerückstandes seitens der Firma von der Aufnahme- bzw. Herstellungsverpflichtung durch Zahlung eines gewissen Betrages zu befreien.

Sofern ein Künstler sich länger an eine Firma gebunden hat, bringt ihn die Zahlung eines Geldbetrages in seiner Karriere nicht weiter, abgesehen davon, daß er anscheinend die falsche Firma gewählt hat, wenn sie sich von weiteren Aufnahmen freikaufen will. Der Künstler hat nun zwar einen gewissen Geldbetrag, dreht aber wiederum für den Rest der Vertragslaufzeit Däumchen. Geld allein macht aber nicht glücklich.

In jedem Falle sollte in eine derartige Klausel aufgenommen werden, daß die Möglichkeit der Befreiung von der Aufnahme-/Herstellungspflicht durch Zahlung eines Geldbetrages (im Mittelalter für Verfehlungen auch schlicht Ablasshandel genannt) der Zustimmung des Künstlers bedarf. Dieser kann dann zwischen den beiden Möglichkeiten wählen.

Grundsätzlich sollte man als Künstler jedoch versuchen, eine derartige Bestimmung aus dem Vertrag ganz zu streichen, bevor man versucht, diese zu ändern.

Andererseits können noch ausstehende Aufnahmen, welche auf ein Verschulden des Künstlers zurückzuführen sind, neben etwaigen Schadensersatzansprüchen auch zu einer Verlängerung der exklusiven Bindung des

Künstlers an den Produzenten bzw. die Firma führen. Da dies zu einer Quasi-verlängerung des Vertrages trotz Beendigung führen kann, sollte man als Künstler stets darauf bedacht sein, seine Verpflichtungen entsprechend zu erfüllen. Im Falle eines Anschlußangebotes nach Auslaufen des Vertrages können derartige Überhänge aus Altverträgen zu erheblichen Schwierigkeiten führen, seine persönliche Exklusivitätsverpflichtung zu erfüllen

1.4 Qualitätsbedingungen

1.4.1 Technische Qualität

Über Geschmack läßt sich streiten, über unbestimmte Begriffe auch. Eine Klausel einer großen Plattenfirma in einem Bandübernahmevertrag lautete z.B. so:

Produzent sichert zu, daß alle Tonaufnahmen in technisch hervorragend ausgestatteten Studios produziert werden.

Wer die Einleitung bezüglich des Vertragsschlusses aufmerksam gelesen hat, wird sich sicherlich noch an den Begriff des sogenannten Empfängerho-rizontes erinnern. Es muß jedem einleuchten, das der Begriff „hervorragend" von verschiedenen Menschen verschieden ausgelegt und verstanden wird. Insofern ist klar, daß ein Streit, sofern sich die Firma gegenüber Künstler auf diese Klausel beruft, vorprogrammiert ist. Sicherlich wird man Problemen bei der Festlegung von Standards gerade im künstlerischen Bereich nie ganz aus dem Wege gehen können. Man sollte jedoch immer versuchen, gerade bei der Verwendung von unbestimmten Begriffen möglichst einfache und allgemein verständliche Begrifflichkeiten zu verwenden, die beiden Vertragsparteien einleuchten und klar sind. Denn im Falle eines Streits über derartige Ausle-gungen vor Gericht beginnt das Vabanquespiel, welche Ansicht das Gericht teilt.

Folgende Klausel wäre meines Erachtens nach weniger problematisch:

Produzent sichert zu, daß alle Tonaufnahmen in Studios produziert werden, welche dem technischen Standard einer modernen Musikproduktion ent-sprechen.

Die Parteien haben meistens schon vorher abgestimmt, in welches Studio es geht. Oft genug ist dies ja auch abhängig vom künstlerischen Produzen-ten. Ich habe selten eine Budgetfreigabe erlebt, wenn nicht vorher fixiert wurde, wo und unter wessen Leitung aufgenommen wird. Auf Basis der obi-gen Klausel läßt sich meiner Meinung nach wesentlich schneller und effizien-ter ein Konsens zwischen den Parteien herstellen.

1.4.2 Kommerzielle Qualität

Häufig soll der Künstler/Produzent der Firma zusichern, daß er Aufnahmen in „künstlerisch einwandfreier" Qualität abzuliefern habe. Das Problem bei einer derartigen Klausel ist, wie bereits oben erwähnt, was man darunter versteht. Ausgehend von dem Satz: „Kunst kommt von Können" kommt man hier auch nicht weiter. Die aktuellen Chart-Themen führen diese Weisheit ad absurdum. Andererseits ist jeder Künstler individuell auch in seinen Fähigkeiten. Was für den einen eine schwache Leistung ist, ist für den anderen eine brillante Performance. Solange der Künstler die Aufnahmen nicht völlig alkoholisiert oder sonstwie lallend getätigt hat, dürften keine wesentlichen Probleme auftreten. Auf diese Klausel sollte man daher nicht allzuviel Zeit bei Verhandlungen verschwenden. Ferner habe ich in der Praxis schon viele Streitigkeiten bezüglich des Endproduktes zwischen den Parteien eines Vertrages erlebt, jedoch noch nie bezüglich der Qualität einer künstlerischen Leistung.

2. Produktionskosten

2.1 Größe des Budgets

Die finanziell möglichen Unterschiede eines Bandübernahme- und eines Künstlerexklusivvertrages wurden bereits in den vorangegangenen Kapiteln behandelt.

Während bei einem Bandübernahmevertrag das maximale Budget in der Regel durch die Höhe der Vorauszahlung feststeht bzw. gegenüber der Plattenfirma nicht unbedingt zutage tritt, da der Künstler seine erste Gewinnspanne nicht unbedingt preisgeben will, tritt bei Künstlerverträgen das für die Produktion veranschlagte Budget sehr selten zutage. Dies ist um so verwunderlicher, als ein Künstler im Falle eines Künstlervertrages mit einem Produzenten oder einer Plattenfirma am Budget sehr schnell sehen kann, ob es sich hier wirklich um ein für die andere Vertragspartei wichtiges Thema handelt oder aber nur um ein billiges Standardprodukt. Es sollte daher immer schriftlich die ungefähre Größe des Produktionsbudgets vorher vereinbart werden.

Im Falle eines Vertrages mit einem künstlerischen Produzenten vereinbaren die Parteien grundsätzlich im voraus, welches Budget dem Produzenten für die Herstellung der vertragsgegenständlichen Aufnahmen zur Verfügung steht. Zumeist sieht die entsprechende Vereinbarung in etwa wie folgt aus:

Produzent erhält für die Herstellung der Vertragsaufnahmen unter Einschluß der nach Ziffer xx. zu liefernden Materialien ein Produktionskostenbudget in

Höhe von 17.000 € inklusive derzeit geltender MwSt. für jeden hergestellten und abgenommenen Albumtonträger mit Vertragsaufnahmen, unter jeweiliger Anrechnung des Produktionskostenbudgets für Singletonträger; wenn Vertragsaufnahmen, die bereits auf Singletonträgern enthalten sind, auch auf dem Albumtonträger enthalten sind.

2.1.1 Welche Kosten gehören dazu?

Grundsätzlich sind zu den Kosten der Produktion bei Produzentenverträgen sämtliche notwendigen Kosten des Produzenten zu zählen, die dieser aufgrund seiner Tätigkeit als Produzent für die Herstellung der Aufnahmen zu erwarten hat. Hierzu zählen u.a. Studiokosten, das Honorar des Produzenten, Mixkosten, Kosten für Studiomusiker, Arrangeure, Tontechniker, Band- und sonstige Materialkosten, evtl. Reise- und Übernachtungskosten sowie Spesen des Produzenten.

Mit dem Produktionskostenbudget sind normalerweise sämtliche im Zusammenhang mit der Herstellung der Vertragsaufnahmen entstehenden Kosten während der Herstellung der Vertragsaufnahmen abgegolten.

Nicht mit einzubeziehen sind grundsätzlich die Kosten der Übernachtung, Reise und Verpflegung des Künstlers sowie sonstiger im Schlepptau des Künstlers oder auf Geheiß des Auftraggebers beteiligten Personen.

2.1.2 Remixe

Remixe und die Verpflichtung des Künstlers, bei Bandübernahmeverträgen solche gegebenenfalls einschließlich der diesen zugrunde liegenden Vertragsaufnahmen abzuliefern, beinhalten immer ein gewisses Kostenrisiko für den Künstler, welches seine späteren Beteiligungen extrem schmälern kann. Zum einen können Remixe in nicht unerheblichem Maße das Produktionskostenbudget belasten. Sofern die Plattenfirma zur Anfertigung von Remixen auch ohne vorherige Zustimmung des Künstlers berechtigt ist, ist darauf zu achten, daß die Kosten für derartige Mixe allein von der Firma zu tragen sind. Denn hierin liegt gerade das versteckte Risiko. Kann die Firma nach Gutdünken Remixe anfertigen und die Kosten hierfür als verrechenbare Vorleistung an den Künstler weitergeben, wird der Künstler im Rahmen seiner Vertragslaufzeit niemals etwas von seiner Beteiligung an den Abverkäufen sehen (vgl. Kapitel XIV, Teil 9).

Denn geht man davon aus, daß heutzutage um die 5 bis 6 Remixe pro Titel angefertigt werden, kann bei einer Singleproduktion schnell der Betrag der bereits an den Künstler geleisteten verrechenbaren Vorauszahlung um ein Vielfaches überschritten werden.

Daher ist bei Remixen folgende Regelung zu empfehlen:

Sofern zu einer Singleauskopplung in gemeinsamer Abstimmung und nach schriftlicher Zustimmung von Produzent Remixe produziert werden sollen, erfolgt die Übernahme der Kosten solcher Remixe zu xx% durch Firma.

Häufig versuchen auch Firmen, den Künstlern die an künstlerische Produzenten zu leistende Beteiligung an den Abverkäufen komplett aufzubürden. Dies ist meiner Ansicht nach um so bedenklicher, als daß diese Produzenten oftmals schon langjährig mit den entsprechenden Firmen assoziiert sind und somit immer wieder standardmäßig Aufträge zugeschanzt bekommen, ohne daß dies dem Produkt des Künstlers einen entsprechenden kreativen oder künstlerisch wertvollen Vorteil bringt oder aufgrund gewisser Trends angezeigt ist.

Daher sollten Künstler immer schon frühzeitig darauf achten, welcher Produzent von der Firma vorgeschlagen wird, und ihre Vorstellungen von entsprechenden Produzenten in die Vertragsverhandlungen rechtzeitig mit einbringen. Sollte die Plattenfirma die Übernahme der Beteiligung des Produzenten zu ihren Lasten übernehmen, so sollten die Parteien auf jeden Fall eine maximale Beteiligung des künstlerischen Produzenten vereinbaren. Bei Überschreitung dieser sollte die überschießende Beteiligung zu Lasten der Firma gehen.

Bei Bandübernahmeverträgen würde eine entsprechende Vereinbarung zu Lasten der Firma in etwa so aussehen:

Sofern Firma an Remixer und /oder weitere Produzenten der vertragsgegenständlichen Aufnahmen eine prozentuale Beteiligung zu leisten hat, bedarf dies der vorherigen Zustimmung von Produzent/Künstler.

Die prozentuale Beteiligung des betreffenden Remixers und/oder weiterer Produzenten, welche Firma zu leisten hat, geht ausschließlich zu Lasten der Beteiligung von Firma.

2.1.3 Nebenkosten

Zu den Nebenkosten einer Produktion gehören u.a. Reisen des Künstlers zum Aufnahmeort, Tagesspesen des Künstlers und dergleichen. Derartige Kosten im Rahmen der Durchführung einer Produktion als auch der sonstigen Vertragsdurchführung gehen grundsätzlich und allein zu Lasten der Platten-/Produktionsfirma.

2.1.4 Wer legt vor?

Im Musik-Business gilt eine Regel: Wenn Geld ausgegeben wird, achte darauf, daß es nicht Ihr Geld ist. Daher sollte man als Künstler und damit zumeist wirtschaftlich schwächerer Vertragspartner immer darauf achten, daß man nicht in Vorlage tritt.

Bei Künstlerverträgen stellt sich die Frage nach einer Vorauslage von Produktionskosten als solche in der Regel nicht. Jedoch können auch die Auslage von Flug, Übernachtung und Verpflegung in der Regel einen nicht unerheblichen Betrag ausmachen. Daher ist es Künstlern grundsätzlich zu empfehlen, vertraglich die Verpflichtung zur Auslage derartiger Kosten auszuschließen und in der Praxis um Vorkasse zu bitten (Bargeld lacht!).

Grundsätzlich sollte man an dieser Stelle davon ausgehen, daß auch bei Bandübernahmeverträgen, sofern es sich nicht um Verträge mit etablierten Künstlern handelt, die Vorauszahlung, exklusive etwaigem Living-Money oder einer Signing-Fee, dem Produktionskostenbudget entspricht. Dies jedenfalls ist bislang meine praktische Erfahrung.

Sofern dies möglich ist, sollte bei Bandübernahmeverträgen immer mit der Plattenfirma vereinbart werden, daß diese die Produktionskosten vorher überweist. Dies wird jedoch in der Praxis meist abgelehnt und wird auch nur schwerlich verhandelbar sein, da das Risiko, daß die Summe anderweitig verwandt gegebenenfalls unterschlagen wird, jedem einleuchten muß. Aus diesem Grunde wird in der Regel die Zahlung folgendermaßen geregelt:

Die garantierte Vorauszahlung ist jeweils fällig zu 30 % nach Unterzeichnung dieser Vereinbarung, zu 20 % bei Beginn der Produktion und zu 50 % nach Abnahme der (überspielungsreifen) Bänder und sonstigen Unterlagen, die Produzent anzuliefern hat, jedoch nicht vor Unterzeichnung dieses Vertrages und nicht vor jeweiliger ausdrücklicher schriftlicher Anforderung von Produzent bei Firma. Firma kann die Vorauszahlung nach eigenem Ermessen auch zu einem früheren Zeitpunkt leisten.

2.1.5 Produktionsmehrkosten

Grundsätzlich gehen Mehrkosten, welche das Produktionsbudget übersteigen, zu Lasten des Produzenten/Künstlers. Dies gilt sowohl bei Bandübernahmeverträgen, wobei hier der Künstler als Produzent gegenüber der Firma fungiert, als auch bei Produzentenverträgen.

Dies gilt jedoch nur insoweit, als diese Mehrkosten vom Künstler/Produzenten zu vertreten sind. Oftmals entstehen Mehrkosten allein auf Geheiß der Plattenfirma, weil dieser noch die eine oder andere Änderung im Ablauf der Produktion in den Sinn kommt. Ferner kann es passieren, daß die Firma die Abnahme (hierzu mehr unten unter 8.5.4) der Bänder verweigert, weil ihr der zweite Riff im dritten Takt des vierten Titels mal wieder nicht gefällt. Dies sind in der Regel Kosten, welche allein von der anderen Vertragspartei zu vertreten und daher auch von dieser zu tragen sind. Aus diesem Grunde sollte zwischen den Parteien vereinbart werden, daß die entsprechenden Mehrkosten von der Firma zu erstatten sind, welche auf ihr Geheiß hin entstanden sind, bzw. daß Mehrkosten, welche von der Firma zu vertreten sind, auch zu Lasten der Firma gehen.

Während der Durchführung der Produktion empfiehlt es sich immer, bei voraussehbaren Mehrkosten eine Erklärung der Kostenübernahme durch die Firma abzeichnen zu lassen.

3. Lieferung der Bänder

Gerade bei Bandübernahmeverträgen ist dies ein äußerst wichtiger Punkt, denn wie der Name schon sagt, muß das Band erst einmal von der Plattenfirma übernommen werden. Dies erfolgt regelmäßig durch Lieferung des Künstlers/Produzenten.

Was aufgrund dieser Konstellation alles schiefgehen kann und was für Auswirkungen dies haben kann, wird in den folgenden Zeilen behandelt. Alles in allem ist es ein wahres Tummelfeld für die Freunde des Verzuges, der Unmöglichkeit und der Schlechtleistung, also der Leistungsstörungen. Hier kommen wir wieder zurück auf die Einleitung.

3.1 Format/Lieferungsumfang

Wie bei allen sogenannten synallagmatischen Verträgen oder auch gegenseitigen Austauschverträgen müssen sich die Parteien über die jeweils zu erbringende Leistung der anderen Partei einigen.

Im Bereich der Produzenten- bzw. Bandübernahmeverträge müssen sich die Vertragsparteien daher darüber einigen, in welcher Form und Menge die Tonaufnahmen bei der Firma abzuliefern sind. Oftmals geben Plattenfirmen schon die jeweiligen Medienformate vor, auf welchen die Titel zu liefern sind. Da heutige professionelle Studios in der Lage sind, Aufnahmen in allen Formaten zu speichern sind dürfte dieser Punkt selten zu Problemen führen.

Oftmals werden von Firmen für die weitere Durchführung von Promo-Auftritten auch Halbplaybacks benötigt. Es sollte schon rechtzeitig daran gedacht werden, diese, sofern sich die Firma dies hat zusichern lassen, zusammen mit den Masterbändern herzustellen. Eine mögliche Klausel sähe dann so aus:

Produzent liefert Künstler die für die jeweiligen Verwertungshandlungen erforderlichen Materialien und Informationen, die von Künstler jeweils im Einzelfall angefordert werden. Nach Fertigstellung jeder Vertragsaufnahme liefert Produzent jedoch mindestens zwei Masterbänder jeder Vertragsaufnahme (inkl. der dafür hergestellten Remix- und Maxiversionen) sowie jeweils zwei Masterbänder mit den entsprechenden Playbackversionen (jeweils Voll- und Halbplayback) auf DAT in technisch einwandfreier und überspielungsreifer Qualität sowie eine Aufstellung, aus der Titel, Autoren, Mitwirkende und Dauer der jeweiligen Vertragsaufnahmen und der dazugehörigen Remix- und Maxiversionen hervorgehen.

Oftmals übersehen Künstler auch gewisse Nebenverpflichtungen, welche sie gegenüber der Firma zu erfüllen haben. Insbesondere bezüglich der weiteren zu liefernden Daten, welche zur Herstellung von Tonträgern heutzutage notwendig sind, haben Künstler und Produzenten oftmals Schwierigkeiten, diese Verpflichtung zu erfüllen, da sie sich nicht rechtzeitig genug mit den Anforderungen hierfür auseinandergesetzt oder aber den jeweiligen Vertragsteil überlesen und vergessen haben. Ich habe schon diverse Veröffentlichungstermine platzen sehen, weil der Künstler die unten aufgeführte Klausel schlichtweg vergessen/überlesen hatte.

Produzent liefert Firma spätestens zusammen mit den überspielreifen Masterbändern die für die vertragsgegenständlichen Aufnahmen vorhandenen ISRCs (International Standard Recording Code). Produzent liefert auf gesondertem Datenträger oder online (soweit dies beiden Parteien technisch möglich ist) alle zu jedem ISRC vorhandenen aufnahmebeschreibenden Informationen (ISRC-Datensätze).

3.2 Termin

Bei Ablieferungsterminen ist zu unterscheiden zwischen Fix-Terminen und sonstigen Terminen. Grundsätzlich gilt, daß der Schuldner in Verzug gerät, wenn er zu spät leistet und gemahnt wurde. Gemäß § 286 II BGB gilt, daß, wenn für eine Leistung eine Zeit nach dem Kalender bestimmt ist (Fix-Termin), der Schuldner ohne Mahnung in Verzug gerät.

Oftmals beziehen sich die Bestimmungen in Bandübernahme- und Produzentenverträgen (z.B. mit einem Künstler, der mit einer Plattenfirma abgeschlossen hat und selbst einen Auftragsproduzent als künstlerischen Produzent vertraglich engagieren kann) auf außerhalb des Vertrages vereinbarte Termine, und zwar deshalb, weil kaum einer der Beteiligten den Produktionsablauf bei Vertragsschluß genau voraussehen kann. Die entsprechende Vereinbarung in Verträgen sieht in etwa so aus:

Produzent erkennt die mit Künstler vereinbarten Ablieferungstermine als verbindlich an und garantiert, diese einzuhalten. Künstler wird Produzent von den jeweils festgesetzten Ablieferungsterminen rechtzeitig in Kenntnis setzen. Produzent ist nicht verantwortlich für Verzögerungen, die in der Person von Künstler begründet sind (z.B. wenn dieser schlecht vorbereitet ist oder zu vereinbarten Aufnahmesessions nicht erscheint).

Wichtig ist hierbei, daß bei Produzentenverträgen die zur Lieferung verpflichtete Partei, also der Produzent, von vornherein ausschließt, daß sie für Verzögerungen, welche durch dritte Beteiligte (Künstler) entstehen, haftet.

Als zur Lieferung verpflichteter Künstler/Produzent sollte man sich schon rechtzeitig mit den Folgen einer nicht termingerechten Lieferung der Bänder auseinandersetzen. Letztendlich kann es bei Überschreitung von Lieferfristen zu Verzugsschäden auf seiten der Firma kommen, welche den Künstler/Produzenten in den Ruin treiben können. Insofern sollte man sich hier nicht allzuviel künstlerische Freiheit erlauben.

3.3 Abnahme

Gemäß § 640 BGB hat der Besteller das vertragsgemäß hergestellte Werk abzunehmen. Hierunter ist in der Regel die körperliche Entgegennahme im Wege der Besitzübertragung, verbunden mit der Anerkennung bzw. Billigung des Werkes als in der Hauptsache vertragsgemäß, zu verstehen. In den meisten Fällen wird die Plattenfirma der Besteller sein. Bei Verträgen mit künstlerischen Produzenten ist der Künstler als Besteller anzusehen.

Nun könnte es dem Hersteller des Bandes grundsätzlich egal sein, ob der Besteller ihm die hergestellten Aufnahmen abnimmt. Jedoch ist nach dem BGB grundsätzlich bei Abnahme die Vergütung fällig. Dies bedeutet: Solange der Besteller einen triftigen Grund hat, die Abnahme zu verweigern, hat der Lieferant grundsätzlich keinen Anspruch auf Zahlung der Vergütung. Daher ist eine Einigung bezüglich der Abnahmemodalitäten von besonderer Bedeutung.

Sofern das erstellte Band jedoch keine offensichtlichen technischen bzw. akustischen Mängel aufweist, hängt es von der Vertragsgestaltung ab, inwiefern die Firma aus weiteren Gründen gegenüber Künstler und Produzent die Abnahme verweigern kann. Berücksichtigt man meine Ausführungen zu der technischen und kommerziellen Qualität, dürfte hier eine Weigerung der Firma, die Bänder als im wesentlichen vertragsgemäß abzunehmen, kaum Aussicht auf Erfolg haben.

Oftmals wird gerade in Produzentenverträgen die Abnahme von der Entscheidung des Auftraggebers abhängig gemacht:

Die Entscheidung darüber, ob eine Aufnahme einwandfrei ist und auch rechtlich keinen Zweifeln unterliegt, liegt bei Künstler (Abnahme). Nimmt Künstler eine von Produzent gelieferte Aufnahme nicht ab, wird weiter produziert, bis eine abnahmefähige Aufnahme vorliegt. Über die entstehenden Kosten werden die Parteien eine Regelung treffen.

Ich empfehle, hier schon vorher eine Regelung bezüglich der Kosten und auch bezüglich der Fälligkeit der Zahlung zu treffen, da sich das Procedere ansonsten ewig hinziehen kann. Ferner beinhaltet eine derartige Klausel auch das Risiko unendlich langer Sessions, die kein Produzent auf Dauer weder nervlich noch wirtschaftlich durchhalten kann. Daher ist auch hier, wie schon so oft, Vorsicht geboten.

3.4 Eigentum an den Masterbändern

Bei Bandübernahmeverträgen wird das Eigentum an den erstellten Bändern durch die Künstler auf die Firma übertragen. Dies ist grundsätzlich nicht problematisch. Sofern Künstler jedoch für die Erstellung eines entsprechenden Bandes wiederum mit einem künstlerischen Produzenten arbeiten, besteht die Gefahr, daß der Übergang des Eigentums an den entsprechenden Bändern vom Produzenten auf den Künstler nicht geregelt wird, der Produzent sich gegebenenfalls auch weigert, das Eigentum zu übertragen, was ihm grundsätzlich auch zusteht. Gleichzeitig ist der Künstler aber gegenüber der Plattenfirma zur Übertragung des Eigentums an den Bändern durch den Bandübernahmevertrag verpflichtet.

Um derartigen Problemen aus dem Wege zu gehen, empfiehlt es sich bei Verträgen mit künstlerischen Produzenten immer, eine entsprechende Klausel bezüglich des Eigentums zu vereinbaren. Dies könnte in etwa so aussehen:

Das Eigentum an den produzierten Tonträgern (Demos, Originalstudiobänder, Disketten etc.), Bildtonträgern und sonstigen unter diesen Vertrag fallenden Materialien liegt uneingeschränkt bei Künstler. Die Parteien sind sich darüber einig, daß bei Produzent insoweit liegendes oder entstehendes Eigentum hiermit auf Künstler übertragen wird und Produzent diese Materialien für Künstler unentgeltlich verwahrt. Produzent wird sämtliches Material unmittelbar nach Fertigstellung der Produktion Künstler übergeben.

4. Demobudget

Im Normalfall bewirbt sich der Künstler beim A&R-Manager mit seinen fertigen und bezahlten Demos. Häufig kommt es jedoch vor, daß gerade das Material dem A&R-Manager nicht unbedingt zusagt, er aber ein gewisses Potential im Künstler sieht und diesen zu nochmaligen Aufnahmen gegebenenfalls anderer Titel als Demo ins Studio schickt. Es stellt sich dann die Frage, zu wessen Lasten die Kosten der Demoproduktion gehen.

Die Frage nach dem Demobudget ist jedoch meist weniger interessant für die erste Produktion als für die sogenannten Folge- oder Optionsalben. Wie bereits oben behandelt, hat ein Künstler zumeist die Verpflichtung, pro Vertragsperiode/Vertragsjahr eine bestimmte Anzahl von Titeln aufzunehmen bzw. Tonaufnahmen herzustellen, die für eine Maxi oder ein Album ausreichen.

Sofern sich die Firma eine bestimmte Anzahl von Vertragsoptionen hat einräumen lassen, was so gut wie immer der Fall ist, wird sie diese Option gegebenenfalls erst nach erster Sichtung des neuen Materials ziehen (vgl. Kapitel 8, Teil 2). Erfahrungsgemäß heißt das für den Künstler, daß er zunächst einmal verpflichtet ist, eine bestimmte Anzahl von Songs als Demo herzustellen und der Firma für eine weitere Entscheidung vorzulegen. Das sieht dann in einem Vertrag ungefähr so aus:

Soweit nicht von Firma ausdrücklich und schriftlich anders gewünscht, hat Produzent im Rahmen der Anlieferung der Optionsaufnahmen für die Optionsalben à Optionsalbum jeweils mindestens 10 (zehn) unterschiedliche Songs in Standard-Demoqualität auf DAT anzuliefern („Optionsdemos"). Produzent hat die Demos eines jeden Optionsalbums zeitlich nicht eher als 6 Monate und nicht später als 9 Monate nach Veröffentlichung der jeweils vorausgegangenen Aufnahme anzuliefern („Demo-Anlieferungsfrist").

Somit kann sich aus einer derartigen Klausel eine erhebliche Verpflichtung des Künstlers, gerade in finanzieller Hinsicht, ergeben. Daher Achtung! Regelt ein Künstler in einem solchen Fall nicht das Schicksal der Kosten der Demoproduktion mit entsprechender ökonomischer Weitsicht, kann er sich schnell in eine Situation begeben, in welcher er einen immer höheren Schuldenberg auftürmt und sich letztlich künstlerisch völlig lähmt.

Es ist daher ratsam, bei Verpflichtung des Künstlers zur Demo-Anlieferung immer (!) eine Klausel entsprechend der nachstehenden mit in den Vertrag aufzunehmen:

Für die Produktion der (Options-)Demos leistet Firma ein mit (allen) Beteiligungen von Produzent verrechenbares Demobudget in Höhe von xxx € zzgl. ges. MwSt. à (Options-)Album. Das jeweilige Demobudget ist zu Beginn der betreffenden Demoproduktion, jedoch im Falle eines Optionsdemos nicht vor dem Ablauf von 6 (sechs) Monaten nach der Veröffentlichung des vorausge-gangenen Albums fällig.

Die obige Klausel soll nur als Beispiel dienen. Bezüglich der Verrechenbar-keit mit den Beteiligungen sei auf Kapitel VI dieses Buches verwiesen. Wichtig ist, daß das Demobudget mindestens ab dem Zeitpunkt des Beginns der Auf-nahmen fällig ist, da dem Künstler ansonsten die nötige Liquidität für entspre-chende Aufnahmen fehlen könnte.

5. Verrechenbarkeit

Die generelle Strategie der Verhandlung und die Systematik einer etwaigen Verrechenbarkeit auch bezüglich der Videoproduktionskosten werden in Kapi-tel X ausführlich behandelt. Daher erfolgen an dieser Stelle spezielle Hinweise und Argumentationshilfen bezüglich der Verrechenbarkeit bei den einzelnen Vertragstypen.

5.1 Kosten beim sogenannten Produzentenvertrag/ Künstlervertrag

Bei Künstlerverträgen mit wirtschaftlichen Produzenten (ob mit einer Plat-ten- oder Produktionsfirma) sollten laut Vertrag keine Kosten, welcher Art auch immer, verrechenbar sein. Dies gilt auch für Reise-, Verpflegungs- und sonstigen Kosten. Lediglich bei Zahlung eines Vorschusses an den Künstler ist über eine Verrechenbarkeit zu verhandeln, solange dies keine Signing-Fee bzw. ein Living-Money darstellt.

Bei Künstlerverträgen mit Plattenfirmen werden in der Regel die Reiseko-sten mit etwaigen Einnahmen aus getätigten Gigs verrechenbar sein. Sofern sich dies immer nur auf die Kosten für den jeweiligen Gig bezieht, ist dies mei-nes Erachtens unbedenklich. Ansonsten sollten auch bei Künstlerverträgen lediglich etwaige Vorschüsse exklusive Signing-Fee und Living-Money verre-chenbar sein.

In der Regel sind Verträge mit wirtschaftlichen Produzenten für Künstler mit entsprechend schlechten Beteiligungen ausstaffiert. Gelingt es dem Künstler im Zuge der Verhandlungen nicht, diese Beteiligungen zu verbessern, was oft der Fall ist, so kann der Versuch unternommen werden, im Bereich der sonsti-gen zu verrechnenden Kosten seinen Anteil zu vergrößern.

Man sollte sich immer vor Augen führen, daß der Produzent zwar das größere wirtschaftliche Risiko trägt, er in der Regel aber auch entsprechend mehr Beteiligung erhält. Auf gar keinen Fall darf in derartigen „Produzenten-verträgen" vereinbart werden, daß die Kosten der Produktion zu xx % mit der Beteiligung von Künstler verrechenbar sind.

Dies aus mehrfachen Gründen:

Erstens ist der Produzent meist Inhaber der Produktionsmittel. Die Berechnung der Kosten fällt insofern schwer, als der Produzent sicherlich nicht zum normalen Tarif abrechnen kann. Ferner setzt er die Produktionsmittel auch noch von der Steuer ab, kassiert also zweimal, sofern die Kosten der Produktion mit Künstlerbeteiligungen verrechenbar sein sollten.

Zweitens ist der Künstler aufgrund des Vertrages meist nicht derart in den Produktionsablauf eingebunden, daß er die Kosten überblicken könnte. In diesem Falle ist die Übervorteilung des Künstlers vorprogrammiert, indem der Produzent aufgrund der mangelnden Transparenz für den Künstler die Kosten „hochtreibt".

Drittens ist der wirtschaftliche Produzent meist der eigentliche Nutznießer der vom Künstler erbrachten Leistung. Man denke nur an diejenigen Produzenten, die regelmäßig die Charts mit ihren sehr kurzlebigen Produkten bevölkern. Während die „Künstler", auch Tanzmäuse genannt, schnell aus dem Interesse der Öffentlichkeit verschwinden, bleiben die Produzenten als eigentliche Masterminds im Lichte der Öffentlichkeit und ernten neben dem Ruhm und der größeren finanziellen Beteiligung auch noch den Vorteil, daß Ihnen die Plattenfirma beim nächsten Produkt mit einer „Tanzmaus" als Front-frau das Thema aufgrund des vorangegangenen Erfolges wieder abkauft. Der finanzielle Erfolg ist gesichert.

Daher ist eine irgendwie geartete Verrechenbarkeit von Produktionskosten mit Künstlerbeteiligungen in Verträgen mit wirtschaftlichen Produzenten kategorisch abzulehnen.

5.2 Kosten bei Bandübernahme

Bei Bandübernahme sind in der Regel die garantierte Vorauszahlung sowie je nach Vereinbarung die Kosten etwaiger Remixe nebst Beteiligungen für die Remixer zu verrechnen. Sofern Mehrkosten getätigt wurden, die nicht von der Plattenfirma zu tragen sind, sind diese gegebenenfalls ebenfalls verrechenbar.

6. Veröffentlichung und Veröffentlichungspflicht

6.1 Zeitpunkt, Form, Marke

Die typische Klausel bezüglich der Verwertung der Produktion bestimmt, daß allein die Firma die Entscheidung über die Art und Weise sowie den Umfang der Verwertung der Vertragsaufnahmen trifft. Hierzu zählen insbesondere die für die Veröffentlichung vorgesehene Tonträgerkategorie, die Zusammenstellung (Single, Album, Best-Of, Sampler, die Verbindung mit Werbung für artfremde Produkte, Neuzusammenstellung etc.), Abgabepreise, das „Ob" einer Veröffentlichung, Veröffentlichungszeitpunkt und -dauer, Ausstattung, Label, Zeitpunkt der Streichung und gegebenenfalls Wiederveröffentlichung sowie der Vertriebsweg.

Sofern es um die kostenrelevanten Faktoren der Verwertung geht, ist es zumeist einleuchtend, daß hier die Plattenfirma das Letztentscheidungsrecht oder aber das alleinige Recht zur Gestaltung hat. Dies unterscheidet in der Regel auch den Lizenz- vom Franchisingvertrag, bei welchem der Franchisingpartner gerade nicht grundsätzlich freie Entscheidungsbefugnis bei der Verwendung oder Darbietung hat.

Anders stellt sich die Situation bei der Verbindung der Darbietungen des Künstlers mit anderen Produkten/Personen dar. Bezüglich der Verbindung einer Verwertung der Aufnahmen mit Werbung für artfremde Produkte empfiehlt es sich daher immer für den Künstler, hier das Erfordernis seiner vorherigen schriftlichen Zustimmung zu einer derartigen Verwertung zu vereinbaren. Dies gilt ganz besonders in bezug auf Werbung für politische Parteien.

Ich schlage daher, neben allen anderen Vereinbarungen, die folgende Klausel als Pflichtbestandteil eines jeden der hier angesprochenen Verträge vor:

Eine Verwertung der vertragsgegenständlichen Aufnahmen in Verbindung mit Werbung für politische Parteien im weiteren Sinne, deren Unterorganisationen und/oder Institutionen (Stiftungen etc.) bedarf der vorherigen und schriftlichen Zustimmung von Künstler.

6.2 Zeitliche und räumliche Bedingungen

Denkbar ist, daß gerade bezüglich des Zeitpunktes einer Veröffentlichung, ihrer Dauer sowie etwaiger sonstiger Punkte die Parteien zuvor einen verbindlichen Ablaufplan erstellen.

Oftmals wollen sich Schallplattenfirmen oder wirtschaftliche Produzenten auf einen Termin für die Veröffentlichung jedoch nicht verbindlich festlegen.

Gerade der wirtschaftliche Produzent kann dies verständlicherweise vertraglich nicht zusichern, wenn er das Shopping erst im Anschluß an die fertiggestellten Aufnahmen tätigen muß, er die Titel also noch gar nicht verkauft/lizenziert hat. Es empfiehlt sich dann, eine entsprechende Regelung bezüglich des Zeitraumes einer Veröffentlichung zu treffen. Praktischerweise sollte man die Laufzeit des zwischen den Parteien geschlossenen Vertrages akzessorisch zu einer binnen einer bestimmter Frist zu tätigenden Veröffentlichung gestalten. Dies könnte dann wie folgt aussehen:

Gelingt es Firma innerhalb der Anfangslaufzeit dieses Vertrages, die vertragsgegenständlichen Aufnahmen auf Tonträger zu veröffentlichen – wobei die bindende Veröffentlichungs-Zusage einer Major-Schallplattenfirma innerhalb der Anfangslaufzeit ausreichend ist –, verlängert sich dieser Vertrag automatisch um xxxx Jahre (feste Laufzeit). Andernfalls endet dieser Vertrag mit Ablauf der Anfangslaufzeit.

Immer wieder führt der Punkt einer Pflicht zur Veröffentlichung im Ausland zu Konflikten bei den Vertragsverhandlungen. Klar ist, daß gerade Künstler bzw. wirtschaftliche Produzenten ein großes Interesse an einem möglichst großen Verbreitungsgebiet der Aufnahmen haben. Andererseits ist die Veröffentlichung eines deutschen Produktes, trotz der oben beschriebenen Situation auf dem deutschen Markt, im Ausland immer noch ein zumeist erfolgloses Unterfangen, selbst für deutsche Unternehmen, welche zu einem internationalen Konzern mit entsprechenden Niederlassungen in den jeweiligen Ländern gehören.

Hier ist es nötig, einen Kompromiß zwischen den Interessen der Künstler bzw. Lizenzgeber und den Plattenfirmen als Lizenznehmern zu finden.

Man kann vereinbaren, daß nach dem Ablauf einer zuvor ausgehandelten Frist die Rechte an den nicht im Ausland zur Veröffentlichung gelangten Aufnahmen für das betreffende Land wieder an den Künstler/Lizenzgeber zurückfallen. Dies kann man sogar mit einer gleichzeitigen Beendigung des Vertrages koppeln. Eine derartige Klausel ist jedoch meines Erachtens nur schwer durchzusetzen und ist bezüglich des grundsätzlichen wirtschaftlichen Nutzens für den Künstler bzw. Produzent aus meiner Sicht ohnehin zweifelhaft.

Empfehlenswerter ist jedoch der Lösungsweg über die sogenannte Partnersuche mit Kontrahierungszwang für die Firma. Bei einer derartigen Regelung kann der Lizenzgeber nach Ablauf einer zuvor vertraglich vereinbarten Frist selbständig Lizenznehmer suchen und diese der Firma als Partner vermitteln. Da zuvor vertraglich zwischen Künstler und Firma ein Kontrahierungszwang für derartige Fälle vereinbart wurde, schließt die Firma dann mit dem ausländischen Lizenznehmer einen Lizenzvertrag ab.

Firma wird sich bemühen, auch für das Vertragsausland eine Veröffentlichung des Mindestalbums und eines jeden Optionsalbums zu bewirken.

Erklärt Firma nicht gegenüber Produzent innerhalb von 6 (sechs) Monaten nach Deutschlandveröffentlichung eine Veröffentlichungszusage im Vertragsausland, erhält Produzent außerdem ein verbindliches Drittangebot zur Veröffentlichung des betreffenden Albums und erklärt Firma auch innerhalb von 14 Tagen nach Vorlage des Drittangebotes bei Firma nicht die Veröffentlichungszusage für das Vertragsausland und das betreffende Album, wird Firma auf Wunsch von Produzent mit dem betreffenden Dritten eine Auswertungsvereinbarung für das konkrete Land und das betreffende Album abschließen, sofern einem solchen Vertragsabschluß kein wichtiger Grund entgegensteht.

In derartigen Fällen ist natürlich darauf zu achten, daß der Künstler für die entsprechenden Verkäufe aufgrund seiner Vermittlungstätigkeit höher beteiligt wird!

6.3 Befreiung von der Exklusivität/Beendigung des Vertrages

Bekanntermaßen erfolgt bei Verträgen mit wirtschaftlichen Produzenten die Veröffentlichung zumeist nicht durch den Vertragspartner selbst. Dieser lizenziert die Aufnahmen lediglich weiter an einen Tonträgerhersteller. Oftmals schließt ein derartiger Produzent daher schon vor einer gesicherten Veröffentlichung entsprechende Exklusivverträge mit Künstlern und tätigt erst dann das sogenannte „Shopping".

Es stellt sich logischerweise die Frage, welches Schicksal der Künstlervertrag erfährt, wenn der Produzent die betreffenden Aufnahmen nicht an eine Plattenfirma abgeben konnte, da diese z.B. kein Interesse an dem Produkt gezeigt hat.

Ferner kann auch bei Bandübernahmeverträgen die Plattenfirma das Band vertragsgemäß abnehmen und entsprechend zahlen, es dann jedoch in den unendlichen Tiefen ihres Archivs verschwinden lassen. Dies kommt nicht gerade selten vor. Gerade wenn Plattenfirmen unliebsame Konkurrenz eines gerade hervorragend laufenden Produktes vom Markt haben wollen, werden derartige Praktiken angewandt.

Die wohl gängigste Lösung für dieses Problem ist die Kopplung einer vereinbarten Anfangslaufzeit des Vertrages mit dem jeweiligen Erfolg einer Lizenzierung an eine Major-Company respektive einer Veröffentlichung durch die Plattenfirma, wie bereits oben beschrieben, mit der Folge, daß nach Ablauf der Anfangslaufzeit ohne Bedingungseintritt der Lizenzierung/Veröffentlichung der Vertrag beendet wird. Mit Beendigung des Vertrages entfällt auch die meist vereinbarte Künstlerexklusivität, da der Künstler nunmehr vertraglich nicht mehr gebunden ist.

Wichtig ist jedoch, daß man sich auch darüber einigt, ob die Titelexklusivität mit der (vorzeitigen) Beendigung des Vertrages als beendet gilt. Die meisten Verträge enthalten nämlich in den jeweiligen Bestimmungen über die Exklusivität die Regelung, daß sich der vereinbarte Zeitraum der Titelexklusivität nicht einer vorzeitigen oder sonstigen Beendigung des Vertrages unterwirft. Eine entsprechende Klausel sieht zumeist folgendermaßen aus:

Die der Firma eingeräumte Titelexklusivität für die vertragsgegenständlichen Aufnahmen besteht unabhängig von einer vorzeitigen Beendigung des Vertrages für die Dauer von xx Jahren nach der Erstveröffentlichung der jeweiligen Aufnahme.

Es empfiehlt sich daher zu vereinbaren, daß dies nicht für eine Beendigung binnen einer Anfangslaufzeit aufgrund des Nichteintritts der Bedingung „Veröffentlichung/Lizenzierung" gelten soll.

6.4 Rückfall der Rechte

Endet der Vertrag wie in Punkt 6 ff. beschrieben, so sollten sich die Parteien letztlich noch darüber einigen, was mit den durch den Vertrag übertragenen Rechten geschieht. Denkbar, jedoch nicht gerade zweckmäßig ist hier der weitere Verbleib der Rechte beim Lizenznehmer, der Firma. In einem solchen Fall besäße die Firma als Lizenznehmer nämlich die Rechte an Aufnahmen eines Künstlers, welcher ihr grundsätzlich für die Verwertung nicht mehr zur Verfügung steht. Hat der Künstler gegebenenfalls noch Merchandisingrechte bzw. Bild- und sonstige Rechte übertragen, kann dies eventuell auch zu Problemen mit zeitlich nachfolgenden Lizenznehmern des Künstlers wegen eventuell bestehender Exklusivvereinbarungen führen.

Zweckmäßiger ist es daher, die zuvor übertragenen Rechte mittels Vereinbarung sämtlich wieder an den Künstler zurückfallen zu lassen. Die Klausel hierfür sähe dann z.B. folgendermaßen aus:

Kommt binnen der Anfangslaufzeit keine Veröffentlichung zustande und endet dieser Vertrag gemäß (...) mit Ablauf der Anfangslaufzeit, so fallen sämtliche vom Künstler auf Firma durch diesen Vertrag übertragenen Rechte wieder an Künstler zurück.

7. Partnervermittlung

Analog der Regelung bezüglich einer Veröffentlichung im Ausland, wie in Ziffer 6.2 beschrieben, läßt sich auch die generelle Pflicht zur Veröffentlichung und der nicht erfolgte Eintritt dieser Bedingung regeln.

Gerade bei Verträgen mit wirtschaftlichen Produzenten ist auch eine andere Vorgehensweise denkbar. Hierbei empfiehlt es sich zunächst, wie in Ziffer 6.3 beschrieben, zu vereinbaren, daß der Vertrag beendet wird und der Künstler von seiner Exklusivitätsverpflichtung befreit ist. Ferner sollte auch der Rückfall der Rechte, wie in Ziffer 6.4 beschrieben wurde, vereinbart werden. Anschließend läßt sich dann vereinbaren, daß der Künstler unter Beibehaltung einer gewissen Beteiligung des wirtschaftlichen Produzenten eigenständig Lizenzverträge über die vertragsgegenständlichen Aufnahmen mit Dritten schließen kann, ohne daß der Produzent an dem Vertragsschluß als solchem beteiligt ist. Vielmehr erhält er nach Vertragsschluß zwischen Künstler und Drittem lediglich eine entsprechende und zeitlich begrenzte Beteiligung an der Beteiligung des Künstlers.

Sollte innerhalb der Anfangslaufzeit keine Veröffentlichung zustande kommen, so ist Künstler berechtigt, unter Nutzung der bis dahin im Rahmen dieses Vertrages entstandenen Aufnahmen selbst Verhandlungen mit Dritten zum Zwecke des Abschlusses von Tonträgernutzungsverträgen im eigenen Namen aufzunehmen. Kommt ein solcher Vertrag zustande, so erhält Firma zum Ausgleich der von ihr erbrachten Leistungen bis zur Höhe der Produktionskosten der Aufnahmen eine Beteiligung in Höhe von x% der Lizenzeinnahmen des Künstlers. Nach Deckung der Produktionskosten erhält die Firma für die Dauer von x Jahren einen Override in Höhe von x% des HAP auf der Grundlage von 100% aller verkauften und nicht retournierten Tonträger. Nach dem Ablauf von x Jahren erlischt die Beteiligung von Firma.

IX Vorschüsse

Weil nur ziemlich erfolgreiche Künstler letztendlich regelmäßig Tantiemen erhalten, ist es für die meisten Künstler wichtig geworden, Vorschüsse zu bekommen. Inzwischen gilt in den USA die nach Bankraub klingende Regel: „Take the money and run", da der Vorschuß in der Regel das einzige Geld sein wird, das die Künstler von der Plattenfirma oder vom Produzenten erhalten.

Die wichtigste Regel, die man bei Vorschüssen zu beherzigen hat, ist, daß diese zwar immer verrechenbar sind, aber nie rückzahlbar sein sollten. Denn so können sich Künstler und Produzenten bei Flops auf einmal der Pflicht gegenübersehen, eine hohe Summe an Vorschußgeldern zurückzahlen zu müssen.

In der Praxis unterscheidet man zwei Arten von Vorschüssen: die Produktionsvorschüsse und Vorschüsse auf Lizenzen.

1. Produktionsvorschüsse

Produktionsvorschüsse sollen nicht zu privaten Zwecken, sondern für die Produktion verwendet werden.

Steht der Künstler direkt mit der Plattenfirma unter Vertrag, wird er in Deutschland ein Produktionsbudget gestellt bekommen, das in der Regel nicht verrechenbar und daher auch nicht als Vorschuß aufzufassen ist.

Besteht ein Bandübernahmevertrag zwischen einer Produktionsfirma und der Plattenfirma und bekommt die Produktionsfirma Geld im voraus, mit dem die Kosten der Produktion ausgeglichen werden sollen, so ist dieses Geld mit späteren Tantiemenansprüchen zu verrechnen. Das liegt daran, daß die Produktionsfirma hier als wirtschaftlicher Produzent, der die Produktionskosten selber zu tragen hat, aufgetreten ist. Die Höhe eines solchen Vorschusses variiert je nachdem, wie interessiert die Plattenfirma an dem Künstler oder dem Produzenten ist. Für eine Single-Produktion werden Vorschüsse mindestens in Höhe von ca. 2.500 €, für eine LP mindestens ca. 25.000 € gezahlt.

Im Verhältnis zwischen Produzent und Künstler ist es ratsam, den Vorschuß gemessen an der Aufteilung der Beteiligung zu teilen. Gibt der Produzent beispielsweise 6 % von seinen 18 % an den Künstler weiter, so sollte der Künstler auch ein Drittel des Vorschusses erhalten. In dem Fall, daß der Tonträger nicht oft genug verkauft wird, um den Vorschuß in voller Höhe zu verrechnen, kann es dazu kommen, daß der Produzent dem Künstler Tantiemen schuldet, selbst aber noch keine Tantiemen ausgezahlt bekommt, weil die Plattenfirma noch den Vorschuß verrechnet. Wird der Vorschuß prozentual geteilt, muß der Künstler seinen Anteil am Vorschuß genauso lang mit seinen Tantiemen verrechnen wie der Produzent. Für diesen Zeitraum hat der Künstler keine Ansprüche gegen den Produzenten. Der Produzent kann also bei geringem Tonträgerverkauf nicht vertragsbrüchig werden.

2. Vorschüsse auf Lizenzen

Ein Vorschuß auf Lizenzen ist die vorzeitige Auszahlung erwarteter Tantiemen und hat mit den Produktionskosten nichts zu tun. Dieses Geld kann man uneingeschränkt dem eigenen Geldbeutel einverleiben. Die Höhe solcher Vorschüsse reicht von ein paar hundert Euro bis zu phänomenalen Unsummen. Ohne einen solchen Vorschuß sollte man allerdings weder mit Produzenten noch mit Plattenfirmen einen Künstlervertrag abschließen.

2.1 Ein- oder mehrmalig

In vielen Künstlerverträgen vor allem mit Produktionsfirmen oder kleinen Indie-Labels ist lediglich ein einmaliger Vorschuß vorgesehen. Man sollte jedoch für jede neue Veröffentlichung oder jede Verlängerung des Vertrages die Fälligkeit eines neuen Vorschusses vereinbaren. Ebenfalls kann (auch zusätzlich) ein Vorschuß vereinbart werden, wenn die Aufnahme eine gewisse Erfolgsgrenze überschreitet, so z. B. wenn sie Gold erreicht oder in die Charts oder die Top-Ten kommt. Ob man die Firma zur Zahlung mehrerer solcher Vorschüsse verpflichten kann, wird entscheidend von der geforderten Höhe dieser Vorschüsse abhängen.

Hinsichtlich der Fälligkeit der Vorschüsse sollte man vereinbaren, daß die Vorschüsse mit Unterschrift unter den Vertrag sofort zahlbar sind. Bei niedrigen Vorschüssen ist dies selten ein Problem. Bei höheren Vorschüssen wird die Plattenfirma auf eine gestaffelte Auszahlung dringen. Bei der Auszahlung an Produzenten sind 50 % bei Unterschrift, weitere 25% bei Ablieferung der Masterbänder und die restlichen 25 % bei Veröffentlichung, bei Künstlern die jeweils hälftige Auszahlung bei Unterschrift und bei Veröffentlichung denkbar. Diese beiden Beispiele entsprechen den schlechtesten Bedingungen, die man noch akzeptieren kann. Für diejenigen Musiker, die nicht mit Geld umgehen können, kann es allerdings besser sein, sich den Vorschuß in monatlichen Raten auszahlen zu lassen.

Sessionmusiker und -sänger, die zwar sofort bezahlt werden, aber auch eine geringe Beteiligung am Tonträgerverkauf erhalten, sollten versuchen, die Sofort-Bezahlung nicht der Verrechnung unterfallen zu lassen.

2.2 Steigerung

Wie bei Beteiligungen kann man auch eine Staffelung der Vorschüsse vereinbaren. Der Vorschuß muß also nicht bei jeder neuen Veröffentlichung, Vertragsverlängerung oder erreichten Erfolgsmarge (je nachdem, wofür die Fälligkeit eines weiteren Vorschusses vereinbart wurde) gleichbleiben. Im Vertrag kann entweder ein fester Steigerungssatz vereinbart oder die Höhe des nächsten Vorschusses vom Eintritt weiterer Bedingungen abhängig gemacht werden.

Ebenfalls können ein Minimum- und Maximum-Vorschuß festgelegt werden. Ein typisches Beispiel hierfür wäre, daß sich die Höhe weiterer Vorschüsse aus den eingespielten Künstlertantiemen der letzten zwei Abrechnungsperioden bemißt. Von diesem Betrag wird dann ein prozentualer Anteil als Vorschuß ausgezahlt. In der Praxis bewegt sich dieser Anteil zwischen 50 bis 75 %. Üblich sind $2/3$, also 66,6 %. Allerdings wird die Firma einen Maximum-Vorschuß festlegen wollen. Der Künstler wiederum sollte sich seinerseits darum bemühen, einen Minimum-Vorschuß festlegen zu lassen, der die Höhe des ersten Vorschusses nicht unterschreiten sollte.

Als Beispiel sollen zukünftige Vorschüsse in Höhe von $2/3$ der eingespielten Künstlertantiemen der letzten zwei Abrechnungsperioden ausgezahlt, ein Minimum von 10.000 € und ein Maximum von 50.000 € berücksichtigt werden. Hat der Künstler in den letzten zwei Abrechnungsperioden 100.000 € an Tantiemen eingenommen, stünden ihm grundsätzlich 66.600 € zu. Wegen des festgelegten Maximum-Vorschusses erhält er jedoch nur 50.000 €. Hätte er - nur 12.000 € als Künstlertantiemen erhalten, stünden ihm nach der $2/3$-Regel nur 8.000 € als Vorschuß zu. Wegen des vereinbarten Minimum-Vorschusses erhielte er jedoch trotzdem 10.000 €.

2.3 Kürzungen

Trotz der Festlegung eines Minimum-Vorschusses kann es unter bestimmten Voraussetzungen vorkommen, daß die Firma Kürzungen des Vorschusses vornimmt.

2.3.1 Noch ausstehende, zu verrechnende Summen

In Künstlerverträgen steht oft, daß künftige Vorschüsse um noch ausstehende zu verrechnende Summen gekürzt werden. Das heißt in der Praxis, daß man beispielsweise denjenigen Anteil des Vorschusses für die letzte CD, der noch nicht mit eingespielten Tantiemen verrechnet werden konnte, vom Vorschuß für die nächste CD abgezogen bekommt. Dies läuft auf eine Rückzahlung des offiziell nicht rückzahlbaren, noch nicht verrechneten Anteiles des Vorschusses für die erste CD hinaus. Es muß wohl nicht ausdrücklich betont werden, daß eine solche Regelung (wieder einmal) nicht akzeptiert werden sollte.

Ein anderes Beispiel für solche Kürzungen ist, daß zusätzlich für Single-Auskopplungen niedrigere Vorschüsse gezahlt werden. Denn diese Vorschüsse wird die Firma berechtigterweise als einen Teil des höheren Vorschusses für die LP, in der die Single aufgenommen wurde, begreifen. Sofern eine Single nicht in die folgende LP aufgenommen wird, sollte der Vorschuß für die Single nicht vom Vorschuß für die LP abgezogen werden dürfen.

2.3.2 Wegfall einer Schlüsselperson

Die Firma wird, wenn sie dies für nötig hält, auch eine Kürzung der Vorschüsse für den Fall vereinbaren, daß die Schlüsselperson einer Band ausscheidet. Dies wird meistens der Sänger oder der maßgebliche Songschreiber sein. In solchen Fällen wird die Firma mit einem Rückgang der Tonträgerverkäufe rechnen. Ist dies der Fall, schmälern sich die Tantiemen der Künstler, welche die Berechnungsgrundlage für Vorschüsse bilden. Der ursprünglich im Vertrag angesetzte Vorschuß wird dann vermutlich nicht mehr in Relation zu den tatsächlichen Einnahmen stehen. Das sind jedoch lediglich Prognosen. Um eine ungerechtfertigte Kürzung der weiteren Vorschüsse zu vermeiden, haben die verbleibenden Bandmitglieder zwei Möglichkeiten: Zum einen könnten sie vereinbaren, daß der Vorschuß zunächst in voller Höhe ausgezahlt wird und nur für den Fall, daß die Verkaufszahlen tatsächlich sinken, weitere Vorschüsse gekürzt oder besser neu verhandelt werden. Zum anderen wäre eine Klausel möglich, nach der die Firma zwar zunächst eine Kürzung vornehmen darf, den gekürzten Betrag aber in derjenigen Höhe nachzahlen muß, die einem eventuell nur schwachen oder ganz ausgebliebenen Rückgang der Verkaufszahlen entspricht.

2.3.3 Verkleinerung des Vertragsgebietes

Eine Kürzung wegen der Verkleinerung des Vertragsgebietes (Kapitel VI. 3) spielt nur im Rahmen von Bandübernahmeverträgen eine Rolle. Wenn eine Plattenfirma die weltweiten Rechte an einer Aufnahme bekommt, wird sie dementsprechend einen relativ hohen Vorschuß zahlen müssen. Wenn im Bandübernahmevertrag jedoch geregelt ist, daß die Rechte bei Nichtveröffentlichung in einem bestimmten Gebiet innerhalb einer festgelegten Frist an den Produzenten zurückfallen, und dieser Fall eintritt, wird die Firma selbstverständlich nur einen geringeren, dem verbleibenden Vertragsgebiet entsprechenden Vorschuß zahlen wollen. Da ein einmal gezahlter Vorschuß auch in solchen Fällen nicht rückzahlbar gemacht werden sollte, ist es ratsam, nur einen Teil des Vorschusses für das Gebiet, in dem die Firma eine Veröffentlichung garantieren kann (z.B. Deutschland, Österreich, Schweiz), in entsprechender Höhe zu verlangen. Der Rest kann dann pro Veröffentlichung in weiteren Gebieten „nachgereicht" werden. Legt man also von vornherein einen Vorschuß für die weltweite Veröffentlichung fest, müssen vor allem für die Major-Märkte (der Rest Europas, Nord-Amerika, Japan und Südost-Asien und Australien) angemessene Vorschußanteile verhandelt werden. Eine andere Alternative besteht darin, erst nur einen Vorschuß für das garantierte Gebiet festzulegen und ansonsten eine prozentuale Beteiligung auszuhandeln, die der Produzent von demjenigen Vorschuß bekommt, den die Plattenfirma von der ausländischen Firma erhält, wenn letztere die Aufnahmen veröffentlichen sollte. Eigentlich sollte der Produzent den Vorschuß der ausländischen Plattenfirma in voller Höhe erhalten. Schließlich bekäme er auch von seiner Plattenfirma einen vollen Vorschuß. Und warum soll die Plattenfirma daran verdienen, daß sie für den Fall, daß die Tantiemen die Höhe des Vorschusses nicht erreichen, auch einen Teil des Vorschusses einbehalten darf, weil der Vorschuß zunächst an sie gezahlt wurde.

2.4 Verrechnung und Querverrechnung

Vorschüsse sind immer verrechenbar. Das heißt, daß die eingespielten Tantiemen des Künstlers bzw. Produzenten so lange nicht ausgezahlt werden, bis die Summe des Vorschusses gedeckt ist. Die Plattenfirma geht also davon aus, daß sich die vertragsgegenständlichen Aufnahmen mindestens x-mal verkaufen bzw. einen gewissen Betrag aus Synchronisationslizenzen etc. erwirtschaften werden. Der auf den Künstler entfallende Teil des als sicher vorausgesehenen Umsatzes wird (teilweise) als Vorschuß ausgezahlt. Bis dieser Mindestumsatz erreicht ist, bekommt der Künstler keine Umsatzbeteiligung, sprich: keine Tantiemen.

Man sollte jedoch darauf achten, daß Vorschüsse nicht rückzahlbar gemacht werden, denn bei einer derartigen Vereinbarung muß ein Vorschuß anteilig zurückgezahlt werden, sofern die an den Künstler bzw. Produzenten eigentlich auszuzahlenden Tantiemen die Höhe des Vorschusses nicht erreichen. Der schon verrechnete Teil des Vorschusses muß natürlich nicht zurückgezahlt werden. Der einzige Fall, für den man die Rückzahlbarkeit von Vorschüssen akzeptieren muß, ist die eigene Vertragsbrüchigkeit. Dies ist z. B. gegeben, wenn der Künstler seiner Verpflichtung nicht nachkommt, weitere Aufnahmen zu liefern, oder wenn er gegen die persönliche Exklusivität verstößt.

Bei der Querverrechnung muß man zwei Varianten unterscheiden.

Zum einen kann innerhalb eines Vertrages querverrechnet werden. Hier werden alle Einnahmen des Künstlers aus diesem Vertrag in einen Topf geworfen und ein Vorschuß hiermit verrechnet. Bekommt der Künstler also einen Vorschuß für seine nächste LP, so können auch Tantiemen aus seiner vorigen LP oder aus einer Lizenzierung eines seiner Songs für einen Werbespot von der Plattenfirma einbehalten werden, bis der Vorschuß ausgeglichen wurde. Diese Art der Querverrechnung wird man kaum ablehnen können.

Zum anderen kann zwischen mehreren Verträgen querverrechnet werden, was hauptsächlich bei Produzenten akut wird, da Künstler selten mehrere Verträge mit einer Firma laufen haben. Produzenten hingegen haben oft mehrere Acts bei einer Firma unter Vertrag. Kann der Produzent den Vorschuß für den einen Act nicht verrechnen, weil dieser Act ein Flop war und die hierfür an den Produzenten auszuzahlenden Tantiemen gegen null gingen, so kann die Plattenfirma die Tantiemen für einen anderen, erfolgreicheren Act einbehalten, bis der Vorschuß für den geflopten Act abgegolten ist. Wenn an den Produzenten keine Tantiemen für den erfolgreicheren Act ausgezahlt werden, kann er auch den betreffenden Künstlern keine Tantiemen auszahlen und wird zwangsläufig vertragsbrüchig gegenüber den Künstlern des erfolgreichen Acts, wenn er sein Privatvermögen nicht antasten will, da er gegenüber diesen Künstlern zur Auszahlung der ihnen zustehenden Tantiemen verpflichtet bleibt. Spätestens hieraus wird deutlich, daß eine Querverrechnung zwischen Verträgen strikt abzulehnen ist.

Eine noch bösartigere Falle ist die Querverrechnung zwischen verwandten Firmen. Hat eine Plattenfirma auch einen Verlag und eine Booking-Agentur, so könnte sie dem Künstler bei schlechten Tonträgerverkäufen auch die Verlagseinnahmen sowie etwaige Einnahmen aus Konzerten vorenthalten, bis der für die schlecht laufende Platte gezahlte Vorschuß verrechnet ist. Breite Risikostreuung für die Plattenfirmen, während der Künstler vorläufig am Hungertuch nagt.

Musikvideos

Im Gegensatz zur Meinung mancher aktuellen Videomacher war Queen mit „Bohemian Rhapsody" 1975 nicht die erste populäre Gruppe, die einzelne Songs visuell dargestellt hat. Schon in den 40ern haben Künstler wie Count Basie oder Lionel Hampton Filmclips zu Musikstücken aufgenommen, die damals in den Kinos und ab den 50ern im Fernsehen gezeigt wurden. Frühe Videos der 60er waren z. B. „Strawberry Fields" von den Beatles und „Subterranean Homesick Blues" von Bob Dylan. Seit dem Aufkommen von Musiksendern ist das Musikvideo als Promotionwerkzeug etabliert. Als Verkaufsobjekt spielt das Musikvideo nur eine untergeordnete Rolle.

1. Verkauf von Musikvideos

Im Jahre 1998 wurden in Deutschland knapp 1,9 Millionen Musikvideos abgesetzt. Dies entspricht einer Steigerung von 54 % gegenüber den Verkaufszahlen von 1997. Der Umsatz stieg von 35 Millionen DM auf 54 Millionen DM. Um den Verkauf von Musikvideos zu fördern, hat die deutsche Musikindustrie Gold- und Platinpreise eingeführt. Ein Musikvideo bekommt ab 25.000 verkauften Exemplaren Gold, ab 50.000 Platin. 1998 wurden diese Preise dreimal verliehen, nämlich viermal Platin an die Backstreet Boys für „The Video" (200.000 Exemplare), Gold an Wolfgang Petry für „Alles" und ebenfalls Gold an die Rolling Stones für „Bridges to Babylon".

Die Netto-Händlerabgabepreise für Musikvideos bewegen sich etwa zwischen 7 € und 38 €.

2. Synchronisationslizenz

Wie bei Film und Werbung müssen die Nutzer eines Songs, in diesem Fall die Plattenfirmen, den Urheber und den Verlag dafür vergüten, daß sie den Song mit Bildmaterial verbinden wollen. Diese Vergütung heißt Synchronisationsgebühr. Im Hinblick auf Musikvideos lassen sich weltweit alle Plattenfirmen von dieser Gebühr freistellen. Mittlerweile fordern immer mehr Firmen eine solche Freistellung auch für CD-Is und CD-ROMs. In der Regel geschieht dies schon im Künstlervertrag, und zwar dadurch, daß der Künstler dafür verantwortlich gemacht wird, die Freistellung mit seinem Verlag oder, bei Coverversionen, mit dem Verlag des Urhebers zu regeln. Diese Forderung wird von den Verlagen sel-

ten abgelehnt, da sie bei jeder weiteren Nutzung des Musikvideos kräftig mit-
verdienen. Genutzt wird ein Musikvideo bei der Sendung in Musikkanälen und
bei der Aufführung z. B. in Flugzeugen oder sogenannten Video-Pools, einer Art
Video-Sampler, die vorwiegend in Musikläden zur Verkaufsförderung abge-
spielt wird.

Bei Vertragsverhandlungen sollte man darauf achten, daß für diejenigen
Fälle, in denen der Verlag die Freistellung ablehnt, die Synchronisationsgebühr
nicht auf den Künstler oder Produzenten abgewälzt wird.

3. Kontrolle über den künstlerischen Inhalt

Grundsätzlich behält sich die Firma die Kontrolle über die Gestaltung des
Musikvideos vor, da sie das Video finanziert und wenige Künstler das entsprechende Know-how haben. Im Vertrag kann sich der Künstler jedoch ein Mitspracherecht bei den kreativen Entscheidungen einräumen lassen. Hat der
Künstler die nötige Erfahrung, kann er sogar als Regisseur oder Choreograph
an der Videoproduktion mitwirken und verlangen, daß er für diese Tätigkeit von
der Plattenfirma bezahlt wird. Dies steht im Gegensatz zu der häufig in Verträgen anzutreffenden allgemeinen Regelung, daß der Künstler für Promotiontätigkeiten (wie Interviews, Medienauftritte, sogar manche Auftritte im Rahmen größerer Konzerte und eben auch Musikvideos) unentgeltlich zur
Verfügung zu stehen hat.

Wie auch bei der Auswahl der aufzunehmenden Songs ist das Entschei-
dungsrecht des Künstlers über die kreativen Elemente eines Musikvideos für
seine Karriere von großer Bedeutung und sollte nicht kampflos aus der Hand
gegeben werden. Sein Image und sein Ruf können durch einfallslos oder
unpassend produzierte Videos langfristig geschädigt werden.

4. Produktionskosten

Die Produktionskosten hängen unter anderem davon ab, ob lediglich ein
einzelner Titel oder ein ganzes Konzert aufgezeichnet wird oder ob alte Videos
für ein „Best Of"- bzw. Compilation-Video verwendet werden.

Ernstzunehmende Videoclipproduktionen, also Aufzeichnungen einzelner
Songs, können heutzutage in Deutschland kaum mehr unter 50.000 € produziert werden. Nach oben sind keine Grenzen gesetzt. In den USA wird sogar
noch von Low-Budget-Produktionen gesprochen, wenn der Etat unter
200.000 $ liegt.

Unter dem Minimalbetrag von 50.000 € in Deutschland wird eine technische und künstlerische Produktionsqualität, wie sie für die Aufnahme in die Video-Rotation der Musiksender notwendig ist, fast nie erreicht werden können. Daher sollte man vertraglich ein Minimum-Produktionsbudget festlegen. Im Gegenzug sollte man sich aber auch das Recht vorbehalten, der Festsetzung eines Budgets, welches das vereinbarte Minimum weit überschreitet, zu widersprechen, da ein extrem hohes Budget wegen der regelmäßig vereinbarten Verrechenbarkeit der Videoproduktionskosten dazu führen könnte, daß der Künstler nie Geld sieht.

Man sollte sich Gedanken darüber machen, auf welche Weise Videoproduktionskosten gering gehalten werden können. Es wäre z. B. denkbar, daß bei der Produktion von Konzertmitschnitten ein TV-Sender die Koproduktion übernimmt und man sich mit diesem die Kosten – dann aber natürlich auch die Auswertungsrechte – teilt. In der Regel wird das Fernsehunternehmen die exklusiven Senderechte und die Plattenfirma die Verkaufsrechte bekommen. Man könnte auch nach Sponsoren Ausschau halten, die ihre Logos im Zuschauerraum plazieren dürfen. Auch bei der Aufzeichnung eines Videoclips kann das Interesse eines Sponsors geweckt werden, wenn dieser Product-Placement betreiben darf. Keine unmittelbare Kostensenkung, wohl aber eine Refinanzierung kann dadurch erreicht werden, daß die Kosten nicht wie sonst üblich nur über den Tonträgerverkauf erwirtschaftet werden, sondern auch dadurch, daß man die Clips selbst vertreibt. Effektiv wäre es z. B., eine „Best Of"-Zusammenstellung der bisherigen Clips des Künstlers gemeinsam mit einer aktuellen Single zu vermarkten.

Schließlich sollte man die Firma vertraglich verpflichten, dem Künstler bzw. Produzenten eine detaillierte Auflistung über die Finanzierung der Videoproduktion, in der auch die endgültige Höhe der Gesamtkosten enthalten sein sollte, auszuhändigen. Nur so können der Künstler und der Produzent nachvollziehen, welche Kosten der Plattenfirma wirklich entstanden sind und ob korrekt verrechnet wurde. Es ist nämlich nicht akzeptabel, daß Produktionskosten, die von Sponsoren oder Koproduzenten übernommen wurden, in die zu verrechnenden Kosten mit einbezogen werden. Sicherheitshalber sollte man diese Kosten im Vertrag ausdrücklich von der Verrechenbarkeit ausschließen.

5. Verrechenbarkeit

Im Gegensatz zu anderen Promotionskosten wollen die Plattenfirmen Videoproduktionskosten in der Regel mit den Künstlerantiemen verrechnen. Wie hoch der verrechenbare Anteil ist und gegen welche Einkünfte verrechnet werden darf, ist Verhandlungssache.

Die meisten deutschen Firmen wollen 50 % der Videoproduktionskosten verrechnen. Bei Künstlerverträgen direkt mit der Plattenfirma ist dies auf jeden Fall zu hoch. Man sollte, wenn überhaupt, maximal 25 % akzeptieren, denn zum einen wird die Plattenfirma einen Teil dieser Kosten schon beim Auftragsproduzenten verrechnen, und zum anderen gehört es zu den ureigenen Aufgaben der Plattenfirmen, die Aufnahmen des Künstlers zu promoten. Gerade zu diesem Zweck hat der Künstler ihnen ja auch die Bildtonträgerrechte übertragen. Ansonsten könnte der Künstler diese Rechte ebensogut für sich behalten und zu gegebener Zeit mit der Plattenfirma einen separaten Deal für ein Video aushandeln. Dann hätte er die umfassende Entscheidungsgewalt bezüglich der Ausgestaltung des Videos, und dann wäre unter Umständen auch eine Verrechenbarkeit gerechtfertigt.

Bei Künstlerverträgen mit einem Produzenten sollte man die Produktionskosten allenfalls anteilig verrechnen lassen.

Es kommt leider vor, daß ein Produzent die ganze Verrechnungslast auf den Künstler abwälzen will. Wenn die Plattenfirma also 50 % der Videoproduktionskosten mit der Beteiligung des Produzenten verrechnen will, nimmt der Produzent einfach in den Künstlervertrag die Klausel auf, daß der Künstler 50 % der Produktionskosten zu verrechnen hat. Dies ist kategorisch abzulehnen. Eine abgeschwächte Variante, wie ein Produzent einen Künstler übervorteilen könnte, besteht darin, daß der Produzent die zu verrechnenden Videoproduktionskosten mit dem Künstler teilt. Danach müßte jeder jeweils 25 % verrechnen, obwohl der Produzent z. B. von seinen 18 % Beteiligung nur 6 % an den Künstler abgibt. Am gerechtesten ist es daher, den Künstler nur zu einem Drittel an den 50 % der Videoproduktionskosten, die zu verrechnen sind, zu beteiligen, da dieser auch nur ein Drittel der Tantiemen des Produzenten bekommt.

Die zweite wichtige Frage ist, gegen welche Einkünfte verrechnet werden darf.

Da die Plattenfirmen grundsätzlich alle Umsätze eines Künstlers aus einem Vertrag unter einem firmeninternen Konto führen, kann es passieren, daß sämtliche Einnahmen des Künstlers aus diesem Vertrag zur Verrechnung herangezogen werden. Es sollte jedoch versucht werden, die Verrechnung auf die Einnahmen aus Tonträgerverkäufen zu beschränken. Andere Lizenzeinnahmen, beispielsweise solche für die Verwertung eines älteren Songs in einem Spielfilm, sollten ausgenommen werden.

Noch härter wird es für den Künstler bzw. Produzenten, wenn die Firma vertraglich berechtigt ist, mit Einnahmen aus anderen mit der Firma abgeschlossenen Verträgen quer zu verrechnen. Hat ein Produzent beispielsweise mehrere Acts bei einer Firma unter Vertrag, könnte die Firma in diesem Fall der sogenannten „cross-collaterilization" Produktionskosten für ein Video mit Act A mit Einnahmen des Acts B, der mit Act A gar nichts zu tun hat, querverrechnen. Dies kann dazu führen, daß dem Produzenten diejenigen Tantiemen gekürzt werden, die ihm und den Künstlern aus dem erfolgreichen Act B zustehen, nur weil Act A die Videoproduktionskosten nicht eingespielt hat. Gleiches gilt für einen Künstler, der sowohl selbst einen Vertrag mit der Plattenfirma abgeschlossen hat als auch gleichzeitig Produzent für einen anderen Künstler ist, der ebenfalls bei dieser Plattenfirma unter Vertrag ist.

Das Problem der Querverrechnung ist natürlich auch für diejenigen Künstler bedeutsam, die selbst mehrere Verträge mit einer Plattenfirma haben oder hatten. Eine Band war beispielsweise vor einigen Jahren bei einer Plattenfirma unter Vertrag und außerdem recht erfolgreich. Als der Vertrag auslief, wechselte diese Band zu einer anderen Plattenfirma, mit der die Zusammenarbeit nicht zufriedenstellend verlief. Nach Auslauf diese Vertrages kehrte die Band wieder zu der alten Firma zurück. Die neuen Aufnahmen verkauften sich jedoch trotz Videoclip nicht gut. Wenn die Firma im aktuellen Vertrag zur Querverrechnung berechtigt ist, kann sie die Videoproduktionskosten (und auch andere Kosten des aktuellen Vertrages) mit den Einnahmen aus den Verkäufen der alten, immer noch erfolgreichen Aufnahmen verrechnen. Besonders heikel wird dies, wenn einige Künstler, die an den früheren Aufnahmen mitgewirkt hatten, jetzt nicht mehr bei der Gruppe sind. Da die ausgeschiedenen Gruppenmitglieder immer noch Anspruch auf Beteiligung an den Einnahmen aus dem alten Vertrag haben, kann die Querverrrechnung dazu führen, daß kein Geld mehr übrig ist, mit dem die Band intern ihre Exmitglieder bezahlen kann.

Eine Querverrechnung sollte daher in allen Verträgen, soweit es geht, vermieden werden.

Die Verrechnung der Videoproduktionskosten wird in der Abrechnung aufgeführt (siehe Kontoauszüge, Anhang 7), was zu einer Verminderung der an den Künstler ausgezahlten Lizenzen führt. Unter Verwendung dieses Abrechnungsmodus kann der Künstler daher weniger Einnahmen bei der GVL geltend machen. Wie man das vermeiden kann, wird unter Kapitel XIV 9. erläutert.

6. Beteiligung

Die Plattenfirmen scheinen eine regelrechte Trickkiste zu haben, aus der sie Methoden zaubern, um die Beteiligung des Künstlers bzw. Produzenten an Videoverkäufen, die ohnehin schon sehr gering sind, zu drücken. Im Folgenden seien die üblichsten genannt:
– Sie reduzieren die Beteiligung auf bis zu 50 % (siehe Kapitel XII 4.8).
– Sie betätigen mehrere Reduzierungen, wie z. B. für Auslandsverkäufe oder Drittlizenzierungen (siehe Kapitel XII 4).

– Sie erhöhen den technischen Abzug (siehe Kapitel XII 2).
– Sie modifizieren die Abrechnungsbasis. In den USA wird einfach anstelle des Nettodetailpreises der Händlerabgabepreis des Videos zugrunde gelegt. In Deutschland kommt es vor, daß der Händlerabgabepreis einer CD herangezogen wird, was eine noch niedrigere Ausgangsbasis darstellt.
– Die Plattenfirmen in den USA werden dem Künstler regelmäßig eine All-In-Beteiligung an den Videoverkaufseinnahmen einräumen. Danach muß der Künstler selbst alle Lizenzen an etwaige Urheber, alle Gewerkschaftsgebühren an die AFM (American Federation of Musicians), die komplette Produzenten- und gegebenenfalls auch die Regisseurvergütung aus seinen Lizenzen bezahlen. Die Lizenzen muß der Künstler sogar im voraus bezahlen, also aus seiner eigenen Tasche.

XI Sonstige Kosten

Der Traum, eine Platte aufnehmen zu können, hat sich realisiert. Eine Plattenfirma wurde gefunden. Der verantwortliche A&R-Manager fand das Demo „gut genug" oder hat vielleicht sogar den Radiohit darin gehört, und ein echter Vertrag flattert ins Haus.

Sonstige Kosten betreffen zum einen diejenigen Kosten, die das Produktionsbudget übersteigen oder neben diesem laufen, und weitere Kosten, die noch nicht in anderen Kapiteln erwähnt wurden. Hierunter fallen solche Kosten, die der wirtschaftliche Produzent oder die Plattenfirma machen müssen oder können. Auch diese Kosten können sich auf die Höhe der auszuzahlenden Verkaufstantiemen auswirken.

1. Allgemeine Kosten

Allgemeine Kosten sind z.B. Verwaltungs- und Personalkosten, Büromiete, Möbel- und Telefonkosten, aber auch Rechtsanwalts- und Steuerberaterhonorare sowie das Sinken des Wertes der Lagerbestände (durch die sogenannte Wertberichtigung, wonach der Betrag, den die Firmen steuerlich abschreiben können, sinkt). Solche Kosten sollten nie verrechenbar sein oder auf sonstige Weise zu Lasten des Künstlers gehen. Auch im Falle einer Beteiligung des Künstlers am Gewinn (siehe Kapitel XII 3.1.2) sollten diese Kosten nicht im Rahmen der Gewinnermittlung berücksichtigt werden.

2. Produktionsbezogene Kosten

Künstler und Produzenten müssen nicht nur darauf achten, ihr Produktionsbudget nicht zu überschreiten. Sie dürfen auch weitere Kosten, die mit dem Produktionsbudget selbst nichts zu tun haben, nicht übersehen. Hier sind vor allem zu nennen:

2.1 Studiogerätemiete und Studiomusikerhonorare

Neben Inkompetenz und mangelnder Vorbereitung können diese Kosten das Produktionsbudget leicht anschwellen lassen. Hat der Künstler bzw. Produzent besondere technische Wünsche oder soll der neueste „akustische

Trick" verwendet werden, muß man die dafür erforderlichen teuren Geräte mieten, wenn man nicht in einem kostspieligen State-of-the-art-Studio aufnimmt. Oft wird der wirtschaftliche Produzent eine gewisse Überschreitung des Budgets von ungefähr 10 % tolerieren. Was darüber hinausgeht, muß der Künstler bzw. der künstlerische Produzent aus seinen Tantiemen verrechnen, auch wenn das Produktionsbudget an sich nicht verrechenbar ist.

Studiomusiker erhalten je nach ihrer Begehrtheit zwischen einigen hundert und einigen tausend Euro am Tag. In der Regel werden sie pauschal bezahlt. Sowohl Künstler als auch künstlerische Produzenten müssen dafür sorgen, daß alle an den Aufnahmen beteiligten Studiomusiker ihre Leistungsschutzrechte übertragen. Dies tun sie mit der im Anhang befindlichen Künstlerquittung, die gleichzeitig als Zahlungsbeleg für die GVL dient. Es kommt allerdings auch vor, daß Studiomusiker, die besonders kreativ an der Produktion mitgearbeitet haben, an den Verkaufstantiemen beteiligt werden. Diese Beteiligung bewegt sich in der Regel zwischen 0,5 und 1,5 % des bereinigten Händlerabgabepreises. In einem solchen Fall muß der wirtschaftliche Produzent auch einen Vertrag mit dem betreffenden Studiomusiker schließen, in dem die Abrechnungsbasis, die Höhe der Beteiligung, sämtliche Abzüge und Reduzierungen der Tantiemen sowie die Abrechnungsmodalitäten geregelt werden sollten. Erhält der Studiomusiker eine Pauschalzahlung, wird diese dann in der Regel – aber nicht immer! (Verhandlungssache) – als verrechenbarer Vorschuß aufgefaßt.

Bekommt der Studiomusiker beispielsweise 2.000 € für seinen Einsatz und wird damit das Produktionsbudget überstiegen, werden die 2.000 € mit den Tantiemen des Künstlers bzw. künstlerischen Produzenten verrechnet. Wurde der Studiomusiker aber an den Verkaufstantiemen beteiligt und die 2.000 € als verrechenbarer Vorschuß im Hinblick auf die Tantiemen des Studiomusikers aufgefaßt, sollten der Künstler bzw. der künstlerische Produzent die 2.000 € nicht im Wege der Verrechnung mit ihren Tantiemen bezahlen müssen, auch wenn damit das Produktionsbudget überschritten wurde, da der wirtschaftliche Produzent dieses Geld ja bereits aus den Tantiemen des Studiomusikers zurückholen kann.

2.2 Remixkosten

Remixe können sowohl vom künstlerischen Produzenten selbst als auch von einem Remixer gemacht werden. Der Produzent wird in der Regel verschiedene Mixe eines Titels schon im Rahmen der Produktionsverpflichtung bei der Plattenfirma abliefern müssen. Um die Verkäufe anzukurbeln, will die Plattenfirma oft zusätzlich Remixe namhafter Remixer haben. Für solche

Remixe wird ein separates Budget zur Verfügung gestellt. Manche Firmen versuchen aber, auch diese Kosten mit den Tantiemen des Künstlers bzw. des künstlerischen Produzenten zu verrechnen. In der Praxis ist es nicht besonders schwierig, mit der Plattenfirma die Verrechnung von nur 50 % der Remixkosten auszuhandeln. Diese 50 % sollten Produzent und Künstler im Verhältnis zu ihrem Anteil an der Gesamtbeteiligung verrechnen; im schlimmsten, gerade noch zu akzeptierenden Fall zu jeweils 25 %.

2.3 Lizenzen an Dritte

Hinsichtlich moderner Produktionen kann der Gebrauch von Samples tief in das Produktionsbudget einschneiden. Werden Samples gebraucht, haben Künstler, Produzent und Plattenfirma der Originalaufnahme einen Anspruch auf Vergütung, da ihre Leistungsschutzrechte betroffen sind. Abhängig von Art und Umfang des verwendeten Samples können auch seitens des Urhebers bzw. dessen Verlags Ansprüche entstehen.

In der Praxis werden Samples allerdings so gut wie nie lizenziert. Besonders wenn der Song, in dem der Sample gebraucht wurde, ein Hit wird, ist das ein gefährliches Unterfangen. Denn je größer der Hit, desto mehr werden die Leistungsschutzberechtigten verlangen. Man wird dann auf jeden Fall mehr bezahlen müssen, als wenn man den Sample von vornherein lizenziert hätte.

Für Unerfahrene kann sich die Lizenzierung eines Samples allerdings schwierig gestalten, weil man nicht immer weiß, wer die Rechte an einem Sample zur Zeit innehat. Man sollte daher wissen, daß es sogenannte Clearing-Houses gibt, die alle Arten von Lizenzierungen für den Auftraggeber durchführen.

3. Produktbezogene Kosten

Hierunter fallen zunächst die Kosten, die für Verpackung und Artwork anfallen. Diese Kosten sind aber schon im technischen Abzug berücksichtigt. Außer wenn der Künstler bzw. der Produzent eine Beteiligung am Gewinn vereinbart hat, sollte man die Verrechenbarkeit dieser Kosten nie akzeptieren.

Zu den produktbezogenen Kosten zählen daneben auch Marketing-, Promotion- und Werbekosten. Künstler und Produzent sind der „Verrechnung" dieser Kosten teilweise schon über Lizenzreduzierungen für TV- und funkbeworbene Produkte (Werbung) oder bei Kooperationen mit Sendern etc. (Marketing) ausgesetzt. Im Promotionbereich wird ein Teil der Kosten, die der Plattenfirma entstehen, durch das Einkassieren von Gagen aus Medien-Promotion-Auftritten ausgeglichen. In den USA kommt es oft vor, daß sämtliche Promotionkosten voll verrechenbar sind.

Sonderkosten, z.B. für die Einschaltung von Independent-Promotionfirmen oder die Bereitstellung von Tour-Support, werden meistens wenigstens anteilig auch in Deutschland verrechenbar sein. Um eine Verrechnung von bis zu 50 % dieser Kosten wird man kaum herumkommen.

Unter Tour-Support werden mehrere Dinge verstanden. Sie reichen von einer pauschalen Buy-in-Zahlung einer Vorgruppe über die Kosten des Plakat- und Kartendrucks bis hin zur Ausfallbürgschaft, mit der die Plattenfirma die Kosten abdeckt, die nicht durch Kartenverkauf ausgeglichen wurden.

Hat der Künstler keine eigene Band, keinen eigenen Proberaum und/oder kein eigenes Equipment, muß er bei der Verhandlung über die Höhe des Tour-Supportes auch an diejenigen Kosten denken, die auf ihn in der Vorbereitungsphase einer Tournee deswegen zukommen. Denn der Künstler muß grundsätzlich auch die Kosten für Musiker, Proberaum und Equipment selbst tragen. Dies hat sich aus dem traditionellen Verständnis, daß der Künstler all dies schon hat, etabliert. Auch Tänzer und Choreographen, Pyrotechniker und den Mann am Mischpult etc. muß der Künstler grundsätzlich selbst bezahlen und darauf den Tour-Support verwenden.

4. Unterricht

Vor allem im Hinblick auf die immer jünger werdenden Künstler muß auch mit Kosten für Gesangs-, Tanz- und Kommunikationsunterricht gerechnet werden. Unter Kommunikationsunterricht versteht man die gezielte Schulung für Interviews und Verhalten in der Öffentlichkeit im Hinblick auf Körpersprache, Vorbereitung, Modulation der Stimme und Rhetorik. Da solcher Unterricht dem Künstler für seine ganze Karriere nutzen wird, sind die Kosten in der Regel zu 100 % verrechenbar.

XII Die Beteiligung

Künstler und Produzent werden an den Umsätzen aus Ton- und Bildtonträgerverkäufen und sonstigen Lizenzierungen beteiligt. Die Bedeutung von Verhandlungsgeschick für die Maximierung der Beteiligung und die Minimierung der Reduzierungen kann nicht übertrieben werden.

Viele Künstler protzen gerne mit der Höhe ihrer prozentuellen Beteiligung an Verkaufs- und Lizenzeinnahmen, die sie in ihrem Künstlerexklusivvertrag vereinbart hatten. Wenn sie hören, daß eine befreundete Gruppe vielleicht nur 6 % erhält, wird lauthals erzählt, wie gut ihr eigener Deal mit 10 % ist. Was sie nicht wissen, ist, daß ihre Kollegen mit 6 % trotzdem genausoviel pro verkaufter Maxi-CD verdienen (siehe Beispiel 6 unter 2. Technische Abzüge). Es ist nicht nur eine Frage des: „Wieviel bekommt man?", sondern vor allem auch: „Wieviel bekommt man wovon!"

Es gibt mehrere Möglichkeiten, das Endresultat – die Tantiemen – so zu gestalten, wie man sie haben will; mehrere Faktoren, die dabei eine erhebliche Rolle spielen können, sind zu berücksichtigen, wenn man versucht, eine Maximal-Forderung in einen einigermaßen ausbalancierten Vertrag umzuwandeln.

Während die Klauseln über die Grundbeteiligung etwa ein Viertel bis ein Drittel einer Vertragsseite füllen, folgen in der Regel mehrer Seiten mit Lizenzreduzierungen und anderen Regelungen, um dieses Geld zurückzuholen, ohne an der Grundbeteiligung rütteln zu müssen. Es kommt einem vor, als ob es Leute in den Plattenfirmen gäbe, die nichts anderes zu tun haben als Formulierungen zu erfinden, um dieses Ziel zu erreichen. In seinem Buch „All You Need To Know About The Music Business" erzählt Donald Passman die folgende Anekdote, um diesen Punkt zu verdeutlichen:

Wenn ein Zigeunerkind auf die Welt kommt, wird es auf dem Boden gelegt – eine Geige auf seiner rechten Seite, ein Sack voller Geld links. Die Tradition sagt: wenn das Baby zur Geige greift, wird es Musiker; greift es zum Geld, wird es Dieb. Wenn das Baby zu beiden gleichzeitig greift, wird es Chef der Abrechnungsabteilung einer Plattenfirma.

Um Tantiemen auszurechnen, muß man zuerst die Abrechnungsbasis feststellen. Diese wird dann „bereinigt" durch den Abzug der technischen Kosten. Das ergibt die Lizenzbasis. Anhand der vereinbarten prozentuellen Beteiligung des Künstlers oder Produzenten kann man von dieser Lizenzbasis die Tantiemen kalkulieren. Im Falle, daß die Bedingungen für die Betätigung einer Reduzierung erfüllt sind, wird die reduzierte Beteiligung bei der Kalkulation verwendet.

1. Die Abrechnungsbasis

Die Abrechnungsbasis stellt die Grundlage aller Kalkulationen der Beteiligung dar. Es gibt mehrere sehr unterschiedliche Alternativen, die manchmal überraschende, wenn nicht verheerende Auswirkungen haben können, wie beispielsweise im Teil „Der Technische Abzug" unten zu entnehmen ist. Der erste Schritt ist, die Lizenzbasis festzulegen. Die üblichen Möglichkeiten sind:

1.1 Die Fixsumme

Um ihre Verträge übersichtlicher zu gestalten und ihren Administrationsaufwand zu vereinfachen (und natürlich, um Kosten zu sparen), vereinbaren manche kleinere Independent-Labels eine Fixsumme pro verkaufter Einheit mit dem Künstler bzw. Produzent. Damit weiß jeder, was er zu bekommen oder zu bezahlen hat, ohne sich durch endlose Listen von Abzügen und Lizenzreduzierungen streiten zu müssen. Leider sind diese Summen nach meiner Erfahrung viel zu niedrig. Die Angebote, die ich bisher gesehen habe, reichen von 0,50 € bis zu 1,25 € pro verkaufter Longplay-CD. Dieser Betrag ist viel zu niedrig, wenn man berücksichtigt, daß sowohl die Künstler als auch der Produzent aus diesem Geld ihren Beteiligungen erhalten. Während das Angebot einer Beteiligung von 0,50 € geradezu eine Beleidigung dem Künstler oder Produzenten gegenüber ist, entspricht eine Fixsumme von 1,25 € einer als unterste Grenze zu verstehenden Beteiligung von 14,89 % des bereinigten Händlerabgabepreises (HAP) bei einem Netto-HAP (siehe 1.5 Händlerabgabepreis unten) von 11,45 € und einem technischen Abzug von 25 % (siehe 2. Technischer Abzug unten).

1.2 Die Beteiligung am Gewinn

Bisher bin ich dieser Abrechnungsbasis nur in Künstlerexklusivverträgen von wenigen Independent-Plattenfirmen begegnet. Die Idee ist, daß nach Ermittlung des Gewinns dieser zwischen Künstler und Plattenfirma 50/50 geteilt wird. Das klingt für manchen sehr verlockend. Und unter den richtigen Umständen könnte es auch ein interessantes Angebot sein. Das Problem liegt aber darin, genau zu bestimmen, welche Kosten bei der Gewinnermittlung vom Umsatz abgezogen werden dürfen.

Lediglich die Angabe, daß es die Produktions-, inklusive die Beteiligung des künstlerischen Produzenten (wenn angebracht), Herstellungs-, GEMA-, Marketing- und Promotionskosten betrifft, ist nicht genug. Jede einzelne Kosten-position in allen Bereichen sollte/muß aufgelistet, berücksichtigt und vertrag-lich festgelegt werden. Das sind sehr viele einzelne Kosten, die auch nicht für jeden offensichtlich sind. Es gibt auch in diesen Bereichen viele Kosten, die streitig werden können. Beispiele sind:

a) inwiefern die normalen Geschäftskosten der Plattenfirma (Büromiete, Telefon, Leasinggebühren für Computer oder Kopiergeräte, Beiträge zur Künstlersozialkasse etc.) ganz oder anteilig angerechnet werden oder

b) ob die anfallenden Akquirierungskosten, z.B. bei der Suche nach einem weiteren Lizenznehmer, in die Gewinnermittlung einbezogen werden oder

c) inwiefern die Reise- und Unterbringungskosten des Managers des Künstlers zum „Produktionsbudget" gehören, wenn entweder der Künstler oder die Firma seinen Besuch im Studio für wünschenswert oder erforderlich hält.

Wenn die Firma die Kosten für den Besuch des Managers deckt oder vor-legt, ist es verständlich, daß sie diese Ausgaben gerne in die Liste aufnimmt. Damit zahlen auch die Künstler teilweise diese Kosten zurück. Wenn der Produzent diese Kosten nicht vorlegt und der Künstler diese Kosten gemäß seines Managementvertrags jedoch letztendlich decken muß, wird er sie möglicherweise nicht in der Liste haben wollen, um schneller zu einem Gewinn zu kommen.

Viele dieser Kosten sind auch schwierig festzulegen oder für den Künstler zu kontrollieren. Wenn beispielsweise die Plattenfirma die Produktion im eige-nen Studio durchführt, sollten von vornherein stündliche, tägliche, wöchentli-che, monatliche oder pauschalierte Studiogebühren ausgehandelt werden. Wer aber trägt die Mietkosten für Studiogeräte, wenn die Plattenfirma/der Pro-duzent mitten in der Produktion entscheidet, daß diese Geräte notwendig sind? Wie ist die Höhe des Honorars für Studiomusiker zu bemessen, wenn diese später eingesetzt werden müssen? Über die Marketing- und Promotionskosten hat der Künstler in der Regel weder Überblick noch Kon-trolle.

Wer sich dazu bereit erklärt, eine solche Abrechnungsbasis zu akzeptieren, sollte in jedem Fall die Verhandlungen an Hand der Kostenpositionen aus der Buchhaltung der Plattenfirma und mit der Hilfe eines im Tonträger- und Lizenzbereich erfahrenen Rechtsanwalts sowie eines Buchhalters, Wirt-schaftsprüfers oder Steuerberaters, der sich auch mit den Kostenstrukturen einer Plattenfirma fundiert auskennt, durchführen. Denn die Gestaltung der Gewinnermittlung wird sowohl die Höhe des „Gewinnanteils" des Künstler als auch die Zahlungstermine mitbestimmen.

1.3 Die Netto-Einnahmen des Produzenten

Diese Abrechnungsbasis wird immer öfter durch (wirtschaftliche) Produzenten eingesetzt, die selbst Künstler unter Exklusivvertrag haben. Das gilt besonders für die vielen vom Produzenten generierten Projekte im Dance- und Popbereich. Diese Abrechnungsbasis bringt für beide Parteien einige Vorteile mit sich:

a) Sie vereinfacht die Vertragsverhandlungen mit dem Künstler, weil viele wirtschaftliche Bedingungen, die in dem Bandübernahmevertrag zwischen dem Produzenten und seinem Lizenznehmer geregelt werden, nicht individuell zwischen dem Produzent und dem Künstler verhandelt werden müssen.

b) Die Abrechnungen an den Künstler werden vereinfacht. Anstatt die ganze detaillierte Abrechnung, die er von seinem Lizenznehmer erhält, mit der Beteiligung des Künstlers umrechnen zu müssen (was besonders umständlich sein kann, wenn die Bedingungen im Künstlerexklusivvertrag von den Bedingungen im Bandübernahmevertrag stark abweichen), muß der Produzent lediglich eine Kopie der Abrechnung und des „Kontoauszuges" (eine Aufstellung aller die Abrechnung betreffenden Belastungen und Gutschriften), den er von seinem Lizenznehmer erhält, dem Künstler vorlegen und lediglich noch die Künstlerbeteiligung in entsprechender Höhe von der an den Produzenten ausgezahlten Tantiemen (abzüglich der zu verrechnenden Beträge usw.) abziehen.

c) Der Künstler nimmt an allen vom Produzenten ausgehandelten Staffelungen oder Lizenzsteigerungen, jedoch auch an den Abzügen und Lizenzreduzierungen automatisch teil.

d) Die Abrechnung für den Künstler ist übersichtlich.

e) Der Künstler hat die Möglichkeit, seine Beteiligung zweifach zu verbessern: auf der einen Seite steigen seine Einnahmen mit den im Bandübernahmevertrag vereinbarten Staffelungen. Anderseits kann er versuchen, auch seine prozentuale Beteiligung an den Netto-Einnahmen des Produzenten nach oben zu staffeln.

Es gibt aber bei dieser Abrechnungsbasis auch einen Nachteil für den Künstler. Er ist vom Verhandlungsgeschick des Produzenten abhängig. Wenn der Produzent bezüglich z.B. der Höhe seiner Beteiligung, des technischen Abzuges oder der vielen Lizenzreduzierungen in seinem Bandübernahmevertrag miese Bedingungen mit einem Lizenznehmer aushandelt, wird darunter auch der Künstler leiden.

1.4 Der Großhandelspreis

Im Gegensatz zum Klassikbereich ist der Großhandelspreis als Abrechnungsbasis heutzutage in der Popwelt glücklicherweise selten zu finden. Wo auch immer diese Lizenzbasis eingesetzt wird, ist große Vorsicht geboten. Es gibt keine offizielle Definition dieses Begriffs. Daher muß man im Vertrag genau weiterlesen, um herauszubekommen, was exakt damit gemeint ist. Er wird aber in den meisten Verträgen als die Hälfte des Nettodetailpreises definiert. Für diejenigen, die sich von bloßen Zahlen blenden lassen, kann die Wirkung dieser Halbierung verheerend sein. Man bekommt eine Beteiligung von, sagen wir, 10 % angeboten und freut sich, aber liest und rechnet nicht nach. Diese 10 % entsprechen dann nämlich nur 5 % vom Nettodetailpreis (ein nicht so berauschendes Angebot, wenn die Tantiemen unter mehreren Künstlern geteilt werden müssen). Aber ein Künstler könnte noch deprimierter werden, wenn ein Kollege mit ungünstigeren Bedienungen das gleiche an Tantiemen verdient. Einen solchen Vergleich findet man im Beispiel 6 in Teil 2 Technische Abzüge unten.

Wie man an diesem Beispiel sehen kann, ergibt diese Halbierung einen Wert von etwa 2,50 € für eine Maxi-CD. Für normale Longplay-CDs ergibt diese Halbierung des Nettodetailpreises Werte zwischen etwa 6 € und 7,50 € für normale Longplay-CDs. Diese Werte müssen dann auch noch um den technischen Abzug bereinigt werden.

1.5 Vertriebsabgabepreis

Dieser entspricht in der Regel dem Preis, den der Vertrieb an die Plattenfirma pro verkauftes Exemplar bezahlt. In einem Künstlervertrag von einer Independent-Plattenfirma, die bei einer großen Plattenfirma im Sondervertrieb ist, wurde diese Abrechnungsbasis neulich als der Netto-Vertriebsannahmepreis abzüglich der Vertriebspauschale definiert. Die Vertriebspauschale gleicht in diesem Fall dem technischen Abzug.

In Deutschland, ob bei einem Major- oder Independent-Vertrieb, beträgt dieser Preis gewöhnlich zwischen 5,50 € und 7 € für normale Longplay-CDs und etwa 2,25 € bis 2,75 € für Maxi-CDs. Beim Vergleich mit den Werten, die für die Anwendung der Großhandelspreis-Abrechnungsbasis ermittelt werden, erkennt man eine Ähnlichkeit zwischen diesen zwei Abrechnungsbasen.

Von diesen Einnahmen muß das Label sämtliche Kosten decken, inklusive Herstellungs-, Marketing- und Promotionskosten, Künstler- und Produzententantiemen, GEMA, vielleicht die Produktions- und Videoproduktionskosten, seine normalen Betriebskosten etc., etc.

1.6 Der Nettodetailpreis

Diese Abrechnungsbasis ist der Endverbraucherpreis abzüglich der gesetzlichen Umsatzsteuer. Obwohl man dieser Abrechnungsbasis in älteren Verträgen öfter und in ausländischen Verträgen regelmäßig begegnet, ist sie in jüngeren deutschen Verträgen selten zu finden, in denen eher der Händlerabgabepreis als Abrechnungsbasis bevorzugt wird.

Weil es in Deutschland keine Preisbindung für Tonträger gibt und man einen empfohlenen Verkaufspreis eher nur bei fernsehbeworbenen Produkten findet, wurde es schwierig, den Nettodetailpreis zu ermitteln. Zu diesem Zweck hat die Tonträgerindustrie früher eine unabhängige Marktforschungsfirma beauftragt, den fiktiven durchschnittlichen Händleraufschlag zu ermitteln. Dieses durchschnittliche Preis-Mark-up oder Uplift (die Summe, die der Händler auf seinen Einkaufspreis aufschlägt) wurde zum Händlerabgabepreis addiert, um einen fiktiven Durchschnittsendverbraucherpreis zu erfassen. Die Höhe der Aufschläge änderte sich regelmäßig über die Jahre. Wie Gilbert und Scheuermann im Handbuch der Musikwirtschaft (S. 1032) graphisch darstellen: die Aufschläge von 1991–1994 betrugen 19,9 %, im Jahr 1996 wiederum nur 9,2 %. Diese Schwankungen wurden zum großen Teil durch die Preise der großen Handelsketten wie WOM und Saturn verursacht, die CDs oft als Lockangebote benutzen, um Käufer in den Laden zu locken. Nach Auskunft von Peter Zombik, dem Mitgeschäftsführer des Bundesverbandes der Phonographischen Wirtschaft e.V. sowie der deutschen Landesgruppe der IFPI e.V und der Gesellschaft zur Verwertung von Leistungsschutzrechten mbH (GVL), werden diese Aufschläge schon seit etwa fünf Jahren nicht mehr vermittelt.

Die Tonträgerindustrie ist schon lange dabei, alte Verträge, die auf dem Nettodetailpreis basierten, auf den Händlerabgabepreis umzustellen. Ende 1999 wurde ein solcher Vertrag mit BMG Hamburg / RCA, der zu einer Zeit geschlossen worden war, bevor die CD-Konfiguration in allen Verträge aufgeführt wurde, auch entsprechend geändert, als die Firma eine CD der vertragsgegenständlichen Aufnahmen veröffentlichen wollte. Weiterhin wurde unter anderem eine CD-Klausel hinzugefügt und die Abrechnungsbasis auf den Händlerabgabepreis umgestellt. Um die prozentuale Umsatzbeteiligung des Künstlers an den Händlerabgabepreis anzupassen, hat die Firma freundlicherweise angeboten, vom Händleraufschlag des 1996 ermittelten Aufschlages für MCs, nämlich 22,8 %, auszugehen und nicht von dem von CDs (9,2 %). Angenommen, der Künstler bekam damals 7 % vom bereinigten Nettodetailpreis, so würde er bei einem Aufschlag in Höhe von 9,2 % nunmehr 7,6 % vom Händlerabgabepreis erhalten. Bei der Anwendung von 22,8 % Uplift bekommt er 8,6 % vom bereinigten HAP.

7 %	7 %	alte Beteiligung am Nettodetailpreis
x 1,092	x 1,228	1996 Händleraufschlag für CDs bzw. MCs
7,6 %	8,6 %	neue Beteiligung am Händlerabgabepreis

Für den Fall, daß man einen Künstler mit einem alten Vertrag mit einer Beteiligung am Nettodetailpreis vertritt oder berät und nur den aktuellen Händlerabgabepreis zur Verfügung hat, kann man den Preis auch entsprechend umwandeln. Angenommen, der aktuelle HAP beträgt 11,50 € :

11,50 €	11,50 €	aktueller Netto-HAP
x 1,092	x 1,228	1996 Händleraufschlag für CDs bzw. MCs
12,56 €	14,12 €	fiktiver Nettodetailpreis

Um zu bestimmen, welcher Aufschlagsfaktor benutzt werden muß, um einem spezifischen Fall zu entsprechen, muß man mit der betroffenen Plattenfirma reden bzw. verhandeln. Mit diesem Ergebnis kann man wenigstens eine ungefähre Kalkulation durchführen, um eine Beteiligung auszurechnen.

Bei der Abrechnungsbasis für Videos kommt es manchmal in Verträgen, die auf dem Nettodetailpreis basiert sind, zu einer versteckten Doppelreduzierung der Tantiemen. Die Plattenfirma wird nicht nur eine geregelte Lizenzreduzierung haben wollen (siehe Teil 4 Lizenzreduzierungen dieses Kapitels), sondern auch versuchen, die Abrechnungsbasis zu vermindern, indem Videos basierend auf dem Händlerabgabepreis (eine durchaus niedrigere Basis) abgerechnet werden.

1.7 Der Händlerabgabepreis

Der Händlerabgabepreis, der oft HAP oder PPD (published price to dealers) genannt wird, ist der Preis, den der Händler an die Platten- oder Vertriebsfirma pro Einheit bezahlt. Diese Preise unterscheiden sich von Firma zu Firma und Tonträger- bzw. Preiskategorie zu Tonträger- bzw. Preiskategorie, liegen aber zwischen etwa 11 € und 15 € in der normalen „Hochpreis"-Kategorie für neue Veröffentlichungen von einzelnen Longplay-CDs und zwischen 4,24 € und 4,65 € für Maxi-CDs. Beispielhafte Auszüge von aktuellen Preislisten von Major- und Independent-Plattenfirmen befinden sich im Anhang.

Problematisch wird es erst bei Tonträgern, die nicht über den normalen Handelsvertrieb, sondern über Sondervertriebswege wie Mail-Order-, TV- oder Clubverkäufe abgesetzt werden. Bei Eigenpressungen durch einen Club wird entweder ein fiktiver HAP errechnet, indem der Clubmitgliedspreis mit einem

Abzug in Höhe von 20 % bis 30 % belastet wird; bei Mail-Order und TV-Verkäufen wird die Beteiligung durch eine Lizenzreduzierung geschmälert.

Hier muß der Künstler oder Produzent sehr wachsam sein. In den meisten Fällen wird dieser fiktive HAP niedriger sein als der normale HAP für die spezifische Konfiguration oder Tonträger-Art. Wie in Teil 4, Lizenzreduzierungen, erläutert ist, verlangen die Plattenfirmen auch oft eine Kürzung der prozentualen Beteiligung des Künstlers oder Produzenten. Diese würde in einem solchen Fall zu einer Doppelbelastung (niedrigere Lizenzbasis und gleichzeitig eine niedrigere Umsatzbeteiligung) führen.

Der Händlerabgabepreis ist heute die meistgebrauchte Abrechnungsbasis in Deutschland. Er ist auch am einfachsten nachzuvollziehen, weil dies auch die Preise sind, welche die Firma der GEMA zur Berechnung der mechanischen Vervielfältigungsgebühren nennt. Bei Vertragsverhandlungen zwischen Künstler und Plattenfirma, Produzent und Plattenfirma oder Indie-Plattenfirma und Vertrieb ist es also immer ratsam, darauf zu bestehen, zusammen mit dem Vertragsangebot eine Kopie der offiziellen Preisliste zu bekommen. Die Preisliste kann auch später bei der Prüfung von Abrechnungen sehr hilfreich sein.

2. Technische Abzüge

Nachdem die Abrechnungsbasis festgestellt wurde, muß sie in den meisten Fällen „bereinigt" werden, bevor die Künstler- oder Produzententantiemen berechnet werden können. Das heißt, daß vom Großhandels-, Detail- oder Händlerabgabepreis erst die Umsatzsteuer abgezogen wird, um den Netto-Preis zu ermitteln. Zusätzlich werden auch eventuelle Spendengelder und sonstige Verkaufssteuern abgezogen. Hiermit hören die Abzüge jedoch leider noch nicht auf. Bei der Kalkulation der dem Künstler bzw. künstlerischen Produzenten zustehenden Tantiemen spielt auch der sogenannte technische Abzug, oft auch Taschen- oder Verpackungsabzug genannt, eine bedeutende Rolle.

Das Prinzip, das hinter dieser Reduzierung der Lizenzbasis steckt, ist, daß ein gewisser Teil des Nettodetail-, -Großhandels- oder -Händlerabgabepreises nichts mit der auf dem Tonträger enthaltenen künstlerischen Darbietung, sondern mit den technischen Herstellungs- und Verpackungskosten zu tun hat. Die Tonträgerhersteller und auch die Produzenten, sofern sie selbst Künstler unter Vertrag haben, argumentieren, daß sie auf diesen Anteil des Preises auch keine Tantiemen an den Künstler bezahlen müssen, da der Künstler an der technischen Herstellung ja auch nicht beteiligt ist.

Im Grunde genommen ist gegen diese Denkensweise nichts zu sagen – wenn der Abzug realistisch ist und sich an den tatsächlichen technischen Kosten orientiert.

Die tatsächlichen technischen Kosten werden von Fall zu Fall variieren. Die Tonträgerfirmen haben unterschiedliche Kostenstrukturen. Manche Firmen, die verpflichtet sind, ihre CD in mutterfirmeneigenen Preßwerken zu vervielfältigen, werden wegen dieser internen Firmenpolitik in der Regel für die Herstellung einer CD mehr bezahlen müssen als unabhängige Firmen, die z.B. über ihren Independent-Vertrieb herstellen lassen. Denn die Indie-Vertriebe können wenigstens einen Teil des Preisvorteils, den sie wegen der Größe ihres Auftragsumfangs durch Verhandlungen mit Preßwerken gewinnen können, an die an den Vertrieb angeschlossenen Plattenfirmen weiterleiten. Neben dem Glasmaster und der Vervielfältigung sind auch die Aufwände bezüglich der Gestaltung und Verpackung (Artwork, Jewel-Box oder andere Verpackungsart, Umfang des Booklets, Farbdruck/schwarz-weiß, Inlaykarte, Grey-Tray etc.) bei diesen Kosten zu berücksichtigen.

Alle Parteien, der Tonträgerhersteller, der Produzent und der Künstler, sind vom technischen Abzug betroffen.

Von diesem Abzug werden die Tonträgerhersteller betroffen, wenn sie einen Ton- oder Bildtonträger veröffentlichen. Dann müssen sie auch die Urheber des auf dem Tonträger enthaltenen Repertoires vergüten. Dies tun sie, indem sie die mechanischen Vervielfältigungsgebühren, die sie pro hergestelltem bzw. verkauftem Tonträger bezahlen, an die GEMA abführen, die ihrerseits das Geld an die Komponisten, Texter, Bearbeiter und Verleger des Stückes ausschüttet.

Bei der Kalkulation der mechanischen Vervielfältigungsgebühren, die der Tonträgerhersteller bezahlen muß, wendet die GEMA einen pauschalierten technischen Abzug in Höhe von 10 % an.

Ein hypothetisches Beispiel der Berechnung von mechanischen Vervielfältigungsgebühren: Wenn wir von einem Netto-Händlerabgabepreis für eine Maxi-CD in Höhe von 4,65 € ausgehen, beträgt der technische Abzug 0,465 €, also 10 % des Netto-Händlerabgabepreises. Das ergibt einen bereinigten Händlerabgabepreis in Höhe von 4,185 €. Von diesem Betrag werden die mechanischen Vervielfältigungsgebühren berechnet. Ohne eventuelle Konditionen eines sogenanntes Normalvertrages zwischen den Tonträgerherstellern und der GEMA und andere mit der GEMA ausgehandelte Sparmöglichkeiten zu berücksichtigen, zahlen die Tonträgerhersteller etwa 9,03 % des von der GEMA bereinigten Händlerabgabepreises an mechanischen Vervielfältigungsgebühren. Dies ergibt eine mechanische Vervielfältigungsgebühr in Höhe von 0,377 € pro verkaufter Maxi-CD.

Brutto Händlerabgabepreis: 5,39 € (Brutto-HAP)
Abzüglich 16 % MwSt. = 4,65 € (Netto-HAP)
Abzüglich 10 % tech. Abzug i.H.v. 0,465 € = 4,185 € (bereinigter HAP)
9,03 % vom bereinigten HAP ergibt eine theoretische mechanische Vervielfältigungsgebühr i.H.v. 0,377 € pro hergestellter oder verkaufter CD-Maxi.

117

Auch die Künstler und Produzenten werden mit diesem Abzug belastet. Für sie sieht die Situation meistens aber noch düsterer aus. Nur gelegentlich kann man einen technischen Abzug in Höhe von 10 % für alle Konfigurationen bei einer Plattenfirma durchsetzen. Die entsprechende Passage des im Anhang abgedruckten Produzentenvertrages lautet :

„§ 3 Abs. 5. Die Bereinigung des Detailpreises bzw. des Listenabgabepreises erfolgt durch Abzug von Spendenbeiträgen, Mehrwertsteuer oder sonstigen Verkaufssteuern sowie durch Abzug von Plattentaschen- bzw. Technikkosten in Höhe von 5,5 % (Vinyl-Singles), 10 % (LP), 14 % (MC) bzw. 25 % (CD und audiophile Hochqualitätstonträger). "

Im Künstlervertrag (siehe Anhang) werden auch Sonderausstattungen und andere digitale Tonträger und audiovisuelle Träger berücksichtigt.

„§ 9.3 Der Wert der Ausstattung und Technik (Hülle, Kassette etc.) unterliegt in keinem Fall der Umsatzbeteiligung. Der diesbezügliche Abzug erfolgt pauschaliert in Höhe von 10 % bei herkömmlichen Musikkassetten und Schallplatten (bzw. 17 % bei Sonderausstattung wie z.B. Doppeltasche, Folienprägung, Sonderfarben, aufwendige Beilagen oder farbig bedruckte Innentasche) und in Höhe von 25 % bei sonstigen Tonträgern (z. B. DAT, Compact Disc, Digital Compact Cassette) sowie bei allen Bildtonträgern (z. B. Videokassetten, Laser Disc, CD-Video), jeweils bezogen auf die wie vorstehend ermittelte Basis. "

Im Bandübernahmevertrag (siehe Anhang) räumt sich der Lizenznehmer bzw. Tonträgerhersteller zwei andere Möglichkeiten ein, um die in diesem Fall relativ produzentenfreundlichen technischen Abzüge für LPs, MCs und CDs (15 %) in bestimmten Fälle zu relativieren.

„§ 6 III. Der Wert der Ausstattung (Umhüllung, Kassette, Textbuch usw.) unterliegt in der jeweiligen tatsächlichen Höhe nicht der Umsatzbeteiligung. Firma ist berechtigt, statt Ermittlung der effektiven Umhüllungskosten Pauschalbeträge zu verwenden.

Firma ist berechtigt, für Tonträger in Normalausführung bei Schallplatten und Musikcassetten 10 %, bei Compact Discs 15 % und bei DCC und MD 25 % des jeweiligen Basisberechnungspreises gemäß vertragsgegenständlicher Definition in Abzug zu bringen.

Für den Fall, daß Firmas Lizenznehmer im jeweiligen Verkaufsland für den Wert der Ausstattung andere Abzüge vornehmen, so gelten die von Firmas Lizenznehmern gemachten Abzüge.

Sollten aufgrund der Wünsche von Lizenzgeber Tonträgerumhüllungen in speziellen Herstellungsverfahren erstellt werden, die einen zusätzlichen Kostenaufwand verursachen, so ist Firma berechtigt, diesen zusätzlichen Kostenaufwand Lizenzgeber in Rechnung zu stellen. "

Diese Möglichkeiten sind:

- den Produzenten (Lizenzgeber) mit einem höheren Abzug eines Lizenz-nehmers zu belasten,
- dem Produzenten (Lizenzgeber) gewisse zusätzliche Kosten in Rechnung zu stellen.

Im ersten Fall wird der Abzug von 15 % für CDs bei einer weiteren Lizenzierung fast immer höher ausfallen. Während es in Deutschland schon möglich ist, manchmal 15 % auszuhandeln, kommt es in den USA und im UK sehr selten vor, daß dieser Abzug unter 25 % liegt.

Wenn eine Fixsumme als Abrechnungsbasis vereinbart wird, sollte selbstverständlich kein technischer Abzug vorgenommen werden. Ist der Künstler an den Netto-Erlösen des Produzenten beteiligt, wird er wenigstens über die Höhe dieses Abzuges mit dem Produzenten nicht verhandeln müssen, weil er mit dem gleichen Abzug belastet wird wie der Produzent in seinem Bandübernahmevertrag mit dem Tonträgerhersteller.

Wie wirtschaftlich wichtig dieser Abzug für Künstler und Produzenten sein kann, sehen wir in einem einfachen Vergleich:

Ein Gesangsduo erhält eine Beteiligung von 6 % des bereinigten Händlerabgabepreises. Der Netto-Händlerabgabepreis einer Maxi-CD beträgt 4,65 €. Der Song wird ein Hit und verkauft 700.000 Einheiten in Deutschland. Im Vertrag wurde ein technischer Abzug in Höhe von 25 % vereinbart.

Die Berechnung der Künstlertantiemen (Beispiel 1):

	4,65 €	Netto-HAP
−	25 %	technischer Abzug (1,16 €)
	3,49 €	Lizenzbasis
x	6 %	Künstlerbeteiligung
	0,21 €	pro im Inland verkaufte Einheit

Bei Verkäufen von 700.000 Einheiten bedeutet das, daß dem Künstler Tantiemen in Höhe von 146.580 DM zustehen, wenn man keine sonstigen Abzüge oder Reduzierungen berücksichtigt.

Gelingt es dem Künstler oder seinem Vertreter, diesen technischen Abzug auf 20 % herunterzuhandeln, sieht die Berechnung folgendermaßen aus (Beispiel 2):

	4,65 €	Netto-HAP
−	20 %	technischer Abzug (0,93 €)
	3,72 €	Lizenzbasis
x	6 %	Künstlerbeteiligung
	0,22 €	(aufgerundet) pro im Inland verkaufte Einheit

Jetzt würden dem Künstler 154.000 € zustehen. Das ergibt einen Unterschied zugunsten des Künstlers von 7.420 €.

Hiermit hört es übrigens nicht auf: Das sind auch 7.420 € mehr Tantiemen, die der Künstler bei der GVL geltend machen kann. Das wären nochmals etwa 3000 € an GVL-Einnahmen, die dem Künstler zustehen. Mit dieser einzigen ausgehandelten Änderung hat der Künstler also in diesem Erfolgsfall ein Zubrot in Höhe von knapp 11.000 € erzielt, die er mit einem technischen Abzug von 25 % sonst nicht hätte.

Im Falle eines Bandübernahmevertrages wird der Produzent auch mit dem technischen Abzug belastet. Die Zahlen werden anders aussehen. Wenn der Produzent eine „All-In"- Beteiligung (inklusive der Produzenten- sowie der Künstlerbeteiligung) von 18 % des bereinigten Händlerabgabepreises bei einem technischen Abzug von 25 % für die Maxi-CD aushandelt, sieht die Berechnung seiner Beteiligung (an Inlandsverkäufen über den normalen Handelsvertrieb) so aus (Beispiel 3):

	4,65 €	Netto-HAP
−	25 %	technischer Abzug (1,16 €)
	3,49 €	Lizenzbasis
x	18 %	„All-In"- Beteiligung
	0,63 €	pro im Inland verkaufte Einheit

Davon bezahlt er, wie oben berechnet, 0,2 € an den Künstler weiter und behält 0,42 € für sich.

Gelingt es dem Produzenten, einen technischen Abzug von 20 % auszuhandeln, sieht die Situation so aus (Beispiel 4):

	4,65 €	Netto-HAP
-	20 %	technischer Abzug (0,93 €)
	3,72 €	Lizenzbasis
X	18 %	Künstlerbeteiligung
	0,67 €	pro im Inland verkaufte Einheit

Hat der Produzent trotz des niedrigeren Abzuges von 20 %, den die Plattenfirma ihm gegenüber geltend macht, mit dem Künstler immer noch einen technischen Abzug von 25 % im Künstlervertrag vereinbart, zahlt er nach wie vor nur 0,2 € an den Künstler weiter (siehe Beispiel 1) und behält 0,46 € pro verkaufte Einheit für sich selbst.

Wenn er sich mit dem Künstler auf einen technischen Abzug von 20 % einigt, oder die Lizenzbasis einer Künstlerbeteiligung an den Netto-Einnahmen des Produzenten entspricht, würde er 0,225 € pro verkauftes Exemplar an den Künstler bezahlen (siehe Beispiel 2).

Bei 700.000 verkauften Einheiten würde der Produzent im Falle von Beispiel 3 441.000 € von der Plattenfirma erhalten. In Verbindung mit Beispiel 1 (Künstler wird mit einem technischen Abzug von 25 % belastet) zahlt er 147.000 € an den Künstler weiter und behält 294.000 € für sich.

Wird der Produzent mit nur 20 % als technischem Abzug belastet Beispiel 4) und bleibt der Künstler immer noch bei 25 %, erhält der Produzent 469.000 €. In diesem Fall zahlt er aber immer noch nur 147.000 € an den Künstler, behält diesmal jedoch 322.000 € für sich – also, ein glatter „Gewinn" von 28.000 €.

In diesem Sinne ist es immer empfehlenswert für den Künstler, dafür zu sorgen, daß die Höhe des technischen Abzuges, der bei der Berechnung seiner Tantiemen verwendet wird, nie höher ist als der Abzug, der dem Produzenten von der Plattenfirma auferlegt wird.

In Verbindung mit der Höhe des technischen Abzugs kann in gewissen Fällen auch die Art der Lizenzbasis eine überraschende Auswirkung haben. In einem Künstlerexklusivvertrag mit einer bekannten deutschen Produktionsfirma, die ihrerseits einen Bandübernahmevertrag mit einem großen deutschen Tonträgerhersteller machte, haben 1996 drei amerikanische Sängerinnen als Trio die folgenden Bedingungen akzeptiert:

Lizenzbasis: Großhandelspreis, der als 50 % des bereinigten Nettodetailpreises definiert wurde

Technischer Abzug: 20 %

Beteiligung: 10 % des bereinigten Großhandelspreis (für inländische Verkäufe über den normalen Handelsvertrieb)

Normalweise würde man in einem solchen Fall die dem Künstler zustehenden Tantiemen wie folgt berechnen (Beispiel 5):

	5,89 €	Verkaufspreis abzüglich 15 % MwSt. (0,88 €) (es war noch 1996!)
–	0,88 €	MwSt
	5,01 €	Nettodetailpreis abzüglich 20 % technische Abzüge (1,00 €)
–	1,00 €	
	4,01 €	bereinigter Nettodetailpreis halbiert
÷	2	
	2,00 €	Lizenzbasis

Obwohl die oben genannten Bedingungen oberflächlich ziemlich „normal" und harmlos aussehen, täuscht dies. Was diese Halbierung des bereinigten Nettodetailpreises bedeutet, wird im folgenden Auszug der tatsächlichen Abrechnung der Plattenfirma deutlich:

Verkaufspreis	MwSt.	Techn. Abzug	Lizenzbasis
5,89 €	15 %	60 %	2,00 €

Wird der Nettodetailpreis nicht halbiert, aber mit einem technischen Abzug von 60 % belastet, ergibt sich die gleiche Abrechnungsbasis.

	5,89 €	Verkaufspreis abzüglich 15 % MwSt (0,88 €)
–	0,88 €	MwSt
	5,01 €	abzüglich 60 % technischer Abzug (3,01 €)
–	3,01 €	
	2,00 €	Lizenzbasis

Bei einer Beteiligung von 10 % können die drei Frauen nun 0,2 € pro verkaufter Einheit unter sich aufteilen.

Vergleichen wir dieses Ergebnis mit dem des Künstler mit „ungünstigeren" Bedingungen aus Beispiel 1, in dem der Künstler 6 % vom bereinigten Händlerabgabepreises bei einem technischen Abzug von 25 % erhält (Beispiel 6):

	4,65 €	Netto-HAP
–	25 %	technischer Abzug (1,16 €)
	3,49 €	Lizenzbasis
x	6 %	Künstlerbeteiligung
	0,21 €	pro im Inland verkaufte Einheit

Eine solche Entdeckung kann einem ganz schön den Wind aus den Segeln nehmen.

Während die technischen Abzüge für Vinyl-Tonträger und Musikcassetten sich manchmal gemäß den alten GEMA-Sätzen zwischen 5,5 % und 17 % bewegen und CDs mit zwischen 10 % und 30 % belastet werden, pendeln diese bei sonstigen digitalen Ton- (z.B. DCC, MD) und Bildtonträgern (wie Video, Laser Disc, etc.) zwischen 25 % und 50 %.

Im Hinblick auf die Tatsache, daß so gut wie nur die Megastars in den Genuß der Früchte des Bildtonträgerverkaufes kommen, scheint die Höhe des technischen Abzugs für diesen Träger vielleicht nicht so wichtig zu sein. Das ist aber nicht wahr. Wer kann schon wissen, wer morgen ganz oben steht. Unzählige langfristig erfolgreiche Künstler wurden am Anfang durch einen A&R-Manager nach dem anderen erst einmal abgelehnt. Es lohnt sich immer, von vornherein die Details eines Vertrages sorgfältig auszuhandeln.

Die Herstellung von Videos sowie digitalen Tonträgern war zur Zeit ihrer Markteinführung wesentlich teurer, als sie es heute ist. Das sieht man deutlich genug in den Senkungen des Herstellungspreises von MCs oder CDs. Die Höhe der technischen Abzüge von damals ist heute einfach nicht mehr gerechtfertigt.

Als die CD 1983 eingeführt wurde, war ein technischer Abzug von 30 % üblich – mit dem Argument, daß der Künstler bzw. Produzent die teuren Entwicklungskosten des neuen Trägers mittragen sollten Vor kurzem habe ich einen Vertrag von einem deutschen Major in den Hände bekommen, in dem die Einnahmen für digitale Downloads jetzt auch mit einem technischen Abzug in Höhe von 30 % belastet werden sollten – eine Form der nichtkörperlichen Lieferung, die höchstens minimale Kosten verursacht. Die Firmen bekommen die Mehrheit aller Aufnahmen schon in digitaler Form geliefert, und die Kosten, um die Dateien in ein entsprechendes Format (z.B. MP3) umzuwandeln und die Datei zu uploaden, und die paar Pfennige Webspace-Miete pro Jahr rechtfertigen keineswegs einen Abzug von 30 %, besonders auch im Hinblick auf die meistens im Vergleich zum körperlichen Produkt niedrigeren Preise. Es ist meines Erachtens fragwürdig, ob laufende technische Abzüge für alle Formen der nichtkörperlichen Lieferung überhaupt mit gutem Gewissen akzeptiert werden können.

Weil der Anbieter, ob Künstler oder Produzent, gewöhnlicherweise den kürzeren Verhandlungshebel hat, wird es nicht immer möglich sein, überhöhte technische Abzüge für manche Tonträger und neue Technologien von vornherein zu reduzieren, geschweige denn zu eliminieren. Man sollte jedoch nicht aufgeben. Eine Möglichkeit, die sich bisher gut bewährt hat, ist zu versuchen, eine Staffelung des technischen Abzuges über Zeit auszuhandeln. Das könnte so aussehen: Im ersten Jahr 30 %, im zweiten Jahr 25 %, im dritten Jahr 20 %, im vierten Jahr 15 %, und danach nicht mehr als die Abzüge, welche die GEMA zuläßt.

Eine solche Staffelung kann durchaus in jeder normalen Situation auch für normale CDs und andere Ton- und Bildtonträger ausgehandelt werden.

Nicht jede (Major-)Firma ist in der Lage, in großem Umfang über die Höhe des technischen Abzuges zu verhandeln. Einige haben etwas, das ein ehemaliger Sony-Angestellter einmal als „Most Favored Nation-Klauseln" bezeichnete, mit ihren Megastars vereinbart. Das heißt, wenn die Firma jemandem weniger technische Abzüge als dem Megastar berechnet, muß auch dem Megastar diese günstigere Bedingung auch eingeräumt werden. Dies könnte für die Firma in die Millionen gehen. Die Firma muß diesbezüglich ziemlich stur bleiben. Aus meiner Erfahrung sind diese Firmen jedoch öfter offen dafür, bei Verhandlungen über die Höhe der prozentualen Beteiligung flexibel zu sein.

3. Die Höhe der Beteiligung

3.1 Die Grundbeteiligung

Die Grundbeteiligung für Künstler und Produzenten an den Umsätzen durch den Verkauf von Ton- und Bildtonträgern und anderen Nutzungen wird von vielen Faktoren beeinflußt. Neben eurem Verhandlungsgeschick kommt es natürlich auf einige Vertragsklauseln besonders an, wie z. B. auf eine etwaige Steigerung der Beteiligung, die Definition des Begriffs „inländische Verkäufe", den Umfang der abzurechnenden Menge, die Arten der Lizenzreduzierungen, verrechenbare Anteile der Videoproduktions- oder Remixkosten und nicht zuletzt die Art der Abrechnungsbasis und die Höhe des technischen Abzugs, wie wir oben gesehen haben. Aus diesem Grund kann man allenfalls Richtlinien zur Höhe der Grundbeteiligung andeuten.

3.1.1 Die Fixsumme

Es ist eigentlich schade, daß die Angebote der Plattenfirmen bei einer Fixsumme als Abrechnungsbasis immer viel zu niedrig sind (0,50 € bis 1,25 € pro verkauftes Exemplar für Longplay-CDs). Zu bedenken ist nämlich immer, daß aus diesem Geld sowohl der Künstler als auch der Produzent vergütet werden müssen. Ansonsten wäre alles recht übersichtlich. Eine Vergütung von etwa 1,65 € wiederum wäre durchaus akzeptabel. Diese Beteiligung entspricht 18 % bei einem Netto-Händlerabgabepreis von 11,46 € und einem technischen Abzug in Höhe von 20 %, was für Bandübernahmeverträge in Deutschland ziemlich marktüblich Bedingungen sind.

Obwohl es sich um eine Fixsumme handelt, ist eine Steigerung der Beteiligung möglich. Diese Steigerung könnte einerseits von der Anzahl verkaufter Tonträger, andererseits von der Veröffentlichung weiterer Aufnahmen abhängig gemacht werden.

Im ersten Fall ist z. B. eine Steigerung in Höhe von 0,25 € pro 10.000 verkaufte Einheiten bis zu einer vereinbarten Höchstbeteiligung vereinbart worden. Bei einer Grundbeteiligung von 0,75 € würde der Künstler also 1 € ab dem 10.001sten verkauften Exemplar bekommen. Für die Verkäufe 20.001 bis 30.000 bekäme er 1,25 € etc.

Im zweiten Fall wird die Grundbeteiligung pro neue Veröffentlichung mit, sagen wir, 0,50 € erhöht, also jedesmal, wenn die Firma einen weiteren Tonträger des Künstlers oder Produzenten veröffentlicht.

In den Verträgen kleiner Firmen, die diese Abrechnungsbasis verwenden, fällt außerdem auf, daß neben der Fixpreisabrede keine Klauseln bezüglich der Beteiligung an Einnahmen für Nutzungen, die über den regulären Plattenverkauf hinausgehen, enthalten sind. In den meisten Fällen findet man keine Regelungen über die Vergütung für Kopplungen oder für die Vergabe von Synchronisations-, Werbe- oder Samplingrechten etc. Es liegt also nahe, daß diese Firmen entweder ziemlich schlampige Vertragsangebote erstellen, sich um solche zusätzlichen Nutzungsmöglichkeiten gar nicht kümmern oder schlafende Hunde nicht wecken wollen. All das sind Faktoren, die kaum zu optimalen Umsätzen führen werden.

3.1.2 Die Beteiligung am Gewinn

Die Problematik rund um die Ermittlung des Gewinns eines einzelnen Tonträgers oder Projekts ist in Teil 1.2 dieses Kapitels schon unter die Lupe genommen worden. Hinsichtlich der Beteiligung am Gewinn ist es empfehlenswert:

– von Anfang an mit der Firma, basierend auf einer detaillierten Kostenkalkulation, den Break-even-Punkt exakt zu ermitteln, das heißt also, wie viele Tonträger verkauft oder welche Einnahmen erzielt werden müssen, bevor eine Gewinnausschüttung erwartet werden kann.
– eine vorherige Genehmigungspflicht für den Künstler bei allen die vertraglich festgelegte Kostenkalkulation übersteigenden Kosten in den Vertrag einzubauen (nur so kann man ein wenig Kontrolle über die Situation behalten).
– das Recht zur monatlichen Einsicht in die Buchhaltung der Firma bezüglich der vertragsgegenständlichen Aufnahmen zu vereinbaren (man muß nicht unbedingt von diesem Recht Gebrauch machen, man sollte sich aber diese Möglichkeit offenhalten, wie es im UK und in den USA gang und gäbe ist.)
– eine Mitspracherecht für den Künstler bei Vertragsverhandlungen mit eventuellen Lizenznehmern vertraglich festzulegen (um wenigstens die Chance zu haben, von allen Lizenzvergaben Kenntnis zu erlangen und die eventuellen Verhandlungsschwächen der Plattenfirma ausgleichen zu können).
– zu vereinbaren, einen unparteiischen Buchhalter mit der „Projekt"-Buchführung zu beauftragen.

Die Beteiligung am Gewinn sollte für den Künstler nie weniger als 50 % betragen.

3.1.3 Die Netto-Einnahmen des Produzenten

Viele Dance- und Dance-Pop-Projekte gehen auf Konzepte von Produzenten zurück und nicht auf die der Sänger, Tänzer und „Models", die die Aufnahmen einspielen oder vor der Kamera stehen. Diese Interpreten werden meistens durch einen Künstlerexklusivvertrag an den Produzenten gebunden. Alle Rechte an dem Projekt gehören exklusiv dem Produzenten.

Die Höhe der Beteiligung wird oft durch die „Austauschbarkeit" des Künstlers bestimmt.

Eine Sängerin, die wirklich alles selber singt (was nicht immer der Fall ist!) und die dem Projekt ein erkennbares Gesicht und eine eigene Persönlichkeit verleiht, ist kaum auszutauschen. In der Praxis kann eine solche Künstlerin bei 20 % der Netto-Einahmen des Produzenten anfangen. Steigerungen bis zu etwa 35 % konnte ich schon in Nachverhandlungen erreichen, als das Projekt (mehrmals) in den Charts landete.

In einem anderen Fall, wo zwei Künstler jeweils separat unter Künstlervertrag genommen wurden, um ein Duo für ein Projekt zu bilden, war es möglich, knapp 17 % der Netto-Einnahmen für den Künstler, der wirklich gesungen hat, herauszuschlagen, aber nur 11 % für den Künstler, der dem Projekt ein Image gab. Für beide Künstler ergab dies zusammen also 28 % der Netto-Einnahmen des Produzenten.

Für den Fall, daß ein Produzent 18 % des bereinigten Händlerabgabepreises von seinem Lizenznehmer erhält, würden die einzelnen Mitglieder eines Gesangs-Trios, das mit 30 % an den Netto-Einnahmen des Produzenten beteiligt ist, jeweils das Äquivalent von 1,8 % des bereinigten Händlerabgabepreises erhalten.

Diese Beteiligung für den Künstler ist in jedem Fall zu niedrig. In einem Kommentar in der amerikanischen Zeitschrift „Billboard" (vom 31. Juli, 1999) schlug der Musikrechtsanwalt Bob Donnelly daher folgendes vor: Von der Gesamtbeteiligung, also der Beteiligung der Künstler und Produzenten bzw. Produktionsfirmen am Umsatz, sollte zuerst eine normale Beteiligung für einen Produzenten in Höhe von 2 % – 4 % des bereinigten HAPs abgezogen werden. Der Rest wird zwischen dem Künstler und der Produktionsfirma folgendermaßen aufgeteilt: für das erste Album 65 % Künstler (K) / 35 % Produktionsfirma (P); zweites Album 75 % (K) / 25 % (P); dritte LP 85 % (K) / 15 % (P); vierte LP 90 % (K) / 10 % (P). Dieses System erklärt sich daraus, daß u. a. das wirtschaftliche Risiko für die Produktionsfirma pro neuer Veröffentlichung immer geringer wird, denn der Künstler verkauft sich offensichtlich beständig.

Für das erste Album würde die Berechnung wie folgt aussehen, wenn der HAP 11,86 € beträgt, die Produktionsfirma 18 % des bereinigten HAPs als Gesamtbeteiligung mit 20 % technischem Abzug mit der Plattenfirma vereinbart hat und die Produzentenbeteiligung 4 % beträgt (mit dem gleichen technischen Abzug):

11,86 €	HAP
− 20 %	technischer Abzug
9,49 €	bereinigter HAP
x 18 %	
1,71 €	Gesamtbeteiligung
− 0,38 €	(Produzentenbeteiligung 4%)
1,33 €	für Künstler und Produktionsfirma
x 65 %	Künstleranteil für 1. LP
0,86 €	Künstlerbeteiligung

So bleiben noch 0,47 € für die Produktionsfirma übrig. Wenn die Produktionsfirma keinen Drittproduzenten beteiligen muß, erhält sie außerdem die 0,38 € und hat damit 0,85 € unter dem Strich.

Wichtig ist, daß der Künstler auch an allen verrechenbaren Vorschüssen, die die Produktionsfirma bzw. der Produzent bekommt, beteiligt wird, und zwar im Verhältnis zur Höhe seiner prozentualen Beteiligung an den Netto-Einnahmen seines Vertragspartners. Das heißt, wenn der Produzent einen Vorschuß von 7.500 € für eine Maxi-CD vom Lizenznehmer erhält und die Künstlerbeteiligung künstlervertragsgemäß 20 % der Netto-Einnahmen des Produzenten beträgt, sollte der Künstler auch 1.500 € aus diesem Vorschuß erhalten. Daß dieser Vorschuß an den Künstler verrechenbar ist, versteht sich von selbst. Wird der Künstler an diesem Vorschuß nicht beteiligt, könnte es dazu kommen, daß bei der nächsten Abrechnung der Produzent dem Künstler schon Tantiemen für verkaufte Tonträger schuldet, vom Lizenznehmer aber noch kein Geld bekommt, weil nicht genug eingespielt wurde, um den Vorschuß voll zu verrechnen. Dann steht er möglicherweise dumm da, weil er den Künstler nicht bezahlen kann. Diese Situation kann leicht eintreten, wenn der Produzent mehrere Künstler oder Projekte bei einer Plattenfirma untergebracht hat und die verschiedenen Bandübernahmeverträge es zulassen, daß die ausstehenden verrechenbaren Summen über sämtliche Verträge querverrechnet werden dürfen.

3.1.4 Der Großhandelspreis

Angenommen, der Großhandelspreis wird als die Hälfte des Nettodetailpreises definiert, ist die erste Hürde, die überwunden werden muß, sicherzustellen, daß dieser Detailpreis (und die Höhe der Umsatzsteuer bzw. anderer Verkaufssteuern) auch tatsächlich in der Abrechnung verwendet bzw.

aufgeführt wird. Sonst wäre es schwierig, die Richtigkeit der Angaben zu prüfen.

Die zweite Hürde ist die Festlegung, welcher Händleraufschlag bei der Berechnung des Nettodetailpreises in Ländern ohne Preisbindung oder empfohlene Verkaufspreise (u.a. Deutschland) zugelassen wird. Diese Faktor kann erhebliche Auswirkungen auf die Höhe des Ergebnisses haben. Die 1996 ermittelten Aufschläge betrugen: 23,8 % für Vinyl- und CD-Singles und -Maxis, 15,5 % für LPs, 22,8 % für Musikkassetten und nur 9,2 % für CDs.

Bei einem Händlerabgabepreis für eine CD-Maxi von 4,65 € ergibt ein Aufschlag von 23,8 % einen Nettodetailpreis in Höhe von 5,76 € .

$$
\begin{array}{r}
4,65 \ € \\
\text{x } \underline{23,8 \ \%} \\
1,11 \ € \quad + 4,65 \ € = 5,76 \ €
\end{array}
$$

Bei einer Longplayformat-CD könnte die Firma aber den Aufschlag von 9,2 % verwenden. Bei einem Netto-Händlerabgabepreis in Höhe von 11,86 € ist das Ergebnis ein Nettodetailpreis von 12,95 € . Verwendet die Firma einen anderen Aufschlag (vgl. Teil 1.6 dieses Kapitels), wie z.B. 22,8 %, kommt man auf einen aufgerundeten Nettodetailpreis von 14,56 € .

$$
\begin{array}{ll}
\begin{array}{r}
11,86 \ € \\
\text{x } \underline{9,2 \ \%} \\
1,09 \ € + 11,86 \ € = 12,95 \ €
\end{array}
&
\begin{array}{r}
11,86 \ € \\
\text{x } \underline{22,8 \ \%} \\
2,70 \ € + 11,86 \ € = 14,56 \ €
\end{array}
\end{array}
$$

Erst wenn man diesen Wert kennt oder wenigstens berechnen kann, ist man in der Lage zu beurteilen, ob eine Grundbeteiligung hoch genug ist.

Erhält der Künstler eine Grundbeteiligung von 10 % und einen technischen Abzug in Höhe von 20 %, sieht die Kalkulation der Tantiemen pro verkaufter Einheit so aus:

Für eine CD-Maxi: 5,75 € ÷ 2 = 2,88 €

$$
\begin{array}{r}
\text{x } \underline{80 \ \%} \\
2,30 \ € \text{ x } 10 \ \% = 0,23 \ €/\text{verkaufte Einheit}
\end{array}
$$

Für eine Longplay-CD wieder der Vergleich:

$$
\begin{array}{ll}
12,95 \ € ÷ 2 = 6,48 \ €
&
14,56 \ € ÷ 2 = 7,28 \ €
\\
\qquad \text{x } \underline{80 \ \%}
&
\qquad \text{x } \underline{80 \ \%}
\\
\qquad 5,18 \ €
&
\qquad 5,82 \ €
\\
\qquad \text{x } \underline{10 \ \%}
&
\qquad \text{x } \underline{10 \ \%}
\\
\qquad 0,51 \ €
&
\qquad 0,58 \ €
\end{array}
$$

Es ergibt sich also ein Unterschied von knapp 0,07 € pro verkaufte Einheit. Im Erfolgsfall, sagen wir beim Verkauf von 500.000 Einheiten, bedeutet dies eine Differenz von 35.000 € . Haben oder nicht haben!

Eine Lizenzbasis von 0,58 € pro verkaufte Einheit bei einem Händlerabgabepreis von 11,86 € und einem technischen Abzug von 20 % entspricht einer Beteiligung von 6 % vom bereinigten HAP – zur Zeit eine relativ übliche Grundbeteiligung für noch nicht etablierte Künstler.

Die Lizenzbasis von 0,51 € pro verkaufte Einheit bei den gleichen Bedingungen entspricht jedoch einer HAP-Beteiligung von nur 5,4 %.

11,86 € HAP
x   80 %
 9,49 € bereinigter HAP ÷ 0,58 € = 6 % oder

 9,48 € bereinigter HAP ÷ 0,51 € = 5,4 %

Dies gilt genauso für wirtschaftliche Produzenten. Wenn man von erwünschten Tantiemen in Höhe von beispielsweise 1,71 € pro verkaufte Longplay-CD bei den gleichen Bedingungen (11,86 € HAP, 20 % TA) ausgeht, muß man eine Beteiligung von 18 % vom bereinigten HAP aushandeln. Wird ein Deal mit einer Abrechnungsbasis basierend auf dem Großhandelspreis angeboten, muß der Produzent eine Grundbeteiligung von entweder 33 % oder 29 % aushandeln.

1,71 € ÷ 5,18 € = 33 %   oder   1,71 € ÷ 5,82 € = 29 %

Man darf die negative psychologische Wirkung dieser höheren Zahlen nicht unterschätzen. Aus meiner Erfahrung ist es tatsächlich schwieriger, anhand von größeren Zahlen zu verhandeln. Die Gegenpartei neigt dazu, früher in der Verhandlung zu mauern. Darum ist es durchaus ratsam, sich mehr auf die Höhe anderer Bedingungen wie den technischen Abzug und die verschiedenen Lizenzreduzierungen zu konzentrieren. Mit ein bißchen Geschick kann man hier einiges ausgleichen.

Auch der Auftragsproduzent kann von der Kalkulation des Nettodetailpreises betroffen werden. Während seine Tantiemen in der Regel zwischen 2 % und 4 % des bereinigten Händlerabgabepreises – 5 % für Topleute – liegen, wird er im Fall einer auf dem Großhandelspreis basierenden Abrechnungsbasis eine höhere Grundbeteiligung aushandeln müssen.

Wenn der Händlerabgabepreis beispielsweise bei 11,86 € und der technische Abzug bei 20 % liegt, können die folgenden Tantiemen für Inlandsverkäufe wie folgt berechnet werden: 2 % = 0,19 € , 3 % = 0,28 € , 4 % = 0,38 € und 5 % = 0,47 € .

Um diese auf den Händlerabgabepreis bezogenen Werte für Berechnungen, die mit dem bereinigten Großhandelspreis arbeiten, kompatibel zu machen, muß man sie wie folgt umrechnen:

Im Falle der Anwendung eines Aufschlags in Höhe von 9,2 % für Longplay-CDs:

5,18 € Lizenzbasis (siehe oben) ÷ 0,19 € = 3,6 %

Also müssen Auftragsproduzenten zwischen 3,6 % und 9,1 % aushandeln, um die oben genannten Tantiemen mit dem Großhandelspreis zu erzielen.

Im Falle der Anwendung eines Aufschlages in Höhe von 22,8 % für Long-play-CDs:

5,82 € Lizenzbasis ÷ 0,19 € = 3,2 %

Somit liegen diese Werte jetzt zwischen 3,2 % und 8,1 % für den Auftrags-produzent.

Bei niedrigeren Einstiegsbeteiligungen basierend auf dem Großhandels-preis sollte man, ob Künstler, wirtschaftlicher Produzent oder Auftragsprodu-zent, in jedem Fall versuchen, eine Steigerung der Grundbeteiligung auszu-handeln. Diese kann entweder nach verkauften Einheiten, nach Ausübung einer Option bzw. der Veröffentlichung von Folgeprodukten oder an beiden orientiert sein.

3.1.5 Vertriebsabgabepreis

Wie im Teil 1.5 dieses Kapitels dargestellt, liegen die Preise, die ein Indie-Label vom Vertrieb erhält, bei 2,30 € bis 2,81 € für CD-Maxis und zwischen 5,62 € und 7,16 € für Longplay-CDs. Diese Preise werden auch um einen tech-nischen Abzug oder eine sogenannte Vertriebspauschale gekürzt, bevor die Tantiemen ausgerechnet werden. Aus diesem Grund wird die Beteiligung auch entsprechend hoch sein, um einigermaßen akzeptable Tantiemen herauszuho-len. Gehen wir in diesem Fall von einem technischen Abzug in Höhe des von der GEMA verwendeten Abzugs – 10 % – aus.

Für eine CD-Maxi:　　2,81 €
　　　　　　　　　　x 90 %
　　　　　　　　　　2,53 €

Um das Äquivalent von 0,21 € pro verkauftem Exemplar (siehe Beispiel 6 im Teil 2 dieses Kapitels) für den Künstler herauszuholen, muß man eine Beteiligung von 8,3 % aushandeln:

$$2,53 € ÷ 0,21 € = 8,28 \%$$

3.1.6 Der Nettodetailpreis

Der Nettodetailpreis ist der Endpreis für den Konsumenten abzüglich der gesetzlichen Mehrwertsteuer. Da es aber keine Preisbindung für Tonträger in Deutschland gibt, muß anhand des Händlerabgabepreises ein fiktiver Nettodetailpreis ausgerechnet werden. Eine ausführliche Erklärung der Anwendung der ermittelten Händleraufschläge oder Uplifts findet sich im Teil 1.6 dieses Kapitels. Wenn wir bei den Nettodetailpreisen bleiben, die im Teil 6 dargestellt wurden, haben wir die folgenden Werte als Basis:
Netto-Händlerabgabepreis: 11,86 €
Technischer Abzug: 20 %
Beteiligung des wirtschaftlichen Produzenten an HAP: 14 % – 24 %
Künstlerbeteiligung an HAP: 6 % – 12 %
Beteiligung des Auftragsproduzenten am HAP: 2 % – 5 %
Händleraufschläge: 9,2 % oder 22,8 % (die 1996 ermittelten Aufschläge für CDs und MCs).
Um die gleichen Tantiemen aus eine Nettodetail-Abrechnungsbasis herauszuholen, muß man die Beteiligung wie folgt berechnen:

$$16 \% \text{ an HAP} ÷ 1,092 = 14,65 \% \text{ oder}$$
$$16 \% \text{ an HAP} ÷ 1,228 = 13 \% \text{ usw.}$$

Dem Nettodetailpreis begegnet man immer noch häufig in den USA, wo er „suggested retail list price" (SRLP) heißt, der vom Tonträgerhersteller festgelegt wird.

3.1.7 Der Händlerabgabepreis

Der Händlerabgabepreis ist die meistverwendete Abrechnungsbasis in Deutschland. In den USA benutzen wenige Firmen (u.a. Sony) diese Basis.
Wenn eine Firma basierend auf dem Händlerabgabepreis abrechnet, kann ein „normalsterblicher" deutscher Künstler eine Beteiligung von 6 % bis etwa 10 %, in Ausnahmefällen 12 % erwarten. Für Gruppen oder Projekte, die über-

wiegend von einem Produzenten stammen, welcher seinerseits versucht, seinen wirtschaftlichen Vorteil den Künstlern gegenüber durchzusetzen, entspricht das oft nur einer Beteiligung von 1,5 % bis 3 % pro Person; je nachdem, wie viele Leute in der Formation mitmischen.

In seinem Bandübernahmevertrag kann der Produzent wiederum zwischen 14 % und 24 % erwarten, wobei die übliche Anfangsbeteiligung bei 16 % bis 18 % liegt.

Der Auftragsproduzent erhält in der Regel 2 % bis 5 %.

Sowohl bei Zugrundelegung des Händlerabgabepreises als auch in Verbindung mit den Großhandels- und Nettodetailpreisen sollte man auf Versuche, eine digitale Konfiguration auf der Basis der Preiskategorie von analogen Vinyltonträgern abzurechnen, nicht eingehen.

3.2 Steigerungen

Steigerungen oder Staffelungen der Beteiligung können und sollten in den meisten Fällen vereinbart werden. Diese können entweder auf

a) der Verkaufsmenge,

b) dem Eingang in die Charts,

c) dem Erhalt von Gold oder Platin oder auf

d) Folgeveröffentlichungen bzw.

e) der Ausübung einer Option auf Verlängerung des Vertrages

basieren.

Steigerungen von a), b) und c) werden immer nur die Ereignisse auf dem jeweiligen Markt berücksichtigen, auf dem sie stattfinden. Verkäufe in den USA führen nicht zu einer erhöhten Beteiligung an den Verkäufen in Deutschland.

Die Höhe der Steigerungen und die Frage, bei welchem Ereignis sie eintreten, sind verhandelbar. Daher sind die hier präsentierten Zahlen nur beispielhaft zu verstehen. Man kann auch versuchen, die Steigerungskriterien zu mischen. Zum Beispiel: die Beteiligung steigt mit 1 % bei Ausübung einer Option und/oder beim Einstieg in die Charts.

Zu achten ist darauf, ob die Steigerung nach Verkaufszahlen sich auf Verkäufe von einer Katalognummer oder auf Verkäufe einer Konfiguration (CD, MC, LP; Single; Maxi, etc.) bezieht.

In den USA, wo MCs immer noch eine nicht unerhebliche Rolle auf dem Markt spielen, wird eine Staffelung oft an die Katalognummer geknüpft. Das heißt, alle Konfigurationen (LP, MC, CD) einer Katalognummer (eines Produktes) werden zusammengezählt, um die Höhe der Verkäufe zu bestimmen. Wenn z. B. eine Steigerung von 8 % auf 9 % des Händlerabgabepreises bei Verkäufen von 500.000 Einheiten vereinbart wurde und die Anzahl verkaufter Einheiten von 600.000 erreicht wird, wobei 300.000 CDs und 300.000 MCs verkauft wurden, könnte die Plattenfirma die 100.000 Tonträger, die die 500.000 überschreiten, folgendermaßen abrechnen:

11,86 € HAP CD

x   80 %

9,49 € bereinigter HAP x 9 % = 0,85 € x 50.000 CDs = 42.696 €

9,71 € HAP MC

x   80 %

7,77 € bereinigter HAP x 9 % = 0,70 € x 50.000 MCs = 35.000 €

Leider werden die meisten Firmen behaupten, daß ihr Buchhaltungssystem diese differenzierte Rechenweise nicht unterstützt. In der Praxis bedeutet dies, daß erst die Verkäufe von einer Konfiguration und dann von der nächsten Konfiguration zusammengezählt werden. 300.000 CDs plus 200.000 MCs ergeben also 100.000 MCs, die anhand der gesteigerten Beteiligung noch abgerechnet werden müssen. Das sieht dann so aus:

7,77 € bereinigt. HAP MC x 9 % = 0,70 € x 100.000 MCs = **70.000 €**

Das Ergebnis: eine Unterbezahlung von **7.582 €** oder, in anderen Worten, eine 9,7 %ige Kürzung der dem Künstler zustehenden zusätzlichen Tantiemen.

Steigerungen nach Verkäufen können schon bei 10.001 Einheiten anfangen. Üblicher in Deutschland jedoch ist, daß die Staffelung bei 20.001 bis 50.001 beginnt. Die Höhe der Zuwachsrate von zu erzielenden Verkaufsmengen und Beteiligungssteigerungen sind frei verhandelbar. Ein Beispiel:

Bis zu 50.000 Einheiten	6 %
Ab 50.001 bis 100.000 Einheiten	6,5 %
Ab 100.001 bis 150.000 Einheiten	7 %
Ab 150.001 bis 250.000 Einheiten	7,5 %
Ab 250.001 bis 500.000 Einheiten	8 %
Ab 500.001 bis 1.000.000 Einheiten	9 %
Ab 1.000.001	10 %

Wenn der Einstieg in die Charts das einzige Kriterium für eine Steigerung der Beteiligung ist, sollte man versuchen, die Beteiligung auch nach der Chart-Plazierung abzustufen.

- 0,5 % beim Einstieg unter Platz 50,
- weitere 0,5 % beim Erreichen vom Top 20 bzw. 1 % beim Ersteinstieg in die Top 20,
- 0,5 % beim Erreichen von Top 10 bzw. 1,5 % beim Ersteinstieg in die Top 10,
- noch einmal 0,5 % beim Erreichen von Platz 1.

Es ist auch möglich, eine automatische Steigerung bei der Ausübung einer Option auf Verlängerung des Vertrages oder weiteren Veröffentlichungen zu vereinbaren. Wenn diese, sagen wir, 1% beträgt, ist es denkbar, eine weitere Steigerung, basierend auf der Verkaufsmenge, damit zu kombinieren.

3.3 Andere Einflußfaktoren

3.3.1 Definition von In- und Ausland

Weil die Grundbeteiligung immer nur *„für jeden über den Handelsvertrieb zum Hochpreis durch Firma oder ein anderes Unternehmen der Firma (...) im Inland verkauften Tonträger"* (siehe § 8.1 im Anhang 1 – Künstlervertrag) gilt, ist es für Künstler und Produzenten ratsam, das „Inland" möglichst großzügig definieren zu lassen. In der Regel ist dies lediglich das Land, in dem die Firma ihre für diesen Vertrag verantwortliche Geschäftsstelle hat. In Deutschland ist es jedoch, abweichend von der geopolitischen Situation, nicht unüblich, Deutschland, Österreich und die Schweiz in diesem Begriff zusammenzufassen.

In den USA ist es zwar schwieriger, aber nicht unmöglich, zu vereinbaren, daß auch kanadische Verkäufe mit der vollen Beteiligung honoriert werden.

Ausländische Künstler oder Produzenten, die in Deutschland unter Vertrag kommen, können auch gelegentlich vereinbaren, daß die volle Beteiligung für Verkäufe in ihrem Heimatland zugrunde gelegt wird.

Das Ausland kann auch in Major- und Minor-Märkte unterteilt werden. Will die Firma die Beteiligung für ausländische Verkäufe kürzen (siehe Teil 4.1 und 2 dieses Kapitels), ist es sinnvoll, zwischen diesen Märkten zu unterscheiden. Die Major-Märkte sind die USA, das UK und Japan sowie das Heimatland eines ausländisches Künstler und/oder Produzenten. Die Minor-Märkte sind der Rest der Welt. Für die verschiedenen Märkte können unterschiedliche Reduzierungen erzielt werden.

3.3.2 Die „All-in"-Beteiligung

In einer All-in-Beteiligung ist sowohl die Beteiligung des Produzenten als auch die des Künstlers inbegriffen. In Deutschland ist dies bei Bandübernahmeverträgen immer der Fall. In Künstlerverträgen und Produzentenverträgen andererseits sind die Beteiligungen fast nie „all-in".

In Nordamerika ist das oft ganz anders. Dort ist die Künstlerbeteiligung regelmäßig eine „All-in"-Beteiligung. In der Praxis heißt das, daß der Künstler für die Bezahlung des Produzenten und der anderen Berechtigten (beteiligte Studiomusiker etc.) verantwortlich ist. Beim Abschluß eines Vertrages in den USA ist es empfehlenswert, dies ganz deutlich zu klären. Sonst könnte es zu Verwirrung und Enttäuschung führen, wenn die Abrechnung ins Haus flattert.

3.3.3 Dauer der Zahlungspflicht

Die Plattenfirma sollte Tantiemen an Künstler und Produzenten so lange abrechnen und bezahlen, wie sie die Vertragsaufnahmen verwertet. Das ist auch der Fall. Aber die Plattenfirmen versuchen auch, diese Zahlung auf die Dauer der Leistungsschutzrechte zu begrenzen. Die Dauer der Leistungsschutzrechte für ausübende Künstler und Tonträgerhersteller beträgt zur Zeit 50 Jahre nach der Ersterscheinung. Danach verlieren sie ihr exklusives Recht, die Aufnahmen zu verwerten. Jeder kann die Aufnahmen veröffentlichen.

Wenn man das überlegt, kommt man darauf, daß im Laufe des Jahres 2013 u.a. die ersten Beatles-Aufnahmen nicht mehr leistungsgeschützt sein werden. Elvis ist teilweise schon vorher an der Reihe, und viele mehr folgen kurz darauf. Man kann sich leicht vorstellen, welche wirtschaftlichen Auswirkungen dies für alle Beteiligten inklusive der Plattenfirmen haben wird.

3.3.4 Abrechnungsmenge

In Deutschland ist es üblich geworden, daß auf der Basis von 100% aller verkauften, bezahlten und nicht retournierten Tonträger abgerechnet wird. Es kommt zwar immer noch vor, daß eine Firma versucht, auf nur 90% der Tonträger abrechnen zu müssen, aber es ist in der Regel nicht schwierig, dies in Verhandlungen zu verbessern. Die 90%-Basis stammt aus einer Zeit, als Tonträger in der Tat beschädigt angeliefert und Retouren sowie Promotionexemplare pauschal von der Liefermenge abgezogen wurden.

In Nordamerika werden fast immer nur 85% der verkauften Tonträger abgerechnet. Die Kürzung der Abrechnungsmenge spiegelt einen Abzug des sogenannten Freiguts (Free Goods) wider; dies sind Exemplare, die an Händler als Naturalrabatte oder zur Verkaufsförderung unentgeltlich geliefert werden. Wenn die Firma 100% der Tonträger abrechnet, wird sie sicherlich später im Vertrag eine Klausel haben, in der ein 15%iger Abzug für Freigut verankert wird. Es lohnt sich also, auch darauf aufzupassen, daß diese Klausel nicht im Vertrag ist, wenn die Firma nur 85% der Tonträger abrechnet.

Gelegentlich taucht auch noch ein Abzug in Höhe von 10% bis 15% für Promotionexemplare und Freigut in deutschen Verträgen auf. In einem solchen Fall ist unbedingt zu klären, ob die Firma in ihren Abrechnungen die Anzahl der **ausgelieferten** oder die Anzahl der **verkauften** Tonträger aufführt. Wenn der Abrechnung die ausgelieferten Tonträger zugrunde gelegt werden, könnte der Abzug vorgenommen werden. Hinsichtlich der verkauften Tonträger ist der Abzug ungerechtfertigt, weil Promotionexemplare und Free Goods nicht zu den „Verkauften" gehören – sie sind unentgeltlich an die Händler abgegeben worden.

3.4 Sonstige Einnahmen

3.4.1 Digitale Verbreitung

Unter digitaler Verbreitung versteht man nicht den Verkauf von Tonträgern über das digitale Medium Internet, sondern die nicht-körperliche, digitale Lieferung von Aufnahmen über Downloads aus dem Internet und digitales Radio. Für solche Nutzungen war es bisher in der Praxis so gut wie unmöglich, die Höhe einer angemessenen Beteiligung für Künstler und Produzenten zu ermitteln. Die Probleme wurzeln sowohl in wirtschaftlichen und rechtlichen als auch in technischen Aspekten.

Die Betreiber digitaler Sender sind der Meinung, daß das, was sie tun, unter den urheberrechtlichen Begriff der Sendung fällt. Danach müßten sie nur GEMA- und GVL-Gebühren bezahlen, aber keine zusätzliche Vergütung an Plattenfirmen für die Nutzung konkreter Aufnahmen. Die Tonträgerhersteller ihrerseits sind wegen der Möglichkeit des nahezu identischen Kopierens der Aufnahmen über digitales Radio der Auffassung, daß hierin keine Sendung mehr zu sehen sein könne, sondern vielmehr eine nicht-körperliche Lieferung vorliege. Erst wenn dieser Punkt geklärt ist, kann man sich gegebenenfalls über die Höhe einer angemessenen Vergütung Gedanken machen. Bisher zahlen die Betreiber digitaler Sender jedenfalls keine Vergütung direkt an die Plattenfirmen. Für den Fall der rechtlichen Bestätigung dessen, daß keine Sendung, sondern eine Lieferung vorliegt, regeln die Plattenfirmen in Verträgen schon jetzt, daß der Künstler bzw. der Produzent eine angemessene Vergütung für derartige Nutzungen erhält, welche jedoch der Höhe nach zum gegebenen Zeitpunkt verhandelt werden muß und branchenüblichen Richtwerten zu folgen hat. Bei anderen pauschal bezahlten Lizenzierungen, z. B. von Synchronisations- und Werberechten, bekommen Künstler und Produzent in der Regel zusammen 50 % der Nettoeinnahmen aus der jeweiligen Nutzung. Hier sollten Künstler bei den Verhandlungen des Künstlervertrages generell darauf achten, daß ihr Anteil nicht unter 25 % sinkt.

Auch bei nicht-körperlichen Lieferungen von Aufnahmen über das Internet, sprich Downloads, herrscht Unruhe zwischen Plattenfirmen und denjenigen Internethändlern, die den Plattenfirmen nicht bereits gehören. Hier wird hauptsächlich über drei Themen hart verhandelt: die Festlegung des Preises für Downloads gegenüber den Verbrauchern, das Geschäftsmodell und die Kontrolle über Informationen.

Hinsichtlich des Preises für Downloads wird einerseits vertreten, daß dieser niedriger sein sollte als der Preis für Tonträger. Dies wird damit begründet, daß es dem Kunden auf diese Art schmackhaft gemacht werden solle, das neue Format auszuprobieren. Außerdem solle man die eingesparten Kosten für Verpackungsmaterial, Lagerräume und Außendienstpersonal berücksichtigen.

Die Forderung nach gegenüber Tonträgern höheren Preisen wird auf die angeblich hohen Anfangskosten der Plattenfirmen und Händler gestützt. Gemeint sind beispielsweise Programmierkosten, Kosten für die Digitalisierung analoger Aufnahmen, Providergebühren etc.

Aber auch die Anpassung der Preise für Downloads an diejenigen für Tonträger wird propagiert.

Künstler und Produzenten sollten unabhängig davon, welche Berechnungsgrundlage gewählt wird, darauf achten, daß ihre übliche Beteiligung für Tonträger nicht unterschritten wird.

Zur Zeit stehen bezüglich des Downloads zwei unterschiedliche Geschäftsmodelle zur Debatte. Auf der einen Seite gibt es das von den Händlern bevorzugte „Brutto-Marge-Modell", das der heutigen Praxis bei physischen Tonträgern entspricht. Hiernach würde die Plattenfirma den Händlern das Recht, die Aufnahme zum Download ins Internet zu stellen, gegen einen Festpreis (analog zum HAP) einräumen, und der Händler kann einen selbstgewählten Betrag pro Download als seine Gewinnmarge aufschlagen (analog Nettodetailpreis).

Auf der anderen Seite favorisieren die Plattenfirmen das Provisions- oder Agenturmodell. Hier legt die Plattenfirma den Downloadpreis fest und beteiligt den Händler zu einem gewissen Prozentsatz.

Diese Debatte hat keine bislang absehbaren Auswirkungen auf Künstler oder Produzenten.

Auch um die Kontrolle der Verbraucherinformationen streiten sich die Händler mit den Plattenfirmen. Je nachdem, über welches Zahlungssystem die

Abrechnung von Downloads läuft, bekommen entweder die Plattenfirmen oder die Händler die Informationen über die Personalien der Käufer. Daß diese Informationen unter Marketinggesichtspunkten offensichtlich wahre Goldgruben sind, erkennt man an einem Blick in den Briefkasten, der von Werbebroschüren (oder SPAM) von Firmen überquillt, mit denen man meistens noch nie zuvor zu tun hatte. Beim physischen Tonträgerverkauf waren die Plattenfirmen von dieser Goldgrube ausgeschlossen. Daher bestehen die Plattenfirmen darauf, daß Downloads über sie abgerechnet werden, lassen sich aber teilweise auf einen Kompromiß ein, der die Händler an den Verbraucherinformationen teilhaben läßt. Dies erklärt sich daraus, daß die Plattenfirmen immerhin die Möglichkeit hätten, Aufnahmen, die bei ihnen unter Vertrag sind, ausschließlich über ihre Websites downloaden zu lassen. Denn zum Download brauchen die Plattenfirmen nicht mehr die Infrastruktur der Händler, wie z. B. Verkaufsräume, Lager etc.

Obwohl die Umsätze in diesem Bereich noch ziemlich gering sind, ist es abzusehen, daß, sobald die Differenzen zwischen Firmen und Händlern geklärt sein werden, sich ein brauchbarer Kopierschutz durchgesetzt hat und sich die Marketingaktivität verstärkt auf den Download konzentrieren wird, in diesem Bereich wesentlich höhere Umsätze erzielt werden.

3.4.2 Synchronisierung

Die Vergabe von Synchronisationsrechten für den Gebrauch von vertragsgegenständlichen Aufnahmen z. B. in Filmen, Fernsehserien und Werbung kann finanziell sehr ergiebig sein. Die Höhe einer angemessenen Vergütung für solche Nutzungen hängt von zu vielen Variablen ab, als daß man hier einen Richtwert angeben könnte. So ist z. B. an die Höhe des Produktionsbudgets des Films oder des Medienbudgets der Werbeagentur zu denken oder daran, ob der Künstler im Film zu sehen ist. Natürlich ist auch der Marktwert des Künstlers von entscheidender Bedeutung. Die entsprechende Vergütung wird von den TV- oder Filmproduzenten bzw. den Werbeauftraggebern an die Plattenfirma gezahlt. Wie bei allen pauschal bezahlten Lizenzen sollte die Beteiligung des Künstlers und des Produzenten auch an dieser Vergütung nicht weniger als jeweils 25 % betragen. Gewarnt wird in diesem Fall davor, daß manche Plattenfirmen versuchen, ihre diesbezüglichen Verwaltungskosten von der aufzuteilenden Vergütung im Vorfeld abzuziehen. Dies ist nicht gerechtfertigt, da die optimale Verwertung der Aufnahmen, in diesem Fall die Vergabe von Synchronisationsrechten, zu den traditionellen Aufgaben einer Plattenfirma gehört.

4. Lizenzreduzierungen

Manchmal kommt es einem so vor, als ob es Leute in den Plattenfirmen gäbe, die sich mit nichts anderem beschäftigen als sich Wege auszudenken, möglichst wenig Tantiemen an Künstler oder Produzenten ausschütten zu müssen, ohne die Höhe der Grundbeteiligung zu verringern. Etwa eine viertel bis eine halbe Seite braucht man, um die Grundbeteiligung und Abrechnungs-basis festzulegen, während die nächsten anderthalb bis zwei Seiten darauf ver-wendet werden, die Tantiemen wieder zu kürzen. In diesen anderthalb Seiten lauern vor allem zu hohe Reduzierungen, versteckte Reduzierungen und Mehr-fachreduzierungen, wovon vor allem die Mehrfachreduzierungen möglichst vermieden werden sollten.

Ein Beispiel:
Eine Plattenfirma lizenziert einen Song für einen Sampler an eine Drittfirma. Hier entsteht eine Reduzierung von beispielsweise 50 %. Dieser Sampler soll als Doppel-CD veröffentlicht werden. Dafür wird wieder eine Reduzierung von 50 % vereinbart. Dies führt dazu, daß das Produkt in die Mid-Price-Kategorie rutscht. Auch hier wird die Plattenfirma versuchen, eine 50prozentige Reduzie-rung als Maximalforderung durchzusetzen. Für den Sampler soll TV-Werbung geschaltet werden – nochmals eine 50prozentige Reduzierung. Und so kann der Künstler anstatt 6 % eine Beteiligung von satten 0,375 % absahnen. Wie es zu dieser Glanzleistung kommen kann, wird aus dem im Anhang befindlichen Künstlervertrag unter Punkt 8. deutlich und im Folgenden näher erläutert.

4.1 Export

Daß der Export von Tonträgern für die Plattenfirmen nicht so lukrativ sei wie der Verkauf im Inland, ist ein vielgebrauchtes, aber anfechtbares Argument der Plattenfirmen, um hierfür Lizenzreduzierungen zu rechtfertigen. In der Maxi-malforderung der Plattenfirma wird die Reduzierung bei Exporten in der Regel 50 % der Grundbeteiligung an den exportierten Tonträgern betragen. Hierin steckt bereits eine versteckte Doppelreduzierung, da der Abgabepreis von Exportware von vornherein geringer ist als der Händlerabgabepreis im Inland. Trotzdem soll der Künstler/Produzent auf 50 % seiner Tantiemen verzichten.

Für einen Künstler heißt das, daß er von 6 % nur 3 % bekommt, diese aber wiederum von einem geringeren Verkaufspreis. Obwohl die Plattenfirmen nie auf eine Reduzierung bei Exporten verzichten werden, sind diese 50 % jedoch verhandelbar und können in den meisten Fällen auf 33 % oder gar 25 % gesenkt werden.

4.2 Lizenzierungen

Auch wenn die Plattenfirma eine LP des Künstlers an eine ausländische Plattenfirma lizenziert – oder auch nur einen Song, um ihn auf einem Sampler einer anderen (auch inländischen) Plattenfirma unterzubringen, verlangt sie eine Reduzierung der Tantiemen des Künstlers/Produzenten in Höhe von 50 %. Dies ist so gut wie immer unberechtigt. Plattenfirmen untereinander lizenzieren Aufnahmen generell ab 24 % des HAPs. Das heißt, daß die Plattenfirma bei einer Beteiligung des Produzenten von den üblichen 16 – 18 % im Rahmen eines Bandübernahmevertrages schon 6 – 8 % des HAPs aus diesen zusätzlichen Verkäufen ohne erhebliche Nebenkosten bekommt.

Das könnte bei einer Lizenzierung an eine amerikanische Firma so aussehen: Angenommen, daß die Amerikaner einen Händlerabgabepreis in Höhe von 12,25 € (das entspricht etwa 3,46 $) haben und ein technischer Abzug in Höhe von 25 % in Ansatz gebracht wird, würde die deutsche Firma bekommen:

12,25 € amerikanischer HAP
x   75 %
 9,19 € bereinigter HAP x 24 % Lizenz = 2,21 € Tantiemen an die deutsche Firma

Im Falle eines Bandübernahmevertrages zwischen Produzent und deutscher Firma, nach dem dem Produzenten 18 % des bereinigten HAPs ohne Reduzierung zustünden, bekäme er 1,65 € und die Firma 0,55 €.

Der Produzent muß aber aus seinen Tantiemen auch seinen Künstler bezahlen. Dieser bekommt nach dem Künstlervertrag beispielsweise 6 % des bereinigten HAPs. Danach erhielte der Künstler 0,55 €, der Produzent 1,10 € pro verkaufter Platte in den USA. Zwei von mehreren Möglichkeiten im Falle einer Reduzierung sind:

1. Der Produzent hat eine 50prozentige Reduzierung in seinem Bandübernahmevertrag mit der Plattenfirma. Den 6prozentigen Künstleranteil reduziert er seinerseits innerhalb des Künstlervertrages ebenfalls zu 50 %, also auf 3 %.

   In diesem Fall würden Produzent und Künstler eine All-in-Beteiligung von 0,83 € erhalten, wovon der Künstler 0,28 € bekommen würde. Dem Produzenten verblieben danach 0,55 €.

   Im einzelnen lautet die Rechnung wie folgt:
     9,19 € bereinigter HAP x 24 % Lizenz = 2,20 € Tantiemen an die deutsche Firma
     9,19 € bereinigter HAP x 9 % All-in-Lizenz = 0,83 € für Produzent und Künstler

140

0,83 € x ¹/₃ (6 % der All-in-Lizenz) Produzentenanteil = 0,55 €
0,83 € x ¹/₃ (3 % der All-in-Lizenz) Künstleranteil = 0,28 €

Letztendlich heißt diese 50prozentige Reduzierung:
Künstler und Produzent haben zusammen 0,83 € und die Firma
1,51 €.

2. Der Produzent hat eine Reduzierung von 25 % mit der Firma aushandeln
können und hat seinerseits dem Künstler im Rahmen des Künstlervertrages eine 50prozentige Reduzierung aufgehalst. Das heißt, daß der Produzent 13,5 %, der Künstler aber nach wie vor nur 3 % des bereinigten
HAPs erhält.

9,19 € bereinigter HAP x 24 % Lizenz = 2,20 € Tantiemen an die deutsche
Firma
9,19 € bereinigter HAP x 13,5 % All-in-Lizenz = 1,24 € für Produzent und
Künstler
1,24 € x 77,7 % (10,5 % der All-in-Lizenz) Produzentenanteil = 0,97 €
1,24 € x 22,3 % (3 % der All-in-Lizenz) Künstleranteil = 0,28 €

Hier behält die Firma nur 0,96 €. Künstler und Produzent haben zusammen
zwar 1,24 €, der Produzent hat seinen wirtschaftlichen Vorteil aber derart opti-
miert, daß der Künstler nach wie vor nur 0,28 € bekommt.

Eine Reduzierung im Bereich der Drittlizenzierung wird auch nicht zu vermeiden sein, sie kann jedoch ebenfalls oft auf 33 – 25 % gesenkt werden. Zu
bedenken ist allerdings, daß eine Reduzierung bei Lizenzierungen in unterschiedlichen Gebieten unterschiedlich gestaltet werden kann. Bei einer Lizenzierung im Bereich von sogenannten Major-Märkten, wie z. B. die USA und
Japan, muß die Reduzierung nicht so umfangreich ausfallen wie im Bereich von
Minor-Märkten (bis auf das UK und Deutschland eigentlich der Rest der Welt).

4.3 Preiskategorien

Alle Firmen haben verschiedene Preiskategorien. Meistens unterteilen sie
nach Hochpreis, auch Normalpreis genannt, Mid-Price, Low-Price und Budget-Price. Dazu kommen andere Bezeichnungen wie Nice-Price oder Crash-
Price, die in der Regel aber dem Low- und Budget-Price entsprechen.

Die Kategorisierung ist eine Frage des Marketings. Neue Platten
werden generell im Hoch- bzw. Normalpreisbereich eingestuft. In Back-
Katalogen greifen die Firmen dann je nach Alter der Aufnahme auf die niedrigeren Preiskategorien zurück, um den Verkauf anzukurbeln. Im Vertrag

kann man regeln, daß die Platte für einen bestimmten Zeitraum (meist 1 – 3 Jahre) im Nomalpreisbereich verbleiben muß. Wie schnell die Platte dann aber die anderen Preiskategorien durchläuft, ist in der Praxis nicht mehr verhandelbar.

Hat eine Plattenfirma nur einen festgelegten Mid-Price, wird im Vertrag auch nur vom Mid-Price gesprochen. Ist das Preissystem der Firma so ausgestaltet, daß der Mid-Price einen ganzen Preisbereich umfaßt, so ist im Vertrag von einem Listenabgabepreis die Rede, der z. B. nicht höher als 85 % und nicht unter 65 % der Normalpreisklasse liegt (vgl. §§ 8.5 bis 8.7 des im Anhang befindlichen Künstlervertrages). Für Tonträgerverkäufe aus dem High-Price-Bereich bekommt der Künstler die im Vertrag ausgehandelte Lizenzbeteiligung. Fällt der Tonträger in den Mid-Price-Bereich, bekommt er beispielsweise nur noch 75 % seiner ursprünglichen Beteiligung aus dem Tonträgerverkauf, im Low-Price-Bereich nur noch 66 % und im Budget-Price-Bereich nur noch 33 %. Vorsicht: versteckte Doppelreduzierung! Für den Fall, daß die Firma die reduzierte Beteiligung nicht am ursprünglichen Verkaufspreis des Tonträgers, sondern am gesenkten, mittleren Preis orientiert, bekommt man eine immer geringere Beteiligung an einem immer geringer werdenden Preis. Zum Glück ist sowohl die Höhe dieser Reduzierungen als auch die Prozentspanne einer Preiskategorie verhandelbar.

Ein Rechenbeispiel:

Bei einem HAP von 11,75 € als High-Price würde sich die Spanne des oben genannten Mid-Price-Bereichs (85 – 65 %) zwischen 9,99 € und 7,64 € bewegen. Wenn die Firma größeren Händlern erhebliche Rabatte geben muß, kann es durchaus vorkommen, daß ein Tonträger, der zum Verkauf des Normalpreises veranschlagt war, im Endeffekt zu einem Preis der nächst niedrigeren Kategorie an den Händler abgegeben wird.

Wenn die Firma dem Händler einen Rabatt von 14,7 % geben muß, ist der vom Händler tatsächlich bezahlte Preis 10,02 €. Dies entspricht 85,25 % des Normalpreises. Der Tonträger wird also immer noch über die Normalpreiskategorie abgerechnet. Gibt die Firma dem Händler einen Rabatt von 15 %, zahlt der Händler 9,99 €, was der oberen Grenze des Mid-Price-Bereichs entspricht. Somit wird die erste Reduzierung fällig.

Bei einem HAP von 11,75 €, einem technischen Abzug von 20 % und einer Beteiligung von 6 % vom bereinigten HAP würde der Künstler 0,71 € pro verkaufter CD erhalten. Muß der Händler nur noch 9,99 € pro Tonträger zahlen, fällt der Tonträger, wie gesagt, in den Mid-Price-Bereich. Bekommt der Künstler nur 75 % seiner Tantiemen für Mid-Price-Verkäufe, so erhält er noch 0,42 €, wenn der ursprüngliche HAP von 11,75 € zugrunde gelegt wird. Wird demgegenüber der Mid-Price von 9,99 € als Berechnungsbasis verwendet, erhält er nur noch 0,36 €.

142

4.4 Mehrfachtonträger

Besonders tückisch ist die versteckte Reduzierung, die bei Mehrfachtonträgern (z. B. Doppel-CD) auf den Künstler zukommt. Diese ergibt sich auch nicht aus dem Vertragspunkt „Lizenzreduzierungen" direkt, sondern aus dem Punkt „Abrechnungsbasis" (§ 9.2 Künstlervertrag). Die Preiskategorie eines Mehrfachtonträgers ergibt sich aus dem bereinigten HAP geteilt durch die Anzahl der Tonträger. So rutscht eine normalpreisige Doppel-CD ganz leicht in den Low-Price-Bereich.

Das folgende Rechenbeispiel geht davon aus, daß der Händler 15,33 € für eine Doppel-CD zahlen muß, der technische Abzug 20 % beträgt und eine Grundbeteiligung des Künstlers 6 % des bereinigten HAPs vereinbart wurde.

15,33 €	HAP
– 20 %	technischer Abzug
12,27 €	bereinigter HAP ÷ 2 (Anzahl der Einzeltonträger) = 6,13 €

Diese 6,13 € sind der für die Preiskategorie maßgebliche Preisanteil des einzelnen Tonträgers. Um diesen Wert in die Prozentspanne einer Preiskategorie einordnen zu können, muß festgestellt werden, wieviel Prozent 6,13 € vom bereinigten HAP sind. (Der bereinigte HAP ist gem. § 9.1 des im Anhang befindlichen Künstlervertrages die Berechnungsgrundlage für jegliche Umsatzbeteiligung.)

6,13 € ÷ 12,27 € = 49,9 % des ber. HAP

Gemäß § 8.7 des Künstlervertrages wird diese Doppel-CD also als Low-Price-Produkt abgerechnet, weil der hier maßgebliche Preis des Einzeltonträgers unter 50 % des bereinigten HAPs liegt. Das heißt, daß der Künstler nur $^{1}/_{3}$ seiner Grundbeteiligung von 6 % erhält.

12,27 €	ber. HAP
x 2 %	reduzierte Künstlertantiemen bei Low-Price-Kategorie
0,25 €	pro Doppel-CD

Würde ein Mehrfachtonträger nicht aufgrund des jeweiligen Einzeltonträgers abgerechnet, erhielte der Künstler nach wie vor seine Grundbeteiligung von 6 %.

12,27 €	ber. HAP
x 6 %	Grundbeteiligung
0,74 €	pro Doppel-CD

143

Angesichts der Differenz von 0,25 € und 0,74 € pro Doppel-CD sei nochmals darauf hingewiesen, daß man sowohl bei der Festlegung der Prozentspanne der einzelnen Preiskategorien als auch der für die jeweilige Kategorien vorgesehenen Beteiligungsreduzierungen darauf achten sollte, nicht zu sehr benachteiligt zu werden. Dies wird zumindest einfacher zu verhandeln sein als den Berechnungsmodus für Mehrfachtonträger zu streichen, nach welchem der auf den Einzeltonträger entfallende Preisanteil für die übergeordnete Preiskategorie maßgeblich ist.

4.5 Kopplungen

Man muß unterscheiden zwischen In-house-Kopplungen und Lizenzierungen an Drittfirmen. Im letzteren Fall gilt das in diesem Kapitel unter 4.2 zu Lizenzierungen Gesagte. Für In-house-Kopplungen sollte man keine Reduzierung akzeptieren, weil sie Veröffentlichungen durch die eigene Plattenfirma betreffen. Und eine Veröffentlichung der eigenen Aufnahmen durch die eigene Plattenfirma ist das, worauf sich der Vertrag ohnehin im Kern richtet. Nur bei zusätzlichen Nutzungen, bei denen sich die Gewinnspanne der Plattenfirma verringert, können Reduzierungen der Beteiligung gerechtfertigt werden.

Dazu kommt noch, daß viele dieser Kopplungen auf Doppel-CDs erscheinen und daher schon wegen der Einstufung in eine schlechtere Preiskategorie Reduzierungen zu erwarten sind.

Dies ist eine weitere gute Gelegenheit, daran zu erinnern, daß mehrfache Reduzierungen vermieden werden sollten.

4.6 Konfigurationsreduzierung

Für Vinyl-Tonträger versuchen hauptsächlich die kleineren Plattenfirmen gelegentlich eine Reduzierung zu erwirken, da hier angeblich höhere Herstellungskosten wegen der geringeren Auflage anfallen. Allerdings fällt die Beteiligung hier sowieso schon geringer aus, da Vinyl billiger ist als CDs, korrespondierend dazu ist nämlich auch der für die Berechnung der Beteiligung maßgebliche HAP niedriger.

Manche Firmen versuchen sogar, digitale Tonträger auf die Abrechnungsbasis von Vinyl zu drücken. Einen Grund dafür, außer daß sie mehr Geld wollen, gibt es nicht.

Auch bei neueren Konfigurationen wie MD und DCC wollen die Plattenfirmen eine Reduzierung, meistens in Höhe von 25 % (vgl. § 6 II 2. Absatz des

Bandübernahmevertrages), da der Marktanteil dieser Tonträgerarten noch sehr gering ist.

4.7 B-Seite-Reduzierung

Diese Reduzierung, auch A-Seite-Garantie genannt, betrifft nur Produzenten (es sei denn, diese geben die Reduzierung irgendwie an den Künstler weiter). Die Bezeichnung dieser Reduzierungsart kommt daher, daß alte Vinyl-Singles und -Maxis eine A- und eine B-Seite hatten. Die für das Marketing entscheidende Fassung eines Songs kam auf die A-Seite. Sonstige Fassungen und Remixe kamen auf die B-Seite. Manche dieser Remixe wurden im Auftrag der Plattenfirma von namhaften Remixern in der Hoffnung gemacht, daß sich die Single durch diesen Remix besser verkaufen würde. Diese Remixe landeten dann anstelle der ursprünglichen Fassung des Produzenten auf der A-Seite. Da die Remixer auch an den Verkaufstantiemen beteiligt werden mußten, versuchten die Firmen, den Produzenten per Reduzierung an diesen Kosten zu beteiligen. Um diese Reduzierung zu vermeiden, wurde der Begriff A-Seite-Garantie kreiert. Das heißt schlichtweg, daß der Produzent seine vollen Tantiemen bekommt, auch wenn seine Version nicht auf der A-Seite ist.

Da es auf CDs keine B-Seite gibt, bezieht sich die A-Seite-Garantie heutzutage auf den für das Marketing maßgeblichen Mix (wohl immer der erste Track auf der CD).

Für den Fall, daß auf einer Maxi-CD Songs von verschiedenen Produzenten vertreten sein sollten, wird die Firma jeden Produzenten pro rata, das heißt, je nachdem wie viele Songs auf der Maxi von ihm stammen, abrechnen. Wenn also auf einer Maxi-CD zwei Songs sind, von denen jeweils einer von einem anderen Produzenten stammt, bekommen beide Produzenten nur 50 % der für eine Maxi üblichen Tantiemen. Da eine Maxi jedoch selten wegen der „B-Seite" gekauft wird, sollte der Produzent der „A-Seite" keine Reduzierung seiner Tantiemen akzeptieren und sich wie bei einer Vinyl-Maxi die A-Seite-Garantie einräumen lassen.

In den USA ist in Produzenten- und Bandübernahmeverträgen die Prorata-Beteiligung ausdrücklich enthalten, und der Produzent muß versuchen, die A-Seite-Garantie in den Vertrag einbauen zu lassen. In Deutschland hingegen steht zur Beteiligung meist nichts im Vertrag, stillschweigend wird aber trotzdem pro rata abgerechnet. Man sollte sich darum auch hier um die ausdrückliche Aufnahme einer A-Seite-Garantie in den Vertrag bemühen.

4.8 Bildtonträger

Es geht hierbei um Musikvideos, Filme, Laserdisks und CD-Videos des Künstlers. Neuerdings werden von einigen Plattenfirmen aber auch CD-ROMs und sogar Videogames in Verträgen wie Videos und sonstige Bildtonträger behandelt.

Der Künstler muß sich nicht nur unentgeltlich für Videodrehs zur Verfügung stellen und bis zu 50 % der Produktionskosten des Videos im Wege der Verrechnung selber tragen (siehe Kapitel X Video), sondern auch damit rechnen, daß die Plattenfirma eine bis zu 50prozentige Reduzierung der Beteiligung des Künstlers an den Verkäufen der Videos etc. in den Vertrag einbaut. Produzenten sind hiervon genauso betroffen.

Natürlich ist die Höhe dieser ausdrücklichen Reduzierung verhandelbar.

Daneben tritt jedoch meist der Versuch der Plattenfirma, die Lizenzen durch eine Modifizierung der Abrechnungsbasis zu drücken. Sie wird einfach anstelle des Nettodetailpreises des Videos den Händlerabgabepreis des Videos (üblich in den USA) oder den einer CD zugrunde legen, was eine noch niedrigere Ausgangsbasis wäre. Da der Verkauf von Bildtonträgern im Verhältnis zum Verkauf der Tonträger jedoch sehr gering sein wird, ist es wichtiger, die Verrechnung der Produktionskosten mit den gesamten Resteinnahmen erträglich zu gestalten, als die Reduzierung niedrig zu halten.

4.9 TV-, funk- und kinobeworbene Produkte

Um die Künstler und Produzenten an den erhöhten Werbungskosten bei TV-, Funk- und Kinowerbung zu beteiligen, verlangen die Firmen eingangs meistens eine 50prozentige Lizenzreduzierung auf Produkte, die so beworben werden. Es ist wohl nur noch eine Frage von Tagen, bis die Plattenfirmen darauf kommen, auch für Werbung im Internet eine Reduzierung zu verlangen. Besonders kraß wäre das, wenn die Werbung auf der firmeneigenen Website geschaltet ist, denn: wo bitteschön wären da die Zusatzkosten?

Die Höhe dieser Reduzierung ist, wie so oft, verhandelbar. Sie bis auf 1/3 oder 1/4 zu senken, ist durchaus möglich.

Künstler und Produzenten sollten sich darum bemühen, daß die Beteiligung nur an Verkäufen in dem Land, in dem die Werbung geschaltet ist, reduziert wird. In Europa heißt das, daß nur deutsche Verkäufe betroffen sein sollten, obwohl deutsches Fernsehen oder deutsches Radio auch im europäischen Ausland empfangen werden kann.

Wie aus der entsprechenden Klausel des Künstlervertrages zu entnehmen ist, formuliert die Firma keine zeitliche Begrenzung für die Reduzierung:

„8.2 Für jeden über den Handelsvertrieb verkauften Tonträger, der im Fern-sehen und/oder Rundfunk und/oder in Kinos beworben wird und/oder der unter Verwendung eines Illustrierten-/Zeitungssignums und/oder in sonstiger Weise in Kooperation mit Dritten (z.B. mit einer Fernsehanstalt) veröffentlicht wird, 50 % (die Hälfte) von 8.1 (Grundbeteiligung)."

Hiernach könnte die Firma für eine einwöchige Werbekampagne in nur einem Kanal die Tantiemen für immer und ewig reduzieren. Man sieht also, daß es ratsam ist, Anfangs- und Endpunkt der Reduzierung festzulegen.

Der Anfangspunkt ist selbstverständlich der Beginn der Werbekampagne. Einschränkend kann man vereinbaren, daß Werbekampagnen erst ab einem gewissen finanziellen Umfang reduzierend wirken. Früher wurden in Verträgen inhaltslose Gummiausdrücke wie „flächendeckende" Werbung verwendet. Dies sollte einen großen finanziellen Umfang der Kampagne implizieren. Wer sich jedoch auf diese Formulierung eingelassen hat, könnte eine böse Überraschung erleben. Wenn eine Firma beispielsweise Radiowerbung in einem in Kabel eingespeisten Lokalsender in Kiel und einem in Füssen schaltet und dafür vielleicht 2.500 € zahlt, wird sie sich darauf berufen, daß diese Kampagne flächendeckend sei, denn sobald ein Sender über Kabel empfangen werden kann, ist er im Prinzip in ganz Deutschland zu empfangen.

Sinnvoller ist es, ein Minimum-Medien-Budget zu vereinbaren. Unter Medien-Budget versteht man nur die Kosten, die für den Einkauf von Sendezeit (bzw. Aufführungszeit im Kino) aufgewendet werden müssen. Produktionskosten für Werbespots sind hier nicht gemeint. Erst wenn die Firma also für TV-Werbung z. B. 62.500 €, für Radio- oder Kinowerbung 30.000 € ausgegeben hat, sollte eine Reduzierung der Beteiligung möglich sein. Diese Budgets sind praxisorientierte Richtwerte. Eine effektive, bundesweite Kampagne kostet ebensoviel.

Den Endpunkt der Reduzierung festzulegen, ist ebenfalls sehr wichtig. Das wird vor allem daran deutlich, daß Werbung nur so lange ihre Wirkung entfaltet, solange sie präsent ist, und allenfalls noch eine kurze Zeit danach. Im Gegensatz zu der oben angeführten Vertragsklausel nehmen Firmen von sich aus oft die Klausel auf, daß diese Reduzierung bis zum Ende der Abrechnungsperiode wirkt, die auf die Abrechnungsperiode folgt, in der die Werbung geschaltet wurde. Im schlimmsten Fall heißt das: ein Jahr reduzierte Tantiemen, wenn die Kampagne im Januar gelaufen ist, da Abrechnungsperioden fast immer halbjährlich sind.

Zur Not kann man mit dieser Regelung leben. Man kann jedoch auch andere Kriterien zur Kürzung der Reduzierungsdauer aushandeln. Die sogenannte Break-even-Formel besagt beispielsweise, daß eine Reduzierung nur solange verlangt werden kann, bis die Kosten für das Medien-Budget durch die Plattenverkäufe „verrechnet" werden konnten. In diesem Fall bekommt ein Tonträger einen vertraglich festgelegten fiktiven Wert, z. B. 1 bis 2 € für eine Maxi-Single und 3,50 bis 4,50 € für Longplay-CDs. Dieser Wert wird für jeden verkauften Tonträger addiert, bis der Wert des Medien-Budgets erreicht wurde. Danach entfällt die Reduzierung. Bei einem Wert von 1,50 € für eine Maxi-Single und einem Medien-Budget von 62.500 € wird die Grundbeteiligung also für die erste verkaufte CD seit Schaltung der Werbung bis zur 41.667sten seit diesem Zeitpunkt verkauften CD reduziert. Sollten nicht so viele CDs verkauft werden, so läuft die Reduzierungsdauer bis zum Ende der nächsten Abrechnungsperiode.

Es gibt aber auch Werbespots, in denen mehrere Tonträger beworben werden. Hier wäre es nicht fair, jeden der betroffenen Künstler und Produzenten mit der vollen Höhe der vertraglich ausgehandelten Reduzierung zu belasten. Für diesen Fall sollte man eine anteilige Reduzierung vereinbaren, das heißt, bei einem Werbespot für zwei Tonträger und einer vereinbarten Reduzierung von 50 %, wird jeder einzelne Tonträger nur mit einer 25prozentigen Reduzierung belastet.

Sollte die Firma den Tonträger derart bewerben, daß ein Song in einer TV-Werbung für einen in den nächsten Tagen ausgestrahlten Film als Hintergrundmusik läuft und im unteren Bildrand eine Zeile eingeblendet wird, in der der Titel des Tonträgers und dessen Veröffentlichungsdatum oder ähnliches zu sehen ist, sollte man ebenfalls nicht die volle Reduzierung akzeptieren. Das Hauptaugenmerk des Zuschauers wird nämlich auf den bevorstehenden Film gerichtet und nicht auf den Tonträger. Sollte ein derartiger Werbeeinsatz nicht ohnehin unter dem festgelegten Minimum-Medien-Budget liegen, eine Reduzierung also ganz entfallen, sollte man auf die Kürzung der Reduzierung achten.

Obwohl der Begriff Printkampagne nicht in der oben angeführten Klausel steht, wird in Verträgen nicht selten eine Reduzierung für Werbung in Printmedien gefordert. Diese Bedingung ist restlos aus dem Vertrag zu streichen. Printkampagne heißt nichts anderes als die Schaltung von Anzeigen. Das ist eine normale und traditionelle Art der Werbung für Tonträgerhersteller und nicht mit besonderen Kosten verbunden. Mauert die Firma bei diesem Punkt, so sollte man zumindest darauf bestehen, daß eine Reduzierung nur anteilig erfolgen kann, denn oft werden auch in Anzeigen mehrere Tonträger beworben.

4.10 Insignien von und Kooperationen mit Dritten

Der Fall, daß Insignien, also Logos, Dritter auf dem Cover einer CD zu finden sind oder ein Tonträger in Zusammenarbeit mit Dritten hergestellt wird, ist auch in der oben zitierten Vertragsklausel angesprochen und kommt immer häufiger vor. Man denke an die zahlreichen Maxis, auf denen in irgendeiner Ecke das

Logo eines TV-Senders oder einer Illustrierten auftaucht, oder an Sampler, deren Titel den Namen einer Zeitschrift (BravoHits) oder einer TV-Sendung (The Dome) enthalten. Solche Kooperationen können für das Marketing sehr sinnvoll sein, da sie den Interessentenkreis des Kooperationspartners einbeziehen. Der Kooperationspartner erhält dafür einen Override. Bei Kooperationen kann man eine geringe Reduzierung von vielleicht 25 % akzeptieren, muß aber klarstellen, daß dadurch keine Mehrfachreduzierung entsteht, denn regelmäßig wird auch der Fall einer Lizenzierung von Aufnahmen an andere Plattenfirmen gegeben sein.

Sinn und Zweck des Gebrauchs eines Logos ist, daß die Plattenfima in den betreffenden Medien billiger Werbung schalten kann. Auf der anderen Seite bekommen die jeweiligen TV-Sender oder Illustrierten einen Override, also eine Beteiligung, die die Firma versucht, von den Künstlern und Produzenten im Wege einer Reduzierung der Grundbeteiligung zurückzuholen. Die Dauer dieser Reduzierung kann man kaum einschränken, da das Insignium bei jeder Neupressung wieder auf dem Tonträger erscheinen wird. Die Höhe der Reduzierung ist aber wieder einmal verhandelbar. Man sollte darauf achten, daß die Beteiligung nicht schon dann reduziert wird, wenn das Minimum-Medien-Budget noch nicht überschritten wurde, wobei nicht der handelsübliche Preis für die Sendezeit oder den Anzeigenplatz zugrunde gelegt werden darf, sondern der verbilligte Preis, den die Firma mit dem Werbeträger ausgehandelt hat. Oder man sollte die Höhe der Reduzierung bei Insignien herunterhandeln. Aber eine Reduzierung in voller Höhe trotz Nichterreichen des Minimum-Medien-Budgets nur wegen eines Senderlogos auf dem Cover ist selten einfach so zu akzeptieren. Denn dem Künstler oder dem Produzenten bringt das Logo eines Senders auf dem Cover wenig, lediglich die Firma bekommt dadurch die Sendezeit für Werbung billiger. Allerdings wird die Ersparnis der Firma durch den an den Sender zu zahlenden Override wieder geschmälert. Man könnte also als Geste des guten Willens die Höhe des Minimum-Medien-Budgets etwas senken, wenn die Plattenfirma nicht auf die anderen Forderungen eingeht. Oder man rechnet den in einer Abrechnungsperiode gezahlten Override auf das Medien-Budget an und ermittelt so, ob das Minimum-Medien-Budget erreicht worden ist.

4.11 Clubverkauf und Sondervertrieb

Eine Reduzierung für Clubverkäufe und für Verkäufe außerhalb des normalen Handelsweges (inklusive Premiums – also Produkte, die speziell für neue Vertriebswege außerhalb des traditionellen Fachhandels hergestellt werden – die 1999 10,7 Mio. Male verkauft wurden [1998 6,1 Mio. Stück]) ist absoluter

Standard und kann selbst von Megastars nicht vermieden werden. Die Höhe der Reduzierung liegt in der Regel bei 50 %.

Wie man § 9.1 Absatz 2 des Künstlerexklusivvertrages (siehe Anhang) entnehmen kann, gibt es zwei Varianten, die die Plattenfirmen wählen können, um die Höhe der Abrechnungsbasis für Clubverkäufe zu ermitteln. Entweder wird als fiktiver HAP der Preis zugrunde gelegt, den die Clubmitglieder abzüglich von Steuern und Spenden etc. bezahlen müssen (sog. Netto-Clubmitgliedspreis), wobei davon noch 20 – 30 % abgezogen werden (entspricht dem Händleraufschlag) oder es wird einfach der niedrigste HAP der jeweiligen Tonträgerkategorie (Single, Maxi, CD, LP etc.) genommen. Der Clubmarkt setzt seine rückläufige Tendenz auch 1999 fort. Mit 12,2 Mio. Tonträgern und minus 12,9 % (1998: 14,0 Mio.)

Wenn es keinen Detailpreis gibt, wenn der Tonträger also beispielsweise verschenkt wird, und bei Mailorders (also im Sondervertrieb) wird regelmäßig der niedrigste HAP gewählt.

4.12 Aufnahmen mit anderen Künstlern

Der hier gemeinte Fall betrifft nicht die Zusammenarbeit mit anderen Studio- oder Gastmusikern innerhalb des eigenen Projekts, sondern das Zusammentreffen eigenständiger Künstler, die an einem gemeinsamen Projekt arbeiten, so z. B. wenn Dolly Parton, Emmylou Harris und Linda Ronstadt eine Country-Diva-Scheibe auf den Markt bringen oder ein prominenter Rapper bei einem Projekt gefeatured wird. Hier werden die Tantiemen nicht durch Reduzierungen belastet, sondern unter den Künstlern gleichmäßig aufgeteilt.

XIII Controlled Compositions

Die Klausel über Controlled Compositions stellt eine besonders dreiste Art des „Diebstahls" in den USA und in Kanada dar. Hierbei werden die mechanischen Vervielfältigungsrechtsgebühren gekürzt. Obwohl eine solche Kürzung in Deutschland nicht möglich ist, kommt diese Klausel in manchen deutschen Verträgen doch bezüglich derjenigen Tonträger vor, die in den USA oder in Kanada veröffentlicht werden sollen, da dort eine Veröffentlichung ohne diese Klausel angeblich gar nicht in Betracht gezogen wird.

Alles fing an mit Künstlern, die ihre eigenen Songs (controlled compositions) aufgenommen haben. Die amerikanischen bzw. kanadischen Plattenfirmen fanden, da sie den Künstler in diesem Fall zweimal bezahlen – einerseits als ausübenden Künstler mit Verkaufsantiemen, andererseits als Urheber über die mechanischen Rechte – daß sie weniger bezahlen müssen. Diese Überzeugung hat zu einem Abrechnungsmodus geführt, der inzwischen Tradition geworden ist. In den USA ist das möglich, weil das System dort anders ist als hier.

1. Wie die Masche funktioniert

In Deutschland zahlen die Plattenfirmen die mechanischen Vervielfältigungsgebühren, die auf dem bereinigten HAP basieren, an die GEMA, welche sie dann unter Urhebern und Verlagen verteilt. In den USA hingegen existieren fixe Tarife: zur Zeit 0,0695 $ (also 6,95 Cent) pro Song unter 5 Minuten (die sog. minimum statutory rate = gesetzlicher Mindesttarif) oder 0,013 $ (1,3 Cent) pro Minute. Dieser Tarif wird von der Plattenfirma entweder an die Harry Fox Agency, die für viele Verleger die mechanischen Vervielfältigungerechte administriert, direkt an den Verlag oder, wenn kein Verlag im Spiel ist, direkt an den Urheber gezahlt. Zu diesem Zweck richten die Plattenfirmen pro Platte einen Fonds für die mechanischen Rechte ein. Hierin stellen sie allerdings nur einen begrenzten Betrag für die Zahlung dieser Gebühren zur Verfügung. Wie der Künstler damit fertig wird, ist sein Bier.

Im folgenden soll beschrieben werden, wie die amerikanischen und kanadischen Plattenfirmen aufgrund dieses Systems dem Künstler nicht nur das, was ihm gesetzlich zusteht, nicht bezahlen müssen, sondern sogar noch etwas von ihm zurückbekommen.

2. Manipulierte Faktoren

2.1 Tarif

Normalweise wollen die Firmen nur 75% des gesetzlichen Mindesttarifs pro Song pro Tonträger für mechanische Rechte bezahlen, das heißt 0,0695 $ (gMt) x 75% = 0,052 $ pro Song pro Platte, egal wie lang der Song ist. In diesem Fall würden sie also das gleiche für einen 10minütigen Song (der sonst 0,13 $ bringen würde) wie für einen 3minütigen Song zahlen. Aber dabei bleibt es nicht. Für Tonträger, die nicht über den normalen Handelsvertrieb verkauft werden – sondern im Sondervertrieb –, wollen sie nur 75% der 75% bezahlen, also lediglich 0,039 $ pro Song pro Tonträger. Aber als ob das nicht mehr zu unterbieten wäre: Der Sondervertrieb schließt nicht nur Mail-Order, Clubverkäufe etc. ein, wie in Deutschland, sondern auch Mid-, Low- und Budget-Preis-Produkte!

Diese Situation konnte sich etablieren, weil die Plattenfirmen auch den Plattenclubs einen Sondertarif eingeräumt haben – wen wundert´s: diese Clubs gehören überwiegend den Major-Plattenfirmen.

2.2 Anzahl der Titel

Die amerikanischen und kanadischen Firmen wollen nur für höchstens 2 Tracks auf Singles und Maxis sowie nur für 10 Songs auf einer LP bezahlen – egal wie viele Tracks, Remixe oder separate Songs auf dem jeweiligen Tonträger sind. Das heißt, daß für eine Maxi-CD mit 2 Songs und 3 Remixen höchstens 0,104 $ anstatt 0,26 $ für 5 Tracks unter Zugrundelegung des gesetzlichen Mindesttarifs, geschweige denn 0,3475 $ (0,0695 $ x 5 Tracks) gezahlt wird. Für eine LP mit z.B. 12 Songs kann die Firma nur 10 Songs bezahlen, und zwar wieder nur 75% des gMt: also 10 x 0,052 $ = 0,52 $ pro LP anstatt 12 x 0,052 $ = 0,624 $, geschweige denn 12 x 0,0695 $ (nicht reduzierter gMt) = 0,834 $.

Wenn die LP über Sondervertrieb verkauft wird, bezahlt die Plattenfirma nur 0,39 $ pro Tonträger an mechanischen Rechten, also bloß 0,0425 $ mehr als für eine Maxi.

2.3 Definitionen von „Controlled" und „Non-controlled"

2.3.1 „Controlled"

Controlled Compositions sind wie gesagt die eigenen Kompositionen des ausübenden Künstlers, oft aber auch Songs, die vom Produzenten geschrieben wurden.

2.3.2 „Non-controlled"

Unter Non-controlled Compositions versteht man Songs, die von anderen komponiert wurden oder bei Drittverlagen verwaltet werden. Aber auch Songs, die der ausübende Künstler mit einem Co-Autor geschrieben hat, fallen hierunter. Die Firmen überlassen es dann dem Verhandlungsgeschick des Künstlers, diesen Autoren bzw. Verlagen gegenüber durchzusetzen, daß diese ihrerseits auch die gekürzten Gebühren für ihre mechanischen Rechte akzeptieren. Dies ist so gut wie unmöglich – alle anderen werden darauf bestehen, den vollen Tarif (welcher oft „Fox Terms" genannt wird – nach den Bedingungen, die von der Harry Fox Agency akzeptiert werden) zu erhalten. (Die hier gemeinten Co-Autoren sind natürlich nicht Vertragspartei des Künstlervertrages, sie könnten also nicht Mitglieder einer etwaigen Band des Künstlers sein, denn ansonsten hätten sie ja bereits der Kürzung zugestimmt.) Wenn auf einer CD also 12 Songs von anderen Urhebern und Verlagen verwertet wurden, muß man mindestens 0,834 $ pro CD bezahlen. Was der Künstler aber aus dem Fonds zur Verfügung hat, sind nur 0,52 $ – also 0,31 $ zu wenig. Entweder werden diese 0,31 $ pro hergestellter und vertriebener LP von seinen Tantiemen aus Tonträgerverkäufen abgezogen, oder er muß diesen Betrag im schlimmsten Fall aus der eigenen Tasche bezahlen. Wenn der Künstler/Urheber pro verkauftem Tonträgern z. B. 1 $ weil der Tonträger in der High-Price-Kategorie ist und unter keine Reduzierung fällt, bekommt er noch 0,69 $ Verkaufstantiemen pro verkaufter Platte. Fällt der Tonträger aber in eine schlechtere Kategorie und greift vielleicht auch noch eine Reduzierung, kann der Künstler Verluste machen. Auch wenn der Tonträger in der High-Price-Kategorie ist, aber Mehrfachreduzierungen greifen, kann man ein Riesenhit haben, aber tatsächlich Geld verlieren.

Besonders teuer wird es für den Künstler, wenn gerade der Co-Autor den reduzierten Tarif nicht akzeptiert. Hier wird heiß verhandelt. Wenn der Co-Autor nicht akzeptiert, erhält er die unreduzierten Lizenzen für seinen Kompositionsanteil an allen Songs, an denen er mitgeschrieben hat. Ist er mit 50% an den Songs beteiligt und hat er an allen 12 Songs auf der CD mitgeschrieben, bekommt er 0,03475 $/ Song / Tonträger, pro CD also 0,417 $, während der Künstler / Urheber nur 0,026 $ auf der Basis von nur 10 Songs bekommt– also 0,26 $ für eine CD mit 12 Songs. Den Unterschied in Höhe von 0,2558 $ muß der Künstler/Urheber selbst gutmachen.

Die Firmen legen regelmäßig den zur Zeit der Lieferung der Masterbänder geltenden Tarif dem Vertrag zugrunde. In den USA steigt diese mechanische Vervielfältigungsgebühr jedoch alle drei bis vier Jahre. Wenn sich die Platte des Künstler/Urhebers über diesen Zeitraum hinaus verkauft, wird er für seinen Erfolg bestraft. Denn er nimmt nicht an dieser Steigerung teil, aber die Non-controlled Compositions werden immer teurer.

3. Überschreitung des Fonds

Muß der Künstler mehr Geld für mechanische Rechte an Dritte auszahlen als ihm die Plattenfirma im Fonds zur Verfügung gestellt hat, muß er die Differenz wie gesagt selbst zahlen. Wenn die Firmen dem Künstler den entsprechenden Betrag vorschießen, stehen ihnen viele Möglichkeiten offen, das Geld vom Künstler zurückzubekommen, welche sie einzeln oder in Kombination mit einander verwenden können.

Sie können z.B. die Summe, die sie für die Controlled-Compositions an den Künstler bezahlen, auf weniger als die vorgesehenen 75 % reduzieren. Der Künstler/Urheber würde also weniger (oder gar kein) Geld für seine mechanischen Rechte bekommen. Oder die Firmen reduzieren die Summe, die an Produzenten oder Drittverlage bezahlt werden sollte, wenn diese mit der Controlled-Composition-Klausel einverstanden sind. Da aber auch Produzenten und Verlage über die 25 %ige Reduzierung ihrer Gebühren nicht hinaus gehen wollen, werden sie den fehlenden Teil, der aus dem Fonds der Plattenfirma nicht an sie ausgezahlt wurde, vom Künstler direkt einfordern. Das Geld für Controlled-Compositions wird in den USA zwar meistens direkt an den Künstler ausgezahlt, in manchen Fällen muß es jedoch an den Produzenten oder einen Verlag gezahlt werden. Wenn diese Summe von der Plattenfirma dann gekürzt wird, sind Streitigkeiten zwischen dem Künstler/Urheber und der anderen betroffenen Partei vorprogrammiert. Eine weitere Möglichkeit, das vorgeschossene Geld zurückzubekommen, ist, diesen Betrag gegen andere Einnahmen des Künstlers inklusive Verkaufsantiemen, Lizenzeinnahmen und Vorschüssen zu verrechnen. Und natürlich können die Firmen auch einfach Rückzahlung fordern.

4. Was der Künstler dagegen machen kann

Er sollte eine Rückzahlung der von anderen Einnahmen nicht gedeckten Summe ablehnen. Das könnte ein sog. „Deal-Breaker" sein, also ein Umstand, bei dem der Deal nicht zustande kommt.

Außerdem sollte der Künstler die in den Fox Terms geltende Lizenzierungsbasis aushandeln. Normalerweise will die Plattenfirma an den Künstler/Urheber nur für verkaufte Tonträger mechanische Vervielfältigungslizenzen bezahlen. Die „Fox Terms" beziehen sich aber auf „alle hergestellten und in Vertrieb gebrachten Tonträger". Also sollte der Künstler/Urheber auch versuchen, die Zahlung der mechanischen Rechte-Gebühren für Controlled-compositions auf sämtliche Free Goods (z.B. Naturalrabatte oder Verkaufsforderungen, wenn der Händler also mehr CDs bekommt, als er bezahlt hat) durchzusetzen. Dann erhält er die Gebühr auch für Tonträger, die sonst nicht lizenziert werden. Diese Alternative ist in der Praxis relativ leicht durchzusetzen.

Ebenso könnte der Künstler versuchen, den Tarif von 75% auf 85% hochzuschrauben. In der Praxis kommt das schon mal vor.

Schließlich besteht noch die Möglichkeit, die Anzahl der Titel, für die Gebühren bezahlt werden, von 2 pro Maxi auf 3 bzw. von 10 pro LP auf 11 oder 12 hochzuhandeln.

Wegen dieses Systems können in den USA nur erfolgreiche ausübende Künstler, die ihre Songs selbst schreiben, bei den Majors bestehen. Erreicht ein solcher Künstler/Urheber nicht die Meßlatte, verdient er also selbst nichts in diesem System, wird er fallengelassen. Kleinere Indie-Labels gehen hier etwas fairer vor.

 Die Abrechnung

1. Abrechnungsmenge

Abgerechnet werden in Deutschland in der Regel alle verkauften, bezahlten und nicht retournierten Tonträger. Es gibt zwar noch deutsche Firmen, die versuchen, nur 90 % der verkauften Tonträger abzurechnen, diese Fälle sind aber selten geworden. Sie gehen zurück auf eine alte GEMA-Regelung, die einen pauschalen 10prozentigen Abzug für Retouren vorsah, allerdings auch von der Menge der ausgelieferten, nicht der verkauften Tonträger ausgegangen ist. Als sich der Markt im Lauf der Zeit veränderte, weil die Produkte immer trendorientierter und dadurch kurzlebiger wurden und so eine höhere Retourenrate entstand, wurde dieses System geändert. Jetzt werden anstatt einer Pauschale die tatsächlich retournierten Tonträger abgezogen. Die Firmen behalten sich daher das Recht vor, im voraus Retourenreserven zu bilden, die nach einer gewissen Zeit aufgelöst werden und daher keinen festen Abzug mehr darstellen. Bei der Auflösung wird die Retourenreserve mit den tatsächlich retournierten Tonträgern saldiert, das heißt: Ist die Reserve zu hoch, bekommen Künstler und Produzent den Überschuß ausgezahlt, übersteigen die Retouren die Reserve, werden künftige Tantiemen in der entsprechenden Höhe nicht ausgezahlt.

2. Nicht-lizenzierte Tonträger

Nicht-lizenzierte Tonträger, das heißt solche, auf die keine Beteiligung bezahlt wird, werden nicht in die Abrechnung einbezogen. Hierunter fallen Promotionexemplare, die an die Medien und andere Multiplikatoren unentgeltlich verteilt werden. Ebenso das sogenannte Freigut. Hierbei handelt es sich um Exemplare, die an den Händler zusätzlich zur regulären Liefermenge als Verkaufsförderung, Naturalrabatt und Discount-Ware geliefert werden.

Unter Verkaufsförderungen versteht man diejenigen Tonträger, die als Freiexemplare zusätzlich zu einigen regulär verkauften Exemplaren mitgeliefert werden, damit der Händler sich bereit erklärt, eine größere Menge abzunehmen.

Naturalrabatt wird gewährt, wenn der Händler Retouren hat. Die Plattenfirma will diese Retouren natürlich nicht in barem Geld bezahlen. Statt dessen liefert sie dem Händler beim nächsten Mal ein paar neue CDs, ohne dafür etwas zu berechnen.

Discount-Ware betrifft meistens einfach einen Mengenrabatt, da die Großabnehmer ihre Verhandlungsposition ausspielen, um für alle Tonträger der betreffenden Lieferung etwas weniger bezahlen zu müssen.

In Deutschland beträgt das Freigut 10 bis 12 % aller ausgelieferten Tonträger. Dieses Freigut taucht in der Abrechnung nicht auf.

In den USA werden alle ausgelieferten Tonträger in der Abrechnung aufgeführt, es werden aber nur 85 % abgerechnet, da Freigut pauschal mit 15 % veranschlagt wird. Die Höhe dieses Abzuges hat sich eingebürgert, ist aber nicht unbedingt noch berechtigt.

3. Abrechnungsperiode

In der Regel wird halbjährlich abgerechnet. Stichtage sind der 30. Juni und der 31. Dezember. In den USA gibt es vereinzelt auch vierteljährliche Abrechnungsperioden. Dies ist zwar sehr künstlerfreundlich, die Firmen werden sich aber das Recht vorbehalten, einen anderen Turnus einführen zu dürfen.

Diesen Modus zu ändern, ist so gut wie unmöglich, da der Verwaltungsapparat einer Plattenfirma auf einen Abrechnungsmodus eingestellt ist und eine Ausnahmeregelung zuviel Aufwand und eine erhöhte Fehlerquote verursachen würde. Eine einjährige Abrechnungsperiode sollte man allerdings auf keinen Fall akzeptieren. Es gibt keinen Grund, warum eine Firma so lange auf dem Geld der Künstler sitzen bleiben sollte. Zinsen sind auch Geld, und Liquiditätsprobleme machen keinen Spaß.

4. Rechnungslegung und Zahlung

Die meisten Firmen rechnen erst 60 bis 90 Tage nach dem Stichtag der Abrechnungsperiode ab. Eine gewisse Verzögerung wird vertraglich auch nicht auszuschließen sein, da das Abrechnungssystem der Plattenfirmen notgedrungen recht kompliziert ist. Möglich ist allerdings, die Verzögerung auf maximal 60 Tage zu begrenzen, was meiner Meinung nach im Zeitalter der Computer immer noch mit Widerwillen zu betrachten ist.

Normalerweise erfolgt die Zahlung der Tantiemen gleichzeitig mit Rechnungslegung. Manche Firmen wollen sich aber nach Rechnungslegung nochmals bis zu 30 Tagen als Zahlungsziel einräumen lassen. Hierfür ist jedoch kein Grund ersichtlich, außer daß sie finanzielle Engpässe ausgleichen oder Zinsen einheimsen wollen. Man sollte eine entsprechende Klausel daher entweder gar nicht oder nur gegen die Einräumung anderer Vorteile akzeptieren.

5. Anwendung einer anderen Abrechnungsbasis

Manche Plattenfirmen, vor allem aber ausländische haben eine andere Abrechnungsbasis. Wenn die Plattenfirma des Künstlers die entsprechenden Aufnahmen also an eine ausländische Firma lizenziert, kann es vorkommen, daß sie in diesem Fall die Abrechnungsbasis der anderen Firma übernimmt. Eine inländische Plattenfirma rechnet generell über den Händlerabgabepreis ab. Lizenziert sie beispielsweise an eine ausländische Plattenfirma, die über den Nettodetailpreis abrechnet, sollte man im Vorfeld vertraglich festgelegt haben, ob die eigene Plattenfirma die Tantiemen über den bereinigten Netto-detailpreis abrechnet oder eine Umrechnung von Nettodetail- in Händlerabga-bepreis vornimmt und zu welchen Konditionen.

Ein weiterer denkbarer Fall wäre, daß ein Künstler mit einer Produktionsfirma eine Abrechnung über den Großhandelspreis im Künstlervertrag vereinbart hat, die Produktionsfirma ihrerseits im Bandübernahmevertrag mit der Plattenfirma aber den Händlerabgabepreis als Grundlage festgelegt hat. Auch hier besteht der oben genannte Klärungsbedarf.

6. Anteilige Abrechnungen

Sampler und gemeinsame Aufnahmen mit anderen Künstlern müssen selbstverständlich anteilig abgerechnet werden.

Sampler werden entweder pro rata titulis oder pro temporis abgerechnet, das heißt nach Anzahl der Tracks oder nach Spieldauer.

Rechenbeispiel:

Eine Plattenfirma will einen Sampler mit 20 Tracks auf den Markt bringen. Diese Songs läßt sie sich zum Teil von Drittfirmen lizenzieren. Diese werden dafür zu 24 % vom Händlerabgabepreis, von dem vorher 25 % technischer Abzug abgehen, beteiligt. Die Plattenfirma des Künstlers lizenziert 5 Songs aus ihrem Repertoire.

	8,88 €	Netto-HAP
–	25 %	techn. Abzug
	6,66 €	bereinigter HAP
x	24 %	Gesamtbeteiligung
	1,60 €	Gesamtlizenz pro Tonträger

Hiervon wird die Plattenfirma des Künstlers zu $1/4$ beteiligt, da sie zu den 20 Songs 5 eigene beigesteuert hat.

1,60 € ÷ 20 Tracks auf Sampler = **0,08 €** Beteiligung der Plattenfirma des
Künstlers pro Track/Tonträger
x 5 Tracks von der Plattenfirma des Künstlers
0,40 € Gesamtbeteiligung der Plattenfirma des Künstlers pro Tonträger

Hieraus muß auch der Produzent bezahlt werden.
Die Beteiligung des Produzenten liegt laut Bandübernahmevertrag bei 16 % vom bereinigten HAP. Nur einer der 20 Songs auf dem Sampler ist von diesem Produzenten.

6,66 € bereinigter HAP
x 16 % Produzentenbeteiligung
1,66 € ÷ 20 = **0,53 €** Gesamtbeteiligung des Produzenten pro Tonträger

Hieraus muß wiederum der Künstler bezahlt werden.
Im Künstlervertrag hat der Produzent eine Künstlerbeteiligung von 6 % vom bereinigten HAP vereinbart.

6,66 € bereinigter HAP
x 6 % Künstlerbeteiligung
0,40 € ÷ 20 = **0,02 €** Gesamtbeteiligung des Künstlers pro Tonträger

Das heißt, daß der Künstler für diesen einen Track 0,024 €, der Produzent 0,05 € und die Plattenfirma ebenfalls 0,05 € pro verkauftem Tonträger erhält.
Bei Aufnahmen mit anderen Künstlern werden die Tantiemen in der Regel gleichmäßig unter den Beteiligten aufgeteilt. Sollten beispielsweise Ricky Martin und Jennifer Lopez entscheiden, miteinander ein Duett aufzunehmen, bekäme jeder (in diesem Fall) nur 0,01 € pro verkauftem Tonträger.

7. Reservenbildung

Wie im ersten Teil dieses Kapitels schon erwähnt, werden keine Tantiemen für die vom Händler retournierten Tonträger bezahlt. Die Plattenfirma kann natürlich nicht von vornherein wissen, wie viele Tonträger letztendlich zurückkommen werden. Also berechnet sie die dem Künstler oder Produzenten zustehenden Tantiemen auf der Grundlage der ausgelieferten tantiemenpflichtigen Tonträger. Um eventuelle Retouren in der Abrechnung zu berücksichtigen, bildet die Plattenfirma eine Reserve, das heißt, sie hält einen Teil der Künstler- oder Produzententantiemen zurück. Dieses Geld ist nur dann endgültig verloren, wenn die tatsächlichen Retouren den Reserven entsprechen oder diese übersteigen.

Die Menge der zu erwartenden Retouren ist von Produkt zu Produkt unterschiedlich, aber auch von Land zu Land. Sampler werden häufiger retourniert als Einzelkünstler-Veröffentlichungen, in den USA fallen die Retouren in der Regel höher aus als in Deutschland.

Die Höhe der Reserve ist auch nach Produktart und Land unterschiedlich und wenigstens in den meisten europäischen Ländern verhandelbar. In den meisten Verträgen wird die Höhe der Reserven mit dem Begriff „angemessene Menge" definiert. Diese dehnbare Formulierung ist jedoch sehr unbefriedigend, da die Firma so jede Freiheit hat, erhebliche Summen Geld zurückzuhalten, und die Künstler oder Produzenten dagegen wenig unternehmen können.

Eine Alternative hierzu ist, die Höhe der Reserve an der alten GEMA-Regelung von 10 % (siehe Teil 1 dieses Kapitels) zu orientieren. Den etablierten Künstlern und Produzenten könnte dies gelingen, für Einzelkünstlerprodukte ist es in der Praxis aber realistischer, sich mit 15 % abzufinden. Das heißt, daß die Reserve, die die Plattenfirma bildet, 15 % der dem Künstler oder Produzent zustehenden Tantiemen nicht übersteigen darf.

In den USA verlangen die Firmen eine Reserve in Höhe von 25 % – 30 % für Einzelkünstlerprodukte. Handelt es sich um Produkte mit hohem Lizenzierungspotential für Sampler, kommt es oft vor, daß die Plattenfirmen höhere Reserven verlangen, und zwar in der Regel 25 % in Deutschland und bis zu 40 % in den USA.

Weil diese Reserve keinen endgültigen Abzug darstellt, wird sie irgendwann aufgelöst. In Deutschland wird diese Retourenreserve in der Regel nach jeder Abrechnungsperiode aufgelöst. In diesem Fall behalten sich die Plattenfirmen das Recht vor, die Reserve wieder neu zu bilden. Einige Firmen in Deutschland versuchen, die Reserve nach der wesentlich künstlerunfreundlicheren amerikanischen Methode zu handhaben, wonach die Reserve erst nach ein oder zwei Jahren aufgelöst wird, allerdings ohne das Recht, sie neu zu bilden. Das liegt daran, daß Tonträgerhändler in den USA von den Plattenfirmen so gut wie immer ein zeitlich uneingeschränktes, 100prozentiges Retourenrecht eingeräumt bekommen. Bei Hits kann das zu sehr hohen Reserven und Zinsen führen. Daher sollte man sich bemühen, vertraglich zu regeln, daß alle angefallenen Zinsen bei Auflösung der Reserve an den Künstler bzw. Produzenten ausgezahlt werden.

Sind die tatsächlichen Retouren geringer als die einbehaltene Summe, zahlt die Plattenfirma die Differenz an den Künstler und den Produzenten aus. Gibt es mehr Retouren, als von der einbehaltenen Summe gedeckt werden, stellt die

Firma eine sogenannte negative Rechnung. Das heißt, sie zieht die Differenz von der nächsten Abrechnung ab. Aus dem im Anhang 6 befindlichen Kontoauszug, der von einer Produktionsfirma zusammen mit der vollständigen Abrechnung der Plattenfirma an ihren Künstler geschickt wurde, kann man entnehmen, wie Auflösung und Neubildung funktionieren.

8. Informationen in der Abrechnung

Im Folgenden wird erklärt, welche Informationen in der Abrechnung enthalten sein sollten.

– Katalognummer:

Ausschließlich anhand der Katalognummer kann festgestellt werden, um welchen Tonträger es sich in der Abrechnung handelt. Allein anhand des Titels des Tonträgers wird dies nicht immer deutlich. So kann z. B. sowohl die Single als auch die Maxi „Private Dancer" heißen, und die LP letztendlich auch.

– Titel:

Die Angabe des Titels erleichtert für diejenigen, die die Katalognummern ihrer Veröffentlichungen nicht auswendig kennen, das Verständnis der Abrechnung.

Bei Lizenzierungen einzelner Songs an dritte Plattenfirmen erstellt diese zunächst eine Abrechnung an die eigene Plattenfirma. Hier wird natürlich eine Katalognummer der dritten Plattenfirma verwendet. Diese Abrechnung wird der Abrechnung der eigenen Plattenfirma an den Künstler bzw. Produzenten zugrunde gelegt. In diesem Fall ist es dem Künstler oder Produzenten nicht möglich, die Katalognummer zu identifizieren. Die Angabe des Titels hilft hier weiter.

– Vertriebsweg:

Die Angabe des Vertriebsweges dient der Kontrolle darüber, ob eine Reduzierung wegen Verkäufen außerhalb des üblichen Handelsvertriebes eingreift. Gemeint sind sogenannte Sondervertriebswege wie Tourverkäufe, Mailorder und Clubverkäufe.

– Land:

Die Information, in welchen Land der Tonträger verkauft wurde, ist zunächst dafür wichtig, daß man den Verkaufspreis in der nächsten Spalte einer Währung zuordnen kann. Außerdem kann man nur so nachvollziehen, ob eine Reduzierung wegen Exportverkäufen oder Lizenzierungen an ausländische Drittfirmen greift.

– Verkaufspreis:

Wie eben schon angedeutet, wird der Verkaufspreis in der Währung des Verkaufslandes angegeben.

– Kurs:

In dieser Spalte steht der Kurs, mit dem die ausländische Währung in DM bzw. Euro umgerechnet wird. Normalerweise wird der Kurs zugrunde gelegt, der an dem Tag der Überweisung der Verkaufseinnahmen oder Lizenzen an die inländische Plattenfirma gilt.

– Verkaufspreis DM bzw. Euro:

Dies ist die Grundbasis für die Berechnung der Tantiemen. Manchmal wird hier bereits der Nettoverkaufspreis angegeben.

– Mehrwertsteuer:

Hier wird die gesetzliche Mehrwertsteuer aufgeführt, die vom Verkaufspreis abzuziehen ist. Wurde vorher der Nettoverkaufspreis angegeben, entfällt dieser Punkt.

– Rabatt und technischer Abzug:

In dieser Spalte wird der Prozentsatz für den technischen Abzug und eventuelle Rabatte oder Spendenabzüge angegeben.

– Abrechnungspreis:

Hierbei handelt es sich um den bereinigten Verkaufspreis, also den Verkaufspreis nach Abzug der Mehrwertsteuer, des technischen Abzuges und sonstiger Rabatte oder Spendenanteile. Dieser ist letztendlich maßgeblich für die Berechnung der Tantiemen.

– Prozentualer Anteil pro rata:

Hieraus wird ersichtlich, auf welchen Anteil der Tantiemen aus dem Tonträger man Anspruch hat. Werden 100 % angegeben, handelt es sich um eine eigene Veröffentlichung mit ausschließlich eigenen Aufnahmen. Wird ein Song aus einem Sampler, der insgesamt 20 Titel beinhaltet, abgerechnet, wird in dieser Spalte ein Anteil von 5 % stehen.

– Lizenzsatz:

Hier steht der Prozentsatz der ausgehandelten Beteiligung abzüglich etwaiger Reduzierungen. Bei einer grundsätzlichen Beteiligung eines Produzenten von 16 % und beispielsweise einer 50prozentigen Reduzierung wegen TV-Werbung steht in dieser Spalte ein Lizenzsatz von 8 %.

– Lizenzwert:

In dieser Spalte steht der Wert der auszuzahlenden Beteiligung pro verkauftem Tonträger in DM. Er errechnet sich aus dem Abrechnungspreis, der mit dem Anteil pro rata und dem Lizenzsatz multipliziert wird.

– Abrechnungsmenge:
Hier wird die Anzahl der verkauften Tonträger angegeben.

– Nettolizenzbetrag:
Hier steht zur Freude oder zum Leidwesen des Künstlers bzw. Produzenten der letztlich auszuzahlende Betrag, der sich aus der Multiplikation von Lizenzwert und Abrechnungsmenge ergibt.

9. Aufführung und Zahlung von verrechenbaren Summen

Verrechenbare Summen sind entweder Vorschüsse auf Lizenzen, also Geld, das man tatsächlich in die Hand bekommt, und zwar früher als geplant, oder Kosten, wie Produktions-, Videoproduktions- und Remixkosten oder Toursupport. Dieses Geld ist nicht für die Tasche des Künstlers bzw. Produzenten bestimmt.

Daß Vorschüsse verrechnet werden müssen, ist selbstverständlich, denn Tantiemen bekommt man nur einmal, und das eigentlich sogar erst, nachdem die Platte sich verkauft hat. Ob Kosten verrechenbar sein sollten, ist fragwürdig (s. Kapitel IX Vorschüsse) und zumindest der Höhe nach verhandelbar.

Vorschüsse und Kosten werden von den Lizenzeinnahmen abgezogen, der Rest wird ausgezahlt. Aus dem im Anhang befindlichen Kontoauszug kann man sehr deutlich ersehen, wie Videoproduktionskosten anteilig verrechnet werden. Die letztendlich ausgezahlte Summe kann der ausübende Künstler bei der GVL geltend machen, denn er bekommt von der GVL einen Zuschuß, der sich nach seinen Einnahmen richtet.

Der im Anhang befindliche Kontoauszug ist kein Bankkontoauszug, sondern die Abrechnung der Firma über ein fiktives Konto des Künstlers. Aus diesem Kontoauszug kann der Künstler ersehen, welche Posten ihm von der Firma gutgeschrieben und welche ihm belastet werden. Die Endsumme wird dem Künstler dann ohne Aufführung der Soll- und Haben- Positionen überwiesen. Die GVL kann also nicht mehr nachvollziehen, wie hoch die ursprüngliche Summe war, die dem Künstler an Tantiemen zustand.

Empfehlenswert und für keine Seite nachteilig wäre es daher, daß die Firma im Namen des Künstlers ein Sonderkonto eröffnet, worauf sie die Tantiemen unter Berücksichtigung der Retourenreserve und der Vorschüsse auf Lizenzen in voller Höhe überweist, auf das der Künstler aber keinen Zugriff hat. Um die Kosten zurückzuholen, sollte die Firma gleichzeitig mit der Abrechnung eine Rechnung über die zu verrechnenden Kosten stellen. Diese werden dann per im Vertrag erteilter Einzugsermächtigung vom Sonderkonto abgebucht. Erst danach wird der Restbetrag auf ein normales Konto des Künstlers überwiesen. Mit einem Auszug von dem eingerichteten Sonderkonto kann der Künstler dann bei der GVL belegen, daß ihm Tantiemen in der aufgeführten Höhe zustehen. Die später von diesem Konto abgebuchten Kosten interessieren die GVL nicht mehr.

Ein anderes Problem entsteht, wenn die Plattenfirma Kosten, die zwischen dem Ende einer Abrechnungsperiode und der Stellung der darauf basierenden Abrechnung (ca. 60 – 90 Tage später) anfallen, noch in der Abrechnung für die vergangene Abrechnungsperiode berücksichtigen will. Der Widerspruch besteht darin, daß diese Kosten schon in den Zeitraum der nachfolgenden Abrechnungsperiode fallen und eigentlich erst nach Ablauf dieser folgenden Abrechnungsperiode in Rechnung gestellt werden dürften.

Dieser Punkt wird meistens heiß verhandelt, denn er kann zu einer drastischen Reduzierung künftiger Vorschüsse führen. Praktisch bedeutet das, daß der Künstler den Vorschuß für sein nächstes Album mit dem Tantiemen für sein voriges Album verrechnen muß. Das heißt, daß er so lange keine Tantiemen für sein voriges Album ausgezahlt bekommt, bis seine Tantiemen die Höhe des vereinbarten Vorschusses decken.

Plattenfirmen führen gerne alle Positionen eines Künstlers oder Produzenten in einem firmeninternen Konto. Hierin listen sie alle noch zu verrechnenden Vorschüsse, Toursupport, Remix- oder Videoproduktionskosten neben den auszuzahlenden Tantiemen auf. Dies ermöglicht ihnen, ausstehende verrechenbare Summen von einem Produkt mit den Einnahmen aus einem anderen Produkt des Künstlers zu verrechnen. Spielt die erste LP den verrechenbaren Vorschuß nicht ein, kann die Firma diese noch nicht verrechnete Summe aus den Tantiemen einer zweiten oder dritten LP zurückholen oder künftige Vorschüsse kürzen. Dies nennt man Querverrechnung oder Cross-Collateralisation. Obschon nicht wünschenswert, kann man mit dieser Situation leben, solange es sich nur um Positionen aus Produkten aus einem Vertrag handelt. Gefährlich wird es, wenn zwischen verschiedenen Verträgen auch querverrechnet werden kann. Das sollte man unbedingt vermeiden.

Als Produzent z. B. kann man bei einer Plattenfirma mehrere Produktionen mit verschiedenen Künstlern untergebracht haben, selbstverständlich jeweils mit einem anderen Vertrag. Viele Firmen wollen auch zwischen diesen Verträgen querverrechnen können. Wenn das möglich ist, kann die folgende Situation leicht entstehen: Ein Act des Produzenten läuft hervorragend. Vorschüsse sind verrechnet, und alle bekommen ihre Tantiemen. Der zweite Act läuft jedoch nicht so gut und hat noch eine erhebliche Summe aus Vorschüssen zu verrechnen. In dieser Konstellation kann die Firma das Geld vom gut laufenden Act vereinnahmen, um die Defizite beim schlecht laufenden auszugleichen. Dies könnte dazu führen, daß der Produzent nicht einmal das Geld bekommt, um die Künstler des gutlaufenden Projekts zu bezahlen.

10. Empfangsberechtigung

Die meisten Plattenfirmen nehmen in den Vertrag mit auf, daß ausschließlich der Künstler bzw. Produzent berechtigt ist, Zahlungen und Mitteilungen entgegenzunehmen. Abtretungen des Zahlungsanspruchs sowie die Erteilung von Inkassoaufträgen an Dritte werden in der Regel von einer ausdrücklichen und schriftlichen Zustimmung der Firma abhängig gemacht. Hierdurch wollen sich die Firmen absichern, daß durch Zahlungen ihrerseits die Ansprüche des Künstlers bzw. Produzenten abgegolten werden und keine Probleme dahingehend auftauchen, daß Zahlungen nicht an den Künstler bzw. Produzenten weitergeleitet werden oder daß Geld bei unwirksamen Abtretungen verlorengeht und der Künstler bzw. Produzent gegebenenfalls erneut Zahlung verlangen kann.

11. Widerspruchsrecht

Das Recht, gegen die Abrechnung Widerspruch einzulegen, wird von den Plattenfirmen möglichst kurz befristet, denn nach Ablauf der Widerspruchsfrist kann man Ansprüche aus einer fehlerhaften Abrechnung nicht mehr geltend machen. Es ist quasi so, als ob die Ansprüche verjährt wären. In Maximalforderungen gehen die Plattenfirmen sogar auf eine sechs- oder einmonatige Frist herunter. Aber selbst eine Frist von einem Jahr ist für einen vielbeschäftigten Künstler oder Produzenten oft zu kurz, um Ungereimtheiten in der Abrechnung feststellen zu können. Daß die von den Plattenfirmen geforderten Fristen zu kurz sind, sieht man im Vergleich zur gesetzlichen Wertung. § 197 BGB räumt für wiederkehrende Leistungen eine vierjährige Verjährungsfrist ein. Es ist also durchaus nicht unverschämt, eine zweijährige Widerspruchsfrist zu fordern.

Darüber hinaus sollte man ausdrücklich in den Vertrag aufnehmen lassen, daß sich die Widerspruchsfrist nur auf Fehler in der Höhe der prozentualen Beteiligung (z. B. einer zu hohen oder ungerechtfertigten Reduzierung) bezieht, die man mit einem einfachen Desk-Audit (vgl. Ende des nächsten Punktes) erkennen kann.

Fehler bei der Angabe der Stückzahl verkaufter Tonträger sollten von dieser Frist nicht erfaßt sein, denn die Frage, wie viele Tonträger tatsächlich verkauft wurden, kann man nur durch eine umfangreiche Buchprüfung bei der Plattenfirma klären. Die Frist, innerhalb derer man Fehler bei der Höhe der Stückzahl rügen kann, sollte nicht kürzer sein als der Zeitraum sämtlicher Abrechnungsperioden, die noch einer Buchprüfung durch den Künstler bzw. Produzenten zugänglich sind (vgl. nächster Punkt zweiter Absatz).

12. Buchprüfung

Das Recht zur Buchprüfung ist in § 666 BGB verankert. Es beinhaltet das Recht, die Buchführung des Vertragspartners auf eigene Kosten daraufhin zu überprüfen, ob er richtig abgerechnet hat. Übertragen auf die Musikbranche heißt das, daß die Plattenfirma eine geordnete Aufstellung von Einnahmen und Ausgaben vorlegen muß, die der Künstler bzw. der Produzent dann auf eigene Kosten prüfen lassen kann. Meistens vereinbaren die Plattenfirmen, daß nicht der Künstler bzw. Produzent selbst die Buchprüfung vornehmen darf, sondern ein vereidigter Wirtschaftsprüfer.

Plattenfirmen versuchen oft, den Zeitraum, für den die Buchführung überprüft werden darf, auf die letzten vier oder weniger Abrechnungsperioden zu beschränken. Das liegt daran, daß der Aufwand, Belege aufzubewahren, recht groß ist. Außerdem müssen die Plattenfirmen ihre Buchführung auch irgendwann einmal abschließen können. Für die erste Buchprüfung, die man vornehmen läßt, sollte man allerdings vereinbaren, daß sie sich auf den Zeitraum von bis zu fünf Jahren zurück erstreckt.

Man sollte allerdings vereinbaren, daß man die erste Buchprüfung noch nach fünf Jahren der zu prüfenden Abrechnungsperiode vornehmen kann, denn bei dem ersten Projekt belaufen sich die Umsätze oft erst nach einigen Jahren auf eine Summe, die eine Buchprüfung überhaupt sinnvoll erscheinen läßt.

Da die Buchprüfung grundsätzlich auf eigene Kosten erfolgt, sollte man vereinbaren, daß die Plattenfirma für den Fall die Kosten selbst zu übernehmen hat, daß die Buchprüfung eine Abweichung zu Ungunsten des Künstlers oder Produzenten zu einem gewissen Prozentsatz übersteigt. Dieser Prozentsatz liegt in der Praxis zwischen 5 und 10 %, wobei man natürlich auf 5 % hinwirken sollte. Um die Festlegung des Prozentsatzes zu vermeiden, lassen die Firmen die Klausel über die Buchprüfung manchmal einfach weg. Dadurch sollte man sich nicht irritieren lassen. Das Recht zur Buchprüfung besteht immer, auch wenn im Vertrag dazu nichts geregelt wurde. Die Kosten liegen dann aber mangels konkreter vertraglicher Vereinbarung immer bei dem, der prüft, egal wie hoch die Abweichung ist.

Weil es sich hierbei meistens um die Korrektheit der Abrechnung der Stückzahl der verkauften Tonträger handelt, ist eine aufwendige Prüfung notwendig. Diese Prüfung kann teuer werden. Die Kosten fangen bei ein paar tausend DM an, „but the sky's the limit". Bei erfolgreichen Künstlern ist durch eine Buchprüfung aber fast immer Kapital zu schlagen. Das liegt nicht daran, daß die Plattenfirma unbedingt absichtlich falsch abrechnet, sondern daß einige Abrechnungsposten wie z. B. Freigut und Rabatte, auslegungsbedürftig sind. Was also schon als Freigut anzusehen ist, bestimmt sich nicht immer nach eindeutigen Kriterien. Auf der anderen Seite werden einfach ab und zu auch Fehler gemacht.

Leider wird eine solche Buchprüfung in Deutschland oft als aggressive Geste verstanden. Daher haben viele Künstler und Produzenten Angst, eine solche Prüfung durchführen zu lassen. Tatsache ist, daß Buchprüfungen gerade bei hohen Umsätzen zum normalen Geschäftsvorgang gehören.

Ein Künstler, der keinen eigenen Vertrag mit einer Plattenfirma, sondern nur einen Vertrag mit einem Produzenten hat, kann jedoch selbst nicht die Buchführung der Plattenfirma überprüfen, da er mit dieser keinen Vertrag hat. Grundsätzlich kann nämlich jeder nur die Bücher seines Vertragspartners überprüfen. Er ist also darauf angewiesen, daß der Produzent, der einen Bandübernahmevertrag mit der Plattenfirma hat, die Prüfung durchführt. Es wäre daher also denkbar, den Produzenten im Künstlervertrag zu verpflichten, ab einer gewissen Höhe der Gesamttantiemen auf Verlangen des Künstlers bei der Plattenfirma eine Prüfung vornehmen zu lassen. Künstler und Produzent teilen sich hierbei die anfallenden Kosten.

Es gibt auch eine weniger aufwendige und weniger kostenintensive Art der Prüfung, und zwar das sogenannte Desk-Audit. Hierdurch kann jedoch nur die Korrektheit der prozentualen Beteiligung am Tonträgerverkauf überprüft werden, nicht aber die Stückzahl verkaufter Tonträger. Für dieses Desk-Audit braucht man lediglich die detaillierte Abrechnung, die Preisliste der Plattenfirma und eine Kopie des Vertrages.

13. Zinsen

Hinsichtlich verspäteter Zahlungen, Unterzahlungen und wegen eventueller Retouren gebildeter Reserven sollte man vereinbaren, daß die Firma bzw. der Produzent dafür mindestens die in § 288 I S. 1 BGB festgeschriebenen gesetzlichen Zinsen in Höhe von 4 % zahlen muß. Auch ohne eine solche Vereinbarung kann man immer Zinsen verlangen, wenn sich die Firma oder der Produzent in Verzug befinden. Gem. § 286 I BGB muß der durch den Verzug entstehende Schaden ersetzt werden. Dieser besteht bei einer Geldschuld in den Zinsen, § 288 I BGB. Um die Firma bzw. den Produzenten in Verzug zu setzen, muß man nach Eintritt der Fälligkeit der ausstehenden Zahlung eine Mahnung schicken. Ab dem Datum des Mahnschreibens kann man dann Verzugszinsen in der gesetzlichen Höhe von 4 % geltend machen, § 288 I 1 BGB. Kann man jedoch belegen, daß man einen Bankkredit zu mehr als 4 % Zinsen in Anspruch nimmt, kann man auch den erhöhten Zinssatz des Bankkredites verlangen, § 288 I 2 BGB.

14. Steuerpflicht

Der Künstler hat für seine Steuern und Sozialabgaben selbst aufzukommen, da eine Plattenfirma oder ein Produzent nicht als Arbeitgeber anzusehen sind. Auch die Mehrwertsteuer ist vom Künstler abzuführen. Diese wird daher zunächst von der Firma bzw. dem Produzenten an den Künstler bezahlt. Ist der Künstler nicht mehrwertsteuerpflichtig, wird dem Künstler den Anteil der Mehrwertsteuer auch nicht zugeschlagen. Da Firmen und Produzenten von letzterem Fall ausgehen, muß der Künstler im Vertrag schriftlich angeben, ob er mehrwertsteuerpflichtig ist. Das dient der erleichterten Beweisführung und damit der Vorbeugung von Mißbrauch durch Künstler, die behaupten, mehrwertsteuerpflichtig zu sein, es aber nicht sind und trotzdem die Mehrwertsteuer von der Firma bzw. dem Produzenten einstreichen.

Vor allem, wenn man gerade eine oder zwei erfolgreiche Singles herausgebracht hat, können Steuern unangenehm werden. Man sollte in diesem Fall die Steuern sofort bezahlen und nicht erst einmal den Geldsegen verprassen. Auch sollte man sich spätestens zu diesem Zeitpunkt einen guten Steuerberater suchen, der dafür sorgt, daß die nächste Steuervorauszahlung, die sich immer am Steueraufkommen des Vorjahres orientiert, nicht unerträglich ausfällt.

15. Doppel-Besteuerung

Das Problem der Doppel-Besteuerung betrifft ausländische Künstler, die auch im Ausland steuerpflichtig sind. Deutschland hat jedoch mit den meisten Staaten Verträge abgeschlossen, die eine Doppel-Besteuerung vermeiden sollen. Der Künstler benötigt zunächst ein Formular vom deutschen Finanzamt, das er in ausgefülltem Zustand von seinem Finanzamt im Ausland abstempeln lassen muß. Dieses muß er dann an die deutsche Plattenfirma schicken, die es dann dem deutschen Finanzamt zuleitet. So wird dem deutschen Finanzamt belegt, daß das ausländische Finanzamt von den Einnahmen des ausländischen Künstlers in Deutschland Kenntnis hat und diesen besteuern wird. Wichtig ist dies deshalb, weil die deutsche Plattenfirma ansonsten an das deutsche Finanzamt von den ins Ausland zu überweisenden Tantiemen des Künstlers zunächst den deutschen Steuersatz abführen müßte. Der ausländische Künstler kann dieses Geld zwar wieder zurückholen, wenn er dem deutschen Finanzamt nachträglich belegt, daß er im Ausland Steuern zahlt; dieser Prozeß ist jedoch sehr langwierig und unnötig.

Man kann vertraglich festlegen, daß die Firma verpflichtet ist, dem Künstler die notwendigen Formulare vom Finanzamt zu besorgen. Die größeren Firmen können auch verpflichtet werden, die Formulare für den Künstler auszufüllen.

169

16. Vertragsstrafen

Vertragsstrafen, auch Konventionalstrafen genannt, können niemals einseitig erhoben werden. Das heißt, daß die Erhebung solcher Strafen nur nach beiderseitiger Übereinkunft der Vertragsparteien möglich ist. Stimmt der Künstler der Möglichkeit der Erhebung einer Vertragsstrafe durch die Firma oder den Produzenten nicht zu (die umgekehrte Forderung kommt wohl nie vor), besteht diese Möglichkeit eben nicht. Grundsätzlich sind Vereinbarungen über Vertragsstrafen nicht zu akzeptieren. Besteht die Firma bzw. der Produzent dennoch darauf, sollten die Fälle, in denen Vertragsstrafen fällig werden, genau umgrenzt und die Höhe der Strafe für jeden Fall gesondert bestimmt werden. Astronomische Summen sind regelmäßig gemäß § 138 BGB sittenwidrig. Um diese Fälle muß man sich keine Gedanken machen, da eine sittenwidrige Klausel ohnehin nichtig ist.

XV Werbung und Promotion

Sind die vertragsgegenständlichen Aufnahmen fertiggestellt, so bedarf es zur weiteren Verwertung in der Regel auch deren Vermarktung. Dies erfolgt im Medienzeitalter selbstverständlich mit der Unterstützung durch Werbung und Promotion.

Der größte Teil eines Bandübernahme-, Produzenten- oder auch Künstlervertrages beschäftigt sich mit den Rechten und Pflichten der Vertragsparteien in bezug auf die Aufnahmen und deren Herstellung bzw. Verwertung. Die Bestimmungen bezüglich der Werbung und Promotion dagegen machen nur einen relativ geringen Teil aus. Bei den Bestimmungen über die Werbung und Promotion handelt es sich in der Regel um sogenannte Nebenpflichten des jeweiligen Vertrages.

Bei Nebenpflichten ist zunächst zu unterscheiden zwischen den Nebenleistungspflichten und den sonstigen Nebenpflichten. Die Nebenleistungspflichten werden auch als sogenannte vertragsuntypische Pflichten bezeichnet. Vertragsuntypisch deshalb, weil ihr Fehlen im Gegensatz zu den vertragstypischen Pflichten den Vertrag nicht zu einer Einordnung in einen anderen Vertragstypus führen würde (vgl. hierzu auch die Einleitung hinsichtlich sogenannter Typenverträge). So ist etwa die Pflicht eines Käufers zur Zahlung des Kaufpreises Hauptpflicht. Würde diese entfallen, so käme hier eine Schenkung oder eine Leihe in Betracht. Nebenleistungspflichten dagegen können abbedungen werden, ohne daß sich der jeweilige Charakter des Vertrages ändert. So ändert der Ausschluß der Gewährleistungspflicht des Verkäufers für eine mangelhafte Kaufsache nichts daran, daß der Vertrag (Geld gegen Ware) ein Kaufvertrag ist.

Des weiteren gibt es noch die eigentlichen Nebenpflichten, welche sich aus § 242 BGB herleiten. Diese werden auch als sogenannte Schutz- oder Verhaltenspflichten bezeichnet. Diese Nebenpflichten beziehen sich auf die Interessen der jeweils anderen Vertragspartei sowie, korrespondierend mit diesen, auf die Art und Weise der ordentlichen Leistungserbringung, welche durch die jeweilige Hauptpflicht, die Leistungspflicht, bestimmt ist.

Soweit die Parteien diese Schutz- bzw. Verhaltenspflichten ausformulieren, wird hierdurch eben auch dasjenige konkretisiert, was sonst noch zur vertragsgemäßen und von den Parteien vereinbarten Erbringung der Leistung gehört.

Gerade auf diese zusätzlichen Pflichten bezüglich der Art und Weise der Leistungserbringung beziehen sich in Künstler-, Produzenten- und Bandübernahmeverträgen die Klauseln über Werbung und Promotion.

1. Einverständnis und Teilnahmepflicht

In den hier behandelten Verträgen ist als eigentliche synallagmatische oder auch Hauptleistungspflicht des Künstlers oder Produzenten die Erbringung der entsprechenden Darbietungen bzw. die Erstellung des vertragsgegenständlichen Bandes mit Aufnahmen dieser Darbietungen anzusehen. In all diesen Verträgen ist üblicherweise bestimmt, daß diese Leistung nur durch den Künstler/Produzenten höchstpersönlich zu erbringen ist. Dies ist verständlich, da niemand ein wirkliches Interesse an der neuen CD des Künstlers „der einstmals als Prinzessin bekannt war" hat, wenn diese nur Aufnahmen von deren Schwester oder die eines „Ersatzmannes" enthält. Im übrigen ergibt sich die Verpflichtung, die Leistung höchstpersönlich zu erbringen, auch bereits aus der Art der Leistungsbeschreibung, ohne daß dies durch die Parteien näher konkretisiert werden müßte.

Da der Künstler die Leistung nur höchstpersönlich erbringen kann, resultiert hieraus auch seine vertragliche Nebenpflicht, bei der Erstellung von Werbung und Promotion für sein Lizenzprodukt mitzuwirken, sogenannte Mitwirkungspflichten. Diese ergeben sich schon nach § 242 BGB aus der Berücksichtigung der Interessen der Firma an der Verwertung der Aufnahmen.

Da heutzutage ein Produkt nur dann auch vom Konsumenten beachtet und gekauft wird, wenn es entsprechend beworben und promotet wird, wäre es nach dem Grundsatz von Treu und Glauben nicht haltbar, wenn ein Künstler sich zwar bereit erklären würde, Aufnahmen anzufertigen, dann aber weder zu Photos, Interviews noch irgendwelchen Auftritten etc. zur Verfügung stehen will.

Diese Mitwirkungspflichten des Künstlers bestehen in zweierlei Hinsicht: Zum einen kann der Vertragspartner neben den Rechten für die Verwertung der Aufnahme auch die Übertragung der notwendigen Rechte zur Wahrnehmung im notwendigen Rahmen der Werbung und Promotion verlangen. Zum anderen ist der Künstler verpflichtet, im festzulegenden Rahmen bei derartigen Maßnahmen mitzuwirken.

Eine typische Klausel in den hier angesprochenen Verträgen könnte etwa folgendermaßen aussehen:

Künstler ist damit einverstanden und unterstützt Firma diesbezüglich in jeder Weise, daß mit seiner Person und seinem Namen Werbung in Wort und Bild für die Verwertung vertragsgegenständlicher Aufnahmen gemacht wird. Er erklärt sich auch bereit, für Werbe- und Promotionszwecke (etwa Interview, Fernsehaufnahmen, Videoproduktion) uneingeschränkt und unentgeltlich zur Verfügung zu stehen, und überträgt seine Rechte an solchen Aufnahmen im Umfang dieses Vertrages auf Firma.

In einem Bandübernahmevertrag z.B. so:

Produzent wird dafür Sorge tragen, daß Künstler während der Vertrags-dauer Firma und den Lizenznehmern von Firma exklusiv für Werbe- und Promotionsauftritte (etwa Interviews, Fernsehaufnahmen, Fototermine) für die Vertragsaufnahmen uneingeschränkt und unentgeltlich zur Verfügung steht.

Durch diese Bestimmung werden also primär zwei Nebenpflichten des Künstlers/Produzenten bezüglich der von ihm zu erbringenden Hauptleistung der Erbringung der vertragsgegenständlichen Darbietungen bzw. die Herstel-lung des versprochenen Bandes mit Darbietungen konkretisiert: Zum einen die Teilnahmepflicht, zum anderen die Pflicht zur Übertragung der entsprechenden Rechte.

Eine Verletzung der oben genannten Nebenpflichten durch die Weigerung oder unzureichende Teilnahme an derartigen Maßnahmen kann die Firma dazu berechtigen, einen Anspruch auf Schadenersatz wegen pVV geltend zu machen. Da es hier um höchstpersönlich zu erbringende Leistungen geht, ist es aber ebenso denkbar, daß ein Vertrag wegen eines derartigen Verhaltens des Künstlers aus wichtigem Grunde vorzeitig gekündigt werden könnte, mit der Folge, daß der Künstler der Firma den hieraus entstehenden Schaden ebenfalls zu ersetzen hätte.

2. Umfang

Soweit nichts anderes bestimmt ist, bestimmt sich der Umfang der Werbe- und Promotionsmaßnahmen sowie die Mitwirkungspflicht des Künstlers/Pro-duzenten nach der Üblichkeit und Zumutbarkeit. Grundlage für die Bemessung des Umfanges kann neben der Parteienabrede auch § 242 BGB (der Grundsatz von Treu und Glauben) sein. Jeder Künstler muß sich aber fragen, ob der Ver-trag von Anfang an genug Geld abwirft, daß er davon leben kann. Soweit dies (wie in den meisten Fällen) nicht der Fall ist, sollte er tunlichst darauf achten, den Umfang der Mitwirkungspflichten derart zu begrenzen, daß er neben der künst-lerischen Tätigkeit eventuell noch seine Ausbildung beenden bzw. einer gere-gelten Arbeit nachgehen kann.

Denn kommt es nicht zu der erhofften Karriere, steht man letztlich auf der Straße. Eine mögliche Strategie zur Vorsorge ist, so weit und lange wie möglich einer geregelten Beschäftigung nachgehen zu können. Dies geht jedoch nur, sofern man nicht täglich in irgendwelche Werbemaßnahmen eingespannt ist. Stellt sich dann der erhoffte Erfolg ein, kann man seine Mitwirkungen an derar-tigen Maßnahmen jederzeit ausweiten.

Eine Klausel wie in 1. oben sollte demnach noch wie folgt ergänzt werden:
Er erklärt sich auch bereit, für Werbe- und Promotionszwecke (etwa Interview, Fernsehaufnahmen, Videoproduktion) uneingeschränkt und unentgeltlich zur Verfügung zu stehen, und überträgt seine Rechte an solchen Aufnahmen im Umfang dieses Vertrages auf Firma. Firma verpflichtet sich, bei der Terminierung, Umfang und Häufigkeit von Werbemaßnahmen auf die Belange, insbesondere Ausbildung und sonstige berufliche Verpflichtungen in abhängigen Beschäftigungsverhältnissen, von Künstler uneingeschränkt Rücksicht zu nehmen.

Eine weitere Möglichkeit ist es, Werbemaßnahmen nach Absprache zu vereinbaren. Dies dürfte jedoch in der Praxis nur schwer umzusetzen sein, da dies bedeuten würde, daß der Künstler ein sehr großes Mitspracherecht bei den Werbemaßnahmen der Firma besäße, was eine Firma in der Regel zu vermeiden sucht.

3. Artwork

Noch eine Bemerkung zum sogenannten Artwork. Unter diesen Begriff fällt die künstlerische und graphische Gestaltung des jeweiligen Produkts. Das Artwork stellt die Grundlage für die spätere „corporate identity" des Künstlers dar.

Die Parteien können die Pflicht zur Erstellung des Artworks auf verschiedene Weise regeln. Die bislang wohl am weitesten verbreitete Lösung ist die Erstellung des Artworks durch die Firma. Dies resultiert zumeist aus der bereits oben besprochenen Alleinberechtigung der Firma, über Art, Umfang und Weise der VÖ respektive über die Verwertung zu bestimmen. Des weiteren möchten die Firmen in der Regel immer „in charge" sein.

Eine mögliche Alternative ist die Erstellung des Artworks durch den Künstler/Produzenten. Der Vorteil ist u. a., daß der Künstler die Gestaltung des Produktes komplett in der Hand hat. Problematisch ist nur, daß die Firma sich zumeist die Rechte an den erstellten Artworks übertragen lassen will und oft genug die hierfür anfallenden Kosten als verrechenbaren Vorschuß betrachtet.

Der Künstler sollte in einer derartigen Situation darauf bestehen, daß die notwendigen Rechte an dem Artwork nur befristet für die Dauer des Vertrages respektive der Auswertung der Aufnahmen übertragen werden. Gleichzeitig sollte auf keinen Fall eine Verrechenbarkeit der Artwork-Kosten vereinbart werden, da die Firma ansonsten Kosten auf den Künstler abwälzen könnte, die sie bei anderer Regelung bezüglich der Erstellung und Gestaltung selbst zu tragen hätte.

Sofern der Künstler das Merchandising selbst betreiben und das Artwork hierfür ohne weitere Einschränkungen nutzen und vermarkten will, sollte er die

Kosten hierfür selber tragen und das Artwork der Firma lediglich leihweise zur Verfügung stellen. Dies könnte dann ungefähr so aussehen:

Produzent wird die Entwicklung und Herstellung des Artworks zu jeder vertragsgegenständlichen Veröffentlichung durchführen. Über die Konzeption und die endgültige Gestaltung werden die Parteien sich einigen. FIRMA trägt die Kosten nach vorherigem Kostenvoranschlag, der ebenfalls der Zustimmung von FIRMA bedarf.

FIRMA hat das Recht, den Auftrag zur Entwicklung und Herstellung des Artworks an einen Dritten zu vergeben, wenn Produzent die Entwicklung und Herstellung des Artworks nicht gemäß der jeweiligen Einigung und nicht in branchenüblicher Qualität durchführt.

FIRMA wird Produzent Andrucke des jeweiligen Covers vorlegen.

Produzent stellt FIRMA und, soweit nichts Abweichendes vereinbart ist, auf Kosten von Produzent kostenlos, ausreichend und regelmäßig zu jeder vertragsgegenständlichen Veröffentlichung und frei von Rechten Dritter leihweise für die gesamte Dauer der vertraglichen Auswertung folgendes Material bzw. folgende Informationen zur Verfügung:

FIRMA ist berechtigt, sämtliches von Produzent zur Verfügung gestellte Material bzw. sämtliche Informationen, die Produzent FIRMA übermittelt, unbeschränkt und frei von Rechten Dritter für Herstellung, Verbreitung, Bewerbung und Promotion der Vertragsaufnahmen zu verwenden (z.B. für die Gestaltung und Vervielfältigung von Tonträger- und Bildtonträgerhüllen, Promotion- und/oder Werbemitteln). Produzent versichert, daß Name und Bild der Mitwirkenden (insbesondere mitwirkender Künstler) – auch soweit die diesbezüglichen Unterlagen durch FIRMA, im Auftrag von FIRMA oder durch Lizenznehmern von FIRMA erstellt werden – im Umfang dieses Vertrages verwendet werden können. Von Ansprüchen Dritter wird Produzent FIRMA freistellen; die Rechtsübertragung, insbesondere die zeitliche Beschränkung dieser, an sämtlichem zur Verfügung gestelltem Material richtet sich im übrigen nach der allgemeinen Rechteübertragung des vorliegenden Vertrages.

4. Photos

Häufig gibt es bei Künstler- und Bandübernahmeverträgen zwischen den Parteien Unstimmigkeiten bezüglich der Frage, wer die Kosten von aktuellem Photomaterial für das Artwork und die sonstige PR-Arbeit zu tragen hat bzw. wer dieses herstellen lassen muß. Es sollte meines Erachtens vereinbart werden, daß die Kosten des Photoshootings zu Lasten der Firma gehen. Dies gilt um so mehr, wenn der Künstler für die Erstellung der Photos verantwortlich ist.

In diesem Fall ist nämlich die Gefahr gegeben, daß die Firma eine Serie von Bildern als ungeeignet ablehnt und der Künstler ggf. nochmals ein Shooting organisieren muß. In diesem Falle muß von Anfang an klar geregelt sein, wer die Kosten zu tragen hat. Eine entsprechende Klausel könnte folgendermaßen aussehen:

Künstler/Produzent stellt Firma ausreichend und regelmäßig zu jeder vertragsgegenständlichen Veröffentlichung und frei von Rechten Dritter leihweise für die gesamte Dauer der vertraglichen Auswertung folgendes Material bzw. folgende Informationen zur Verfügung:

Productfacts, aktuelle Fotos von Künstler, Informationen für Bios über Künstler. Die Kosten für die Erstellung von jeweils aktuellem Photomaterial von Künstler trägt FIRMA.

5. Verrechnung von Kosten

Sofern der Künstler aufgrund der Vermarktung und Bewerbung seines Produktes Engagements erhält, z.B. in Funk, Fernsehen oder bei sonstigen Veranstaltungen, entstehen der Firma in der Regel hierfür entsprechende Kosten für Anreise, Logis etc. Bezüglich der Verrechenbarkeit beziehe ich mich daher generell auf den unten aufgeführten Punkt Toursupport, Showcase.

Akzeptabel für derartige Engagements ist eine Verrechenbarkeit mit Gageneinnahmen. Es ist jedoch zu bedenken, daß bei Disco- bzw. Dance-Projekten diese oft monatelang auf Touren durch die einschlägigen Clubs bzw. Diskotheken geschickt bzw. extrem oft gebucht werden. In diesen Fällen ist es den Beteiligten an einem derartigen Projekt anzuraten, unabhängig von einem break-even eine feste Beteiligung an den vereinnahmten Gagen zu vereinbaren.

Niemals sollte ein Künstler die Verrechenbarkeit nicht gedeckter Kosten für Engagements im Rahmen ≤von Werbung und Promo mit Vorschußzahlungen akzeptieren.

Bei Werbeauftritten ist es am besten, die entsprechenden Verträge im eigenen Namen abzuschließen. (Die weitere Begründung hierfür wird im Punkt Honorarverträge behandelt.) Entsprechend muß der Künstler dann mit der Firma vereinbaren, daß im Falle einer Unterdeckung die weiteren Kosten von der Firma zu tragen sind.

Künstler erhält die notwendigen Reisekosten und sonstigen Spesen. Des weiteren leistet Firma die Übernachtungskosten (Hotelkosten in üblicher Höhe nach Beleg). Firma erstattet vorstehende Aufwendungen einschließlich Reisekosten jedoch nur insoweit, als diese nicht durch Zahlungen Dritter (z.B. Gagen-

zahlungen einer Fernseh- oder Rundfunkanstalt) abgedeckt werden können. *Künstler tritt hierzu seine diesbezüglichen Forderungen in Höhe der von Firma geleisteten Kosten an Firma zur Einziehung ab.*

6. Auszahlung evtl. Restgagen

Aus der obigen Vereinbarung folgt dann auch, daß im Falle einer Kostendeckung durch die Gage der überschüssige Betrag voll vom Künstler zu vereinnahmen ist.

7. Honorarverträge

Sofern ein Künstler im Rahmen eines Engagements zwecks Werbung/ Promo Gage vereinnahmt, sollte dies auf der Basis eines Engagement- bzw. Honorarvertrages erfolgen.

In der Regel versucht die Firma jedoch, die Gage in eigenen Namen zu vereinnahmen und dann gegenüber Künstler mit den Kosten des Engagements zu verrechnen.

Häufig ist in Verträgen folgender Passus zu lesen:

Auftrittsverträge im Rahmen vertragsgegenständlicher Werbe- und/oder Promotionauftritte von Künstler (z.B. im Rahmen einer TV-Sendung) werden von FIRMA mit dem betreffenden Dritten und im Namen von FIRMA abgeschlossen; Produzent haftet jedoch für die Erfüllung der sich aus solchen Verträgen ergebenden persönlichen Verpflichtungen von Künstler und wird FIRMA in diesem Zusammenhang von Ansprüchen Dritter freistellen. FIRMA stehen die entsprechend vereinbarten Gagen und sonstigen Auftrittsgelder zur ausschließlichen Vereinnahmung zu.

Der Künstler könnte aber gegenüber der GVL für ein derartiges Engagement, sofern er Mitglied ist, ein Honorar als Abrechnungsgrundlage geltend machen. Dies jedoch nur unter der Bedingung, daß er zum einen die Zahlung eines Honorars nachweisen kann (Zahlungsbeleg) und der zugrundeliegende Vertrag (Honorar-, Auftritts-, Engagementvertrag) auf seinen Namen lautet.

Betrachtet man nun die obige Klausel, wird man feststellen, daß Auftrittsverträge mit Dritten hier im Namen der Firma abgeschlossen werden und der Künstler lediglich für die Erfüllung haftet. Daher vereinnahmt auch die Firma die entsprechenden Gagen und zahlt diese eben nur bei einem Überschuß im Innenverhältnis an den Künstler aus.

177

Das Ergebnis ist, daß der Künstler derartige Auftritte nicht gegenüber der GVL geltend machen kann und somit ggf. seine Einkünfte aus dem Vertrag erheblich geschmälert werden. Hinzu käme noch, daß er alleinig bezüglich der Erfüllung haftet, was zu einem krassen Mißverhältnis zwischen empfangener Leistung und einer Haftung führt. Der Künstler sollte daher mit der Firma immer eine Regelung des Inhalts treffen, daß derartige Verträge immer im eigenen Namen des Künstlers abgeschlossen werden und der Künstler die verein- nahmte Gage gegebenenfalls mit Kosten der Firma abzurechnen hat. Eine Ver- einbarung, nach der alle Gageneinnahmen, auch überschüssige, der Firma zustehen, ist auch insofern nicht akzeptabel, als diese Gageneinnahmen häu- fig eine notwendige Grundlage für den Unterhalt des Künstlers darstellen.

8. Toursupport, Showcase, Buy-On

Zu den allgemein üblichen Werbe- bzw. Promomaßnahmen gehören ebenso die sogenannten Showcases sowie Touren bzw. Buy-Ons. Unter einem Showcase wird in der Regel ein nicht unbedingt gewinnorientierter Gig des Künstlers verstanden, wie z.B. eine RR (Record Release)-Party.

Das Buy-On ist eine reine Promo- bzw. Werbemaßnahme, um neue, noch nicht fest etablierte Künstler und deren Produkte zu vermarkten. Hierbei kauft zumeist die Firma die Möglichkeit des Supports durch den Künstler für die Tour eines „bedeutenden" Künstlers ein. Zumeist erfolgt dies für eine ganze Tour innerhalb eines gewissen geographischen Raumes oder aber für bestimmte Gigs bzw. Termine. Dabei zahlt die Firma dem Main-Act für jeden Auftritt oder pauschal eine bestimmte Summe, wobei die hiermit abgegoltenen Kosten zum Teil differieren.

Viele Firmen zahlen in der Regel einen solchen Buy-On nur als verrechenba- ren Vorschuß. Bedenkt man, daß für eine derartige Tour neben den Kosten für den Support noch die üblichen Aufwendungen für eine derartige Tour zu kalku- lieren sind, sollte man über derartige Werbemaßnahmen bereits im Vorfeld eine Vereinbarung über die Kostentragung bzw. Verrechenbarkeit treffen.

Ebenso verhält es sich mit etwaigem Toursupport, welcher von Firma für die Durchführung einer Tour des Künstlers gezahlt wird. Die Möglichkeiten, die jeweiligen Kosten zu verteilen, sind vielfältig, eine bestimmte Handhabung auf dem Markt gibt es nicht. Zu bedenken ist aber immer, daß es sich bei derarti- gen Maßnahmen um solche zur Vermarktung des Produktes handelt. Daher steht die Firma in bezug auf die Kostentragung meines Erachtens hier eher in der Pflicht als der Künstler, da dieser grundsätzlich schon eine (rechnerisch) um die Kosten der Firma geschmälerte Beteiligung erhält. Würde man derartige

Kosten generell auch nur teilweise auf den Künstler abwälzen, so sollte dies zukünftig nur gegen eine grundsätzliche Anhebung der marktüblichen Beteiligungen erfolgen. Der Künstler sollte sich daher schon frühzeitig und ggf. schon vor der Prüfung eines bestimmten Angebotes seitens einer Firma Gedanken über die Finanzierung einer Tour machen.

Eine mögliche Regelung könnte z.B. so aussehen:

Toursupport sowie Kosten eines evtl. Buy-On, der von FIRMA geleistet wird, ist zu 50% mit sämtlichen vertraglichen Beteiligungen von Produzent verrechenbar.

Die Kosten von vertragsgegenständlichen Showcases von Künstler trägt FIRMA bis zu einer Höhe von xxx € zzgl. MWSt., fällig nach dem Showcase und Rechnungstellung unter Vorlage der betreffenden Kostenbelege in Kopie.

9. Promoter

Häufig ist zu bemerken, daß die jeweiligen Marketing-Abteilungen der Firmen entgegen der vorherigen Versprechungen bei den Vertragsverhandlungen nicht entsprechend tätig werden bzw. für das jeweilige Thema des Künstlers keine Kapazitäten freihaben. Aus diesem Grunde ist es stets von Vorteil, in einen Vertrag auch eine Regelung über die Hinzuziehung freier Promoter bzw. Promotionagenturen aufzunehmen. Selbst wenn man dies wie in der unten gezeigten Klausel von einer vorherigen Absprache und Einigung abhängig macht, läßt auch nur die Aufnahme eines solchen Passus auf eine gewisse Intention der Parteien schließen und erleichtert später die Durchführung des Vertrages.

FIRMA (Künstler) wird bei Bedarf und nach Absprache und Einigung mit Produzent freie Promoter beauftragen und trägt deren Kosten.(bzw. „Die Kosten hierfür trägt Firma.")

XVI Gruppenklauseln

Bei Plattenaufnahmen namhafter Orchester tritt in der Regel lediglich der Dirigent nach außen in Erscheinung. Findet man deshalb zum Beispiel eine Aufnahme der Berliner Philharmoniker aus den 80er Jahren von Wagners Lohengrin in der Klassikabteilung eines Warenhauses, wird ein Künstlerexklusivvertrag einzig mit dem bereits verstorbenen Herbert von Karajan abgeschlossen worden sein.

Mitglieder des Ensembles, wie der bulgarische Oboenspieler in der dritten Reihe oder die junge Bratschistin aus Tokio, waren zwar wichtig für die technische Umsetzung eines solch großen Werkes, ihre Leistungen wären jedoch auswechselbar gewesen. Die Qualität und das Renommee der Aufnahme waren hierbei nicht von der Mitwirkung einzelner Personen abhängig.

Anders verhält es sich bei Musikgruppen der sogenannten Unterhaltungsmusik, deren Marktwert und Popularität eng mit dem Ein- und Austritt bestimmter Gruppenmitglieder verbunden ist.

In diesem Bereich ist eine sog. Gruppenklausel die übliche Praxis.

Hiermit wird seitens der Plattenfirmen beabsichtigt, die wichtigsten Mitglieder einer Gruppe durch persönliche Exklusivität während der Vertragsdauer an sich zu binden.

Das vorderste Ziel von Gruppenklauseln ist deshalb, den Aufbau und das Image einer Band durch sogenannte Schlüsselpersonen einer Gruppe zu sichern und voranzutreiben, um die personenbezogene Vermarktung einer Band vornehmen zu können.

In einem Künstlerexklusivvertrag könnte dies wie folgt ausgestaltet sein:

Die Parteien sind sich darüber einig, daß die in dem vorliegenden Vertrag genannten Künstler eine Gruppe bilden, die zur Zeit unter den Namen XYZ bekannt ist und unter diesen Namen auftritt.

Der Künstler stellt sich während der Vertragsdauer ausschließlich der Firma zur Herstellung von Musik-Tonaufnahmen/Bild-Tonaufnahmen zur Verfügung. Diese Verpflichtung gilt sowohl für die Künstler in ihrer Gesamtheit (Musikgruppe) als auch für die einzelnen Mitglieder.

Ausgenommen von der genannten Exklusivbindung werden in der Regel lediglich reine Session- bzw. Studioarbeiten, oder Auftragsproduktionen der gebundenen Musiker, soweit und solange nicht die Interessen der Plattenfirma an einer ordnungsgemäßen Vertragserfüllung beeinträchtigt werden.

Mit Gruppenklauseln gehen eine Fülle vertraglich zu regelnder Rechtsfolgen einher, die insbesondere die Vertretung der Gruppe gegenüber der Plattenfirma sowie den Ein- und Austritt von Bandmitgliedern betreffen.

181

Ausgangspunkt hierfür ist, sich klarzumachen, daß jede Band bereits durch ihre Gründung eine Gesellschaft bürgerlichen Rechts (GbR) darstellt, für die mangels anderer vertraglicher Vereinbarungen die gesetzlichen Vorschriften der §§ 705 BGB ff. Anwendung fänden (siehe Kapitel I).

Dies hat zur Folge, daß die Musikgruppe zwar als Gesellschaft zu etwas berechtigt und verpflichtet werden kann. Rechtlich gesehen ist hingegen jedes einzelne Bandmitglied als Teil der Gesellschaft „Musikgruppe" berechtigt und verpflichtet. Demnach würde jedes einzelne Bandmitglied für die gesamten finanziellen Verpflichtungen und Schulden der Band in voller Höhe persönlich haften.

Bei Verträgen als Gruppe ist ein weiterer Punkt zu beachten, da hier die gesetzlichen Regelungen verheerende Folgen mit sich ziehen würden.

Nach § 723 BGB kann jeder Gesellschafter die Gesellschaft jederzeit kündigen. Da eine GbR mit dem Ein- und Austritt eines jeden Gesellschafters steht und fällt, hieße dies in der Konsequenz, daß der Austritt eines Bandmitgliedes die Auflösung der ganzen Band zur Folge hätte.

Regelmäßig will sich weder die Band noch die Plattenfirma von solchen Unwägbarkeiten abhängig machen. Hier gilt es, eine vertragliche Regelung zu finden, welche Mitglieder einer Band der persönlichen Exklusivität der Plattenfirma unterliegen sollen und was geschieht, wenn im späteren Verlauf des Vertrages ein Bandmitglied ausscheiden sollte.

1. Vertretung der Band gegenüber der Plattenfirma

Nach der Regelung des § 709 BGB steht den Gesellschaftern einer GbR die Geschäftsführung gemeinschaftlich zu. Demnach müssen zwar innerhalb der Gruppe Entscheidungen einheitlich getroffen werden; nach außen könnte jedes Bandmitglied aber Erklärungen gegenüber Dritten abgegeben, die für und gegen die ganze Band wirken. Bei fehlenden internen Absprachen führte dies zu einem heillosen Durcheinander.

Dieses Fiasko kann umgangen werden, indem ein Gruppenmitglied bestimmt wird, dessen Erklärungen für die gesamte Gruppe erfolgen.

Die Musikgruppe bestimmt dabei einen Vertreter, der mit Wirkung für alle Gruppenmitglieder befugt ist, Zahlungen sowie vertragsbezogene Erklärungen der Plattenfirma entgegenzunehmen sowie Erklärungen für die gesamte Musikgruppe gegenüber der Plattenfirma abzugeben.

2. Ein- und Austritt von Bandmitgliedern

Bei Musikgruppen steht jeder einzelne Künstler, der der Gruppe angehört und den Vertrag unterzeichnet hat, persönlich dafür ein, daß alle Mitglieder der Musikgruppe die vertragsgegenständliche Aufnahme durchführen und die von der Plattenfirma benötigten Rechte übertragen.

Sollte ein Mitglied die Gruppe verlassen, könnte die Plattenfirma den Vertrag mit sofortiger Wirkung innerhalb einer bestimmten Frist ab Kenntnis des Austritts des Künstlers aus der Gruppe kündigen.

In der Regel behält die Plattenfirma sich vor, ob sie den Vertrag kündigen wird oder statt dessen den Vertrag mit den verbleibenden Gruppenmitgliedern fortführt.

Für die Entscheidung der Plattenfirma sind die wirtschaftlichen Erwägungen ausschlaggebend:

Sollte es sich beim Austritt eines Bandmitgliedes um eine der Schlüsselpersonen gehandelt haben, wird die Plattenfirma den Vertrag möglicherweise kündigen, wenn sie sich ohne seine Zugehörigkeit keine guten Umsatzzahlen mehr verspricht.

Ansonsten wird sie versuchen, mit dem Rest der Gruppe oder neu hinzutretenden Musikern die Aufnahmen und deren Verwertung bis Vertragsende durchzuziehen.

Für die Entscheidung, ob ein neues Bandmitglied sozusagen als Neugesellschafter aufgenommen wird oder lediglich den Status eines Studio- oder Gastmusikers erhält, spielen ebenfalls finanzielle Gesichtspunkte eine Rolle.

In der Regel erhalten Neumitglieder anstelle einer Beteiligung an den Gruppeneinnahmen eine bestimmte Gage. Handelt es sich um den Eintritt einer sog. Schlüsselperson, wird zu überlegen sein, ob diese als neuer Gesellschafter aufgenommen werden soll, um seine Stellung in der Gruppe zu verdeutlichen.

Zu beachten ist, daß die Ersetzung ausgeschiedener Mitglieder regelmäßig nur mit Zustimmung der Plattenfirma erfolgen kann. Diese wird dann mit entscheiden, ob und unter welchen Voraussetzungen das neue Mitglied bei der Produktion mitwirkt.

Kommt es zum Eintritt eines Neumitgliedes, werden ausgeschiedene Mitglieder von der weiteren Teilnahme an Auftritten oder Aufnahmen der Gruppe befreit.

Eine vereinbarte persönliche Ausschließlichkeit mit der Plattenfirma bleibt zunächst bestehen und berührt nicht den Austritt aus der Band. Demnach bedarf es auch einer Festlegung, ob das ehemalige Mitglied weiterhin Vergütungen von den Tonträgern, die während seiner Mitwirkung entstanden sind, erhält.

Abhängig von der vertraglichen Ausgestaltung sind auch die mit dem Gruppennamen einhergehenden Rechte. In der Regel sind ausscheidende Gruppenmitglieder nicht berechtigt, den Namen der Gruppe zu benutzen, solange dieser Vertrag mit den noch verbleibenden fortgeführt wird (siehe Kapitel III 1.2.10).

 Ausstehende Aufnahmen

Eine von beiden Parteien wechselseitig zu erfüllende Hauptleistungspflicht des Vertrages ist die Erfüllung des vertraglich geregelten Mindestumfanges der Produktionen.

Hiermit verpflichtet sich nicht nur der Künstler zur Darbietung, sondern auch die Plattenfirma zur Veröffentlichung der auf Tonträger aufgenommenen Darbietung.

In Verträgen findet man dies in Klauseln wie: „Die Firma garantiert die Durchführung und Veröffentlichung von Aufnahmen für mindestens (Stückzahl) Langspielplatte pro Vertragsjahr" (vgl. Muster eines Tonträgerproduktionsvertrags im Münchner Vertragshandbuch Band III) oder: „Künstler und Tonträgerhersteller verpflichten sich wechselseitig, pro Vertragsjahr mindestens (Stückzahl) Titel aufzunehmen".

Die Plattenfirma hat dabei die Tonträgerproduktion in angemessener Zeit und in der bei Vertragsschluß vorgesehenen Stückzahl herzustellen und zum Verkauf anzubieten.

Aufgrund des von ihr zu tragenden wirtschaftlichen Risikos behält sich die Plattenfirma trotz alledem zumeist vor, die Produktion von ihrer wirtschaftlichen Entscheidung abhängig zu machen. Sie wird keine uneingeschränkte Garantie für die an sich bestehende Verwertungspflicht übernehmen.

Kommt es beim Austausch dieser Pflichten zu Verzögerungen, liegt eine Leistungsstörung vor, deren Folgen sich entweder nach den gesetzlichen Bestimmungen über Leistungsstörungen bemessen oder einer aus-drücklichen vertraglichen Regelung unterliegen. Die jeweiligen Rechtsfolgen sind davon abhängig, von welcher Partei die Verzögerung verursacht worden ist.

1. Leistungsstörung seitens des Produzenten

Sind aus Gründen, die die Plattenfirma zu vertreten hat, bei Beendigung des Vertrages einzelne der vorgesehenen Aufnahmen noch nicht durchgeführt worden, so steht dem Künstler wahlweise das Recht zu, die Nachholung der Aufnahmen zu verlangen oder vom Vertrag zurückzutreten bzw. Schadensersatz zu verlangen.

Besteht der Künstler auf Nachholung von nicht durchgeführten Aufnahmen, muß dies in der Regel innerhalb einer vertraglich bestimmten Frist erfolgen.

In der Regel ist dies ein Monat nach Ende des Vertrages.

185

Meist wird sich die Plattenfirma vertraglich vorbehalten, die Nachholung von Aufnahmen durch Zahlung eines angemessenen Betrages ersetzen zu können.

Für die vertragliche Festlegung eines „angemessenen Ersatzes" werden zum Beispiel folgende Formulierungen verwandt: „Als angemessen soll ein Betrag von 50 % (oder 75 %) der durchschnittlichen Umsatzbeteiligung des Künstlers an seiner letzten Aufnahme bei der Firma während der beiden letzten Abrechnungsperioden vor Beendigung des Vertrages gelten."

Das Recht, diese Nachholung durch eine Abfindung im genannten Modell zu ersetzen, wäre natürlich für den Produzenten günstig. Da die Abfindung die Hälfte der Umsatzbeteiligung der letzten Aufnahme ausmacht, kann der Produzent bei geringen Einnahmen auf eine Nachholung verzichten und vergleichsweise billig davonkommen. Es sollte deshalb neben der prozentualen Regelung ein Mindestbetrag als Abfindung fixiert werden.

Werden vereinbarte Aufnahmen nachgeholt, so verlängert sich dieser Vertrag bis zum Abschluß der Nachholung, ohne daß der Künstler jedoch einer weiteren persönlichen Ausschließlichkeit unterliegt. Der Künstler ist dann bereits befugt, mit anderen Produktionsfirmen zu verhandeln und zu arbeiten. Eine Verlängerung des Vertrages mit der alten Plattenfirma bewegt sich in der Regel in einem Zeitraum von 3 bis 6 Monaten nach dem regulären Vertragsende.

2. Leistungsstörung durch den Künstler

Sind die noch ausstehenden Aufnahmen durch Verzögerungen eingetreten, die in der Person des Künstlers liegen, ist der Plattenfirma zwar die zwangsweise Durchsetzung des Anspruches auf Erbringung der Leistung untersagt. Sie kann wahlweise Rücktritt vom Vertrag oder Schadensersatz geltend machen. In der Regel wird man sich hierbei auf eine Nachholung mit dem Künstler einigen.

So wird beispielsweise vereinbart, daß der Vertrag so lange fortbesteht, bis der Künstler schuldhaft unterlassene Darbietungsverpflichtungen erfüllt hat.

In diesem Fall, bei dem es zur Verlängerung des Vertrages kommt, bis die Nachholung abgeschlossen ist, verbleibt die persönliche Ausschließlichkeit des Künstlers bei dem Produzenten. Der Zeitraum der Vertragsverlängerung bewegt sich meist über 3 bis 6 Monate. Bei laufenden Werbe- und Promotiontätigkeiten erfolgt eine entsprechende Verlängerung.

 Vollmacht und Genehmigung

1. Vollmacht

Grundsätzlich zu unterscheiden ist die Vollmacht von der kompletten Übertragung eines Rechts. Im Künstlerexklusivvertrag wird das Recht an der Verwertung, wie in Kapitel III dargestellt, insgesamt auf die Firma übertragen und diese nicht etwa nur zur Verwertung bevollmächtigt.

Daraus folgt aber auch, daß eine Vollmacht niemals „einfach nur so" erteilt werden sollte. Wer die Gegenseite bereits im Vertrag zu allen nur denkbaren Rechtshandlungen ermächtigt, verliert mit jeder erteilten Vollmacht die Kontrolle über eigene Rechte.

Manche Bevollmächtigungen sind innerhalb eines Vertrages schwierig zu erkennen. Nicht immer ist es so eindeutig, daß bereits aus der Überschrift des einzelnen Paragraphen mit „Vollmacht" die Alarmglocken klingeln. Formulierungen wie „erteilt Erlaubnis", „gestattet" oder auch „ist mit Unterschrift einverstanden" im Vertragstext sind auch ohne nähere Kennzeichnung rechtswirksame Vollmachtserteilungen. Verschiedenste Typen solcher Vollmachten werden im Folgenden aufgezeigt, ohne daß ein Anspruch auf Vollständigkeit erhoben werden kann.

Eine Vollmacht setzt den Bevollmächtigten für bestimmte Rechtshandlungen in die gleiche Position wie den Vollmachtgeber. Wenn man eine wirksame Vollmacht in der Hand hat – oder auch im Ohr, denn eine Vollmacht kann auch mündlich erteilt werden – wirkt eine Unterschrift, eine abgegebene Erklärung und unter Umständen sogar ein Nichtstun, also ein Unterlassen, so, als hätte der Vollmachtgeber selbst gehandelt. Die Handlungen wirken für und gegen den Vollmachtgeber, er wird berechtigt und verpflichtet. Einschränkungen einer Vollmacht wirken nur insoweit, wie der Vertragspartner diese kannte oder kennen mußte, z.B. aus früherer Geschäftsbeziehung.

Die Vollmacht kann sogar konkludent erklärt werden, sich also aus den Umständen des Geschäfts ergeben. Dies gilt natürlich nicht nur für die Abgabe, sondern auch für die Entgegennahme von Willenserklärungen. Schließlich können auch jeweils auf beiden Seiten Bevollmächtigte handeln. Da das Handeln für einen anderen und auf dessen Rechnung erfolgt, spricht das Bürgerliche Gesetzbuch (BGB) in den §§ 164 ff. auch von der Stellvertretung. Der Stellvertreter darf auch beschränkt geschäftsfähig sein, da er aus dem Rechtsgeschäft selber nicht haftet.

2. Prozeßführungsvollmacht

Eine besondere Vollmacht ist für die Prozeßführung notwendig, sie muß schriftlich erteilt werden. Eine solche Vollmacht ist in dem im Anhang zugefügten Bandübernahmevertrag § 9 III. zu finden. In dem dort vorliegenden Fall ist sie auch mit gutem Grund erklärlich, denn tatsächlich liegt ein Interesse des Vertragspartners vor, gegen unzulässige Verwendungen der Aufnahmen vorzugehen. Da dieses Recht aber dem eigentlichen Rechtsinhaber zusteht, ist die Firma auf diese Vollmacht angewiesen. Bevor man eine solche, hier auch noch unwiderrufliche, Vollmacht erteilt, sollte aber geprüft werden, ob es, wie hier, notwendig erscheint. Schließlich gibt man die Kontrolle über ein eigenes Recht in fremde Hände.

3. Genehmigung

Die Genehmigung wird immer im nachhinein erteilt. Sie wirkt aber so, als hätte sie bereits bei Geschäftsabschluß vorgelegen. Für den Genehmigenden ist dies selbstverständlich die sicherste Art und Weise der Zustimmung zum Handeln seines Vertragspartners.

4. Einwilligung

Anders verhält es sich mit einer Einwilligung. Sie ist die bereits im voraus erteilte Genehmigung zu einem bestimmten Rechtsgeschäft. Kurz hinter dem soeben genannten Beispiel für eine Vollmacht im Bandübernahmevertrag finden wir in § 9 V desselben Vertrages ein solche im voraus erteilte Genehmigung. Diese birgt die nicht ganz ungefährliche Erweiterung, die Rechte und Pflichten aus diesem Vertrag „auf sonstige Dritte" zu übertragen. Zwar ist es unter Berücksichtigung von Treu und Glauben rechtlich nicht möglich, den Vertrag auf jede beliebige natürliche oder juristische Person zu übertragen. Diese dritte Person muß insgesamt in der Lage sein, den Vertrag so erfüllen zu können, wie es der ursprünglichen Vertragspartei möglich gewesen wäre. Für einen Bandübernahmevertrag ist diese Einwilligung durchaus akzeptabel.

Etwas kritischer ist eine ähnliche und rechtsgleiche Einwilligung aus dem Künstlerexklusivvertrag des Anhangs in § 4.4 zu betrachten. Zwar findet hier schon im Vertragswortlaut die im voraus erteilte Genehmigung ihre Grenze in einer subsidiären, also nachgeordnet weiter bestehenden Verpflichtung der eigentlichen Vertragsfirma aus diesem Vertrag, so daß insofern also kein Problem besteht. Für gewöhnlich ist die Beziehung zwischen den Vertragsparteien eines Künstlerexklusivvertrages aber enger als bei einem Bandübernahmevertrag. Zwar ist man in der Regel nicht dagegen gefeit, daß die Menschen, mit denen man zu tun hat, zu einer anderen Firma wechseln. Doch ist die Frage, bei welcher Firma man exklusiv unter Vertrag ist, von nicht unerheblicher Bedeutung.

Bei der vertraglichen Vergabe von Vollmachten, Einwilligungen und Genehmigungen ist grundsätzlich zu überprüfen, ob diese zur Durchführung des Vertrages tatsächlich notwendig sind. Oft ist es möglich, die Vollmacht einzuschränken, ohne der anderen Vertragspartei in einer Weise die Hände zu binden, die die Wahrung eigener berechtigter Forderungen oder Ansprüche unzumutbar erschwert.

Die weitestgehende Vollmacht ist die Vertretung in sämtlichen Angelegenheiten, die Generalvollmacht. Sie ist grundsätzlich rechtlich möglich. Allerdings kann sie selbstverständlich nicht unwiderruflich erteilt werden. Es ist kein Gesichtspunkt erkennbar, aus welchem Grund eine solche Vollmacht in den hier vorliegenden Vertragstypen erteilt werden sollte.

5. Vollmachtslose Vertretung

Auf der anderen Seite der Warnung vor zu weit gehenden Vollmachten oder Einwilligungen steht das Risiko der Partei, die für eine andere handeln möchte, ohne hierzu allgemein bevollmächtigt zu sein. Es besteht zwar die Möglichkeit, sich für jede einzelne Handlung eine einzelne, besondere Vollmacht einzuholen. Dies ist aber auf jeden Fall mit einem unverhältnismäßig hohen Aufwand verbunden. Besteht die vollmachtgebende Seite aus mehreren Personen, was sehr oft der Fall ist, kann die Einholung einer rechtmäßigen Vollmacht einige Zeit in Anspruch nehmen. Dazu kommt noch, daß oft Entscheidungen schnell getroffen werden müssen. Um am Beispiel der Prozeßvollmacht aus dem Bandübernahmevertrag zu bleiben: Für die Beantragung einer einstweiligen Verfügung gegen einen Wettbewerbsverstoß eines Dritten bleiben nur einige wenige Tage Zeit. Danach behandelt das Gericht die Sache als nicht eilbedürftig, und man muß den gewöhnlichen – und gewöhnlich langwierigen – Klageweg beschreiten. Die Einholung einer Vollmacht würde diesen Antrag also fast in allen Fällen unmöglich machen.

Es bliebe der Firma also nur der Weg, ohne Vollmacht, praktisch im Alleingang, die einstweilige Verfügung zu beantragen. Sie geht allerdings in diesem

Fall ein hohes Risiko ein. Sie handelt als „vollmachtsloser Vertreter". Nur wenn dies nachträglich von der vertretenen Vertragspartei genehmigt wird, ist die Firma aus dem Schneider. Wird eine solche Genehmigung nicht erteilt, sind zunächst einmal die Rechtshandlungen der Firma unwirksam. Die Gegenseite kann obendrein sogar, wenn ihr hierdurch ein Schaden entstanden ist, von dem Vertreter ohne Vollmacht Schadensersatz verlangen. In der Regel wird dieser in ihrem sogenannten Vertrauensschaden liegen, also in dem Schaden, den der Dritte dadurch erleidet, daß er auf das Bestehen einer Vollmacht vertraut hat. Hat er sich in Hinblick auf den zu erwartenden Rechtsstreit von einem Anwalt beraten lassen, sind bei entsprechenden Größenordnungen ab 25.000 €, wie sie im Wettbewerbsrecht üblich sind, schon nach der Rechtsanwaltsgebührenordnung (BRAGO) saftige Beträge fällig. Pauschalvereinbarungen erreichen schnell auch Werte im fünfstelligen Bereich.

Dies gilt nicht nur im Beispiel eines Wettbewerbsverstoßes. Auch ganz normale Rechtsgeschäfte wie der Abschluß von Verträgen sind riskant, wenn man nicht hierzu bevollmächtigt ist. Insoweit der Dritte auf die Vollmacht vertraute und durch das Nichtvorliegen Schaden erleidet, kann er ebenfalls Schadensersatz verlangen.

Zur Absicherung sollte hier die dritte Seite bei den Verhandlungen darauf hingewiesen werden, daß die Wirksamkeit des Rechtsgeschäfts von einer Genehmigung der Vertragspartei abhängt. Nun kann die dritte Seite nicht mehr auf das Vorliegen einer solchen Vollmacht vertrauen, Schadensersatzansprüche sind ausgeschlossen.

Da Vollmachten auch mündlich erteilt werden können, ist es während einer Vertragsverhandlung immer noch besser, über das Telefon eine mündliche Vollmacht zum Vertragsabschluß übermittelt zu bekommen als völlig auf die nachträgliche Genehmigung angewiesen zu sein. Nun kehrt sich auch die Haftung um: Der Vollmachtgeber haftet für die erteilte Vollmacht, soweit der Bevollmächtigte den Rahmen dieser Vollmacht nicht überschreitet.

6. Einschränkungen und Beschränkungen

Einschränkungen der Vollmacht sind in jeder Weise möglich. Sie kann nur für bestimmte Geschäfte, Zeiträume, Länder, in bestimmter Höhe etc. gültig sein. Ebenso läßt sich eine allgemein erteilte Vollmacht beschränken. So sind generell in vielen Allgemeinvollmachten Kredit- und Grundstücksgeschäfte ausgeschlossen. Kombinationen aus Beschränkungsmöglichkeiten, etwa auf einen bestimmten Betrag pro Jahr, sind möglich und oft sinnvoll.

7. Kaufmännischer Bereich

Besondere Handlungsvollmachten innerhalb eines kaufmännischen Geschäftsbetriebs regelt das Handelsgesetzbuch (HGB). Zu seiner Entlastung kann der Kaufmann sich verschiedener Hilfspersonen bedienen, bei denen das Gesetz im Interesse der Sicherheit des Rechtsverkehrs einen bestimmten Umfang der Rechtsmacht nach außen garantiert. Gleichwohl kann im Innenverhältnis die Entscheidungsbefugnis vertraglich eingeengt sein. So ermächtigt die Prokura (§§ 49 HGB ff.), die im Handelsregister einzutragen ist, den Prokuristen, alle Arten von gerichtlichen und außergerichtlichen Handlungen vorzunehmen, die der Betrieb irgend eines (Handels-)Gewerbes mit sich bringt. So kann der Prokurist z.B. den Geschäftsgegenstand rechtswirksam veräußern. Auch hier muß jedoch die Vollmacht zu Grundstücksveräußerungen und -belastungen gesondert erteilt werden.

Eine sonstige Handlungsvollmacht (§ 54 HGB) für Handlungsgehilfen ermächtigt zu allen Geschäften und Rechtshandlungen, die die Vornahme der Geschäfte, auf die sich die Vollmacht bezieht, gewöhnlich mit sich bringt. Allerdings muß für Grundstücksgeschäfte, Wechselzeichnung, Kreditaufnahme und Prozeßführung eine besondere Vollmacht erteilt werden. Andere Einschränkungen sind hier im kaufmännischen Bereich einem Dritten gegenüber nur wirksam, wenn dieser sie kannte oder kennen mußte. Die Regeln über die Handlungsvollmacht finden auch auf selbständige oder angestellte Handelsvertreter mit Abschlußvollmacht Anwendung. Ladenangestellte und sonstige Mitarbeiter gelten immerhin als bevollmächtigt zu allen gewöhnlichen Verkäufen und Inempfangnahmen (Bezahlungen), doch kann sich aus den Umständen, etwa der Einrichtung einer Kasse oder besonderen Rechnungsstelle, etwas anderes ergeben.

8. Anwaltsvollmacht

Eine besondere Art der Allgemeinvollmacht stellt die Anwaltsvollmacht dar. Sie gilt für den erteilten Auftrag, meist für einen Rechtsstreit, und gibt dem Anwalt umfassende Möglichkeiten. Dies ist auch notwendig, da sich häufig erst aus dem Gang des Verfahrens die notwendigen Schritte ergeben. Die formularmäßig erteilte Vollmacht des Anwalts endet erst bei der Verfügung über den Streitgegenstand selbst, also etwa bei Abschluß eines Vergleiches. Diesen muß der Anwalt sich ausdrücklich genehmigen lassen, entweder vorher oder aber nachträglich. Der Vergleich wird dann unter Widerrufsvorbehalt gestellt und kann innerhalb einer vereinbarten Frist wieder rückgängig gemacht werden.

Schutz bei dieser umfangreichen Vollmachtsstellung des Anwalts bieten aber die zahlreichen Gesetze und Vorschriften, die den Anwalt binden. Von der Rechtsanwaltsordnung über Standesvorschriften bis hin zur Gebührenordnung ist das Handeln des Anwalts reguliert. Im äußersten Fall droht dem Anwalt, neben Verlust seiner Zulassung und damit seiner beruflichen Existenz, auch eine strafrechtliche Verfolgung.

Gleiches gilt im übrigen auch für die Vollmacht des Steuerberaters.

9. Passivvollmacht

Als Passivvollmacht wird eine Vollmacht bezeichnet, durch die ein Dritter, der am Vertrag nicht beteiligt ist, aus dem Vertrag berechtigt wird. Ein Beispiel findet sich im Künstlervertrag des Anhangs unter § 20. Diese Art Vollmacht wird in den Vertrag aufgenommen, damit die Firma durch die Leistung an diesen Vertreter des Vertragspartners von ihrer eigenen Leistungspflicht dem Vertragspartner gegenüber frei wird.

Zahlt die Firma also an den Bevollmächtigten des Künstlers und setzt sich dieser mit der Zahlung ins Ausland ab, braucht die Firma nicht erneut an den Künstler zu zahlen.

Zu beachten ist hierbei, daß die eigentliche Vollmacht ja außerhalb des Vertrages an den Bevollmächtigten erteilt wurde. Hierfür können völlig eigenständige Modalitäten, insbesondere Kündigungsmöglichkeiten etc., gelten. Sollte es zu einer Beendigung dieser Vollmacht kommen, ist dem Vertragspartner unverzüglich und schriftlich hiervon Kenntnis zu geben. Erst bei Vorliegen dieser Kenntnis erlischt das Recht, an den Bevollmächtigten mit befreiender Wirkung zu leisten.

10. Untervollmacht

Durch die Erteilung der Erlaubnis zur Vergabe von Untervollmachten entfernt sich der Vollmachtgeber noch ein Stück weiter von seinem eigenen Recht auf Vornahme von Rechtshandlungen. Nun kann es ihm passieren, daß er nicht einmal mehr weiß, wer in seinem Namen handelt. Aus diesem Grund sollte die Erlaubnis zur Erteilung von Untervollmachten immer unter zwei Bedingungen gestellt werden:

1. müssen solche Untervollmachten ebenfalls schriftlich erteilt werden, und
2. sollte dem eigentlichen Vollmachtgeber immer Mitteilung von der Erteilung einer schriftlichen Untervollmacht gemacht werden.

Ganz „auf der sicheren Seite" ist man, wenn man die Wirksamkeit einer Untervollmacht von einer Genehmigung im Einzelfall abhängig macht.

11. Widerruf

Ob man eine vertraglich gewährte Vollmacht oder auch Genehmigung widerrufen kann, ohne den ganzen Vertrag beenden zu müssen, hängt von einigen Faktoren ab. Klar und einfach ist die Angelegenheit, wenn der Widerruf der Bevollmächtigung im Vertrag ausdrücklich vorbehalten ist. Dann muß nur noch die Form – meist schriftlich – eingehalten und auf ordnungs- und fristgemäßen Zugang des Widerrufs geachtet werden. Wie nach heutigem Stand der Rechtsprechung bei fast allen Rechtshandlungen, reicht die fristgerechte Übermittlung per Telefax aus.

In der Regel unmöglich ist die Rücknahme einer unwiderruflichen Vollmacht oder Genehmigung. Eine Ausnahme ist nur dann gegeben, wenn die Erklärung der Vollmacht als sittenwidrig anzusehen ist. Ebenso ist die Lage, wenn eine an sich ordnungsgemäß erteilte Vollmacht in sittenwidriger Weise benutzt wird. Man kann für diese Fälle aber zumindest von der Beendigung des Vertrages insgesamt für die Zukunft ausgehen, da das Vertrauensverhältnis zwischen den Vertragsparteien nachhaltig und irreparabel gestört sein dürfte.

Es besteht auch die Möglichkeit, daß eine Vollmacht unter dem Gesichtspunkt des Gesetzes über die allgemeinen Geschäftsbedingungen (AGB) als Überraschungsklausel oder einseitige Benachteiligung zu werten ist. Voraussetzungen sind aber hier die Verwendung eines Formularvertrages durch die bevollmächtigte Partei sowie der Nachweis, daß die Vollmacht nicht gesondert ausgehandelt wurde. Unter diesen Voraussetzungen kann aber hier eine Möglichkeit zum Widerruf gegeben sein, ohne den Vertrag insgesamt zu beenden.

Schwieriger ist die Beurteilung der Fälle, in denen ein Widerruf zwar nicht ausdrücklich ausgeschlossen, aber eben auch nicht ausdrücklich vorgesehen ist.

In jedem der oben dargestellten Fälle kann die Vollmacht oder Genehmigung ausschließlich für die Zukunft zurückgenommen werden. Hat der Vollmachtgeber Kenntnis über laufende Verhandlungen, so ist er gehalten, die dritte Partei über den Widerruf der Vollmacht zu informieren. Ansonsten muß er sich gegenüber dieser Partei so behandeln lassen, als habe die Vollmacht weiterhin Gültigkeit. Bei Widerruf sollte man sich also von dem Bevollmächtigten informieren lassen, an welche dritte Parteien die Vollmacht bekanntgegeben wurde und wie der jeweilige Stand der Verhandlungen oder Rechtsgeschäfte ist.

12. Strohmann

Eine ganz besondere und auch besonders heikle Art der Vollmacht liegt bei einem sogenannten Strohmann vor. Dies ist ein Vertreter, der aber wie in eigenem Namen handelnd auftritt. Er wird von einem Hintermann vorgeschoben, der das Rechtsgeschäft nicht in eigener Person vornehmen kann oder will. Das auf diese Art und Weise abgeschlossene Rechtsgeschäft ist grundsätzlich gültig.

Es ist insbesondere nicht als sogenanntes Scheingeschäft unwirksam. Etwas anderes gilt, wenn das gesamte Handeln sich als Gesetzesumgehung darstellt. Da aber keine erkennbare Vollmacht vorliegt, wird das Geschäft direkt mit dem Strohmann abgeschlossen, nach außen wird nur dieser berechtigt und verpflichtet. Erst im Innenverhältnis zwischen Hintermann und Strohmann wird dann das eigentlich gewollte Geschäft abgewickelt. Der Strohmann kann dem dritten Geschäftspartner nicht einmal entgegenhalten, dieser habe von der Existenz des Hintermanns gewußt.

13. Auftrag

Sollen im Rahmen des Dienst- oder Werkvertrages Geschäfte des anderen besorgt werden, findet weitgehend Auftragsrecht gem. § 675 BGB Anwendung. Es liegt keine Vollmacht vor! Der Geschäftsbesorgungsvertrag verpflichtet vielmehr zur selbständigen Wahrnehmung der Interessen des Auftraggebers, was dem Verpflichteten eine besondere Treubindung auferlegt. Der Auftrag selbst (§ 662 ff. BGB) ist ein Vertrag, der zur Besorgung fremder Geschäfte im weitesten Sinne verpflichtet. Jede selbständige Tätigkeit für einen anderen reicht aus. Im Gegensatz zum Geschäftsbesorgungsvertrag wird der Auftrag unentgeltlich übernommen. Der Beauftragte hat die Pflicht, Auskunft über den Stand des Geschäftes zu erteilen und alles, was ihm bei der Geschäftsbesorgung zufließt, herauszugeben, übrigens auch Schmiergelder! Dafür hat er einen Anspruch auf Ersatz seiner Aufwendungen.

Daneben existiert auch noch die Geschäftsführung ohne Auftrag, es gelten die eben genannten Regeln. Die eigentliche Auftragserteilung wird hierbei durch die Feststellung des mutmaßlichen Willens des Auftraggebers ersetzt. Auch dies stellt, durch mögliche Fehleinschätzungen dieses mutmaßlichen Willens, ein gefährliches Vorgehen dar.

14. Bote

Ebenso vom Bevollmächtigten zu unterscheiden ist der Bote. Er handelt nicht in fremdem Namen und auf fremde Rechnung und schon gar nicht für sich selber. Er übermittelt lediglich die Willenserklärung des Auftraggebers an andere. Aus diesem Grund muß der Bote überhaupt nicht geschäftsfähig sein, auch Kinder können Boten sein.

Auch in den hier interessierenden Verträgen kann die Rechtsfigur des Boten vorkommen. Verpflichtet sich z.B. die Firma gegenüber dem Künstler in einem Künstlerexklusivvertrag, Erklärungen des Künstlers gegenüber den Medien an diese weiterzugeben, so gibt sie diese Presseerklärungen nicht in eigenem Namen ab.

15. Selbstkontrahierungsverbot

§ 181 BGB verhindert Rechtsgeschäfte des Vertreters im Namen des Vollmachtgebers mit sich selbst. Ausnahmen hiervon sind im Gesellschaftsrecht, z. B. regelmäßig bei der Ein-Mann-GmbH, vorzufinden.

Ansonsten sollten Ausnahmen von dem Selbstkontrahierungsverbot nicht im Vertragsformular erteilt werden. Sollte sich einmal eine entsprechende Notwendigkeit hierzu ergeben, ist für diesen Einzelfall die gesondert erteilte Genehmigung der eindeutig bessere Weg.

16. Kosten durch die Vollmacht

Durch die Vollmachtsausübung können Kosten entstehen. Die Beauftragung eines Anwalts etwa bei der Prozeßführungsvollmacht kann zu umfangreichen Kostenrisiken führen. Im Verlustfalle kommen auch die Kosten des gegnerischen Anwalts hinzu. Eine Kostentragungspflicht nach dem Grundsatz „Wer bestellt, bezahlt" wäre im Innenverhältnis angebracht. Schließlich entscheidet der Bevollmächtigte sowohl über das Ob als auch das Wie einer Prozeßführung.

Auch hier kann man die Kostentragungspflicht zumindest der Höhe nach begrenzen und höhere Kosten von einer ausdrücklich und schriftlich erteilten Zustimmung abhängig machen.

17. Fortwirkungsdauer von Vollmachten

Vollmachten können auch über die Beendigung des Vertrages hinaus wirksam sein. Dies ist insbesondere immer dann der Fall, wenn die Vollmacht eine solche Bestimmung enthält. Aber auch wenn eine Verknüpfung zwischen bestimmten fortwirkenden Rechten und einer mit ihnen im Zusammenhang stehenden Vollmacht besteht, kann sich nach Auslegung des Vertrags ein solches Fortwirken einer Vollmacht ergeben.

Vollmachten können für bestehende Rechtsstreitigkeiten fortwirken. Es erscheint als schlechte Lösung, hier mitten im Rennen die Pferde zu wechseln und den Rechtsstreit selbst oder durch Dritte fortzuführen.

Schließlich kann sich unter dem Grundsatz von Treu und Glauben auch die Pflicht entwickeln, nach Beendigung des Vertrages eine Vollmacht nachträglich zu erteilen oder Handlungen nachträglich zu genehmigen. Dies ist immer dann der Fall, wenn man bereits innerhalb der Vertragslaufzeit damit rechnen mußte, eine entsprechende Handlung vorzunehmen. Auch eigene Handlungen können diese Pflicht auslösen. Wer dem Vertragspartner den Auftrag zu Verhandlungen gibt, muß gegebenenfalls getätigte Abschlüsse, wenn sie so zu erwarten waren, auch genehmigen.

Wird der Vertrag vor Ablauf seiner normalen Laufzeit beendigt (siehe unten), sollte in jedem Fall an dritte Parteien eine Benachrichtigung über das Erlöschen von Vollmachten ergehen. Sonst droht die Gefahr, daß sich der Dritte auf seinen guten Glauben an das Fortbestehen der Vollmacht beruft.

 Ablauf, Aussetzung, Auflösung und Kündigung des Vertrages

1. Ablauf

Jeder Vertrag ist dann beendet, wenn er erfüllt ist. Bei einfachen Verträgen wie dem Kaufvertrag ist dies immer dann der Fall, wenn beide Seiten das, was sie dem anderen schulden, geleistet haben und dieser es angenommen hat. Bei den hier vorliegenden Verträgen kann zumeist von einer längeren Laufzeit ausgegangen werden.

In fast allen Fällen ist diese Laufzeit zeitlich begrenzt. Dies ist natürlich auch dringend anzuraten. Vor allem in einem schnelllebigen Geschäft wie der Musikindustrie ist es schon schwer vorherzusagen, was im nächsten Jahr sein wird. Die Situation in zehn oder noch mehr Jahren zu prognostizieren, ist fast unmöglich. Je länger die Laufzeit eines Vertrages ist, um so mehr wirken die veränderten Umstände als Einflüsse von außen auf den Vertrag ein.

Eine möglichst lange Vertragslaufzeit ist vornehmlich im Interesse der Industrie. Es werden hierbei die Konditionen des Ausgangsvertrages festgeschrieben – am liebsten bis zum Sankt-Nimmerleins-Tag. Gleichzeitig wird die Notbremse für die Firma gleich mit eingebaut, denn über die Verlängerung kann man schließlich bei jedem Optionstermin neu befinden.

Ein unbefristeter Vertrag allerdings ist für die Industrie nicht von Nutzen. Dieser wäre, wenn nichts anderes bestimmt ist, jederzeit kündbar.

Mit der Festlegung auf eine bestimmte Laufzeit verpflichten sich demgegenüber beide Vertragsparteien, bis zum Ablauf der vorher festgelegten Zeit den Vertrag erfüllen zu wollen. Oft hängt selbst dieses Vertragsende, also nach Ablauf der Laufzeit einschließlich aller Optionen, vom Eingang einer schriftlichen Kündigung ab. Eine entsprechende Klausel ist wieder vor allem für die Industrie praktisch. Während hier Profis über die Verträge wachen und gegebenenfalls diese Kündigung rechtzeitig aussprechen (oder, ganz nach Belieben, eben auch nicht), kann man auf Künstlerseite mit einiger Aussicht auf Erfolg darauf bauen, daß der Künstler den Kündigungstermin nicht wahrnimmt. In der Regel sind die Klauseln so gestaltet, daß sich dann der Vertrag automatisch um eine Abrechnungsperiode verlängert. Sehr schön für die Firma – so kann sie bei einem erfolgreichen Produkt noch länger kassieren.

Wie ein Vertrag mit fester Laufzeit aufgelöst oder gekündigt werden kann, wird im Folgenden aufgezeigt.

2. Aussetzung

Eine Aussetzung des Vertrages ist dann notwendig, wenn eine Seite (oder, in seltenen Fällen, auch beide) an der Erfüllung des Vertrages für einen absehbaren Zeitraum gehindert ist. Hier wäre es nicht angemessen, den Vertrag etwa durch Auflösung oder Kündigung vollständig zu beenden.

Eine Möglichkeit könnte die berühmte höhere Gewalt sein, die eine Seite an der rechtzeitigen Vertragserfüllung hindert. Höhere Gewalt ist ein unabwendbares und nicht vorhersehbares Ereignis. Rechtlich gesehen spricht man hier vom „Wegfall der Geschäftsgrundlage". Als „kleine" Geschäftsgrundlage bezeichnet man die Umstände, die für diesen speziellen Vertrag gelten. Die „große" Geschäftsgrundlage betrifft alle Verträge der ganzen Gattung und Vertragsart. Wenn die Regierung die Musik insgesamt verbietet, ist die große Geschäftsgrundlage aller Verträge in der Musikindustrie betroffen. Verbietet sie es nur Heino, können alle anderen aufatmen: Ihre Verträge sind weiterhin gültig.

Geschäftsgrundlage ist nach den weisen Worten des Reichsgerichts „die bei Abschluß des Vertrages zutage getretenen, dem anderen Teil erkennbar gewordenen und von ihm nicht beanstandeten Vorstellungen der einen Partei oder die gemeinsamen Vorstellungen beider Parteien von dem Vorhandensein oder dem künftigen Eintritt bestimmter Umstände, sofern der Geschäftswille der Partei auf diesen Vorstellungen aufbaut". Gemeint ist damit die Frage, wovon die Parteien am Anfang ausgegangen sind und ob sie den Vertrag auch geschlossen hätten, wenn sie gewußt hätten, daß es anders kommt. Hierbei muß man natürlich einkalkulieren, daß nicht immer alles klappen kann. Wenn beide Parteien bei Vertragsschluß davon ausgingen, daß der Vertrag ein Riesenerfolg wird, und dies dann doch leider nicht eintritt, stellt dies natürlich keinen Wegfall der Geschäftsgrundlage dar.

Weiter kommt natürlich Krankheit in Frage. Hierzu muß die Krankheit jedoch die zeitgerechte Vertragserfüllung verhindern. Auch ein Gipsbein hindert aller Erfahrung nach nicht an der Abgabe einer Erklärung oder einer Unterschrift. Wenn ein Fall tatsächlicher Verhinderung durch Krankheit eintritt, so sollte dies immer durch eine ärztliche Bestätigung nachgewiesen sein. Ein regelrechtes ärztliches Attest ist meist nur bei tatsächlichen Rechtsstreitigkeiten erforderlich.

Gründe wie die Aufgabe des Berufes, der Eintritt in eine Sekte usw. rechtfertigen in den meisten Fällen eine Aussetzung des Vertrages nicht, soweit sie nicht durch höhere Gewalt oder Krankheit herbeigeführt wurden. Zum einen ist der Zeitraum für eine Wiederaufnahme der Leistungsverpflichtungen aus dem Vertrag nicht absehbar. Zum anderen sind sie meist von der Seite, die nicht mehr leistet, verschuldet. In Frage kommt hier allenfalls eine einvernehmliche Auflösung des Vertrages. Bei einem echtem Aussteiger dürfte es in der Regel zwecklos sein, auf Erfüllung des Vertrages zu bestehen. Die „innere Kündigung" verhindert die ordnungsgemäße Erfüllung des Vertrages. Auch dürfte die Durchsetzung von Schadensersatz zwecklos sein, wenn der Betreffende gerade sein gesamtes Vermögen seinem Guru gespendet hat.

3. Auflösung

Die Auflösung des Vertrags muß grundsätzlich im wechselseitigen Einvernehmen erfolgen. Etwas anderes liegt vor, wenn eine Partei, sei es durch Vertrag oder kraft Gesetzes, zum Rücktritt berechtigt ist. Sie kann nun den Vertrag durch einseitige Willenserklärung auflösen. Beide Seiten haben sich in diesem Fall das gegenseitig Geleistete zurückzugewähren.

Viele Verträge sehen die Auflösung des Vertrages für den Fall vor, daß die Gegenseite in Konkurs fällt. Zukünftige Ansprüche werden dann nicht als Konkursmasse verwaltet.

Ähnlich gelagert ist der Fall, daß eine Auflösung im Falle der Veräußerung des Geschäftsbetriebs vorgesehen ist. Auch hier wäre eine vollständige Rückabwicklung kaum durchführbar. Es ist auch nicht in jedem Fall notwendig, bei Veräußerung vom Vertrag Abstand zu nehmen. Sinnvoller ist meist die Fortsetzung des Vertrages zu gleichen Bedingungen oder aber die Neuverhandlung einzelner Positionen unter Beibehaltung des Gesamtvertrages. Selbst die Beendigung für die Zukunft ohne Rückgewähr des in der Vergangenheit Geleisteten führt zu wirtschaftlich vernünftigeren Ergebnissen als die vollständige Rückabwicklung.

Bei Dauerschuldverhältnissen (siehe unten) ist nur die Kündigung möglich, nicht aber die Auflösung durch Rücktritt.

4. Kündigung

Kündigung ist die Beendigung eines Dauerschuldverhältnisses durch einseitige Willenserklärung. Dauerschuldverhältnisse sind alle Verträge mit einer längeren Gültigkeit und wiederkehrenden mehrfachen rechtlichen Verpflichtungen zur Erbringung von Leistungen. Somit sind alle hier behandelten Vertragsarten Dauerschuldverhältnisse.

Der Kündigende muß unwiderruflich den Willen kundtun, das Dauerschuldverhältnis zu beenden. Daraus folgt, daß die Kündigung auch nicht unter einen

Vorbehalt oder eine Bedingung gestellt werden darf. Teilt man dem Vertragspartner mit, daß man den Vertrag kündigen wird, wenn er ein bestimmtes Verhalten nicht einstellt oder er eine bestimmte Handlung nicht vornimmt, so stellt dies keine Kündigung dar. Es ist lediglich das Ankündigen der eigentlichen Kündigung. Juristisch nennt man dies eine Abmahnung. In vielen Fällen, so z. B. im Arbeitsrecht, muß eine solche Abmahnung einer Kündigung vorausgehen. Etwas mehr hierzu steht weiter unten bei der außerordentlichen Kündigung. Dieses Abmahnungsschreiben wahrt auch nicht eine möglicherweise vereinbarte oder vom Gesetz vorgeschriebene Kündigungsfrist.

Vorsicht ist also bei allen Formulierungen geboten, welche die Kündigung unter irgendeinen Vorbehalt stellen. Man kann so etwas selbstverständlich tun, um der Gegenseite den Ernst der Lage klarzumachen und mit der Kündigung zu drohen. Tut die Gegenseite aber trotzdem nicht, was man von ihr verlangt, muß eine formgerechte Kündigung ausgesprochen werden. Wie bei den meisten juristischen Grundsätzen gibt es zwar Ausnahmen von dieser Regel. Wie so oft macht man aber, wenn man sich auf einen solchen Ausnahmefall verläßt, meist nur die Anwälte reich. Die alte Formel „sicher ist sicher" gilt auf rechtlichem Gebiet in jedem Fall.

Zur Wirksamkeit der Kündigung muß diese der Gegenseite zugegangen sein. Wenn die Schriftform nicht ausdrücklich vereinbart wurde (oder, wie zum Beispiel bei der Wohnungsmiete, vom Gesetz bestimmt ist), reicht auch eine mündliche Erklärung aus. Da die Kündigung eine einseitige Erklärung ist, mit der das Dauerschuldverhältnis beendet wird und die von allerlei Formalien abhängig ist, bietet die Schriftform die besten Möglichkeiten, Beweisproblemen über Inhalt, Zugang und die Wahrung von Fristen aus dem Weg zu gehen.

4.1 Außerordentliche Kündigung

Diese Kündigung ist vor allem als fristlose Kündigung bekannt. Sie muß nicht immer tatsächlich fristlos sein, aber auch hier ist man bei einer fristlosen Beendigung des Dauerschuldverhältnisses auf der sicheren Seite. Voraussetzung ist grundsätzlich, daß der kündigenden Seite die Fortsetzung des Vertrages nicht zumutbar ist. Indiz hierfür ist, daß die Durchführung des Vertrages zumindest erheblich gefährdet ist. Auf ein Verschulden der Gegenseite kommt es hierbei für die Wirksamkeit der außerordentlichen Kündigung nicht an. Das Recht zur außerordentlichen Kündigung ist nicht zu verwechseln mit der Forderung auf Schadenersatz wegen eines schuldhaften Fehlverhaltens der Gegenseite. Dieses geht einer fristlosen Kündigung zwar oft voraus und liefert gerade den Anlaß für eine fristlose Beendigung des Vertrages. Doch für die außerordentliche Kündigung selbst kommt es nur darauf an, daß es eben nach objektiven Maßstäben unzumutbar ist, weiter am Vertrag festzuhalten.

Wegen dieser Voraussetzung der Unzumutbarkeit der weiteren Vertragsdurchführung ist es immer möglich, ein Dauerschuldverhältnis außerordentlich zu kündigen. Das Recht zur außerordentlichen Kündigung muß nicht etwa vertraglich oder per Gesetz vorher bestimmt sein. Aus dem immer geltenden Grundsatz von Treu und Glauben gemäß § 242 BGB heraus kann dieses Recht auch niemals ausgeschlossen werden. Es sind zwar Beschränkungen möglich, die als vertragliche Klauseln ausformuliert werden können. Ein genereller Ausschluß dieses Kündigungsrechts ist aber nicht möglich. Es kann von einem Schuldner nicht mehr verlangt werden, als ihm nach objektiven Maßstäben zugemutet werden darf.

Wo die Grenze dieser Zumutbarkeit liegt, kann vom Gesetz nicht vorab bestimmt werden. Es richtet sich – wie soviel in der Welt der Gesetze – nach den Umständen des Einzelfalls. Zunächst wird bei der Auslegung, ob unter bestimmten Umständen ein Festhalten an der Vertragsdurchführung als unzumutbar erscheint, nach den rein subjektiven Befindlichkeiten gefragt. Ist es dieser Person unter Berücksichtigung aller Fakten und Voraussetzungen möglich, den Vertrag weiter zu erfüllen? Oder würde sie hierdurch Schaden erleiden, der den Nachteil einer Nichtfortführung für die andere Seite weit übersteigt?

Diese subjektive Feststellung stößt an ihre Grenze bei der Frage, wie ein objektiver Dritter in gleicher Situation zu beurteilen wäre. Nicht jede Empfindlichkeit kann schließlich zu so einem massiven Recht wie dem der fristlosen Kündigung führen.

Zur Erläuterung all dieser grauen Theorie ein Beispiel aus der Praxis: Ein Künstler möchte seinen Künstlerexklusivvertrag wegen beleidigender Äußerungen seitens seines Vertragspartners kündigen. Er behauptet, diese ehrabschneidenden Verletzungen machten es ihm unmöglich, weiter mit der anderen Vertragspartei zusammenzuarbeiten. Nun würde ein Richter die tatsächlichen Äußerungen der Gegenseite beurteilen. Hat z. B. der Geschäftsführer der Gegenseite während einer Pressekonferenz mitgeteilt, der Künstler habe null Talent, gebe sich aber dafür überhaupt keine Mühe, würde man von einer Unzumutbarkeit der weiteren Vertragsdurchführung und somit von einem Recht zur außerordentlichen Kündigung ausgehen können. Hat dagegen die Sekretärin, als sie mit dem Künstler allein im Aufzug gefahren ist, diesem gegenüber geäußert, seine letzte Produktion sei ja nicht so toll gewesen, kann dies zwar die empfindsame Seele unseres Musikus tief treffen und verletzen. Am Maßstab eines objektiven Dritten gemessen, liegt hierin jedoch gewiß kein Grund, das Vertragsverhältnis stehenden Fußes zu beenden. Zwischen diesen beiden – als Extrempolen gedachten – Möglichkeiten liegen alle anderen Fälle.

XX Formalitäten

Folgende Punkte sind in allen Verträgen geregelt oder sollten es zumindest sein. Wenn keine entsprechende Regelung getroffen wird, gilt das Bürgerliche Gesetzbuch. Zu seiner Anwendung findet man oft die folgende Festlegung einer salvatorischen Klausel.

1. Salvatorische Klausel

Eine solche Klausel findet sich in fast allen Verträgen, wenn auch in unterschiedlicher Formulierung, wieder. Im Grunde beschreibt sie den Zustand, der vom Gesetzgeber des einschlägigen Gesetzes, hier meist des Bürgerlichen Gesetzbuchs (BGB), gewollt war. Es dreht diesen Zustand allerdings um. Der Gesetzestext ist für die unter ihn fallenden Rechtsgeschäfte bestimmend, wenn nicht die Vertragsparteien erlaubterweise etwas anderes bestimmt haben – so ist die Gesetzeslage. Die Salvatorische Klausel sieht nun umgekehrt alles Wichtige als durch den Vertrag bestimmt an, und nur im Ausnahmefall, z.B. bei Unwirksamkeit einer Vertragsklausel, soll die entsprechende gesetzliche Bestimmung eintreten.

Verträge können – und müssen auch oft - ausgelegt werden. Das heißt, man fragt nach dem eigentlich Gewollten einer Vertragsklausel. Die Salvatorische Klausel gibt hier eine Auslegungsregel vor. Immer dann, wenn im Vertrag etwas nicht hinreichend bestimmt oder aber aus rechtlichen Gründen so nicht durchführbar ist, soll nicht etwa deswegen der ganze Vertrag null und nichtig sein. Dies ist auch in der Regel überhaupt nicht erforderlich, hier würde mit Kanonen auf Spatzen geschossen. Sofern nur eine Bestimmung fehlt oder fehlerhaft ist, kann in der Regel der Vertrag dennoch von beiden Seiten erfüllt werden.

Aber wie geht man hierbei vor? Wenn etwas tatsächlich nicht geregelt ist, von dem beide Seiten ausgingen, daß es geregelt sei, entsteht ein rechtliches Vakuum. Es drängt sich auf, daß beide Seiten nun davon ausgehen, das jeweils für sie Günstigste solle an Stelle der unwirksamen Klausel gelten. § 157 BGB schreibt bei solchen Regelungslücken vor, daß der Vertrag so auszulegen ist, wie es Treu und Glauben mit Rücksicht auf die Verkehrssitte erfordern. Wurde beispielsweise eine Regelung über die Mehrwertsteuer vergessen, so ist diese, wenn sich aus den Umständen nichts anderes ergibt, in dem angebotenen Preis (also der Beteiligung) enthalten, da sie ein unselbständiger Teil des zu zahlenden Preises ist.

2. Schriftform

Grundsätzlich ist für die hier besprochenen Verträge auf Grund ihrer Vertragsart keine Schriftform erforderlich, da das Gesetz Schriftform nur für wenige Fälle zwingend vorschreibt. Es dürfte aber absolut praxisfremd sein, einen der hier genannten Verträge nicht schriftlich auszuformulieren. Über die Beweisbarkeit der einzelnen Klauseln hinaus ist der Vertragsinhalt schlichtweg nicht erinnerbar.

Die Parteien können im Vertrag auch festlegen, daß nachträgliche Änderungen oder Ergänzungen des Vertrages der Schriftform bedürfen. Wird die Schriftform nicht eingehalten, ist die betreffende Abrede gemäß § 125 II BGB im Zweifel nichtig. Ein mündlich bestehendes Einvernehmen reicht danach also alleine nicht aus, ohne daß dies zumindest in einem Satz, mit Unterschriften versehen, auf einem Blatt Papier festgehalten wird.

Viele Menschen denken, daß ein Vertrag, welcher mit einer derartigen Schriftform-Klausel versehen ist, durch mündliche Absprachen nicht geändert werden könnte. Diese Ansicht ist jedoch falsch. Soweit die Parteien Nebenabreden mündlich treffen, haben sie sich damit ebenfalls stillschweigend darüber geeinigt, daß diese mündliche Abrede dem zuvor festgelegten Schriftformerfordernis vorgehen soll. Da die Parteien aufgrund ihrer Vertragsautonomie in der Gestaltung der Verträge frei entscheiden können, besteht eben auch die Möglichkeit, einen vereinbarten Formzwang jederzeit formlos wieder aufzuheben. Eine stillschweigende Aufhebung des Formzwangs ist immer dann anzunehmen, wenn beide Parteien die Gültigkeit der mündlichen Vereinbarung verbindlich gewollt haben (was z. B. nicht der Fall ist, wenn eine Partei die mündliche Vereinbarung noch schriftlich bestätigen soll). Das gilt auch dann, wenn sie an den Formzwang nicht gedacht haben. Nicht einmal die Klausel, daß die Aufhebung des Formzwanges der Schriftform bedarf, steht der Gültigkeit der mündlichen Vereinbarung entgegen, denn die Parteien können nicht für die Zukunft auf ihre Vertragsfreiheit verzichten. Stets hat das von ihnen zuletzt Vereinbarte Vorrang gegenüber früheren Abreden. § 125 II BGB läuft daher meistens leer.

Derjenige, der sich auf die mündliche Abrede beruft, muß allerdings deren Inhalt und die Aufhebung des Formzwanges beweisen. Das wird in der Regel schwierig sein.

Eine stillschweigende Änderung des Vertrages kann sich auch Vertragsausübung ergeben. Wird eine bestimmte Klausel von beiden Seiten über einen längeren Zeitraum wissentlich anders ausgeübt, als es der Vertragstext vorsieht, kann eine Seite sich nach dem Grundsatz von Treu und Glauben nicht mehr auf die ursprüngliche Vereinbarung aus dem schriftlichen Vertrag berufen.

3. Arbeitsverhältnis

Die dienstvertraglichen Elemente der hier besprochenen Vertragsarten machen es erforderlich, in einer besonderen Klausel darauf hinzuweisen, daß durch den jeweiligen Vertrag und dessen Durchführung kein Arbeitsverhältnis begründet wird. Sinn und Zweck dieser Klausel liegt in der Furcht vor den umfangreichen Schutzrechten des Arbeitnehmers nach dem Arbeitsrecht begründet. Diese reichen vom Kündigungsschutz über die Pflicht des Arbeitgebers zur Leistung von Sozialversicherungsanteilen bis hin zur besonderen Fürsorgepflicht – all dies paßt nicht zu den hier beschriebenen Verträgen. Auffällig ist hier schon die Umkehrung der wirtschaftlichen Machtverhältnisse, schließlich ist im normalen Arbeitsleben doch der Arbeitgeber der mit dem Kapital.

Im Innenverhältnis ist diese Klausel bindend und wirksam. Zwar bestimmt sich die Vertragsart nicht nach der Bezeichnung des Vertrages. Ein Arbeitsvertrag, dessen Überschrift „Werkvertrag" lautet, bleibt trotzdem ein Arbeitsvertrag. Der aus den dienstvertraglichen Elementen der hier vorliegenden Verträge verpflichtete Künstler kann sich aber durch diese Klausel nicht mehr darauf berufen, eigentlich Arbeitnehmer zu sein.

Dies gilt aber, wie gesagt, nur im Innenverhältnis. Öffentlich-rechtliche Ansprüche werden durch diese Klausel nicht berührt. Lange Zeit stritt die Bundesanstalt für Arbeit darum, daß Auftrittsverträge nicht Werk-, sondern Arbeitsverträge seien. Manager und Künstleragenturen hätten dann gegen das Verbot der Arbeitsvermittlung durch das Arbeitsförderungsgesetz (AFG) verstoßen. Erst eine letztinstanzliche Entscheidung beendete diesen Rechtsstreit. Durch die Liberalisierung des AFG ist der Streit endgültig ad acta gelegt worden.

4. Anwendbares nationales Recht

Es gilt grundsätzlich das Recht des Landes, in dem der Vertrag durchgeführt werden soll, nicht etwa des Landes, in dem der Vertrag geschlossen wird. Dies ist auch logisch: Wird ein Vertrag zwischen einem deutschen Künstler und einer deutschen Plattenfirma auf Mallorca geschlossen, soll wohl kaum spanisches Recht Anwendung finden. Verträge haben oft eine weltweite Gültigkeit. Hier kann es zu Schwierigkeiten im Hinblick auf die Anwendbarkeit des jeweiligen nationalen Rechts kommen. Problemlos erscheint dies, wenn zwar z. B. die Rechteverwertung theoretisch auf der ganzen Welt stattfinden darf, in der Ausübung des Vertrages aber über den deutschen Markt nicht hinausgeht. Es kommt dann immer auf die tatsächliche Ausübung an.

Auch der Wohn- oder Geschäftssitz der Vertragspartner geben über die Anwendbarkeit des jeweiligen Rechts Auskunft.

In allen Zweifelsfällen empfiehlt es sich, hierzu eine Regelung im Vertrag zu treffen. Der Unterschied zwischen z.B. dem US-amerikanischen Recht und dem deutschen BGB ist extrem, die Durchführung des Vertrages wäre hierdurch in der Regel gefährdet. Außerdem schützt dies vor unangenehmen Überraschungen. Viele werden schon z.B. von den Schadensersatzklagen nach amerikanischem Recht gehört haben, bei denen es für vergleichsweise geringe Schäden um Millionenbeträge geht. In Deutschland ist der Schadensersatz auf dasjenige begrenzt, was bislang tatsächlich und berechenbar als Schaden entstanden ist und was zukünftig mit großer Wahrscheinlichkeit entstehen wird. Ein Schmerzensgeld für sogenannte immaterielle Schäden gibt es nur in eng begrenzten Ausnahmefällen. Anders in den USA: Dort dienen der Schadensersatz und das Schmerzensgeld viel mehr als bei uns der Bestrafung der schädigenden Partei.

Ungewißheiten dieser und anderer Art, die einem im Fall eines Rechtsstreites arge Kopfschmerzen und durchwachte Nächte bereiten können, sollte man tunlichst durch eine rechtzeitige vertragliche Regelung aus dem Weg gehen.

5. Gerichtsstand

Genauso entscheidend wie die Frage der Anwendbarkeit des jeweiligen nationalen Rechts ist die Frage nach dem Gerichtsstand. Der Gerichtsstand ist der Ort, an dem die Klage erhoben und der Prozeß geführt werden muß.

Grundsätzlich ist es immer schwieriger, jemanden in einem anderen Land als dem eigenen zu verklagen. Einen guten Anwalt zu finden, ist schon in Deutschland schwer genug. In New York oder gar in Tokio ist es noch wesentlich schwerer. Doch es sind nicht diese Hürden, die den Gerichtsstand so wichtig machen. Vor allem ist von Belang, daß das Prozeßrecht anderer Staaten sich fundamental von unserem unterscheidet. Die Unterschiede sind hier viel größer als im materiellen Recht, um das es im letzten Absatz ging.

Bei einem Schadensersatzprozeß in Frankreich z.B. zahlt man seinen Anwalt immer selbst, auch wenn man den Prozeß voll und ganz gewinnt. Nach deutschem Prozeßrecht zahlt der Verlierer in der Regel sämtliche Kosten des Rechtsstreits.

In Deutschland ist nach der Zivilprozeßordnung (ZPO) grundsätzlich der Wohnort desjenigen, gegen den eine Klage erhoben wird (Beklagter), der allgemeine Gerichtsstand. Der Gesetzgeber hat hier eine Interessenabwägung vorgenommen. Wäre der allgemeine Gerichtsstand beim Wohnort bzw. Firmensitz des Klägers, müßte der Beklagte unter Umständen weite Anreisen auf sich nehmen. Wenn ein Künstler beispielsweise in Frankfurt wohnt, einen Vertrag mit BMG Ariola in München geschlossen hat und diese Plattenfirma ihn verklagt, müßte der Künstler zu jedem Gerichtstermin nach München anreisen.

Der Beklagte hat jedoch keinen Einfluß darauf, ob und wann eine Klage gegen ihn erhoben wird. Zudem kann die Klage noch unzulässig oder unbegründet sein, das heißt, der Künstler hätte in diesem Fall die Strapazen der Anreise auf sich nehmen müssen, obwohl die Plattenfirma ohne ausreichenden Grund gegen ihn geklagt hat.

Der Kläger kann hingegen das Ob und Wann der Klageerhebung bestimmen. Dabei kann er z.B. seine finanzielle Situation berücksichtigen, also ob er sich einen Prozeß gerade leisten kann. Allerdings darf er bei derlei Abwägungen die gesetzlichen Verjährungsfristen nicht aus den Augen verlieren. Ist er finanzkräftig, so kann er auch riskante Klagen erheben, wenn er beispielsweise eine für ihn generell interessante offene Rechtsfrage gerichtlich geklärt haben möchte. Wäre der zu klärende Fall sowohl mit einem Künstler aus Frankfurt als auch mit einem Künstler aus München eingetreten, stellt sich die Frage, wen die Plattenfirma nun verklagt. Sie wird sich für denjenigen entscheiden, gegen den der Prozeß billiger wäre. Da sich Gerichts- und Rechtsanwaltskosten nach dem Streitwert berechnen, würde sie denjenigen verklagen, vom dem sie weniger Geld einklagen will. Ist das zufälligerweise der Künstler aus Frankfurt, hätte dieser eben Pech gehabt, wenn der Gerichtsstand grundsätzlich beim Sitz des Klägers wäre.

Mit dem allgemeinen Gerichtsstand des Beklagtenwohnsitzes hat der Gesetzgeber also den Beklagten schützen wollen.

Außer den allgemeinen Gerichtsständen, deren praktisch bedeutsamster der eben erläuterte Gerichtsstand des Schuldnerwohnsitzes ist, gibt es noch besondere und ausschließliche Gerichtsstände. Vereinfacht gesagt, können neben den allgemeinen Gerichtsständen bei bestimmten Rechtsstreitigkeiten auch noch andere, eben „besondere" Gerichtsstände bestehen wie der Gerichtsstand des Erfüllungsortes. Neben ausschließlichen Gerichtsständen gibt es, wie das Wort vermuten läßt, keine anderen Gerichtsstände. Beispiele hierfür sind Streitigkeiten über Miet- und Pachtverhältnisse. Hier ist der Gerichtsstand immer am Ort der gemieteten oder gepachteten Sache. Unter mehreren zuständigen Gerichten hat der Kläger die Wahl, § 35 ZPO. Bei Bestehen eines ausschließlichen Gerichtsstandes gibt es dieses Wahlrecht naturgemäß nicht.

Ein weiterer praktisch bedeutsamer Gerichtsstand ist derjenige des Erfüllungsortes, § 29 ZPO. Erfüllungsort ist, wie sich schon aus der Bezeichnung ergibt, derjenige Ort, an dem die vertragliche Leistung erbracht werden muß. Voraussetzung dafür ist natürlich, daß es sich um Streitigkeiten handelt, die in Zusammenhang mit Verträgen stehen. Dies können z.B. Klagen auf Erfüllung der Vertragspflichten, die Zahlung einer Vertragsstrafe oder auch Klagen über das Bestehen oder Nichtbestehen des Vertrages oder einzelner seiner Teile sein. Der Erfüllungsort wiederum kann von den Vertragsparteien gemäß § 269 I BGB bestimmt werden; fehlt es an einer Bestimmung und ergibt sich der Erfüllungsort auch nicht aus der Natur des Schuldverhältnisses, ist der Wohnsitz des Schuldners Gerichtsstand. Gem. § 29 II ZPO begründet eine Vereinbarung über den Erfüllungsort die Zuständigkeit des dortigen Gerichts aber nur, wenn beide Parteien Kaufleute sind.

Die Parteien können jedoch auch vor einem unzuständigen Gericht den Prozeß führen, indem keine der Parteien die Unzuständigkeit des Gerichtes rügt (sogenanntes rügeloses Verhandeln gemäß § 39 ZPO).

5.1 Gerichtsstandsvereinbarung

Durch § 38 der Zivilprozeßordnung (ZPO) ist ein sogenanntes Prorogationsverbot bestimmt. Das heißt, daß die Parteien eines Zivilprozesses grundsätzlich keine Befugnis haben, durch Individualvereinbarung einen Gerichtsstand zu vereinbaren. Lediglich wenn beide Parteien Kaufleute im Sinne des Handelsgesetzbuches sind, können sie sich vor dem Beginn einer Streitigkeit auf ein zuständiges Gericht einigen. Hierdurch sollen Geschäftsbeziehungen erleichtert werden. Außerdem geht der Gesetzgeber davon aus, daß sich Kaufleute besser mit den sie betreffenden Gesetzen auskennen als Laien.

Für Nichtkaufleute ist eine Vereinbarung des Gerichtsstandes regelmäßig nur nach Beginn einer Streitigkeit zulässig, denn jetzt können beide Parteien besser überblicken, was der ein oder andere Gerichtsstand für sie bedeutet (vor allem im Hinblick auf umständliche und kostspielige Anreisen) und auf welche Vorteile sie verzichten können. Nicht erforderlich ist, daß schon eine Klage erhoben wurde. Es genügt die Entstehung einer rechtlichen Meinungsverschiedenheit zwischen den Parteien. Vor Unterzeichnung des Vertrages kann man daher keine gültige Vereinbarungen über den Gerichtsstand treffen, die vom gesetzlichen Gerichtsstand abweichen, denn vor Vertragsschluß können noch keine Streitigkeiten über vertragliche Rechte und Pflichten bestehen. Bevor man also seine Situation in einer konkreten Streitigkeit abschätzen kann, schützt das Prorogationsverbot vor unüberlegten Zugeständnissen. Die gesetzliche Regelung gewährleistet hier gerechtere Ergebnisse als private Gerichtsstandsvereinbarungen, da jeder gesetzliche Gerichtsstand die Interessen der Parteien objektiv gegeneinander abwägt.

Gerichtsstandsvereinbarungen sind trotzdem häufig in Verträgen zu finden. Sie sind jedoch unwirksam.

Eine wichtige Ausnahme für das Verbot der Prorogation von Nichtkaufleuten gilt nach § 38 II ZPO für den Fall, daß mindestens eine der Vertragsparteien keinen allgemeinen Gerichtsstand im Inland hat; ferner bei erschwerter Rechtsverfolgung gemäß § 38 Abs. 3 Nr. 2 ZPO, wenn eine Partei nach Vertragsschluß ihren Wohnsitz oder gewöhnlichen Aufenthaltsort aus dem Geltungsbereich der ZPO verlegt hat oder der Wohnsitz bzw. der gewöhnliche Aufenthaltsort zum Zeitpunkt der Klage unbekannt ist.

Eine zulässige Klausel für eine Gerichtsstandsvereinbarung könnte wie folgt aussehen:

Als Erfüllungsort und Gerichtsstand für alle Streitigkeiten aus diesem Vertrag oder über seine Wirksamkeit gilt Deutschland als vereinbart.

Dies gilt auch insoweit, als daß eine der Parteien oder Teile von ihr keinen allgemeinen Gerichtsstand im Inland hat, nach dem Abschluß dieses Vertrages ihren Wohn- bzw. Firmensitz oder gewöhnlichen Aufenthalt aus dem Bereich der Bundesrepublik verlegt oder ihr Wohn- bzw. Firmensitz oder gewöhnlicher Aufenthalt zum Zeitpunkt einer Klageerhebung nicht bekannt ist.

Anhänge

Zum besseren Verständnis der Anhänge 1 bis 4 muß gesagt werden, daß es sich hierbei nicht um Musterverträge handelt, die von jedermann bedenkenlos übernommen werden sollten. Vielmehr stellen sie Vertragsalternativen dar, die jeweils nur eine Möglichkeit aus einer Vielzahl anderer und im Einzelfall besserer Varianten darstellen. Teilweise wurden die Verträge auch deshalb ausgewählt, weil einige in ihnen enthaltene Klauseln besonders hart sind und manch andere bedeutsame Klausel sogar fehlt. Andererseits enthalten sie auch besonders gut formulierte, vorteilhafte Bedingungen, an denen man sich durchaus orientieren kann. Es ist daher empfehlenswert, diese Verträge stets im Zusammenhang mit den sie behandelnden Kapiteln zu sehen. Will man einen Abschnitt dieses Buches mit einem im Anhang befindlichen Vertrag parallel lesen, ist es sinnvoll, den Vertrag zunächst im ganzen zu lesen, da einzelne Klauseln, isoliert betrachtet, selten Rückschlüsse auf ihren wirtschaftlichen Gehalt zulassen.

Die Checkliste in Anhang 5 dient vor allem dazu, Verträge auf ihre Vollständigkeit hin zu überprüfen. Das soll aber nicht heißen, daß alle in der Checkliste abgehandelten Punkte auch in jedem Vertrag enthalten sein müssen. Vielmehr soll diese Liste eine Gedächtnisstütze sein, anhand der man feststellen kann, ob man die ein oder andere Klausel im Vertrag braucht bzw. ob sie fehlt und welche Alternativen denkbar wären.

Anhang 6 besteht aus mehreren Teilen. Auf den ersten zwei Seiten sind ein Abrechnungs- und ein Kontoauszugsformular einer deutschen Major-Plattenfirma abgedruckt. Hierin sind alle Positionen aufgeführt, die man in einer jeden Abrechnung finden sollte, um letztere nachvollziehen zu können. Auf der folgenden Seite werden alle Begriffe, die in einer Abrechnung auftauchen, erklärt. Auf der vierten Seite befindet sich ein Kontoauszug eines Produzenten, der dem Künstler mit der folgenden Abrechnung übersandt wurde. Die Abrechnung ist eine Kopie der Abrechnung, die der Produzent von seinem Lizenznehmer (einer großen deutschen Plattenfirma) bekommen hat.

Künstlerexklusivvertrag

zwischen ....

– nachstehend Firma genannt –

und ....

– nachstehend Künstler genannt –

1. VERTRAGSGEGENSTAND

Gegenstand dieses Vertrages ist die Herstellung von Tonaufnahmen mit Künstler zum Zwecke deren Verwertung nach Maßgabe dieses Vertrages und die Übertragung aller diesbezüglichen Rechte und Ansprüche des Künstlers auf Firma.

Eine Änderung der Gruppenzusammenstellung kann nur in Absprache mit Firma erfolgen; der Künstlername verbleibt in jedem Fall bei den weiter bei Firma unter Vertrag stehenden Künstlern.

2. PRODUKTION UND TITELAUSWAHL

2.1 Firma und Künstler verpflichten sich, im 1. Vertragszeitraum (siehe Ziffer 19.1) Aufnahmen mit Künstler im Umfang 1 (einer) Maxi-Single (einschließlich etwaiger Remixe) aufzunehmen.

Firma und Künstler verpflichten sich, à Optionsvertragszeitraum (siehe Ziffer 19.2) ebenfalls Aufnahmen mit Künstler im Umfang von jeweils mindestens 1 (einer) Maxi-Single (einschließlich etwaiger Remixe) aufzunehmen.

Auf Wunsch von Firma wird sich Künstler im 1. Vertragszeitraum bzw. in den jeweiligen Optionsvertragszeiträumen auch für die Produktion von über den in den vorstehenden Absätzen vereinbarten Produktionsrahmen hinausgehenden Aufnahmen zur Verfügung stellen. Soweit die Parteien nicht fallweise eine abweichende Vereinbarung treffen, erfolgt die Produktion in englischer Sprache. Künstler wird sicherstellen, daß in ihrer künstlerischen und technischen Qualität einwandfreie und überspielungsreife Aufnahmen hergestellt werden. Das gesamte Bandmaterial geht in das Eigentum von Firma über.

2.2 Künstler hat ein Mitspracherecht bei der Auswahl der aufzunehmenden Werke; im Falle der Nichtübereinstimmung entscheidet Firma. Künstler wird bei der Auswahl darauf aufmerksam machen, von welchen Werken bereits Aufnahmen mit ihm hergestellt wurden und ob durch eine Wiederaufnahme Exklusivansprüche Dritter verletzt werden.

2.3 Auf Wunsch von Firma steht Künstler auch für die Produktion von Musikvideos (Bildaufzeichnungen in Verbindung mit Tonaufnahmen) zur Verfügung. Firma kann solche Musikvideos zu den vertraglichen Bedingungen exklusiv und uneingeschränkt kommerziell und zu Promotionszwecken verwerten.

2.4 Über Produktionsort und -termine, bei der Auswahl des Produzenten etc. entscheidet Firma.
Künstler verpflichtet sich, vor Produktionsbeginn sämtliche aufzunehmenden Produktionsaufnahmen produktionsreif einstudiert zu haben.

2.5 Die Produktionskosten werden von Firma im Rahmen von fallweise zu genehmigenden Produktionskostenvoranschlägen getragen. Firma kann vertragliche Umsatzbeteiligungen mit eventuellen Kostenüberschreitungen verrechnen, soweit die Überschreitung auf einer schuldhaften Verletzung der vertraglichen Pflichten des Künstlers beruht.

2.6 Kommen die vorgesehenen Produktionen bis zum Vertragsende aus einem Grund nicht oder nur teilweise zustande, den einer der beiden Vertragspartner zu vertreten hat, so kann der andere Vertragspartner verlangen, daß die noch ausstehenden Aufnahmen nachproduziert werden. Hat Künstler die Verzögerung zu vertreten, so verlängert sich der Vertrag in diesem Fall ohne zusätzliche Ansprüche von Künstler (z.B. auf Vorauszahlungen) bis zum Ablauf von 3 Monaten nach Fertigstellung der letzten noch ausstehenden Aufnahme, sofern Firma nicht ausdrücklich und schriftlich auf die Produktion der noch ausstehenden Aufnahmen/Aufnahme verzichtet. Hat Firma die Verzögerung zu vertreten, so entfällt ein vom Künstler geltend gemachter

Anspruch auf Nachproduktion, wenn Firma als Ausgleich bereit ist, Schadenersatz auf der Grundlage entgangener vertraglicher Umsatzbeteiligungen zu leisten; maßgeblich für die Berechnung sind dabei die Einspielungen der entsprechenden unmittelbar vorausgegangenen vertragsgegenständlichen Veröffentlichung der betreffenden Konfiguration (d. h. Single oder Album).

3. EXKLUSIVITÄT

3.1 Künstler stellt sich während der Vertragsdauer ausschließlich Firma zur Herstellung von Musik-Tonaufnahmen/Musik-Bildtonaufnahmen zur Verfügung. Diese Verpflichtung gilt sowohl für Künstler in seiner Gesamtheit als auch für die einzelnen Mitglieder von Künstler. Von vorstehender Exklusivbindung ausgenommen ist lediglich eine reine Produzententätigkeit von Künstler im Auftrag und für Rechnung Dritter, soweit und solange dadurch nicht die Interessen der Firma an einer ordnungsgemäßen Vertragserfüllung beeinträchtigt werden.

3.2 Künstler wird auch nach Vertragsende für die Dauer von 5 (fünf) Jahren ab jeweiliger Veröffentlichung die den vertragsgegenständlichen Tonaufnahmen zugrundeliegenden Werke weder in der vertragsgegenständlichen noch einer anderen Fassung ganz oder teilweise neu aufnehmen oder verwerten (Titelexklusivität). Ziffer 3.1. S.2 findet Anwendung.

3.3 Nicht erfaßt von der vertraglich vereinbarten Exklusivität sind Tonaufnahmen, die ausschließlich für Sendungen der Rundfunk- und Fernsehanstalten sowie für die Einblendung in Spielfilmen und deren öffentliche Wiedergabe bestimmt sind.
Künstler gewährleistet, daß solche Aufnahmen nicht zu anderen, den Bestimmungen dieses Vertrages zuwiderlaufenden Zwecken verwendet werden.

3.4 Verstößt Künstler gegen seine Exklusivpflicht, so ist Firma zur Einstellung der Zahlungen berechtigt, unbeschadet eines etwaigen weitergehenden Schadensersatzanspruches.

4. ÜBERTRAGUNG DER VERWERTUNGSRECHTE

4.1 Rechteeinräumung allgemein

Künstler überträgt Firma das ausschließliche (exklusive), zeitlich, örtlich und inhaltlich unbeschränkte und übertragbare Recht, alle im Rahmen dieses Vertrages auf Bild- und/oder Tonträger aufgenommenen Darbietungen, Leistungen und Werke (Vertragsaufnahmen) in jeder beliebigen Weise zu verwerten oder verwerten zu lassen.

Die Rechtsübertragung schließt insbesondere sämtliche Leistungsschutzrechte, urheberrechtliche Nutzungsrechte und alle anderen durch das Urheberrecht sowie eventueller sonstiger Gesetze gewährten Rechte und Ansprüche an den Vertragsaufnahmen ein, soweit diese nicht von einer Verwertungsgesellschaft wahrgenommen werden. Soweit die Einräumung/Übertragung von Nutzungs-, Leistungsschutz- und sonstigen Rechten in bezug auf zukünftige Nutzungsarten rechtlich nicht möglich ist, verpflichtet sich Künstler, nach Entdeckung der neuen Nutzungsarten seine entsprechenden Rechte zuerst Firma zu branchenüblichen Bedingungen anzubieten.

4.2 Einzelbefugnisse der Firma

Firma ist insbesondere berechtigt,

- die Vertragsaufnahmen auf Tonträgern und Bildtonträgern aller Art in beliebiger Weise – auch zusammen mit Ton- und/oder Bildtonaufnahmen anderer Künstler (z.B. auf sog. „Mischkopplungen") – zu vervielfältigen und zu verbreiten, zu vermieten und zu verleihen. Tonträger und Bildtonträger aller Art sind z.B. Schallplatte, MusiCassette, Single, Maxi-Single, Compact-Disc, MultiOpticalCompact-Disc (MO-CD), DigitalCompactCassette (DCC), MiniDisc, Digital Audio Tape (DAT), Compact-Disc-Video, Laser-Disc, Foto-CD, CD-ROM, CD-ROM-XA, RAM-Cards, CD-I, Filme, Musikvideos, VideoCassetten, VideoDiscs etc.
- die Vertragsaufnahmen in Datenbanken, in Datennetze (z.B. Internet etc.) oder ähnlichem in jeder Auswahl und Anordnung für alle im Rahmen einer Datenbank möglichen Nutzungen zu verwenden, dort einzuspeisen, abzuspeichern, zu verbreiten und insbesondere den Benutzern von Datenbanken/Datennetzen über Kabel oder andere

Übertragungswege – nach Wahl Einzeltitel oder eine Zusammenstellung vertragsgegenständlicher Aufnahmen – auf Abruf zum Zwecke der akustischen und/oder optischen Wahrnehmung und/oder Vervielfältigung und/oder Verbreitung entgeltlich oder unentgeltlich zu übermitteln. Eine derartige Auswertung bedarf – sofern sie nicht über eine Verwertungsgesellschaft abgewickelt wird oder als Promotion- und/oder Werbemaßnahme erfolgt - einer vorherigen Einigung der Parteien über die Beteiligung von Künstler an dieser Auswertung, wobei die Parteien bei der Bestimmung der Höhe der Beteiligung von Künstler eine etwa bestehende Branchenüblichkeit berücksichtigen werden.

– die Vertragsaufnahmen unkörperlich zu verbreiten, sie öffentlich wiederzugeben, sie insbesondere durch Rundfunk (z.B. Tonrundfunk, Fernsehen, Drahtfunk und Kabelfernsehen, Satellitenfunk und Satellitenfernsehen, Videotext oder andere technische Einrichtungen) der Öffentlichkeit zugänglich zu machen.

– die Vertragsaufnahmen auch mit anderen Künstlern und in anderer Sprache nachzusynchronisieren, in eine andere Sprache zu übersetzen, zu synchronisieren, zu verfilmen, zu kürzen, zu teilen, ganz oder teilweise auch in Verbindung mit Aufnahmen, Leistungen und Werken anderer Künstler in andere Bild- und/oder Tonträger zu übernehmen oder in sonstiger Weise zu bearbeiten und umzugestalten (z.B. Remixe zu erstellen, Sampling vorzunehmen) und in dieser Form im Rahmen dieses Vertrages zu verwerten.

4.3 Künstler erklärt sich damit einverstanden, daß die Verwertung der Vertragsaufnahmen auch in Verbindung mit Werbung für artfremde Produkte erfolgen darf (z.B. auf sog. Sonderveröffentlichungen mit Werbeaufdruck auf Etikett und/oder Hülle oder zusammen mit der Einblendung von Werbespots), wobei Firma jedoch das Allgemeine Persönlichkeitsrecht von Künstler zu wahren hat.

4.4 Firma ist berechtigt, alle Rechte aus diesem Vertrag ganz oder teilweise auf Dritte zu übertragen; in einem solchen Fall bleibt die subsidiäre Haftung von Firma für die Erfüllung der dem Künstler gegenüber übernommenen Verpflichtungen bestehen. Firma ist auch berechtigt, diesen Vertrag als Ganzes auf ein anderes Unternehmen zu übertragen.

4.5 Künstler steht dafür ein, daß er über die übertragenen Verwertungsrechte Dritten gegenüber nicht verfügt hat und nicht verfügen wird. Er stellt Firma von allen Ansprüchen Dritter frei.

216

4.6 Sollten von Dritten Ansprüche geltend gemacht werden, die diesen Vertrag berühren, insbesondere die Auswertung der Vertragsaufnahmen beeinträchtigen, so ist Künstler verpflichtet, alle Rechtshandlungen vorzunehmen, die zur entsprechenden Rechtswahrung geeignet und aus Sicht von Firma erforderlich sind; Künstler wird gegebenenfalls mit dem anspruchstellenden Dritten nach Rücksprache mit Firma zusätzliche Vereinbarungen treffen, die das Hindernis zur Erfüllung dieses Vertrages beseitigen. Unabhängig davon ist Firma berechtigt, aber nicht verpflichtet, Forderungen Dritter für Rechnung von Künstler – unbeschadet weiterer Ansprüche von Firma gegen Künstler – zu befriedigen oder in sonstiger Weise Beeinträchtigungen der Erfüllung dieses Vertrages zu beseitigen. Dies umfaßt auch die gerichtliche Geltendmachung und Abwehr von Ansprüchen aller Art im eigenen Namen oder im Namen von Künstler, insbesondere das Vorgehen gegen unautorisierte Live-Mitschnitte. Hierfür erteilt Künstler Firma eine Vollmacht, die bis zur Erledigung aller in Frage kommenden Ansprüche bestehen bleibt.

5. WERBUNG

5.1 Künstler ist damit einverstanden und unterstützt Firma diesbezüglich in jeder Weise, daß mit seiner Person und seinem Namen Werbung in Wort und Bild für die Verwertung vertragsgegenständlicher Aufnahmen gemacht wird. Er erklärt sich auch bereit, für Werbe- und Promotionszwecke (etwa Interview, Fernsehaufnahmen, Videoproduktion) uneingeschränkt und unentgeltlich zur Verfügung zu stehen, und überträgt seine Rechte an solchen Aufnahmen im Umfang dieses Vertrages (insbesondere Ziffer 4.) auf Firma; Künstler wird diese Rechte auf keine Dritten (z.B. Fotografen, die von Firma beauftragt worden sind) übertragen.

5.2 Aufwendungen von Künstler anläßlich solcher mit Firma abgestimmter Termine werden wie folgt erstattet: Künstler erhält die notwendigen Reisekosten. Des weiteren leistet Firma die Übernachtungskosten (Hotelkosten in üblicher Höhe nach Beleg). Firma erstattet vorstehende Aufwendungen einschließlich Reisekosten jedoch nur insoweit als diese nicht durch Zahlungen Dritter (z.B. Gagenzahlungen einer Fernseh- oder Rundfunkanstalt) abgedeckt werden können. Künstler tritt hierzu seine diesbezüglichen Forderungen an Firma zur Einziehung ab.

6. VERWERTUNG

Soweit der Vertrag nichts Abweichendes vorsieht, trifft alleine Firma die Entscheidung über die Art und Weise sowie den Umfang der Verwertung. Firma bestimmt somit für die aufgrund dieses Vertrages hergestellten Endprodukte insbesondere die für die Veröffentlichung vorgesehene Tonträgerkategorie, Abgabepreise, Veröffentlichungszeitpunkt, - dauer, Ausstattung (inkl. Gestaltung und Zusammenstellung und unter Einbezug des Rechtes, Best-Of-Aufnahmen zusammenzustellen), Label, Vertriebswege und -arten, Zeitpunkt der Streichung und ggf. Wiederveröffentlichung.

7. MERCHANDISINGRECHTE

Unbeschadet der unbedingt übertragenen Rechte an Abbild, Namen etc. von Künstler im Umfang der Ziffer 5. zur Gestaltung, Promotion, Bewerbung etc. vertragsgegenständlicher Aufnahmen räumt Künstler der Firma für die Vertragsdauer die exklusive Erstoption ein, die heute üblichen Merchandisingrechte an Künstler in jeder Hinsicht exklusiv wahrzunehmen, d.h. insbesondere Gegenstände (z. B. Textilien, Geschenkartikel etc.) und Dienstleistungen jeder Art, Werbespots sowie Film- und Verlagswerke, die den Namen von Künstler oder dessen/deren Künstlernamen, dessen/deren Schriftzug, deren Faksimile und/oder deren Abbildung tragen, herzustellen, herstellen zu lassen und über jeden Vertriebsweg zu verbreiten bzw. verbreiten zu lassen. Macht Firma von dieser exklusiven Option Gebrauch, werden die Parteien auf der Basis allgemeiner Marktüblichkeit eine Vereinbarung über die Konditionen dieser Auswertung treffen.

Erhält Künstler während der Vertragsdauer ein entsprechendes Drittangebot für die Ausübung seiner Merchandisingrechte, wird Künstler dieses Drittangebot der Firma vorlegen und dieser Gelegenheit geben, innerhalb von 6 Wochen zu entscheiden, ob sie die vorgenannte Option zu den Bedingungen ausüben will, die der Dritte bietet; als Drittangebot gilt nur ein solches Angebot, das auf marktüblichen Konditionen basiert und ernsthaft und bindend abgegeben ist. Übt Firma die Option dementsprechend aus, findet eine Auswertung zu den entsprechenden Drittkonditionen statt; über eventuell noch notwendige Nebenkonditionen werden die Parteien sich auf marktüblicher Grundlage eignen. Lehnt Firma das Drittangebot ausdrücklich ab oder läßt Firma die 6-Wochen-Frist fruchtlos verstreichen, so ist Künstler frei darin, die vorgenannten Merchandisingrechte an den Dritten zu vergeben. Kommt die Vereinbarung mit dem Dritten aus irgendeinem Grund nicht zustande, gilt die exklusive Erstoption der Firma erneut.

8. UMSATZBETEILIGUNGEN

Als Entgelt für die Darbietungen und für die Verwertung der übertragenen Rechte erhält der Künstler – maximal für die Dauer der gesetzlichen Schutzfrist – eine Umsatzbeteiligung wie folgt:

8.1 Für jeden über den Handelsvertrieb zum Hochpreis durch Firma oder ein anderes Unternehmen der Firma erhält der Künstler für

8.1.1 Inland verkauften Tonträger 6 %

8.1.2 Ausland verkauften (einschließlich im Wege von Exporten von Firma in das Ausland verkauften) Tonträger 50 % (die Hälfte) von 8.1.1.

8.2 Für jeden über den Handelsvertrieb verkauften Tonträger, der im Fernsehen und/oder Rundfunk und/oder in Kinos beworben wird und/oder der unter Verwendung eines Illustrierten-/Zeitungssignums und/oder in sonstiger Weise in Kooperation mit Dritten (z.B. mit einer Fernsehanstalt) veröffentlicht wird, 50 % (die Hälfte) von 8.1.

8.3 Für jeden durch Lizenznehmer von Firma verkauften Tonträger 50% (die Hälfte) von 8.1.1, 8.1.2, 8.2 oder 8.4.

8.4 Für jeden außerhalb des Handelsvertriebs (z.B. über Clubs, Direktmarketing – z.B. Mail-Order, Direct-Response-Television oder ähnliche Formen des TV-unterstützten Direktmarketings – oder sonstige Sondervertriebswege) verkauften Tonträger 50 % (die Hälfte) von 8.1.1, 8.1.2, 8.2 oder 8.3.

8.5 Für jeden vorstehend bezeichneten Tonträger, dessen Listenabgabepreis nicht höher als 86 % und nicht unter 65 % der Normalpreisklasse in der jeweiligen Tonträgerkategorie liegt, 75 % (drei Viertel) der unter 8.1 – 8.4 vereinbarten Prozentsätze.

8.6 Für jeden vorstehend bezeichneten Tonträger, dessen Listenabgabepreis unter 65% und nicht unter 51% der Normalpreisklasse in der jeweiligen Tonträgerkategorie liegt, 66,66 % (zwei Drittel) der unter 8.1 – 8.4 vereinbarten Prozentsätze.

8.7 Für jeden vorstehend bezeichneten Tonträger, dessen Listen-abgabepreis bei höchstens 50 % der Normalpreisklasse in der jeweiligen Tonträgerkategorie und darunter liegt, 33,33 % (ein Drit-tel) von 8.1 - 8.4.

8.8 Im Falle der Pauschalvergabe vertragsgegenständlicher Aufnahmen oder Teilen davon von Firma für Synchronisationszwecke (z.B. Werbefilme, Spielfilme, sonstige Bildtonträger etc.) erhält Künstler – unbeschadet deren Verrechenbarkeit gemäß Ziffer 21 dieses Vertra-ges – 25 % der bei Firma aufgrund der Drittauswertung eingehenden Nettoerlöse.

9. ABRECHNUNGSBASIS

9.1 Die Umsatzbeteiligung wird grundsätzlich auf der Basis des gemäß Ziffer 9.3 bereinigten Abgabepreises laut jeweils gültiger Preisliste exklusive Umsatz- oder ähnlicher Verkaufssteuern und ohne Berück-sichtigung eines etwaigen Spenden- oder sonstigen Förderbeitrages (sog. „HAP") gewährt.
Bei Verkäufen außerhalb des Handelsvertriebs wird der HAP in der Weise fiktiv ermittelt, daß vom bereinigten Endkonsumentenpreis abzüglich der genannten Steuern und Spenden etc. bzw. Netto-Club-mitgliedspreis ein Abschlag von 20% vorgenommen wird (sog. „fikti-ver HAP"). Bei von Firma entgeltlich abgegebenen Tonträgern außer-halb des Handelsvertriebs, für die es keinen Detailverkaufspreis gibt (z.B. weil sie von Dritten im Rahmen von Werbeaktionen verschenkt werden), wird hilfsweise der niedrigste HAP in der jeweiligen Tonträ-gerkategorie (Single, LP, MC etc.) zugrunde gelegt unter Berücksich-tigung der übrigen Bestimmungen der Ziffer 9. Im Falle von Exporten durch Firma in Länder außerhalb Deutschlands gilt als Abrechnungs-basis der jeweilige inländische HAP von Firma unter Berücksichtigung der übrigen Bestimmungen dieses Vertrages.

9.2 Bei Mehrfachtonträgern gilt der auf den Einzeltonträger entfallende Preisanteil, d.h. der bereinigte HAP bzw. der bereinigte fiktive HAP für das Gesamtobjekt, geteilt durch die Anzahl der Einzeltonträger; dieser

Preisanteil ist auch maßgeblich für die Einordnung in die jeweilige Preisklasse gemäß 8.5 – 8.7.

9.3 Der Wert der Ausstattung und Technik (Hülle, Kassette etc.) unterliegt in keinem Fall der Umsatzbeteiligung. Der diesbezügliche Abzug erfolgt pauschaliert in Höhe von 10 % bei herkömmlichen Musikkassetten und Schallplatten (bzw. 17 % bei Sonderausstattung, wie z.B. Doppeltasche, Folienprägung, Sonderfarben, aufwendige Beilagen oder farbig bedruckte Innentasche) und in Höhe von 25 % bei sonstigen Tonträgern (z.B. DAT, Compact Disc, Digital Compact Cassette) sowie bei allen Bildtonträgern (z.B. Videokassetten, Laser Disc, CD-Video), jeweils bezogen auf die wie vorstehend ermittelte Basis.

10. MITWIRKUNG ANDERER KÜNSTLER

Wirkt der Künstler neben anderen Künstlern an einer Aufnahme mit, so erhält er seine Umsatzbeteiligung geteilt durch die Anzahl aller Künstler. Diese Regelung findet keine Anwendung auf die Mitwirkung von Studiomusikern, die mit einem einmaligen Pauschalbetrag abgefunden werden.

11. ANTEILIGE ABRECHNUNG

Werden auf einem Tonträger eine oder mehrere umsatzbeteiligungspflichtige Aufnahmen dieses Vertrages oder Teile hiervon neben einer oder mehreren anderen Aufnahmen wiedergegeben, so berechnet sich die Umsatzbeteiligung des Künstlers anteilsmäßig nach dem Verhältnis der Spieldauer seiner Aufnahme(n) an der Gesamtspieldauer des Tonträgers. Statt nach Spieldaueranteilen kann Firma die Vergütung auch titelanteilig abrechnen.

12. ABRECHNUNGSMENGE

Abgerechnet werden 100 % (einhundert Prozent) der verkauften und nicht retournierten Tonträger. Demgemäß nicht abgerechnet werden insbesondere Tonträger für Werbezwecke und Promotion, die unentgeltlich abgegeben werden; dies gilt auch für jede andere Auswertung vertragsgegenständlicher Aufnahmen oder Teilen davon, die zu Werbe- und/oder

Promotionszwecken verwendet werden. Nicht der Abrechnungspflicht unterliegen auch in Form von Naturalrabatten, Rechnungsabzügen (z. B. Rabatte, Skonti) und über Rückvergütungen abgegebene Tonträger, wobei Firma Rechnungsabzüge und Rückvergütungen in vergütungsfreie Mengen umrechnen kann. Ebenfalls nicht vergütungspflichtig sind Ausverkäufe nach Streichung aus dem regulären Angebot.

13. ABRECHNUNG VON VERGÜTUNGEN AUS LIZENZVERGABEN

Im Falle von Lizenzvergaben kann Firma bei der Berechnung der vertraglich an den Künstler auszuschüttenden Umsatzbeteiligungen die Abrechnungsmenge und -basis ihres Lizenznehmers zugrunde legen.

14. ABRECHNUNGSBESONDERHEITEN FÜR MUSIKVIDEOS

14.1 Eine Verwendung für Werbe- und Promotionszwecke ist vergütungsfrei; eine solche Verwendung ist in jedem Fall dann anzunehmen, wenn Firma mit Ausnahme einer geringfügigen Bearbeitungsgebühr kein Entgelt von Dritten einnehmen kann.

14.2 Firma beteiligt Künstler an dem Verkauf von Bildtonträgern mit Musikvideos nach Maßgabe der in Ziffern 7. ff. festgelegten Bestimmungen.

14.3 Firma kann vorstehende Vergütungen sowie Umsatzbeteiligungen für die Verwertung von Tonaufnahmen gemäß Ziffer 7 ff. mit 50 % (der Hälfte) der eventuell von Firma geleisteten Zuschüsse zur Produktion bzw. mit 50 % (der Hälfte) eventuell von Firma getragener Produktionskosten von Musikvideos verrechnen.

15. SONSTIGE ABRECHNUNGSBEDINGUNGEN

15.1 Die Lizenzabrechnung und -zahlung erfolgen innerhalb von 12 (zwölf) Wochen nach Ablauf eines jeden Kalenderhalbjahres unter Berücksichtigung zu erwartender Retouren. Die Abrechnung von Umsatzbe-

teiligungen aus Lizenzvergaben erfolgt zum nächsten Abrechnungstermin, wenn und sobald die Umsatzbeteiligungen bei Firma eingegangen sind.

15.2 Umsatzbeteiligungen aus Verkäufen im Ausland können in der jeweiligen nationalen Währung des Vertriebslandes abgerechnet und zum
offiziellen Euro-Wechselkurs, der am Tag des Geldeingangs bei Firma
gilt, an den Künstler – unter Abzug ggf. hierauf entfallender Steuern –
weitergeleitet werden. Wenn Umsatzbeteiligungen aus Auslandsver-
wertungen der Vertragsaufnahmen wegen devisenrechtlicher oder
sonstiger Beschränkungen des Zahlungsverkehrs in bestimmten
Ländern nicht bei Firma eingehen, so wird Firma diesbezüglich von
der Abrechnungs- und Zahlungsverpflichtung jeweils dadurch
befreit, daß Firma die dem Künstler zustehende Umsatzbeteiligung zu
dessen Gunsten auf einem für ihn einzurichtenden Bankkonto in dem
betreffenden Land hinterlegt.

15.3 Künstler ist berechtigt, nach Vereinbarung eines Termins die der
Abrechnung zugrunde liegenden Unterlagen einmal jährlich durch
einen von ihm beauftragten vereidigten Buchprüfer oder Wirtschaftsprüfer während der Geschäftszeit einsehen zu lassen.

15.4 Abrechnungen gelten als genehmigt, wenn Künstler nicht innerhalb
von einem Jahr nach Zustellung unter Angabe von Gründen wider-
spricht.

16. STEUERN – BANKVERBINDUNG

16.1 Künstler erkennt an, daß Künstler selbst die Steuern von Künstler aus
den vertraglichen Einnahmen zu entrichten hat. Im Falle der Einbehaltung gewisser Steuerbeträge durch Firma oder deren Lizenznehmer gemäß entsprechender Steuergesetzgebung wird dies von
Künstler anerkannt.

16.2 Sofern Künstler der Mehrwertsteuer unterliegt, werden die vertraglich
vereinbarten Umsatzbeteiligungen und garantierten Vorauszahlungen zuzüglich jeweils geltender Mehrwertsteuer vergütet; eventuell
vereinbarte Pauschalsummen verstehen sich als inklusive Mehrwertsteuer ausgezahlt.

16.3 Alle Zahlungen von Firma erfolgen per Verrechnungscheck oder auf folgendes Konto von Künstler:

....

17. COPYRIGHT – GEBÜHREN

Firma bzw. Lizenznehmer von Firma entrichten alle Gebühren an die Musik-Urheberrechtsverwertungsgesellschaften, soweit diese Gebühren sich aus der vertragsgegenständlichen Verwertung der Tonaufnahmen ergeben.

Im Falle der Auswertung von Bildtonträgern mit vertragsgegenständlichen Aufnahmen wird Künstler Firma von Ansprüchen Dritter aus der Geltendmachung etwaiger Filmsynchronisationsrechte insofern freistellen, als Künstler in irgendeiner Form Urheber des der betreffenden Aufnahme zu Grunde liegenden Werkes ist.

18. BELEGEXEMPLARE

Firma wird Künstler von der Erstveröffentlichung der vertragsgegenständlichen Aufnahmen 5 (fünf) Belegexemplare kostenlos liefern.

19. VERTRAGSDAUER

19.1 Der Vertrag tritt am

....

in Kraft und ist für die Dauer von zunächst 1 (einem) Jahr, d.h. bis zum

....

geschlossen (1. Vertragszeitraum).

19.2 Firma ist ein dreimaliges Optionsrecht auf Verlängerung des Vertrages um jeweils 1 (ein) weiteres Jahr eingeräumt; die Option kann von Firma schriftlich bis spätestens 2 (zwei) Monate vor dem jeweiligen Vertragsende ausgeübt werden.

19.3 Sollten zwischen der Optionsausübungsfrist gemäß Ziffer 19.2 und dem Veröffentlichungsdatum der Mindestaufnahme des 1. Vertragszeitraumes bzw. eines Optionszeitraumes nicht mindestens 6 Monate liegen, so verlängert sich der 1. Vertragszeitraum bzw. der betreffende Optionszeitraum bis zum Ablauf von 6 Monaten nach dem Veröffentlichungsdatum der betreffenden Mindestaufnahme (die betreffende Option ist dabei entsprechend Ziffer 19.2 2 [zwei] Monate vor dem Ablauf dieses verlängerten Vertragszeitraumes auszuüben).

19.4 Die Beendigung dieses Vertrages durch Zeitablauf, Kündigung oder in sonstiger Weise berührt bezüglich vor dem Beendigungsdatum abgelieferter Vertragsaufnahmen weder die auf Firma nach diesem Vertrag übertragenen Rechte noch das Recht von Künstler auf Umsatzbeteiligung. Insofern gelten die Bedingungen dieses Vertrages auch über das Beendigungsdatum hinaus.

20. VOLLMACHT

Künstler bevollmächtigt unterschriftlich .... als rechtlichen Vertreter im Zusammenhang mit diesem Vertrag. Dieser ist insbesondere zur Abgabe und Entgegennahme von Willenserklärungen (z.B. Optionserklärungen, Erteilung von Zustimmungen im Zusammenhang mit diesem Vertrag etc.) und zur Annahme von Leistungen (z.B. vertraglicher Abrechnungen, insbesondere Umsatzbeteiligungen, Vorauszahlungen etc.) berechtigt. Der Widerruf dieser Vollmacht hat schriftlich durch Künstler gegenüber Firma zu erfolgen. Adreßänderungen sind Firma unverzüglich mitzuteilen.

21. VERTRAGSAUFLÖSUNG

21.1 Die Parteien haben das Recht, den Vertrag aus wichtigem Grund jederzeit zu kündigen, wenn ein Vertragspartner die ihm obliegenden vertraglichen Verpflichtungen nachhaltig und andauernd verletzt, so daß die Fortsetzung des Vertragsverhältnisses den Vertragsparteien unzumutbar geworden ist. Die Auswertungsrechte gemäß § 3 dieses Vertrages bleiben hiervon unberührt.

21.2 Als Grund zur außerordentlichen Kündigung des Vertrages gilt insbesondere, hierauf jedoch nicht beschränkt:

21.2.1 der Fall, daß sich Künstler in einem psychischen oder physischen Zustand befindet, der es Künstler unmöglich macht, den vertraglichen Verpflichtungen im Hinblick auf die Qualität der vertraglichen Produktionen, deren Mitwirkung an deren Bewerbung/Promotion bzw. sonstige Verpflichtungen gemäß diesem Vertrag zu erfüllen.

21.2.2 der Fall, daß Künstler aus einem in der Person liegenden und zu vertretenden Grund wiederholt und nachhaltig trotz Abmahnung für vertragsgegenständliche Produktionen ihrer Darbietungen nicht zur Verfügung steht.

21.2.3 jegliche Verletzung der Bestimmungen dieses Vertrages über die Exklusivität.

21.2.4 der Fall, daß Künstler in grober Weise gegen seine Verpflichtungen aus diesem Vertrag verstößt, insbesondere gegen seine Mitwirkungspflichten im Zusammenhang mit der Produktion der Vertragsaufnahmen.
Firma ist in vorstehenden Fällen jedoch auch berechtigt, durch Abgabe einer entsprechenden Erklärung, statt der Kündigung aus wichtigem Grund, den Vertrag auszusetzen, und zwar um die Zeitspanne, die der Suspendierung des Vertrages entspricht. Um einen derartigen Zeitraum verlängert sich der Vertrag entsprechend.

21.2.5 Eine fristlose Kündigung seitens Künstler setzt in jedem Einzelfall voraus, daß der Künstler Firma schriftlich abmahnt und auffordert, den vermeintlichen Grund zur fristlosen Kündigung des Vertrages in angemessener Zeit zu beseitigen.

22. UNMÖGLICHKEIT DER LEISTUNG

Umstände, welche die Herstellung und Bereitstellung sowie Lieferung von Materialien und die Bereitstellung von Mitwirkenden unmöglich machen oder übermäßig erschweren, ebenso alle sonstigen Fälle höherer Gewalt auch in der Person von Lieferanten von Firma, entbinden Firma für die Dauer der Behinderung oder deren Nachwirkungen von den in diesem

Vertrag übernommenen Verpflichtungen. Firma ist in diesen Fällen berechtigt, ohne Begründung von Schadensersatzansprüchen von diesem Vertrag zurückzutreten. Ansonsten gelten die gesetzlichen Bestimmungen über Leistungsstörungen.

23. SONSTIGES

23.1 Die etwaige Unwirksamkeit einer Bestimmung läßt die Wirksamkeit des Vertrages in seiner Gesamtheit unberührt. Eine unwirksame Bestimmung ist durch eine sinnentsprechende wirksame Bestimmung zu ersetzen, die dem wirtschaftlichen Zweck am nächsten kommt. Gleiches gilt im Falle einer Vertragslücke.

23.2 Die Aufhebung und Änderung des Vertrages und der hiermit vereinbarten Schriftform bedürfen der Schriftform. Mündliche Nebenabreden sind nicht getroffen.

23.3 Erfüllungsort ist .... Es gilt deutsches Recht und, soweit gesetzlich zulässig, ... als Gerichtsstand.

23.4 Adreßänderungen sind Firma unverzüglich bekanntzugeben.

...., den ....

....
Künstler   Firma

Bandübernahmevertrag

zwischen ....
vertreten durch
(nachstehend Lizenzgeber genannt)

und   ....
(nachstehend Firma genannt)

§ 1 Vertragsgegenstand und Rechtsübertragung

Gegenstand dieses Vertrages ist das Recht von Firma, Schallaufnahmen, deren Auswertungsrechte Lizenzgeber besitzt, wie nachstehend vereinbart auszuwerten. Zu diesem Zweck überläßt Lizenzgeber Firma Tonaufnahmen.

I. Lizenzgeber gewährt Firma hiermit das ausschließliche Recht, die im Anhang aufgeführten Schallaufnahmen in der dort zusammengestellten Kopplung auf Tonträgern und/oder Bildtonträgern jeglicher Art zu verwerten. Firma ist jedoch nicht berechtigt, einzelne Titel dieser Kopplung als Single zu veröffentlichen oder mit Titeln nicht vertragsgegenständlicher Art zu koppeln oder an Dritte zur Kopplung zu vergeben.

II. Lizenzgeber räumt damit Firma für das Vertragsgebiet sowie die Vertragszeit und die Auswertungszeit das ausschließliche und übertragbare Recht ein, die vertragsgegenständlichen Aufnahmen in der im Anhang festgelegten Kopplung in jeder Weise und unter jeder Marke zu verwerten oder verwerten zu lassen, die Firma oder einer mit ihr in Verbindung stehenden Firma zusteht.

III. Die übertragenen Rechte schließen insbesondere ein das Recht zur Vervielfältigung und Verbreitung und das Recht und den Anspruch zu und aus der öffentlichen Wiedergabe der Hörfunk- bzw. Fernsehfunksendung sowie aus der privaten Überspielung der Vertragsaufnahmen sowie der Verwertung der Schallaufnahmen in Hörfunk, Fernsehen, Tonfilm und durch andere optisch-akustische Verfahren sowie sonstige

Bildtonträgerauswertungen mit oder ohne gleichzeitige bildliche Abbildung von vertragsgegenständlichen Künstlern.

IV. Der Lizenzgeber ermächtigt Firma unwiderruflich, im eigenen Namen gegen jede unzulässige Verwendung der genannten Aufnahmen vorzugehen.

V. Die der GEMA bzw. GVL übertragenen Rechte und Ansprüche bleiben von vorstehender Rechtsübertragung unberührt.

§ 2 Verfügungsberechtigung und Freistellung

I. Der Lizenzgeber erklärt, daß die der Firma überlassenen Tonträger sein unumschränktes Eigentum sind und daß er darüber voll verfügungsberechtigt ist. Er erklärt weiterhin, die der Firma an den genannten Aufnahmen übertragenen Rechte keinem Dritten übertragen zu haben noch durch anderweitige Bindungen gehindert zu sein, diesen Vertrag abzuschließen und zu erfüllen. Insbesondere erklärt Lizenzgeber, alle zur Erfüllung dieses Vertrages erforderlichen Rechte Dritter, wie z. B. der ausübenden Künstler, einschließlich der Solisten, künstlerischen Produzenten und sonstiger an der Produktion beteiligter Dritter (wobei diese Aufzählung beispielhaften, jedoch keinen abschließenden Charakter hat), exklusiv erworben zu haben und befugt zu sein, diese im Rahmen der Bedingungen dieses Vertrages weiter übertragen zu können.

II. Lizenzgeber überträgt Firma das Verwertungsrecht an den genannten Aufnahmen frei von jeglichen Ansprüchen Dritter, insbesondere in Bezug auf Honorare, Lizenzen oder sonstigen Vergütungen, z.B. auch für Arrangements geschützter Werke und Benutzung von Notenmaterial.
Die Erfüllung aller sonstigen gesetzlichen und vertraglichen Urheberrechtsverbindlichkeiten gegenüber den Urhebern bzw. deren Wahrnehmungsberechtigten obliegt Firma.

III. Lizenzgeber versichert, daß die genannten Aufnahmen keine Bestimmungen des Urheberrechts verletzen.

IV. Sofern Dritte Ansprüche an Firma irgendwelcher Art aus den übertragenen Rechten stellen oder Mängel an den übertragenen Rechten bestehen sollten, übernimmt Lizenzgeber hierfür die uneingeschränkte Haftung. Firma ist berechtigt, Ansprüche, die von Dritten im Zusammenhang mit der Produktion gestellt werden, direkt zu befriedigen und die jeweiligen Zahlungen Lizenzgeber als mit der Umsatzbeteiligung dieses Vertrages verrechenbaren Vorschuß zu belasten bzw. dem Lizenzgeber in Rechnung zu stellen.

§ 3 Copyrightangaben

I. Lizenzgeber wird Firma schriftlich den Titel der Aufnahmen, die Namen der Textdichter, Komponisten und Verleger sowie etwaige zusätzliche Urheberrechtsinformationen; ferner die Namen der ausübenden Künstler, mitteilen sowie das Jahr und das Land der Erstveröffentlichung der Aufnahmen.

II. Lizenzgeber wird außerdem auf seine Kosten überspielreife Produktionsbänder – sofern nichts anderes vereinbart ist, in digitaler Form – sowie die für die Hüllenherstellung erforderlichen Unterlagen zur Verfügung stellen. Es wird davon ausgegangen, daß der Lizenzgeber für die vertragsgegenständliche Produktion die für die Verpackung der unterschiedlichen Tonträger erforderlichen Filme erstellt und Firma gegen Übernahme der Vervielfältigungskosten zur Verfügung stellt. Für den Fall, daß Firma in diesem Zusammenhang Kosten übernimmt, werden diese als mit der Umsatzbeteiligung dieses Vertrages verrechenbare Vorschüsse angesehen.

III. Lizenzgeber versichert, daß er die Rechte an sämtlichen für die Hüllengestaltung verwendeten Abbildungen und an der Artwork erworben hat und daß er befugt ist, diese im Rahmen der Bedingungen dieses Vertrages weiter zu übertragen.

§ 4 Veröffentlichung

I. Art, Zeitpunkt und Ort der Veröffentlichung bestimmt Firma bzw. Firmas Lizenznehmer. Diese sind insbesondere berechtigt, die Aufnahmen unter jedem beliebigen Etikett (Warenzeichen/Label), das Firma selbst oder einem der Lizenznehmer gehört, zu veröffentlichen oder veröffentlichen zu lassen.

II Lizenzgeber wird Firma die zur Herstellung erforderlichen Parts wie Masterbänder bzw. DAT-Band sowie die Hüllenfilme rechtzeitig liefern, um die von Firma für „VÖ-Zeit" geplante Veröffentlichung sicherzustellen.

Firma plant die vertragsgegenständlichen Aufnahmen auf Compact Disc sowie eventuell auch auf LP (Vinyl) zu veröffentlichen.

III. Firma bzw. Firmas Lizenznehmer sind jederzeit berechtigt, die Aufnahmen aus dem jeweiligen Katalog zu streichen bzw. gestrichene Aufnahmen wieder zu veröffentlichen.

§ 5 Name und Abbildung des Künstlers

Solange die Vertragsaufnahmen ausgewertet werden, gestattet Lizenzgeber Firma bzw. Firmas Lizenznehmern, den Namen von Produzenten bzw. der Künstler sowie Abbildungen der Künstler oder sonstiges biographisches Material in branchenüblicher Weise zur Werbung für Tonträger bzw. Bildtonträger zu verwenden. Auf Wunsch von Firma wird Lizenzgeber entsprechendes Material frei von Rechten Dritter zur Verfügung stellen.

§ 6 Entgelt

I. Als Entgelt für die vom Lizenzgeber erbrachten und für die ihm aufgrund dieses Vertrages obliegenden Leistungen sowie für die Übertragung seiner Verwertungsrechte erhält der Lizenzgeber für jeden verkauften Tonträger mit Vertragsaufnahmen (abzüglich Retouren) eine Umsatzbeteiligung, berechnet auf der jeweiligen Preisbasis des entsprechenden Verkaufslandes – und für den Fall, daß diese nicht bekannt ist, auf Basis des jeweiligen Herstellerlandes. Diese beträgt:

a) bei Verkauf in der Bundesrepublik Deutschland, Österreich und der Schweiz 19 % (neunzehn Prozent) des Effektiv-Händlerabgabepreises gemäß Definition § 6 II. (HAP bzw. PPD) abzüglich der pauschalen Verpackungskosten entsprechend Regelung vertragsgegenständlicher Art. (gemäß § 6 III.)

b) bei Verkauf im Ausland (Österreich und Schweiz ausgenommen) durch Lizenznehmer und/oder Vertriebspartner von Firma sowie bei Verkauf an in Deutschland stationierte, ausländische militärische Streitkräfte 2/3 (zwei Drittel) der unter a) vereinbarten Umsatzbeteiligung auf dem jeweiligen Basisberechnungspreis des Tonträgers im jeweiligen Verkaufsland wie unter a).

c) bei Verkauf von Tonträgern über Clubs, Direktversandhändler (Mail Order) oder andere Sondervertriebswege die Hälfte der unter a) vereinbarten Prozentsätze, wobei die Umsatzbeteiligung auf dem durchschnittlichen Abgabepreis der Firma bzw. deren Lizenznehmer an den Club, Direktversandhändler oder Sondervertriebspartner errechnet wird.

d) bei Verkauf von Tonträgern, deren Basisberechnungspreis gemäß a) um mindestens 25% unter der handelsüblichen Hochpreisserie vergleichbarer Tonträger der Firma bzw. Lizenznehmern von Firma liegt (Mid- oder Budget-Price), die Hälfte der unter § 6 I. a) bzw. b) genannten Prozentsätze.

e) bei Verkauf von Tonträgern durch Firma bzw. Firmas Lizenznehmer, die mit besonderem Werbeaufwand im Wege einer im jeweiligen Verkaufsland flächendeckenden Funk- und/oder Fernseh- und/oder Kinoreklame und/oder in den Printmedien vertrieben werden, die Hälfte der unter a) bzw. b) vereinbarten Prozentsätze, begrenzt jedoch auf einen Zeitraum von 2 Monaten vor Beginn der jeweiligen Werbekampagne bis 4 Monate nach Beendigung der Kampagne.

II. Unter Effektiv-Händlerabgabepreis ist der jeweilige Listenpreis von Firma bzw. Firmas Lizenznehmern zu verstehen, der gegenüber dem Handel veröffentlicht wird mit der Maßgabe jedoch, daß der jeweils gegenüber dem Handel veröffentlichte Listenpreis angepaßt wird unter Berücksichtigung der durchschnittlichen Handelskonditionen von Firma. Sollte während einer Abrechnungsperiode der jeweilige Listenpreis geändert werden, ist Firma berechtigt, einen durchschnittlichen Händlerabgabepreis zu bilden (HAP oder PPD).

Für den Fall der Veröffentlichung von Digital Compact Cassetten (DCC) und/oder Mini Discs (MD) ist Firma berechtigt, diese – gemäß der Industriepraxis – auf einem Basisberechnungspreis von 75 % des Effektiv-Händlerabgabepreises abzurechnen mit der Maßgabe jedoch, daß dieser Basisberechnungspreis während der Vertrags- bzw. Auswertungszeit der Industriepraxis entsprechend angepaßt wird.

III. Der Wert der Ausstattung (Umhüllung, Kassette, Textbuch etc.) unterliegt in der jeweiligen tatsächlichen Höhe nicht der Umsatzbeteiligung. Firma ist berechtigt, statt Ermittlung der effektiven Umhüllungskosten Pauschalbeträge zu verwenden.

Firma ist berechtigt, für Tonträger in Normalausführung bei Schallplatten und Musikkassetten 10 %, bei Compact Discs 15 % und bei DCC und MD 25 % des jeweiligen Basisberechnungspreises gemäß vertragsgegenständlicher Definition in Abzug zu bringen.

Für den Fall, daß Firmas Lizenznehmer im jeweiligen Verkaufsland für den Wert der Ausstattung andere Abzüge vornehmen, so gelten die von Firmas Lizenznehmern gemachten Abzüge.

Sollten aufgrund der Wünsche von Lizenzgeber Tonträgerumhüllungen in speziellen Herstellungsverfahren erstellt werden, die einen zusätzlichen Kostenaufwand verursachen, so ist Firma berechtigt, diesen zusätzlichen Kostenaufwand Lizenzgeber in Rechnung zu stellen.

IV. Tonträger, die ohne Kostenberechnung zum Zweck der Promotion oder sonstigen Verkaufsförderung (free goods und/oder Naturalrabatt) oder nach Streichung aus Firmas bzw. Firmas Lizenznehmers Vertriebsrepertoire zu Ausverkaufszwecken abgegeben werden sowie für Ausschnitte aus Vertragsaufnahmen des Lizenzgebers für Firma bzw. Firmas Lizenznehmers Werbezwecke, unterliegen nicht der Umsatzbeteiligung.

V. Grundsätzlich rechnet Firma auf Basis sämtlicher verkaufter und nicht zurückgegebener Tonträger ab. Zu diesem Zweck ist Firma berechtigt, angemessene Retourenreserven für Verkäufe in der jeweiligen Abrechnungsperiode zu bilden. Bei der Auslieferung im Verkauf traditionellen Vertriebs soll die Retourenreserve in Europa nicht mehr als 20 % der ausgelieferten Tonträger betragen. Für den Fall jedoch, daß auf Basis sale and return im Einzelfall ausgeliefert werden sollte oder bei saisonbedingten Tonträgern – insbesondere auch im TV- und rundfunkbeworbenen Bereich –, dann ist Firma berechtigt, nach wohl abgewogenem kaufmännischen Interesse unter Berücksichtigung der Interessen des Lizenzgebers höhere Retourenreserven zu bilden. Das gleiche gilt auch für Verkäufe, die von Firmas Lizenznehmern vorgenommen werden. Hier ist Firma berechtigt, diejenigen Retourenreserven zugrunde zu legen, die Firmas Lizenznehmer bei ihren Abrechnungen bilden.

Firma wird die jeweils gebildeten Retourenreserven mit der nächsten Abrechnung auflösen mit der Maßgabe jedoch, daß für Neuauslieferungen jeweils auch neue Retourenreserven gebildet werden können. Bei Verwertung durch Lizenznehmer gelten deren Regelungen der Retourenreservenauflösung.

VI. Die Umsatzbeteiligung steht dem Lizenzgeber solange zu, wie ausschließlich Firma bzw. Firmas Lizenznehmer die Vertragsaufnahmen auswerten, begrenzt jedoch auf die gesetzliche Schutzfrist des Tonträgers.

VII. Firma ist berechtigt, die Zahlung der Umsatzbeteiligung einzustellen falls Lizenzgeber seine vertraglich übernommenen Verpflichtungen schuldhaft verletzt oder aber an der Durchsetzung der Rechte gegenüber Dritten nicht in zumutbarer Weise mitwirkt. Weitere Schadensersatzansprüche in diesem Zusammenhang bleiben Firma ausdrücklich vorbehalten.

§ 7 Abrechnung

I. Firma rechnet ab und zahlt kalenderhalbjährlich jeweils innerhalb von 3 Monaten nach Ablauf der Abrechnungsperiode. Von Firmas Lizenznehmern abgerechnete Umsatzbeteiligungen werden zum nächsten Abrechnungstermin nach Eingang bei Firma, ggf. unter Abzug hierauf entfallender Steuern, abgerechnet und gezahlt.

II. Der Lizenzgeber hat das Recht, nach Vereinbarung eines Termins auf seine Kosten der Abrechnung zugrunde liegende Unterlagen durch einen vereidigten Buchprüfer oder einen Wirtschaftsprüfer während der Geschäftszeit einsehen zu lassen, jedoch nicht häufiger als einmal pro Kalenderjahr. Der Zeitraum einer Buchprüfung ist beschränkt auf höchstens 4 vor dem Zeitpunkt der Buchprüfung liegende Abrechnungsperioden. Ein Einspruch gegen die Richtigkeit der Abrechnung ist nur innerhalb von 12 Monaten nach Eingang der Abrechnung zulässig und schriftlich zu begründen. Offensichtliche Unrichtigkeiten, insbesondere Rechenfehler in einer Abrechnung, werden von Firma auch nach Ablauf dieser Frist berichtigt.

§ 8 Zahlung

I. Die Zahlungen erfolgen in Deutscher Mark der Deutschen Bundesbank. Lizenzeinnahmen, die von Lizenznehmern in ausländischer Währung bei Firma eingehen, werden am Tag des Zahlungseingangs in Euro umgerechnet. Die Zahlung der Umsatzbeteiligung erfolgt zuzüglich Mehrwertsteuer nach dem jeweils geltenden Satz.

II. Empfangsberechtigt für alle Zahlungen und Mitteilungen ist der Lizenzgeber selbst; die Zahlungen werden auf das vom Lizenzgeber angegebene Konto oder per Verrechnungsscheck geleistet; Abtretungen sowie
die Erteilung von Inkassoaufträgen an Dritte bedürfen der schriftlichen
Anzeige durch den Lizenzgeber gegenüber Firma und der ausdrücklichen schriftlichen Zustimmung von Firma.

III. Für den Lizenzgeber bestimmte Zahlungen und Mitteilungen erfolgen
mit befreiender Wirkung an die Firma zuletzt mitgeteilte Anschrift bzw.
Bankverbindung. Änderungen sind Firma schriftlich mitzuteilen.

IV. Lizenzgeber mit Wohnsitz in der Bundesrepublik Deutschland sind für
ihre steuerlichen Belange in jeder Hinsicht selbst verantwortlich. Sofern
der Lizenzgeber seinen Wohnsitz im Ausland hat oder dorthin verlegt,
wird Firma bei Auszahlung der abgerechneten Umsatzbeteiligung die
auf den Lizenzgeber entfallenden Steuerabzüge einbehalten und an das
zuständige Finanzamt abführen, es sei denn, der Lizenzgeber erlangt
eine Freistellungsbescheinigung der zuständigen deutschen Finanz-
behörde.

V. Firma ist berechtigt, die Zahlung der Umsatzbeteiligung zurückzu-
stellen, wenn die Umsatzbeteiligung des Lizenzgebers in einer
Abrechnungsperiode weniger als 50 € beträgt mit der Maßgabe
jedoch, daß der nicht ausgezahlte Betrag dem Lizenzkonto des
Lizenzgebers gutgeschrieben und mit der nachfolgenden Abrechnung ausgezahlt wird, sofern dann der Mindestbetrag von 50 €
erreicht wurde.

VI. Für den Fall, daß aufgrund gesetzlicher Regelung oder sonstiger
Bestimmungen, die nicht im Einflußbereich von Firma liegen, insbesondere durch Devisenbestimmungen, die Zahlung von Firma bzw. Firmas
Lizenznehmern an Lizenzgeber nicht möglich ist, so wird Firma bzw. Firmas Lizenznehmer durch Hinterlegung der entsprechenden Beträge
von der jeweiligen Zahlungsverpflichtung befreit. Firma bzw. Firmas
Lizenznehmer werden in einem solchen Fall ein Konto bei einer Bank in
diesem entsprechenden Land einrichten bzw. einrichten lassen, auf das
die jeweiligen Beträge gezahlt werden und zugunsten von Lizenzgeber
zur Verfügung stehen.

§ 9 Schlußbestimmungen

I. Für das Vertragsverhältnis gilt deutsches Recht. Änderungen und Ergänzungen dieses Vertrages bedürfen zu ihrer Gültigkeit der Schriftform, auf die weder mündlich noch konkludent verzichtet werden kann. Erfüllungsort ist ....
Ausschließlicher Gerichtsstand ist .... für den Fall, daß Lizenzgeber zu den Kaufleuten zählt, die nicht zu den in § 4 HGB bezeichneten Gewerbebetreibenden gehören, sowie dann, wenn Lizenzgeber keinen allgemeinen Gerichtsstand in der Bundesrepublik Deutschland hat, nach Abschluß des Vertrages seinen Wohnsitz oder gewöhnlichen Aufenthaltsort aus diesem Gebiet verlegt oder wenn der Wohnsitz oder gewöhnliche Aufenthaltsort zum Zeitpunkt der Klageerhebung nicht bekannt ist.

II. Sollten einzelne Bestimmungen dieses Vertrages unwirksam sein, so soll der Vertrag im übrigen dennoch gültig bleiben. Die Parteien werden in diesem Fall die unwirksamen durch dem Gesamtzweck dieses Vertrages entsprechende gültige Bestimmungen ersetzen.

III. Der Lizenzgeber erteilt hierzu Firma unwiderrufliche Vollmacht, gegen jede unzulässige Verwendung seiner unter diesen Vertrag fallenden Darbietungen vorzugehen. Diese Vollmacht bleibt auch nach Beendigung des Vertrages wirksam.

IV. Der Lizenzgeber nimmt davon Kenntnis und ist einverstanden, daß Daten aufgrund dieses Vertrages auf Datenträgern gespeichert und nach den Bestimmungen des Bundesdatenschutzgesetzes verarbeitet werden.

V. Firma ist berechtigt, diesen Vertrag insgesamt oder Teile dieses Vertrages mit befreiender Wirkung auf ihre Muttergesellschaft, ggf. ihre Schwester- oder Tochtergesellschaften oder sonstige Dritte zu übertragen.

VI. Durch diesen Vertrag wird weder ein Arbeitsverhältnis noch ein einem Arbeitsverhältnis ähnliches Vertragsverhältnis zwischen den Vertragsparteien begründet.

VII. Umstände, die die Herstellung und Bereitstellung sowie Lieferung von Materialien und die Bereitstellung von Mitwirkenden unmöglich

machen oder übermäßig erschweren, ebenso alle sonstigen Fälle
höherer Gewalt auch in der Person von Lieferanten von Firma, entbinden Firma von den in diesem Vertrag übernommenen Verpflichtungen.
Firma ist in diesen Fällen berechtigt, ohne Begründung von Schadensersatzansprüchen vom Vertrag zurückzutreten. Ansonsten gelten die
gesetzlichen Bestimmungen über Leistungsstörungen.

§ 10 Anhang / Sonstige Bestimmungen

I. Bei den vertragsgegenständlichen Aufnahmen handelt es sich um den
    Sampler „...................", der aus den nachfolgend genannten Einzel-
    aufnahmen der nachfolgend genannten Künstler besteht:

    ....
    ....
    ....

    Der Lizenzgeber räumt Firma ferner das Erstoptionsrecht auf einen
    Nachfolge-Sampler zu den unter diesem Vertrag vereinbarten Konditio-
    nen ein. Dieser Options-Sampler wird im Falle der Optionswahrneh-
    mung durch Firma Bestandteil dieses Vertrages sein.

II. Das Vertragsgebiet ist WELT mit Ausnahme der U.S.A.
    Es gilt jedoch als vereinbart, daß die Rechte für die Länder, in welchen
    Firma innerhalb einer Frist von sechs (6) Monaten – gerechnet ab der
    Erstveröffentlichung in Deutschland – keine Veröffentlichung oder feste
    Veröffentlichungszusage erzielte (entweder auf Lizenz- oder auf Fertig-
    warenbasis mit Abnahme einer marktangemessenen Stückzahl), nach
    dieser Frist automatisch an den Lizenzgeber zurückfallen.

III. Der Vertrag tritt in Kraft mit der Unterzeichnung der beiden Parteien.
    Die vertragliche exklusive Verwertungszeit der vertragsgegenständli-
    chen Tonträger beträgt fünf (5) Jahre gerechnet vom Ablieferungsdatum
    der Produktionsunterlagen (Tonbänder und Hüllenfilme) der letzten ver-
    tragsgegenständlichen Aufnahmen.
    Danach ist Firma berechtigt, die noch am Lager befindlichen Tonträger
    innerhalb einer Frist von 6 Monaten non-exklusiv auszuverkaufen.

IV. Firma zahlt Lizenzgeber mit Abnahme der jeweiligen vertragsgegen-
    ständlichen Produktionsunterlagen einer jeweiligen vertragsgegen-

ständlichen Produktion (LP- bzw. CD-Produktion) eine nicht rückzahlbare, jedoch mit der an Lizenzgeber zu zahlenden Umsatzbeteiligung
aufgrund der vertraglichen Vereinbarung zwischen Firma und Lizenzgeber gesamtverrechenbare Vorauszahlung.

Zur Sicherung der Verrechenbarkeit tritt Lizenzgeber seine Ansprüche
auf Umsatzbeteiligung jetzt schon an Firma bis zur Höhe des jeweiligen
Vorauszahlungssaldos ab.

Die mit Abnahme der jeweiligen vertragsgegenständlichen Produktion
zu zahlende nicht rückzahlbare, jedoch verrechenbare Vorauszahlung
beträgt .... € (In Worten Euro).

V. Der Lizenzgeber verpflichtet sich, für die vertragsgegenständlichen
Aufnahmen auf seine Kosten folgende Promotion- und Werbemaßnahmen zu übernehmen: jeweils eine halbseitige Anzeige (schwarz/weiß
mit einer Zusatzfarbe) in ....

Die Kosten für die Anzeigen-Schaltung, die Gestaltung und die Erstellung der Filme hierfür werden vom Lizenzgeber getragen.

Lizenzgeber wird ferner in Zusammenarbeit mit der Firma-Promo-
tionabteilung einen Großteil der Pressearbeit und der Funk- und TV-
Akquisition übernehmen.

....
Ort, Datum   Ort, Datum

....
Lizenzgeber   Firma

PRODUZENTENVERTRAG

zwischen   ....

– nachstehend Firma genannt –

und   ....

– nachstehend Produzent genannt –

§1 VERTRAGSGEGENSTAND

Der Produzent produziert exklusiv für die Firma Tonaufnahmen mit dem
Künstler:

XXX

§ 2 DURCHFÜHRUNG DER AUFNAHMEN

1. Zahl, Umfang, Inhalt, Ort und Zeitpunkt der Produktionen bestimmt die
   Firma im Einvernehmen mit dem Produzenten.
   Zunächst ist vorgesehen
   1 LP
   zu produzieren.

2. Der Produzent verpflichtet sich, bei allen im Auftrag von der Firma
   durchzuführenden Produktionen die ihm von der Firma mitgeteilten
   Produktionsdetails zu beachten.

3. Aufnahmeplan, Besetzung, Arrangements etc. sind in regelmäßigem
   Kontakt mit den von der Firma beauftragten Mitarbeitern abzustimmen.
   Vor Beginn jeder Produktion erstellt die Firma in Abstimmung mit dem
   Produzenten eine schriftliche Kalkulation der Produktionskosten. Mit
   der Produktion darf erst begonnen werden, wenn das Budget endgültig von der Firma schriftlich festgelegt worden ist. Die Produktionskosten (Studiokosten, Musikerhonorare, Reise-, Hotel- und Verpfle-
   gungskosten etc.) trägt die Firma nur gemäß dem von der Firma mit

dem Produzenten abgestimmten Budget. Der Produzent ist nicht berechtigt, im Namen der Firma Verbindlichkeiten einzugehen, die nicht vom Budget gedeckt sind. Sollte sich während der Produktion ergeben, daß die tatsächlichen Produktionskosten die von der Firma festgelegten Kosten übersteigen, so ist der Produzent verpflichtet, die Firma davon sofort zu benachrichtigen. Unterläßt es der Produzent, die Firma zu benachrichtigen, und übersteigen die Mehrkosten die genehmigte Kalkulation, ist die Firma berechtigt, die Mehrkosten mit den Ansprüchen des Produzenten aus §6 dieses Vertrages zu verrechnen.

4. Erscheint die Qualität einer vom Produzenten produzierten Aufnahme als unzureichend, so ist der Produzent auf Bitten der Firma verpflichtet, die entsprechenden Aufnahmen – so weit und so lange erforderlich – ohne besondere Entschädigung zu ändern bzw. zu wiederholen.

5. Der Produzent verpflichtet sich, der Firma pro fertiggestellter Produktion folgende Bänder (inkl. Single- und Maxi- Versionen) abzuliefern:
1 x Master Digital U-Matic 1610/1630/NTSC
oder 76 1/2"-Band, analog
oder 38er Ü-Kopie, analog
oder DAT-Ü-Kopie
1 x 38er analog oder DAT S-Kopie
1 x 38er analog oder DAT Playbacks
1 x Master MC
Mit Ablieferung gehen das Eigentum sowie alle sonstigen Rechte an dem Material ohne Einschränkung auf die Firma über.
Des weiteren sind bei Abgabe der Masterbänder folgende Angaben zu machen:
– Titel
– Zeiten
– Autoren/Verlage
– Studio, Ort und Zeit der Aufnahmen
– Toningenieur

6. Weiterhin hat der Produzent zur Sicherung der Firma gemäß § 3 dieses Vertrages übertragenen Rechte bei Abgabe der Masterbänder unterschriebene Künstlerquittungen aller an der Produktion mitwirkenden Musiker, Chorsänger etc. zu übergeben sowie zu bestätigen, daß etwaige gesetzlich vorgeschriebene Zahlungen an Gewerkschaften, Verbände etc. gemacht worden sind.

§ 3 RECHTSÜBERTRAGUNG

1. Produzent überträgt der Firma ohne zeitliche und inhaltliche Einschränkung und für die ganze Welt exklusiv alle etwaigen Urheber- und Leistungsschutzrechte, die er an von ihm produzierten Aufnahmen innehat.

   a) Die Firma ist insbesondere berechtigt, vom Produzenten produzierte Aufnahmen durch Herstellung von Schallplatten, Musikkassetten, Tonbändern, Compact Discs (CD), anderen digitalen Tonträgern (DCC, DAT etc., nachfolgend: Audiophile Hochqualitätstonträger) oder sonstigen Tonträgern sowie durch Herstellung von Videocassetten, Videoplatten, Compact Disc-Videos oder anderen Bildtonträgern oder über sonstige technische Übertragungsvorrichtungen zu vervielfältigen sowie diese zu verkaufen und in sonstiger Form (z.B. über Clubs oder durch Mail Order) zu verbreiten.

   b) Weiterhin ist die Firma berechtigt, die Ton- und Bildtonträger öffentlich aufzuführen oder aufführen zu lassen, durch öffentlich-rechtliche und private Sendeanstalten – auch über Kabel und Satellit oder sonstige Übertragungseinrichtungen – zu senden oder senden zu lassen; eingeschlossen ist das Recht der Wiedergabe derartiger Sendungen.

   c) Die Nutzungsrechte der Firma umfassen auch die Befugnis, Ton- und/oder Bildaufnahmen zur Wahrnehmung der vorstehend aufgeführten Nutzungsrechte mit anderen Aufnahmen des Künstlers (z.B. zum Zwecke einer „Best-of"-Veröffentlichung) oder Aufnahmen dritter Künstler zu koppeln, sowie die Befugnis, die Aufnahmen zur Herstellung von Special Products Tonträgern zu verwenden. Weiterhin ist die Firma berechtigt, vom Produzent produzierte Aufnahmen als Hintergrundmusik bei Filmen, Videos, Werbespots etc. zu nutzen.

   d) Die Nutzungsrechte der Firma erstrecken sich schließlich auch auf sonstige jetzige und künftige Nutzungsarten, die vorstehend nicht ausdrücklich aufgeführt worden sind, z.B. auf die Verbreitung vertragsgegenständlicher Aufnahmen unmittelbar über Kabelsysteme, Datenbanken etc.

   e) Schließlich ist die Firma berechtigt, die Vertragsaufnahmen selbst oder durch einen anderen von der Firma beauftragten Produzenten neu abzumischen, zu digitalisieren oder in sonstiger Weise (z.B. durch Aufnahme weiterer Spuren) zu bearbeiten.

   f) Sämtliche vorstehend aufgeführten Nutzungsrechte kann die Firma auf Dritte übertragen oder durch Dritte zu deren eigener Verwertung wahrnehmen lassen.

2. Mit übertragen sind auch die exklusiven Nutzungsrechte an etwaigen Urheberrechten des Produzenten, soweit sie ihm in seiner Eigenschaft als Komponist, Texter oder Bearbeiter eines zur Aufnahmen gelangenden Titels zustehen und er diese Rechte nicht der GEMA oder einer anderen Urheberrechts-Wahrnehmungsgesellschaft übertragen hat.

3. Die Firma ist berechtigt, den Namen, Faksimiles, Abbildungen und biografisches Material des Produzenten zu benutzen und Dritten die Benutzung zu gestatten, solange eine Auswertung der unter diesen Vertrag fallenden Aufnahmen erfolgt.

§ 4 GARANTIEVERPFLICHTUNGEN

1. Der Produzent versichert und steht dafür ein, daß er durch keine anderweitigen Bindungen gehindert ist, diesen Vertrag abzuschließen und zu erfüllen.

2. Der Produzent garantiert, daß (soweit Werke des Produzenten aufgenommen werden) die der Firma übertragenen Rechte, einschließlich etwaiger Rechte an Titeln, nicht Urheber- oder Leistungsschutzrechte Dritter verletzen und daß die Produktion oder Teile davon nicht widerrechtlich fremden Werken entnommen sind und vom Produzenten bisher nicht mit einem anderen Künstler produziert worden sind. Des weiteren garantiert der Produzent, daß die Aufnahmen bisher unveröffentlicht sind.

3. Der Produzent verpflichtet sich, die Firma in Hinblick auf die in den Ziffern 1 und 2 genannten Zusicherungen von allen etwaigen Ansprüchen Dritter freizustellen. Die Firma selbst ist berechtigt, im Namen des Produzenten Ansprüche Dritter außergerichtlich oder gerichtlich abzuwehren. Die zu diesem Zweck der Firma erteilte Vollmacht – ggf. ist eine gesonderte Prozeßvollmacht zu erteilen – bleibt auch nach Beendigung dieses Vertrages bis zur Erledigung aller in Frage kommenden Ansprüche wirksam bestehen.

4. Der Produzent verpflichtet sich, von ihm produzierte Titel und Teile davon mit anderen Künstlern während einer Zeit von 10 (zehn) Jahren seit Erscheinen bei der Firma ohne ausdrückliche Zustimmung der Firma nicht erneut zu produzieren. Bezüglich des Künstlers gilt diese Sperre, solange die Firma die vertragsgegenständlichen Titel auswertet.

5. Der Produzent trägt dafür Sorge, daß die unter diesem Vertrag fallenden Produktionen bis zu deren Veröffentlichung geheimgehalten werden. Insbesondere ist er nicht berechtigt, die ihm zu Abhörzwecken zur Verfügung gestellten Tonbänder weiterzugeben. Er verpflichtet sich, dafür Sorge zu tragen, daß Unbefugte nicht auf irgendeine Weise in den Besitz von Bändern mit den vom Produzenten produzierten Aufnahmen oder Teilen der Aufnahmen gelangen oder widerrechtlich Überspielungen oder Mitschnitte vorgenommen werden. Er wird zu diesem Zweck nachdrücklich auf die Leitung der jeweiligen Produktionsstudios einwirken, um jeden Mißbrauch zu unterbinden.

Der Produzent gewährleistet und stellt sicher, daß er sowie für ihn beschäftigte Arrangeure keine Arrangements zu den gemäß diesem Vertrag aufzunehmenden Titeln für konkurrierende Tonträgerhersteller anfertigen.

§ 5 VERÖFFENTLICHUNG/PLAYBACKVERGABE/ NACHSYNCHRONISATION

1. Veröffentlichung

Der Firma steht das ausschließliche Recht zu, über Zeitpunkt, Ort, Dauer und Form der Veröffentlichung der Tonaufnahmen des Produzenten allein zu entscheiden und alle erforderlichen Maßnahmen zu treffen. Hierzu gehört insbesondere die Entscheidung, ob wieviele und welche Aufnahmen der Produktion als Single veröffentlicht werden, unter welcher Marke (Label), welcher Bezeichnung, welchem Namen und zu welchem Verkaufspreis die Aufnahmen verbreitet werden. Die Firma ist berechtigt, Vertragsaufnahmen jederzeit aus dem Angebotskatalog zu streichen.

2. Playbackvergabe

Der Produzent erklärt sich damit einverstanden, daß Playbacks seiner unter diesem Vertrag produzierten Aufnahmen anderweitig verwendet werden. Insbesondere ist der Produzent mit der Vergabe von Playbacks durch die Firma an Dritte einverstanden.

Eine Lizenzierung gem. § 6 entfällt insoweit. Bei Vergabe von Playbacks durch die Firma an Dritte erhält der Produzent 50 % (fünfzig Prozent) der Nettoeinnahmen, die der Firma nach Abzug aller sonstigen mit der Vergabe verbundenen Kosten verbleiben. Die Auszahlung an den Produzenten erfolgt zusammen mit der dem Eingang des Geldes bei der Firma folgenden Lizenzabrechnung gemäß § 7.

3. Nachsynchronisation

Nachsynchronisationen der Aufnahmen wird die Firma mit dem Produzenten produzieren. Die Beteiligung des Produzenten richtet sich in diesem Fall nach § 6, wobei allerdings kein gesonderter Vorschuß fällig wird.

Sollte der Produzent aus zeitlichen oder sonstigen Gründen nicht in der Lage sein, eine Nachsynchronisation durchzuführen, ist die Firma berechtigt, einen dritten Produzenten hiermit zu beauftragen. Die Beteiligung des Produzenten ist für diesen Fall gesondert festzulegen.

§ 6 ENTGELT

Für die Verwertung der vertragsgegenständlichen Aufnahmen gemäß § 3 dieses Vertrages erhält der Produzent folgende Vergütung:

1. Lizenzsatz

Für die im Inland verkauften Tonträger mit Aufnahmen des Künstlers erhält der Produzent folgende Lizenz:

XX %

Für die im Ausland verkauften Tonträger mit Aufnahmen des Künstlers erhält der Produzent zwei Drittel ($2/3$) der vorstehend genannten Inlandslizenz.

Verkäufe an ausländischen Streitkräfte gelten als Auslandsverkäufe.

Bei Verkäufen durch Schallplatten-Clubs oder über Mail Order erhält der Produzent $1/2$ der vorstehend vereinbarten Lizenzen.

2. Reduzierte Lizenzen

Werden Aufnahmen des Produzenten auf Etiketten dritter Lizenznehmer, als sog. Low Price-, Medium Price-, als Special Products-Tonträger, als Tonträger, die durch eine besondere Rundfunk- und/oder Fernsehpromotion durch die Firma oder Dritte gefördert werden, oder als Benefiz-Tonträger veröffentlicht, so erhält der Produzent für diese verkauften Tonträger die Hälfte der unter Nr. 1 genannten Prozentsätze als Lizenz. Dasselbe gilt für Verkäufe von Tonträgern an Lehranstalten, Büchereien sowie bei Verkauf über einen sonstigen Sondervertriebsweg. Für Verkäufe von 7" und 12" Vinyl-Singles, die aus einer LP ausgekoppelt werden, sowie für Audiophile Hochqualitätstonträger erhält der Produzent $2/3$ der unter Nr. 1 genannten Prozentsätze als Lizenz. Die Reduzierung bei regulären LP-Veröffentlichungen gemäß § 2, Ziffer 1. im Falle einer Rundfunk- und/oder Fernsehpromotion gilt nur für Verkäufe bis zum Ende des Abrechnungshalbjahres, das nach dem Ende einer solchen Kampagne beginnt.

3. Lizenzbasis

Die Lizenzen werden auf alle effektiven Inlands- und Auslandsverkäufe (abzüglich Retouren), bei Verkäufen in den USA auf 85 % der Verkäufe, bezahlt.

Lizenzbasis bei analogen Tonträgern ist der bereinigte Detailpreis.

Detailpreis ist der unverbindlich empfohlene Endverbraucherpreis bzw. bei Clubgeschäften der Clubabgabepreis an die Mitglieder. Gibt es keine derartigen Preise, ist der Detailpreis der für die jeweilige Produktkonfiguration (aufgrund des in der Tonträgerindustrie üblichen Ermittlungsstandards) errechnete Durchschnittsendverbraucherpreis. Gibt es in einem Territorium keinen üblichen Ermittlungsstandard, ist der Durchschnittsendverbraucherpreis höchstens der um einen Mark-up von 30 % erhöhte Handelsabgabepreis.

Lizenzbasis bei digitalen Tonträgern ist der bereinigte Listenabgabepreis, der bei Clubverkäufen auf der Grundlage der Clubmitgliederpreise ermittelt wird.

Die Bereinigung des Detailpreises bzw. des Listenabgabepreises erfolgt durch Abzug von Spendenbeiträgen, Mehrwertsteuer oder sonstiger Verkaufssteuern sowie durch Abzug von Plattentaschen- bzw. Technikkosten in Höhe von 5,5 % (Vinyl-Singles), 10 % (LP), 14 % (MC) bzw. 25 % (CD und Audiophile Hochqualitätstonträger).

Im Falle der Abrechnung von Verkäufen, die durch Lizenznehmer von der Firma erfolgen, ist die Firma auch berechtigt, diejenige Lizenzbasis zugrunde zu legen, die der Lizenznehmer der Firma gegenüber anwendet.

Bei Mehrfachalben ergibt sich die für die Lizenzierung maßgebliche Preiskategorie dadurch, daß die sich für das Mehrfachalbum ergebende Lizenzbasis durch die Zahl der in einem solchen Album insgesamt enthalten Tonträger geteilt wird.

4. Vorschußzahlung

Die Firma zahlt Produzent für die im Rahmen dieses Vertrages zu erbringende Leistung einen nicht rückzahlbaren, aber mit allen Lizenzansprüchen des Produzenten gegen die Firma aus diesem Vertrag verrechenbaren Vorschuß in Höhe von

xxxxxx €

fällig zur Hälfte bei Vertragsunterzeichnung, zur Hälfte bei Abnahme der Produktion.

5. Sonstige Bestimmungen

a) Werden im Rahmen dieses Vertrages erstellte Aufnahmen des Produzenten mit anderen Aufnahmen gekoppelt, so erfolgt die Berechnung der Lizenz titelanteilig.

b) Für Tonträger gleich welcher Art, die aus dem Angebot der Firma gestrichen und zu Ausverkaufspreisen verkauft werden, sowie für Tonträger oder Ausschnitte aus Vertragsaufnahmen, die als Rezensionsexemplare oder zum Zwecke der Promotion oder sonstigen Verkaufsförderung oder als Einkaufsvorteil abgegeben werden, erhält der Produzent keine Lizenz.

c) Die Lizenzen stehen dem Produzenten so lange zu, wie die Firma die Tonaufnahmen, die Gegenstand dieses Vertrages sind, auswertet, begrenzt jedoch auf die gesetzliche Schutzfrist des Tonträgers.

d) Bei Veröffentlichung von Aufnahmen in den USA und in Kanada erklärt sich der Produzent damit einverstanden, daß (falls es sich bei den Aufnahmen um Kompositionen und Texte des Produzenten handelt) zur Abgeltung der Urheberrechtsansprüche des Produzenten lediglich 75 % der in den USA und Kanada gesetzlich vorgesehenen Urheberrechtsgebühr für Vervielfältigungen bezahlt werden. Handelt es sich bei den Aufnahmen um Fremdkompositionen bzw. -texte, wird der Produzent sich gemeinsam mit der Firma bemühen, mit den betreffenden Urhebern bzw. deren Verlagen eine entsprechende Regelung treffen.

Weiterhin ist der Produzent damit einverstanden, daß Urheberrechtsgebühren für mechanische Vervielfältigungen bei Langspieltonträgern auf der Basis von höchstens 10 (zehn) Titeln und bei Singles auf der Basis von höchstens 2 (zwei) Titeln gezahlt werden. Für Tonträger, die unter § 6 Ziff. 4b fallen, ist keine Urheberrechtsgebühr zu zahlen.

e) Im Falle einer kommerziellen Auswertung der vertragsgegenständlichen Aufnahmen auf Bildtonträgern erhält der Produzent 2/3 (zwei Drittel) der in § 6 Ziffer 1 genannten Lizenz des um einen Technikabzug von 25 % bereinigten Listenabgabepreises.

§ 7 ABRECHNUNG

1. Die dem Produzenten zustehenden Lizenzen werden zum 30. Juni und 31. Dezember eines jeden Jahres abgerechnet. Die Abrechnungen sind innerhalb einer Frist von 8 (acht) Wochen nach Ende einer Abrechnungsperiode zu erstellen und dem Produzenten zuzustellen. Nach

weiteren 30 (dreißig) Tagen sind die angefallenen Lizenzen unter Abzug erhaltener Vorschüsse oder Berücksichtigung sonstiger Forderungen fällig. Bei einer Überschreitung der genannten Stichtage bis zu 5 (fünf) Werktagen gerät die Firma nicht in Verzug.

2. Lizenzen aus Geschäften mit Dritten werden nach Eingang der Zahlung bei der Firma mit der nächstfälligen Abrechnung abgerechnet und bezahlt, sofern die eingehende Abrechnung mindestens 2 (zwei) Monate vor Ende der laufenden Abrechnungsperiode bei der Firma vorliegt. Ist dies nicht der Fall, erfolgt Abrechnung und Zahlung am Ende der darauf folgenden Abrechnungsperiode.
Die Auszahlung dieser Lizenzen durch die Firma erfolgt in Euro netto nach Abzug aller anfallenden Spesen, Gebühren und etwaiger Steuern. Als Umrechnungskurs gilt der im Zeitpunkt des Zahlungseingangs bestehende Kurs.

3. Produzenten mit Wohnsitz in der Bundesrepublik Deutschland sind für ihre steuerlichen und versicherungsmäßigen Belange in jeder Hinsicht selbst verantwortlich. Produzenten, die im Gebiet der Bundesrepublik Deutschland nicht zur Einkommensteuer verlangt werden, sind verpflichtet, dies der Firma anzuzeigen. Die Firma nimmt von der an den Produzenten zu zahlenden Vergütung ggf. die gesetzlichen Abzüge vor und führt diese an die zuständigen Finanzbehörden ab, es sei denn, Einbehaltung und Abführung können aufgrund eines vom Produzenten erlangten Freistellungsbescheides der zuständigen Finanzbehörden entfallen.

4. Der Produzent erklärt hiermit, umsatzsteuerpflichtig zu sein und seine Umsätze nach den allgemeinen Vorschriften des UStG zu versteuern (falls nicht zutreffend, streichen). Änderungen seiner Versteuerungsart wird er der Firma rechtzeitig mitteilen.
Der Produzent erklärt sich damit einverstanden, daß Gutschriften als Rechnungen gelten. Alle vereinbarten Vergütungen verstehen sich zuzüglich Umsatzsteuer, sofern der Produzent der Firma angezeigt hat, daß er umsatzsteuerpflichtig ist.

5. Empfangsberechtigt für die Zahlungen ist der Produzent selbst. Ohne schriftliche Zustimmung von der Firma wird der Produzent seine Rechte aus diesem Vertrag nicht übertragen und keinen Dritten beauftragen, die ihm zustehende Vergütung einzuziehen. Für den Produzenten bestimmte Zahlungen und Mitteilungen sind wirksam, wenn sie an die der Firma angegebene Adresse gerichtet sind.

6. Betragen die Lizenzen aus einer Abrechnungsperiode weniger als 50 €, so entfällt die Lizenzierungs- und Abrechnungspflicht.

7. Da Grundlage der Lizenzierung die effektiven Verkäufe sind, werden retournierte Tonträger nicht lizenziert.
Die Firma ist berechtigt, für im Abrechnungszeitraum nicht genau fest-stehende Retouren einen angemessenen Einbehalt auf die auszuzah-lenden Lizenzen einzubehalten. Aus einer Abrechnungsperiode einbe-haltene Lizenzen werden bei der nächstfolgenden Lizenzabrechnung angerechnet.
Werden Tonträger, die zu einem späteren Zeitpunkt retourniert werden, lizenziert, erfolgt bezüglich dieser Tonträger eine Negativ-Abrechnung auf der Grundlage der dann gültigen Lizenzbasis.

8. Die Abrechnung gilt als genehmigt, wenn der Produzent nicht innerhalb von 6 Monaten unter Angabe von Gründen schriftlich Einspruch erhebt.

9. Mit den aus diesem Vertrag an den Produzenten gezahlten Vergütungen sind alle etwaigen Ansprüche Dritter, die im Namen oder Auftrag des Produzenten an der Herstellung der Tonaufnahmen mitgewirkt habe, abgegolten. Die Befriedigung derartiger Ansprüche obliegt dem Produ-zenten.

§ 8 VERTRAGSDAUER

Dieser Vertrag wird für die Dauer der vertragsgegenständlichen Produktion abgeschlossen.

§ 9 VERTRAGSAUFLÖSUNG

1. Die Parteien haben das Recht, den Vertrag aus wichtigem Grunde jeder-zeit zu kündigen, wenn ein Vertragspartner die ihm obliegenden ver-traglichen Verpflichtungen nachhaltig und andauernd verletzt, so daß die Fortsetzung des Vertragsverhältnisses den Vertragsparteien unzu-mutbar geworden ist.
Als Grund zur außerordentlichen Kündigung des Vertrages gelten ins-besondere:
a) Der Fall, daß sich der Produzent in einem physischen oder psychi-schen Zustand befindet, der es ihm unmöglich macht, seinen ver-

traglichen Verpflichtungen in bezug auf die Durchführung und die Qualität seiner Produktionen nachzukommen.

b) Der Fall, daß der Produzent trotz Abmahnung von der Firma wiederholt dem festgelegten Produktionstermin fernbleibt.

c) Der Fall, daß nach Ansicht der Firma eine konstruktive Zusammenarbeit zwischen dem Künstler und dem Produzenten nicht mehr wahrscheinlich ist.

2. In diesen Fällen steht es der Firma frei, zwecks Erfüllung ihrer Pflichten gegenüber dem Künstler einen Dritten mit eventuell fälligen Produktionen zu beauftragen.

§ 10 RECHT UND GERICHTSSTAND

1. Für dieses Vertragsverhältnis gilt deutsches Recht.

2. Gerichtsstand ist XXXXXXXX

§ 11 SONSTIGE VEREINBARUNGEN

1. Sollte eine Bestimmung dieses Vertrages nichtig oder aus Rechtsgründen nicht durchführbar sein, so wird dadurch die Wirksamkeit der übrigen Bestimmungen nicht berührt. Die Parteien werden die nichtige oder unwirksame Bestimmung durch eine andere Bestimmung ersetzen, die den ursprünglich gewollten wirtschaftlichen Zweck sichert.

2. Mündliche Nebenabreden sind nicht getroffen worden. Vertragsänderungen oder Ergänzungen bedürfen der Schriftform, wofür gegenseitig bestätigter Schriftverkehr genügt.

3. Durch diesen Vertrag wird zwischen den Vertragsparteien weder ein Arbeitsverhältnis noch ein einem Arbeitsverhältnis ähnliches Vertragsverhältnis begründet.

4. Die Firma ist berechtigt, diesen Vertrag mit befreiender Wirkung auf ihre Muttergesellschaft oder auf eine Schwester- oder Tochtergesellschaft zu übertragen.

5. Der Produzent verpflichtet sich, Dritten gegenüber über die Bedingungen dieses Vertrages und alle damit in Zusammenhang stehenden Informationen Stillschweigen zu bewahren.

....
Ort / Datum

....
Die Firma   Der Produzent

Künstler / Musiker
RECHNUNG UND RECHTSÜBERTRAGUNG

Künstler / Musiker

....
(Name)

Ich habe bei den nachstehenden Schallaufnahmen mitgewirkt und übertrage hiermit dem Produzenten und unmittelbar dessen Vertragspartnern weltweit und ohne räumliche und zeitliche Einschränkung meine sämtlichen ausschließlichen Urheber-, Leistungsschutz- und sonstigen Rechte, die durch meine Mitwirkung an den Aufnahmen insbesondere nach Maßgabe der §§ 74 – 78 UrhG entstanden sind, sowie meine Ansprüche an den Darbietungen. Das Recht erstreckt sich auf alle derzeitigen Verwertungen wie z. B. öffentliche Aufführungen, Hörfunk, Fernsehen, Tonfilm, mech. Wiedergaben, Vervielfältigungen und Verbreitungen. Diese Übertragung bezieht sich auch auf künftige Nutzungsarten und auf durch Änderung des Rechts etwa neu erwachsende Rechte. Ich stehe dafür ein, daß ich das Recht an meinem persönlichen Vortrag niemandem übertragen habe und durch anderweitige Bindungen nicht gehindert bin, diese Übertragung durchzuführen.

Der Produzent ist auf Schutzfristdauer zur ausschließlichen Verwertung dieser Aufnahmen berechtigt. Interpreten ist nur mit Zustimmung des Vertrages gestattet, in dieser Zeit Aufnahmen der genannten Werke durchzuführen.

Soweit ich gleichzeitig als Komponist, Textdichter oder Bearbeiter an den Aufnahmen mitgewirkt habe, übertrage ich meine Urheberrechte dem Produzenten, der mit mir hierüber den üblichen Verlagsvertrag abschließt. Gerichtstand für beide Teile ist der Sitz des Produzenten.

Ich bin Unternehmer und in der Bundesrepublik unbeschränkt steuerpflichtig. Meine Umsätze versteuere ich beim Finanzamt

....

Steuer-Nr. .... nach den allgemeinen Vorschriften des UStG 1967.

Produktion / Titel

....

....

Produzent ....

Studio ....

Entgelt	Umsatzsteuer	Zahlung

Überweisung auf Konto:

....

...., am ....

....　　　　　　..
　　　　　(Produzent)　　　　　　　　　　　　　　　　(Künstler)

Checkliste für
Künstler-, Bandübernahme- und
Produzentenverträgen

1. Vertragsparteien und/oder Gesellschaftsform?

2. Gegenstand des Künstlervertrages – der Gegenstand des Vertrages sollte den Kern der Vereinbarung und Willen der Vertragsparteien beinhalten. Diese könnten z. B. die Aufzeichnung, Herstellung, Vertrieb, Verkauf usw. von Ton- und Bildaufnahmen aller Art einschließen.

3. Übertragung von verschiedenen Nutzungsrechten – (Leistungsschutzrechte, Senderechte, Kopplungsrechte, Verleih- oder Synchronisationsrechte sowie Multimedia-, Interaktiv-, Online-Rechte, usw.). Zeitliche, räumliche oder inhaltliche Einschränkungen? Künstler garantieren, daß sie über die entsprechende Rechte verfügen?

4. Schadlosstellung und Entschädigung – muß der Künstler die Firma bei der Übertragung von Nutzungs-, Bild-, Namensrechten etc. von Ansprüchen Dritter freistellen? Stellt ein Dritter Ansprüche, kann die Firma die entstehenden Kosten dem Künstler in Rechnung stellen oder verlangen, daß der Künstler selbst diese Ansprüche befriedigt?

5. Schriftliche Genehmigung (bezüglich der Vergabe von Synchronisationsrechten, Kopplungen, Werbung für Dritte etc.) – besonders im Hinblick auf die Persönlichkeitsrechte des Künstlers wird oft ein Genehmigungsrecht von ihm verlangt.

6. Optionen auf neue Technologien – Beteiligungen für solche Nutzungen sind schwierig festzulegen und werden in der Regel an künftigen (also noch unbekannten) Industriestandards orientiert.

7. Persönliche Exklusivität – siehe z.B. „Gruppenklausel" unten. Zu bedenken ist, ob der Umfang der Exklusivität eingeschränkt werden sollte, wenn es um andere künstlerische Tätigkeiten (Schauspielen, Solo- und Sessionarbeit, Musical- und Film-Soundtracks, Produktionsaktivitäten etc.) geht. Sicherzustellen ist, ob der Künstler eingeschränkt oder uneingeschränkt Honorar-

verträge beim Funk, Fernsehen und Film abschließen darf. Ist die Exklusivität auf ein Projekt beschränkt?

8. Kann die Firma ein Unterlassungsgebot wegen Vertragsbruches (Verstoß gegen die persönliche Exklusivität) bewirken? (USA: Auflagen variieren von Bundesstaat zu Bundesstaat)

9. Titelexklusivität – wie viele Jahre nach Veröffentlichung oder nach Ablauf des Vertrages ist es dem Künstler verboten, die vertragsgegenständlichen Werke wieder aufzunehmen?

10. Territory – ist das Vertragsgebiet weltweit oder nur auf bestimmte Länder eingeschränkt?

11. Dauer der Rechtsübertragung – zeitlich uneingeschränkt (also für die Dauer der rechtlichen Schutzfrist) oder auf einen bestimmten Zeitraum befristet (auch in Hinsicht auf Kopplungen)?

12. Dauer des Vertrages? Zeitlich fixiert oder auf eine Produktionsanzahl bezogen?

13. Anzahl und Dauer der Optionen? Wie und wann werden die Optionen von der Firma ausgeübt – automatisch, schriftlich? Ist die Ausübung einer Option leistungsgebunden? Gibt es einen deutlichen Vertragsablauf? (siehe Punkt 54)

14. Durchführung der Produktion: Entscheidung wie, wann, wo, mit wem? Wer hat das letzte Wort?

15. Minimum Lieferungs- bzw. Produktionspflicht – muß der Produzent oder Künstler eine Mindestaufnahmepflicht erfüllen oder ist die Firma verpflichtet, ein Minimum an Aufnahmen machen zu lassen?

16. Lieferungen von Bändern, Photos, Artwork, etc. – in welcher Konfiguration und auf wessen Kosten? Werden Bonus-Tracks verlangt (oft bei Bandübernahmeverträgen mit japanischen Firmen)? Wer bezahlt für das neue Mastering, Artwork etc.?

17. Muß die Qualität „technisch" oder „kommerziell" akzeptabel sein? Auf wessen Kosten, wenn nicht abgenommen? Künstler kann nicht für „technische" Qualität garantieren.

18. Veröffentlichungspflicht – bei Exklusivverträgen ist eine Frist vertraglich festzulegen?

19. Wenn nach einer festgelegten Frist keine Veröffentlichung (in einem Gebiet) erfolgt: fallen die Rechte an den Künstler bzw. Produzenten zurück. oder sind die Vertragsparteien berechtigt, zusammen oder selbständig andere Lizenzpartner zu suchen? Wenn die Rechte bei der Firma verbleiben, ist sie verpflichtet, mit interessierten Lizenznehmern einen Vertrag abzuschließen? Zeitliche Beschränkungen für Mid- und Low-Price-Veröffentlichungen?

20. Deckung der Produktionskosten – ist ein Produktionsbudget in gewissem Rahmen veranschlagt? Ist eine Genehmigung erforderlich? Wer legt diese Kosten vor? Werden sie durch verrechenbare Vorschüsse gedeckt? Ist der Produzent berechtigt, im Namen der Firma Kosten zu verursachen? Welche Kosten fallen unter Produktionskosten (auch Reise- und Übernachtungskosten, Spesen, Mastering- und Herstellungskosten)?

21. Deckung von Produktionsmehrkosten – wird eine Grenze für die Überschreitung des Produktionsbudgets festgelegt? Sind die Überschreitungen zu zahlen oder verrechenbar?

22. Wer muß zusätzliche Nebenkosten decken – z. B. AFM-Gebühren, Pensionsfonds etc., wenn in USA produziert bzw. veröffentlicht wird?

23. Auswahl der Titel, des Produzenten, des Studios etc. – wie werden diese Fragen entschieden, wenn keine Einigung erzielt werden kann?

24. Demobudget – ist ein separates Demobudget an den Künstler zu zahlen?

25. Vorschüsse – werden sie pro Single oder LP bezahlt oder nur einmalig? Sind Single-Vorschüsse vom LP-Vorschuß abzugsfähig? Basieren sie auf einem Teil der bereits eingespielten Lizenzen, oder sind feste Beträge vereinbart? Sind die festen Beträge gestaffelt? Werden Minimum- und Maximum-Beträge festgelegt? Sind sie rückzahlbar und/oder verrechenbar? Werden beim Wegfall eines Schwerpunkt-Künstlers Vorschußgarantien reduziert? Werden Vorschüsse mit ausstehenden verrechenbaren Summen gekürzt?

26. Verrechenbarkeit der Vorschüsse – aus welchen Einnahmen sind Vorschüsse zu verrechnen? „Cross-collateralization" – Querverrechnung zwischen unterschiedlichen Produkte (Videokosten mit Tonträger-Lizenzen) aus einem oder mehreren Verträgen.

27. Video (Clips) – Produktionskosten und deren Verrechenbarkeit. Wird der Produzent und/oder der Künstler (zu 100 %, 50 %, 25 % etc.) weiterbelastet? Sind diese Kosten mit Tantiemen aus Tonträgerverkauf verrechenbar (Cross-collateralization)? Erwartet die Firma eine Freistellung von der Zahlung von Synchronisationsrechten?

28. A-Seite-Garantie – für Produzenten – oft „B-Seite-Reduzierung" genannt – keine Lizenzreduzierung, wenn ein Remix von einem Dritten auf der „A-Seite" einer Single oder Maxi erscheint.

29. Remix – Kontrolle bzw. Genehmigungsrecht bei der Auswahl der Remixer, sowie bei der Entscheidung, ob ein Remix verwertet wird.

30. Verrechenbarkeit der Kosten für Remixe.

31. Tour-Support bzw. Showcase-Gigs oder Einkauf als Vorgruppe und dessen Verrechenbarkeit – ist die Firma verpflichtet, Tour-Support zu leisten? Wenn ja, in welcher Form (z. B. Fixsumme, bestimmte Leistungen, Ausfallbürgschaft etc.) In welcher Höhe sind diese Ausgaben verrechenbar?

32. Ist sonstiger Live-Support notwendig, z. B. für Proberaummiete, Ausrüstung, Musiker etc.?

33. Sonstige Kosten – Gesangsunterricht, Bühnenkleidung, Independent-Promotion etc. Inwiefern sind sie verrechenbar?

34. Beteiligung (Schallplatten- und Videoverkäufe, Kopplungen, Sondervertriebswege, Online, Multimedia etc.) basierend auf aktuellen Preislisten:
    a) Lizenzbasis (Nettodetail, Händlerabgabepreis, Großhandelspreis etc.)
    b) Höhe der darauf zu entrichtenden prozentualen Beteiligung?
    c) Eventuelle Staffelungen nach Verkaufsmenge oder Optionsausübung
    d) Definition von In- und Auslandsverkäufen
    e) All-in-Beteiligung (inkl. Produzententantiemen im Bandübernahmevertrag) oder nur Künstlerbeteiligung (Produzent muß dann separat bezahlt werden).
    f) Dauer der Zahlung der Beteiligung (für die Dauer der Verwertung bzw. der gesetzlichen Schutzfrist oder kürzer)?
    g) Umfang der abzurechnenden Menge (100% der Verkäufe)? Auch USA?
    h) Kopplungen: In-House- und Fremd-Veröffentlichungen
    i) Off-line u. Multimedia (CD-ROM, etc.). Nach der Dauer der Spielzeit oder im Verhältnis zur Speicherkapazität?

j) Online (Internet etc.)

k) Digitale Sendung (§76 Abs. 2 UrhG oder „unkörperliches" digitales Verbreitungsrecht)

35. Technische bzw. Verpackungsabzüge für alle Konfigurationen, inkl. CD-I, CD-V, Videos etc. Eine Reduzierung der Abzüge über mehrere Jahre für „neue" Konfigurationen?

36. Lizenzreduzierungen:

a) Export

b) Ausländische Lizenzierung – Major und Minor Territorien auch Kopplungen)

c) Inländische Lizenzierungen (auch Kopplungen)

d) Low-, Medium-Price und Special Product (Preislisten prüfen)

e) Mehrfach-Tonträger

f) Verkäufe an Bildungseinrichtungen, Büchereien, etc.

g) TV/funkbeworbene Produkte, nur anteilig reduzierbar bei Multi-Produkt Werbung, Anfangspunkt: an das Mindestschaltungsbudget oder an die geographische Deckung gebunden, Ende: an bestimmte Stückzahlen (break-even) oder zeitliche Befristung gebunden. „Break-even"-Methode bei Festlegung eines Einheitswertes

h) Sondervertriebswege (inkl. Mailorder, Zeitschrift Insignien, etc.)

i) Sonstige Lizenzvergabe

j) Clubverkäufe (Reduzierung der Beteiligung oder pauschale Abzüge vom Clubpreis)

k) Bildtonträger

l) Konfigurationsreduzierungen (CDs werden auf dem Preis von LPs bzw. Maxis auf dem Singlepreis abgerechnet)

37. Controlled Compositions – gilt nur für Veröffentlichungen in den USA und Kanada –

a) welche Titel sind „controlled compositions", d.h. nur vom Künstler oder auch vom Produzenten?

b) ist die Titelanzahl pro Tonträger festzustellen, für die mechanische Rechte zu bezahlen sind (z.B. bei Remixe „long song rate"),

c) ist der Künstler verpflichtet, Vereinbarungen über reduzierte Gebühren für „non-controlled compositions" (Fremdtitel) auszuhandeln?

d) ist die Höhe der zu zahlenden mechanischen Gebühren (minimum statuatory rate oder Teil davon) festzustellen,

e) wird die Rate an einen bestimmten Zeitpunkt fixiert oder auf Basis der gesetzlichen Steigerungen angepaßt?

f) sind mechanische Rechte für alle Tonträger zu zahlen oder nur für diejenigen, die tantiemenpflichtig sind?

g) werden die Gebühren für Tonträger, die außerhalb der normalen Vertriebskanäle verkauft werden, weiter reduziert?

h) ist der Künstler für die Zahlung von mechanischen Rechten verantwortlich, die das von der Firma festgelegte Maximum übersteigen?

38. Sonstiges:
    a) Kopplungen: titel- oder zeitanteilig
    b) Aufnahmen zusammen mit anderen Künstlern
    c) bereinigte Abrechnungspreis-Basis, wie von Lizenznehmern oder Vertragspartnern.

39. Nicht-Lizensierung von Freigut, Verkaufsförderung, Naturalrabatt und Discount-Abzügen? Durchschnitt in USA 25 % – 30 %, in Deutschland 10 % – 15 %. Doppelreduzierung, wenn nur 85 % abgerechnet werden (USA) und Freigut.

40. Beteiligung an anderen Einnahmen (z. B. Synchronisations- und Werberechten)? 50 % – 50 %? Mit oder ohne Pauschal-Verwaltungsabzüge?

41. Festlegung von Promotion- oder Vertriebsaufwand und Rechtsfolge – muß die Firma ein bestimmtes Budget garantieren oder einen definierten Promotionumfang leisten, sind Vertriebs- und Verkaufs-Ziele vereinbart? Was passiert, wenn diese nicht eingehalten werden?

42. Kontrolle über Promotion-Texte, Liner-Notes und Credits

43. Abrechnung und Zahlung
    a) Halbjährlich?
    b) Datum der Rechnungslegung (60 oder 90 Tage nach Stichtag)
    c) Zahlungsmodus (nationale und internationale Währung, Euro, Bank, etc.)
    d) Dauer und Bedeutung des Widerspruchsrechts
    e) Einsicht in die Buchführung – auch 5 %-Regel für die Übernahme der Prüfungskosten?
    f) Reservenbildung – Aufbau u. Auflösung – 15 % für Einzel-Künstler-Veröffentlichungen, bis 40 % für Sampler. Reserven sollten zum richtigen Preis aufgelöst werden.
    g) Aufführung, Zahlung und Rückzahlung von verrechenbaren Summen (Produktions-, Video- und Remixkosten) für die Geltendmachung bei GVL

44. Kann die Abrechnungsbasis des Lizenznehmers angewandt werden?

45. Werden Zinsen auf zurückgehaltene oder unterbezahlte Abrechnungsbeträge gezahlt?

46. Übertragung von Namens- und Bildrechten – exklusiv oder non-exklusiv, auf Promotionszwecke und nicht-kommerzielles Merchandising beschränkt?

47. Managementtätigkeiten – einige Vertragsbedingungen, die nicht direkt mit dem Gegenstand des Vertrages zu tun haben (siehe unten), könnten in den Managementbereich eingreifen. Inwiefern kann oder sollte das eingeschränkt werden?

48. Agentur – ist die Firma verpflichtet, eine Agentur für kommerzielle Auftritte zu besorgen, oder obliegt dies dem Künstler (bzw. dem Produzenten)?

49. Merchandisingrechte:
    a) Übertragung der Rechte/ Option auf die Rechte / Rückkehr der Rechte bei Nichtnutzung oder Ablehnung der Ausübung
    b) Tournee- oder Detail-Merchandising
    c) Festlegung der Entscheidungsfrist bei vorliegenden Fremdangeboten
    d) Qualitätskontrolle
    e) Beteiligung: Lizenzbasis und Höhe der Beteiligung an den Nettoerlösen nach Abzug der direkt zurechenbaren Kosten
    f) Weitere detaillierte Bedingungen aus Merchandising-Verträgen, die von vornherein vereinbart werden können.

50. Override für Merchandising durch Dritte – erhält die Firma eine prozentuale Beteiligung basierend auf den gesamten Nettoerlösen oder auf der Beteiligung des Künstlers?

51. Verlagsrechte – Ist die Einräumung von Verlagsrechten eine Vertragsbedingung?

52. Sponsoren:
    a) Schriftliche Genehmigung des Künstlers?
    b) Künstlerbeteiligung an Geld- und Sachwerten?
    c) Umfang der Verpflichtung des Künstlers?

53. Einkommens- und Umsatzsteuerpflicht? Ausländische Steuer – Doppelbesteuerung?

54. Konventionalstrafen? Zulässigkeit und Feststellung der Höhe.

55. Werbung und Promotion:
    a) Verpflichtung, unentgeltlich teilzunehmen (Videoclips, Interviews, Radio, TV-Auftritte)
    b) was heißt für den Künstler „im angemessenen Umfang"?
    c) wenn eine Gage bezahlt wird, die Firma kassiert, die Kosten deckt und den Rest an den Künstler auszahlt – sind Kosten, die die Gage überschreiten, verrechenbar?
    d) welche Kosten werden verrechnet?
    e) Unterschreiben des Honorarvertrages in Hinsicht auf Rechtsübertragung sowie GVL-Gültigkeit.

56. Gruppenklausel: wenn ein Mitglied die Gruppe verläßt, hat Firma eine Option, das ausscheidende und die verbleibenden Mitglieder noch unter Vertrag zu halten etc.? Bleibt der Aussteiger unter Vertrag? Wer deckt „Goodwill"-Zahlungen?

57. Veröffentlichung: entscheidet Firma über Zeitpunkt, Ort, Dauer und Form (Marke = Label)? Gibt es im Falle von Bandübernahmeverträgen eine Veröffentlichungsfrist?

58. Wenn keine Veröffentlichung (binnen einer Frist?) erfolgt: wird Künstler von seiner Exklusivität entbunden? (siehe auch Dauer des Vertrages Punkte 10 und 11)

59. Bei ausstehenden Aufnahmen, die die Firma zu verantworten hat, „pay or play"-Formel?

60. Vollmacht? Werden eventuell entstehende Kosten anteilig nach Umfang des Anspruches gedeckt?

61. Gelten Genehmigungsrechte des Künstlers auch nach Ablauf des Vertrages?

62. Dauer der Aussetzung des Vertrages bei höherer Gewalt – mindestens sollte festgelegt werden, daß noch unbezahlte Summen (inklusive Zinsen) auch während der Aussetzung bezahlt werden.

63. Bei Kündigungen wegen physischer oder psychischer Krankheit sollte bestimmt werden, wer den untersuchenden Arzt bestimmt.

64. Folgen von Auflösung, Konkurs oder Veräußerung der Firma? Bleiben die Rechte bei der Firma bzw. gehen sie in die Konkursmasse über, oder fallen sie automatisch an den Produzenten bzw. Künstler zurück?

65. Formalitäten:
    a) Salvatorische Klausel – wirtschaftliche Ziele einer bestrittenen Klausel werden berücksichtigt
    b) Änderungen bedürfen der Schriftform
    c) kein Arbeitsverhältnis
    d) Gesetz und Gerichtsstand

LIZENZABRECHNUNG / ROYALTY STATEMENT

Für den Zeitraum vom :   bis :
For the period from :   to :

an :
to :

betr./re.:

Abr. Firma
Licensee

Ihre Konto-Nr.
Your Account-No.

1	2	3	4	5	6	7	8	9	10	11	12	13	14	15	16
Katalog-Nr. Catalogue-No.	Titeltext Title	Vert.-weg Distrib. Channel	Land-Nr. Country Code	Verkaufs-Preis Währ. Sales Price in Currency	Kurs Exchange Rate	Verkaufs-Preis DM Sales Price DM	MWST V.A.T. %	Rabatt T.-abz. Cont. Deduct	Abrechn.-Preis Calcul. Price	An-teil pro rata%	Lizenz-satz Royalty Rate %	Lizenz-wert Royalty Amount	Abrechn.-menge Quantity (pcs.)	Lizenzbetrag (Netto) Royalty Total (Net)	K N

KONTOAUSZUG UND LIZENZABRECHNUNG
STATEMENT OF ACCOUNT AND ROYALTY STATEMENT

Für die Zeit vom: bis:
For the period from: to:

an : :
to : :

betr./re:

Country-Code : :
MWSt-Kz : :

Ihre Konto-Nr.
Your Account-No.

1	2	3	4	5	6	7	8	9	10
Beleg-Voucher-	Nr.	Text ziff	Text	Abrechn. Firma	Ab-schnitt	Lizenzbetrag lt. Lizenzabrechnung Royalty Total acc. to Royalty Statement	Vorauszahlung	Lastschrift	Gutschrift
Datum Date	No.	Ref. Code	Reference	Licensee	Part		Advance Payment	Debit	Credit

IHR

Guthaben
Balance

*

263

Erläuterungen zur Lizenzabrechnung

Ru-brik	Bezeichnung	Erläuterungen
	Abrechn.-Firma	Firmen-Nr. der Firma, die mit Ihnen den Vertrag abgeschlossen hat (siehe beiliegenden Schlüsselplan).
3	Vertriebsweg	Die Kennziffer des Vertriebsweges gibt an, über welche Firma der Vertrieb erfolgte (siehe beiliegenden Schlüsselplan).
4	Land-Nr.	Schlüssel-Nr. des Landes, in dem der Tonträger verkauft wurde (GEMA-Länderschlüssel). (siehe beiliegenden Ländeschlüssel)
5	Verkaufspreis	Es handelt sich hier um den Endverbraucherpreis bzw. Detailpreis (Handelsvertrieb) bzw. den Mitgliedspreis (Clubvertrieb) in Landeswährung
9	Rabatt Taschen-abzug	Über den Rabatt/Taschenabzug wird maschinell der vertraglich vereinbarte Abrechnungspreis ermittelt.
10	Abrechnungs-preis in DM	Hier handelt es sich um den Abrechnungspreis, der sich nach Kursumrechnung in DM und den Abzügen für Umsatz- und Verbrauchssteuern des jeweiligen Landes und den vertraglich vereinbarten Abzügen ergibt.
11	Anteil %	Der Anteil ist das prozentuale Verhältnis von Spielzeit bzw. Titelzahl zur Gesamtspielzeit bzw. Gesamttitelzahl (jeweils gemäß Vertrag).
12	Lizenzsatz	vertraglich vereinbarter Lizenzsatz
13	Lizenzwert DM	Lizenzvergütung in DM je Stück. Abrechnungsformel: Verkaufspreis (s. Rubrik 5) - Rabatt/Taschenabzug % x Anteil % x Lizenzsatz % Oder: Abrechnungspreis (s. Rubrik 10) x Anteil % x Lizenzsatz %.
14	Abrechnungs-menge Stück	Die Abrechnungsmenge ist die verkaufte Stückzahl je Tonträger, reduziert um die vertraglich vereinbarten Abzüge.
15	Lizenzbetrag	Lizenzwert (Rubrik 13) x Abrechnungsmenge (Rubrik 14)
16	K N C H	Korrektur Nachverrechnung Club Handel

Anmerkung: *Alle Beträge dieser Lizenzabrechnung finden Sie zusammengefaßt*
                    im beiliegenden Kontoauszug.

KONTOAUSZUG

Firma:

Name:

Zeitraum: 2. Halbjahr 1996 (01.07.1996 - 31.12.1996)

Text	Belastungen DM	Gutschriften DM
Lizenzbeteiligung		98.611,00 DM
Mwst. 7%		6.902,77 DM
Vorl. Retoureneinbehalt 15%	9.861,10 DM	
Mwst. 7%	690,28 DM	
Auflösung Retoureneinbehalt I/96		16.375,15 DM
Mwst. 7%		1.146,26 DM
Videokostenbeteiligung 50%	28.179,41 DM	
Mwst. 15%	4.228,91 DM	
Zwischenergebnis:	42.957,70 DM	123.035,18 DM
Guthaben:		**80.077,48 DM**

Lizenzabrechnung 01.07.1996 - 31.12.1996

KATALOG-NR.	TITEL	LAND	MENGE	PREIS	LIZENZ %	ANTEIL %	LIZENZBETRAG DM
060 8823286		Inland	162	5,81 DM	1,00%	100,00%	9,41 DM
060 8827296		Inland	153	5,81 DM	1,50%	100,00%	13,33 DM
060 8829426		Inland	406	5,81 DM	1,50%	100,00%	35,38 DM
060 8830726		Inland	238	5,81 DM	1,50%	100,00%	20,74 DM
060 8832606		Inland	1.083	5,81 DM	1,50%	100,00%	94,38 DM
060 8834046		Inland	1.350	5,81 DM	0,80%	100,00%	62,75 DM
060 8834536		Inland	59	5,81 DM	1,50%	100,00%	5,14 DM
164 8381731		Inland	30	10,17 DM	1,50%	60,00%	2,75 DM
164 8381731		Inland	30	10,17 DM	0,50%	13,33%	0,20 DM
164 8381741		Inland	30	10,17 DM	1,50%	60,00%	2,75 DM
164 8381741		Inland	30	10,17 DM	0,50%	13,33%	0,20 DM
264 8380494		Diverse	12	11,78 DM	1,50%	60,00%	1,25 DM
264 8380494		Diverse	12	11,78 DM	0,50%	13,33%	0,09 DM
264 8380494		Inland	3.558	11,78 DM	1,50%	60,00%	377,22 DM
264 8380494		Inland	3.558	11,78 DM	0,50%	13,33%	27,94 DM
268 4898714	DANCE TRAXX 1	Inland	3.852	12,99 DM	0,80%	6,25%	25,02 DM
268 4898984	DANCE TRAXX 1	Inland	1.510	12,99 DM	0,80%	5,88%	9,23 DM
280 8543834	VAMPY'S HIT ..	Inland	2.443	12,35 DM	1,50%	5,26%	23,80 DM
286 8529034	BALLERMANN '96	Inland	9.825	8,69 DM	1,50%	5,00%	64,03 DM
286 8535634	TWIX MIX	Inland	2.172	8,88 DM	1,50%	5,00%	14,47 DM
286 8535644	TWIX MIX	Inland	2.172	8,69 DM	1,50%	5,00%	14,89 DM
288 8527244	REGGAE SUMM 96	Inland	1.228	14,93 DM	1,50%	5,26%	14,47 DM
292 8372564	DANCE MAX 18	Inland	-1.282	9,12 DM	1,50%	6,67%	-11,70 DM
292 8380074	VIVA DANCE 3	Inland	-1.413	9,12 DM	1,50%	5,00%	-9,66 DM
292 8521774	BRAVO HITS 13	Inland	18.758	9,12 DM	1,50%	5,00%	128,30 DM
292 8538804	BRAVO HITS 14	Inland	50.655	9,12 DM	1,50%	5,00%	346,48 DM
292 8548374	BEST OF '96	Inland	15.135	9,12 DM	1,00%	5,00%	69,02 DM
560 8823282		Inland	-12.415	5,76 DM	1,00%	100,00%	-715,10 DM
560 8825982		Inland	-819	5,76 DM	1,00%	100,00%	-47,17 DM
560 8827292		Inland	-14.451	5,76 DM	1,50%	100,00%	-1.248,57 DM
560 8829082		Inland	123	5,76 DM	1,00%	100,00%	7,08 DM
560 8829422		Inland	76.767	5,76 DM	1,50%	100,00%	6.632,67 DM
560 8830722		Inland	4.336	6,40 DM	1,50%	100,00%	416,26 DM
560 8834042		Inland	39.813	6,40 DM	0,80%	100,00%	2.038,43 DM
560 8834532		Inland	3.557	6,40 DM	1,50%	100,00%	341,47 DM
564 8380492		Diverse	46	16,41 DM	1,50%	60,00%	6,79 DM
564 8380492		Diverse	46	16,41 DM	0,50%	13,33%	0,50 DM

KATALOG-NR.	TITEL	LAND	MENGE	PREIS	LIZENZ %	ANTEIL %	LIZENZBETRAG DM
564 8380492		Inland	60.601	16,41 DM	1,50%	60,00%	8.950,16 DM
564 8380492		Inland	60.601	16,41 DM	0,50%	13,33%	662,81 DM
568 4898712	DANCE TRAXX 1	Inland	134.135	19,02 DM	0,80%	6,25%	1.275,62 DM
568 4898982	DANCE TRAXX 1	Inland	60.301	19,02 DM	0,80%	5,88%	539,51 DM
580 8543832	VAMPY'S HIT...	Inland	16.493	18,24 DM	1,50%	5,26%	237,36 DM
582 8381282	EN. OF DANCE 3	Diverse	7	14,84 DM	1,50%	7,69%	0,12 DM
582 8381282	EN. OF DANCE 3	Inland	-22.215	14,84 DM	1,50%	7,69%	-380,28 DM
588 8527242	REGGAE SUMM 96	Inland	13.288	19,97 DM	1,50%	5,26%	209,37 DM
686 8529032	BALLERMANN '96	Inland	129.320	11,82 DM	1,50%	5,00%	1.146,42 DM
686 8535632	TWIX MIX	Inland	41.831	11,82 DM	1,50%	5,00%	370,83 DM
686 8535642	TWIX MIX	Inland	41.831	11,82 DM	1,50%	5,26%	390,12 DM
690 8372562	DANCE MAX 18	Inland	-15.388	12,38 DM	1,50%	6,67%	-190,60 DM
690 8380072	VIVA DANCE 3	Inland	-19.275	12,38 DM	1,50%	5,00%	-178,97 DM
690 8521772	BRAVO HITS 13	Inland	181.070	12,38 DM	1,50%	5,00%	1.681,23 DM
690 8548372	BEST OF '96	Inland	257.854	12,38 DM	1,00%	5,00%	1.596,12 DM
692 8538802	BRAVO HITS 14	Inland	1.245.483	12,78 DM	1,50%	5,00%	11.937,95 DM
OCS1 359844	BRAVO HITS 13	Inland	63.069	7,00 DM	1,50%	5,00%	331,11 DM
OCS2 360164	BRAVO HITS 14	Inland	45.435	14,92 DM	1,50%	5,00%	508,42 DM
OCS2 360164	BRAVO HITS 14	Inland	179.796	15,27 DM	1,50%	5,00%	2.059,11 DM
OCS2 360487	BALLERMANN '96	Inland	12.563	13,88 DM	1,50%	5,00%	130,78 DM
ODCS 359521		Inland	13.800	13,80 DM	1,50%	60,00%	1.713,96 DM
ODCS 359521		Inland	13.800	13,80 DM	0,50%	13,33%	126,93 DM
ODCS 359521		Inland	2.474	9,76 DM	1,50%	60,00%	217,32 DM
ODCS 359521		Inland	2.474	9,76 DM	0,50%	13,33%	16,09 DM
ODCS 361964	DANCE TRAXX 1	Inland	3.500	22,19 DM	0,80%	5,88%	36,53 DM
OCDF 671136	BRAVO HITS 13	Inland	8.175	7,72 DM	1,50%	5,00%	47,33 DM
OCDF 671143	BABY COME BACK	Inland	5.110	12,70 DM	1,00%	25,00%	162,24 DM
OCDF 671160	BRAVO HITS 14	Inland	17.224	13,90 DM	1,50%	5,00%	179,56 DM
OCDF 671196	BEST OF '96	Inland	4.450	13,90 DM	1,00%	5,00%	30,93 DM
OCDF 671197	DANCE TRAXX 1	Inland	600	20,83 DM	0,80%	6,25%	6,25 DM
OOMC 662224	BRAVO HITS 13	Inland	1.636	5,45 DM	1,50%	5,00%	6,69 DM
OOMC 662224	BRAVO HITS 13	Inland	980	7,37 DM	1,50%	5,00%	5,42 DM
OOMC 662230	BRAVO HITS 14	Inland	3.979	10,90 DM	1,50%	5,00%	32,53 DM
OOMC 662232	BEST OF '96	Inland	1.480	10,90 DM	1,00%	5,00%	8,07 DM
CLUB5 352302	MEGAHITS '96	Schweiz	9.700	28,67 DM	1,50%	2,63%	109,71 DM
CLUB5 352304	MEGAHITS '96	Schweiz	850	20,61 DM	1,50%	2,63%	6,91 DM
SPV85 025332	SPIDERMAN HIT	Inland	2.648	15,78 DM	1,00%	6,25%	26,12 DM
SPV85 025332	SPIDERMAN HIT	Schweiz	15	15,78 DM	1,00%	6,25%	0,15 DM
SPV85 025332	SPIDERMAN HIT	Österreich	15	15,78 DM	1,00%	6,25%	0,15 DM

SPV85 025332	SPIDERMAN HIT	Diverse	55	15,78 DM	1,00%	6,25%	0,54 DM
0CLUB 119672	VIVA DANCE 1	Inland	180	16,18 DM	1,00%	5,00%	1,46 DM
0CLUB 122862	BRAVO HITS 11	Inland	12.598	20,82 DM	1,00%	2,56%	67,15 DM
0CLUB122862	BRAVO HITS 11	Österreich	17.000	20,82 DM	1,00%	2,56%	90,61 DM
0CLUB 122864	BRAVO HITS 11	Österreich	2.700	15,28 DM	1,00%	2,56%	10,56 DM
0CLUB 133052	MEGADANCE 3	Inland	350	17,20 DM	1,50%	2,63%	2,37 DM
0CLUB 147492	MEGADANCE '96	Inland	450	26,99 DM	1,00%	2,56%	3,11 DM
0CLUB 181202	MAXI DANCE 20	Inland	28.936	13,88 DM	1,00%	5,26%	211,26 DM
0CLUB 181202	MAXI DANCE 20	Schweiz	1.195	13,66 DM	1,00%	5,26%	8,59 DM
0CLUB 344992	VIVA DANCE 4	Inland	4.000	27,76 DM	1,50%	2,94%	48,97 DM
0CLUB 946201	MAXI DANCE 21	Inland	11.500	13,88 DM	1,50%	5,26%	125,94 DM
0CLUB 946201	MAXI DANCE 21	Schweiz	8.300	13,88 DM	1,50%	5,26%	90,90 DM
0MMCD 003046	MR. MUSIC 4/96	Inland	37.619	11,57 DM	1,50%	7,14%	466,15 DM
0MMCD 003046	MR. MUSIC 4/96	Österreich	7.825	11,57 DM	1,50%	7,14%	96,96 DM
0MMCD 003046	MR. MUSIC 4/96	Schweiz	8.112	11,57 DM	1,50%	7,14%	100,52 DM
0MMMC 003046	MR. MUSIC 4/96	Inland	5.833	8,71 DM	1,50%	7,14%	54,41 DM
0MMMC 003046	MR. MUSIC 4/96	Österreich	889	8,71 DM	1,50%	7,14%	8,29 DM
0MMMC 003046	MR. MUSIC 4/96	Schweiz	999	8,71 DM	1,50%	7,14%	9,32 DM
0SPCD 380062	VIVA DANCE 3	Inland	397	20,82 DM	1,50%	2,63%	3,26 DM
0SPCD 380492		Inland	3.989	14,79 DM	1,50%	60,00%	530,98 DM
0SPCD 380492		Inland	3.989	14,79 DM	0,50%	13,33%	39,32 DM
00DCD 062302	MAX MIX 2	Inland	33.979	23,99 DM	1,50%	2,56%	313,02 DM
00DMC 062304	MAX MIX 2	Inland	2.288	18,92 DM	1,50%	2,56%	16,62 DM
00MOC 059492	LIGHT FEVER 1	Inland	1.620	13,12 DM	1,00%	4,55%	9,67 DM
00MOC 059492	LIGHT FEVER 1	Inland	3.167	7,03 DM	1,00%	4,55%	10,13 DM
00MOC 059492	LIGHT FEVER 1	Inland	9.579	15,03 DM	1,00%	4,55%	65,51 DM
00MOC 059492	LIGHT FEVER 1	Schweiz	71	15,10 DM	1,00%	4,55%	0,49 DM
00MOC 059494	LIGHT FEVER 1	Inland	1.094	11,87 DM	1,00%	4,55%	5,91 DM
00ULT 097602	GUTE ZEITEN	Inland	201	12,00 DM	1,00%	5,00%	1,21 DM
00ULT 097602	GUTE ZEITEN	Inland	74.203	16,66 DM	1,00%	5,00%	618,11 DM
00ULT 097602	GUTE ZEITEN	Inland	227.408	20,79 DM	1,00%	5,00%	2.363,91 DM
00ULT 097602	GUTE ZEITEN	Inland	1.224	16,66 DM	1,00%	5,00%	10,20 DM
00ULT 097602	GUTE ZEITEN	Österreich	11.295	18,55 DM	1,00%	5,00%	104,76 DM
00ULT 097602	GUTE ZEITEN	Schweiz	7.055	9,79 DM	1,00%	5,00%	34,53 DM
00ULT 097602	GUTE ZEITEN	Österreich	1.301	7,84 DM	1,00%	5,00%	5,10 DM
00ULT 097602	GUTE ZEITEN	Schweiz	19.841	18,91 DM	1,00%	5,00%	187,60 DM
00ULT 097604	GUTE ZEITEN	Inland	30.573	15,57 DM	1,00%	5,00%	238,01 DM
00ULT 097604	GUTE ZEITEN	Inland	128	7,92 DM	1,00%	5,00%	0,51 DM
00ULT 097604	GUTE ZEITEN	Inland	8.500	14,01 DM	1,00%	5,00%	59,54 DM

00ULT 097604	GUTE ZEITEN	Schweiz	2.419	12,76 DM	1,00%	5,00%	15,43 DM
00ULT 097604	GUTE ZEITEN	Österreich	254	11,75 DM	1,00%	5,00%	1,49 DM
00ULT 097862	UNTER UNS	Inland	3.910	16,66 DM	1,50%	5,00%	48,86 DM
00ULT 097862	UNTER UNS	Inland	36	12,00 DM	1,50%	5,00%	0,32 DM
00ULT 097862	UNTER UNS	Inland	47.884	20,79 DM	1,50%	5,00%	746,63 DM
00ULT 097862	UNTER UNS	Österreich	1.520	18,55 DM	1,50%	5,00%	21,15 DM
00ULT 097862	UNTER UNS	Schweiz	667	18,91 DM	1,50%	5,00%	9,46 DM
00ULT 097864	UNTER UNS	Inland	4.871	15,57 DM	1,50%	5,00%	56,88 DM
00ULT 097864	UNTER UNS	Österreich	2	13,60 DM	1,50%	5,00%	0,02 DM
00ULT 097864	UNTER UNS	Schweiz	63	13,30 DM	1,50%	5,00%	0,63 DM
000CD 088182	YOU DANCE TRA	Inland	11.338	19,19 DM	1,00%	5,00%	108,79 DM
000CD 088182	YOU DANCE TRA	Schweiz	351	19,19 DM	1,00%	5,00%	3,37 DM
000CD 088182	YOU DANCE TRA	Österreich	10	19,19 DM	1,00%	5,00%	0,10 DM
000TL 054131	HOT HITS 31	Inland	15.736	12,94 DM	1,00%	6,25%	127,26 DM
000TL 054131	HOT HITS 31	Schweiz	519	12,94 DM	1,00%	6,25%	4,20 DM
000TL 054131	HOT HITS 31	Österreich	480	12,94 DM	1,00%	6,25%	3,88 DM
000TL 054134	HOT HITS 34	Inland	11.091	12,94 DM	1,00%	6,25%	89,70 DM
000TL 054134	HOT HITS 34	Österreich	496	12,94 DM	1,00%	6,25%	4,01 DM
000TL 054134	HOT HITS 34	Schweiz	509	12,94 DM	1,00%	6,25%	4,12 DM
0 34530	HITBREAKER	Inland	22.500	14,40 DM	1,00%	5,56%	180,14 DM
0 34530	HITBREAKER	Österreich	1.095	14,40 DM	1,00%	5,56%	8,77 DM
0 34530	HITBREAKER	Luxembg	52	14,40 DM	1,00%	5,56%	0,42 DM
0 34530	HITBREAKER	Schweiz	675	14,40 DM	1,00%	5,56%	5,40 DM
0 34530	HITBREAKER	Diverse	45	14,40 DM	1,00%	5,56%	0,36 DM
0 38773	TOP 13 MUSIC	Inland	187.354	20,80 DM	1,00%	5,26%	2.049,80 DM
0 38773	TOP 13 MUSIC	Schweiz	8.207	23,06 DM	1,00%	5,26%	99,55 DM
0 38773	TOP 13 MUSIC	Luxembg	290	20,80 DM	1,00%	5,26%	3,17 DM
0 38773	TOP 13 MUSIC	Diverse	32	20,80 DM	1,00%	5,26%	0,35 DM
0 38775	TOP 13 MUSIC	Inland	181.282	20,80 DM	1,00%	5,26%	1.983,37 DM
0 38775	TOP 13 MUSIC	Schweiz	6.507	23,06 DM	1,00%	5,26%	78,93 DM
0 38775	TOP 13 MUSIC	Diverse	43	20,80 DM	1,00%	5,26%	0,47 DM
0 38778	TOP 13 MUSIC	Inland	108.179	20,80 DM	1,00%	5,26%	1.183,56 DM
0 38778	TOP 13 MUSIC	Schweiz	102	20,80 DM	1,00%	5,26%	1,12 DM
0 38778	TOP 13 MUSIC	Diverse	30	20,80 DM	1,00%	5,26%	0,33 DM
0 39135	TOP 13 MUSIC	Inland	13.310	20,80 DM	1,00%	5,26%	145,62 DM
0 39250	TOP 13 MUSIC	Inland	2.696	20,80 DM	1,00%	5,26%	29,50 DM
0 39250	TOP 13 MUSIC	Schweiz	16	23,06 DM	1,00%	5,26%	0,19 DM
0 39250	TOP 13 MUSIC	Diverse	11	20,80 DM	1,00%	5,26%	0,12 DM
0 44529	HITBREAKER	Inland	2.582	12,01 DM	1,00%	5,56%	17,24 DM

0 44529	HITBREAKER	Schweiz	175	12,01 DM	1,00%	5,56%	1,17 DM
0 44529	HITBREAKER	Diverse	13	12,01 DM	1,00%	5,56%	0,09 DM
0 47917	TOP 13 MUSIC	Inland	24.667	15,27 DM	1,00%	5,56%	209,43 DM
0 47917	TOP 13 MUSIC	Schweiz	1.140	17,21 DM	1,00%	5,56%	10,91 DM
0 47917	TOP 13 MUSIC	Luxembg	53	15,27 DM	1,00%	5,56%	0,45 DM
0 47917	TOP 13 MUSIC	Diverse	4	15,27 DM	1,00%	5,56%	0,03 DM
0 47919	TOP 13 MUSIC	Inland	18.892	16,76 DM	1,00%	5,56%	176,05 DM
0 47919	TOP 13 MUSIC	Schweiz	1.000	17,21 DM	1,00%	5,56%	9,57 DM
0 47919	TOP 13 MUSIC	Diverse	3	16,76 DM	1,00%	5,56%	0,03 DM
0 47922	TOP 13 MUSIC	Inland	16.555	15,27 DM	1,00%	5,56%	140,55 DM
0 47922	TOP 13 MUSIC	Diverse	4	15,27 DM	1,00%	5,56%	0,03 DM
0 48066	TOP 13 MUSIC	Inland	430	15,27 DM	1,00%	5,56%	3,65 DM
460290	CHARTS PUR 5	Inland	8.084	12,58 DM	1,00%	7,14%	72,61 DM
460290	CHARTS PUR 5	Schweiz	170	12,58 DM	1,00%	7,14%	1,53 DM
470512	DANCE MISSION 12	Inland	5.792	15,40 DM	1,50%	5,00%	66,90 DM
470512	DANCE MISSION 12	Schweiz	4.500	15,94 DM	1,50%	5,00%	53,80 DM
550472	CHARTS PUR 6	Inland	67.308	14,80 DM	1,50%	7,14%	1.066,89 DM
550474	CHARTS PUR 6	Inland	4.386	12,58 DM	1,50%	7,14%	59,09 DM
810712	SUPER DANCE 11	Inland	26.603	21,44 DM	1,00%	3,45%	196,78 DM
810714	SUPER DANCE 11	Inland	1.218	16,32 DM	1,00%	3,45%	6,86 DM
860290	CHARTS PUR 5	Inland	123.091	14,80 DM	1,00%	7,14%	1.300,73 DM
860290	CHARTS PUR 5	Inland	2.475	14,80 DM	1,00%	7,14%	26,15 DM
860290	CHARTS PUR 5	Schweiz	3.500	14,80 DM	1,00%	7,14%	36,99 DM
870512	DANCE MISSION 12	Inland	3.000	19,60 DM	1,50%	5,00%	44,10 DM
870512	DANCE MISSION 12	Inland	85.712	19,60 DM	1,50%	5,00%	1.259,97 DM
870512	DANCE MISSION 12	Schweiz	42.000	19,13 DM	1,50%	5,00%	602,60 DM
00001 930162	HYPERDANCE 2	Inland	3.128	18,36 DM	1,00%	5,26%	30,21 DM
00002 483657	DANCE NOW! 13	Inland	96.747	23,96 DM	1,00%	2,78%	644,42 DM
00002 483657	DANCE NOW! 13	Inland	191	23,96 DM	1,00%	2,78%	1,27 DM
00002 483757	K.BAKER'S 4	Inland	20	23,96 DM	1,00%	2,63%	0,13 DM
00002 483757	K.BAKER'S 4	Inland	46.775	23,96 DM	1,00%	2,63%	294,75 DM
00002 484161	DANCE NOW! 14	Inland	182	23,96 DM	1,50%	2,56%	1,67 DM
00002 484161	DANCE NOW! 14	Inland	89.630	23,96 DM	1,50%	2,56%	824,65 DM
00002 484313	FFH HITTOUR 96	Inland	19.966	23,96 DM	1,50%	2,94%	210,97 DM
00003 589601	HITBREAKER	Inland	2.144	14,40 DM	1,00%	5,56%	17,17 DM
00003 922201	HITBREAKER	Inland	1.787	14,40 DM	1,00%	5,56%	14,31 DM
00003 922201	HITBREAKER	Diverse	4	14,40 DM	1,00%	5,56%	0,03 DM
00003 927101	HITBREAKER	Inland	28	14,40 DM	1,00%	5,56%	0,22 DM
00004 483657	DANCE NOW! 13	Inland	8.501	19,27 DM	1,00%	2,78%	45,54 DM

00004 483757	K.BAKER'S 4	Inland	3.922	19,27 DM	1,00%	2,63%	19,88 DM
00004 484161	DANCE NOW! 14	Inland	7.143	19,27 DM	1,50%	2,56%	52,86 DM
00004 797601	HITBREAKER	Inland	5	12,01 DM	1,00%	5,56%	0,03 DM
00004 802601	HITBREAKER	Inland	153	12,01 DM	1,00%	5,56%	1,02 DM
00005 352302	MEGAHITS '96	Inland	211.074	24,34 DM	1,00%	2,63%	1.351,17 DM
00005 352302	MEGAHITS '96	Schweiz	12.199	24,34 DM	1,00%	2,63%	78,09 DM
00005 352302	MEGAHITS '96	Österreich	26.746	24,34 DM	1,00%	2,63%	171,21 DM
00005 352302	MEGAHITS '96	Diverse	798	24,34 DM	1,00%	2,63%	5,11 DM
00005 352304	MEGAHITS '96	Inland	18.130	18,53 DM	1,00%	2,63%	88,35 DM
00005 352304	MEGAHITS '96	Österreich	548	18,53 DM	1,00%	2,63%	2,67 DM
00005 352304	MEGAHITS '96	Schweiz	302	18,53 DM	1,00%	2,63%	1,47 DM
00005 352304	MEGAHITS '96	Diverse	162	18,53 DM	1,00%	2,63%	0,79 DM
00005 353062	MAXI POWER 8	Inland	50.545	24,34 DM	1,00%	3,13%	385,07 DM
00005 353062	MAXI POWER 8	Österreich	6.155	24,34 DM	1,00%	3,13%	46,89 DM
00005 353062	MAXI POWER 8	Schweiz	3.782	24,34 DM	1,00%	3,13%	28,81 DM
00005 353062	MAXI POWER 8	Diverse	316	24,34 DM	1,00%	3,13%	2,41 DM
00005 353064	MAXI POWER 8	Inland	5.832	18,53 DM	1,00%	3,13%	33,82 DM
00005 353064	MAXI POWER 8	Österreich	116	18,53 DM	1,00%	3,13%	0,67 DM
00005 353064	MAXI POWER 8	Schweiz	102	18,53 DM	1,00%	3,13%	0,59 DM
00005 353064	MAXI POWER 8	Diverse	67	18,53 DM	1,00%	3,13%	0,39 DM
00005 354962	FORMEL EINS	Inland	109.998	25,84 DM	1,50%	2,56%	1.091,46 DM
00005 354962	FORMEL EINS	Diverse	25	25,84 DM	1,50%	2,56%	0,25 DM
00005 354964	FORMEL EINS	Inland	7.952	18,53 DM	1,50%	2,56%	56,58 DM
00005 354964	FORMEL EINS	Diverse	10	18,53 DM	1,50%	2,56%	0,07 DM
00008 701372	DOLCE VITA	Inland	7.267	23,32 DM	1,00%	2,63%	44,58 DM
00008 701372	DOLCE VITA	Schweiz	1.500	23,32 DM	1,00%	2,63%	9,20 DM
00008 800513	SCHÖNE FERIEN	Inland	7.412	15,16 DM	1,00%	5,26%	59,10 DM
00008 800513	SCHÖNE FERIEN	Schweiz	162	15,16 DM	1,00%	5,26%	1,29 DM
00630 119672	VIVA DANCE 1	Inland	-13.268	20,76 DM	1,00%	5,00%	-137,72 DM
00630 119672	VIVA DANCE 1	Inland	-4.484	20,76 DM	1,00%	5,00%	-46,54 DM
00630 119672	VIVA DANCE 1	Österreich	-48	20,67 DM	1,00%	5,00%	-0,50 DM
00630 119672	VIVA DANCE 1	Österreich	-5	20,34 DM	1,00%	5,00%	-0,05 DM
00630 119672	VIVA DANCE 1	Österreich	-360	20,63 DM	1,00%	5,00%	-3,71 DM
00630 119672	VIVA DANCE 1	Schweiz	80	21,17 DM	1,00%	5,00%	0,85 DM
00630 119672	VIVA DANCE 1	Schweiz	590	21,00 DM	1,00%	5,00%	6,20 DM
00630 119672	VIVA DANCE 1	Inland	-1.168	18,13 DM	1,00%	5,00%	-10,59 DM
00630 119674	VIVA DANCE 1	Inland	-468	18,13 DM	1,00%	5,00%	-4,24 DM
00630 119674	VIVA DANCE 1	Schweiz	40	18,81 DM	1,00%	5,00%	0,38 DM
00630 119674	VIVA DANCE 1	Schweiz	60	18,95 DM	1,00%	5,00%	0,57 DM

00630 119674	VIVA DANCE 1	Österreich	14	18,15 DM	1,00%	5,00%	0,13 DM
00630 122862	BRAVO HITS 11	Inland	-8.577	26,32 DM	1,00%	2,56%	-57,79 DM
00630 122862	BRAVO HITS 11	Inland	-36.571	26,32 DM	1,00%	2,56%	-246,41 DM
00630 122862	BRAVO HITS 11	Österreich	174	26,32 DM	1,00%	2,56%	1,17 DM
00630 122862	BRAVO HITS 11	Österreich	94.930	26,32 DM	1,00%	2,56%	639,63 DM
00630 122862	BRAVO HITS 11	Österreich	-1.442	26,32 DM	1,00%	2,56%	-9,72 DM
00630 122862	BRAVO HITS 11	Schweiz	20.000	26,32 DM	1,00%	2,56%	134,76 DM
00630 122862	BRAVO HITS 11	Schweiz	-88	26,32 DM	1,00%	2,56%	-0,59 DM
00630 122864	BRAVO HITS 11	Inland	-3.879	20,59 DM	1,00%	2,56%	-20,45 DM
00630 122864	BRAVO HITS 11	Inland	-2.223	20,59 DM	1,00%	2,56%	-11,72 DM
00630 122864	BRAVO HITS 11	Schweiz	1.000	20,59 DM	1,00%	2,56%	5,27 DM
00630 122864	BRAVO HITS 11	Schweiz	-2	20,59 DM	1,00%	2,56%	-0,01 DM
00630 122864	BRAVO HITS 11	Österreich	16	20,59 DM	1,00%	2,56%	0,08 DM
00630 122864	BRAVO HITS 11	Österreich	5.004	20,59 DM	1,00%	2,56%	26,38 DM
00630 122864	BRAVO HITS 11	Österreich	-24	20,59 DM	1,00%	2,56%	-0,13 DM
00630 133052	MEGADANCE 3	Inland	-2.015	24,72 DM	1,50%	2,63%	-19,65 DM
00630 133052	MEGADANCE 3	Inland	500	24,72 DM	1,50%	2,63%	4,88 DM
00630 133052	MEGADANCE 3	Inland	124.473	24,72 DM	1,50%	2,63%	1.213,87 DM
00630 133054	MEGADANCE 3	Inland	11.462	20,15 DM	1,50%	2,63%	91,11 DM
00630 133054	MEGADANCE 3	Inland	-441	20,15 DM	1,50%	2,63%	-3,51 DM
00630 147492	MEGADANCE '96	Inland	125.532	24,72 DM	1,50%	2,56%	1.191,61 DM
00630 147494	MEGADANCE '96	Inland	11.995	20,15 DM	1,50%	2,56%	92,81 DM
0233 181202	MAXI DANCE 20	Inland	166.650	12,39 DM	1,00%	5,26%	1.086,08 DM
02133 181202	MAXI DANCE 20	Italien	171	8,67 DM	1,00%	5,26%	0,78 DM
02133 181202	MAXI DANCE 20	Luxembg.	165	8,67 DM	1,00%	5,26%	0,75 DM
02133 181202	MAXI DANCE 20	Österreich	12.123	12,53 DM	1,00%	5,26%	79,90 DM
02133 181202	MAXI DANCE 20	Schweiz	13.645	11,34 DM	1,00%	5,26%	81,39 DM
02133 181202	MAXI DANCE 20	Dt. Fre	1.402	8,67 DM	1,00%	5,26%	6,39 DM
02133 181202	MAXI DANCE 20	Diverse	10	8,67 DM	1,00%	5,26%	0,05 DM
02133 181402	MAXI DANCE 20	Inland	17.190	9,51 DM	1,00%	6,25%	102,17 DM
02133 181402	MAXI DANCE 20	Italien	70	6,66 DM	1,00%	6,25%	0,29 DM
02133 181402	MAXI DANCE 20	Österreich	377	9,57 DM	1,00%	6,25%	2,25 DM
02133 181402	MAXI DANCE 20	Schweiz	1.300	9,50 DM	1,00%	6,25%	7,72 DM
02133 181402	MAXI DANCE 20	Diverse	25	6,66 DM	1,00%	6,25%	0,10 DM
02136 343200	HAND IN HAND	Inland	22.751	18,74 DM	1,00%	5,88%	250,70 DM
02136 343200	HAND IN HAND	Österreich	263	18,77 DM	1,00%	5,88%	2,90 DM
02136 343200	HAND IN HAND	Schweiz	1.096	20,11 DM	1,00%	5,88%	12,96 DM
02136 343200	HAND IN HAND	Diverse	68	13,12 DM	1,00%	5,88%	0,51 DM
02136 343400	HAND IN HAND	Inland	1.886	14,28 DM	1,00%	5,88%	15,84 DM

02136 343400	HAND IN HAND	Österreich	1	13,23 DM	1,00%	5,88%	0,01 DM
02136 343400	HAND IN HAND	Schweiz	60	14,00 DM	1,00%	5,88%	0,49 DM
02136 343400	HAND IN HAND	Diverse	15	10,00 DM	1,00%	5,88%	0,09 DM
02137 048202	SUMMER P. '96	Inland	28.953	11,80 DM	1,50%	5,26%	269,56 DM
02137 048202	SUMMER P. '96	Italien	80	8,26 DM	1,50%	5,26%	0,52 DM
02137 048202	SUMMER P. '96	Schweiz	489	11,34 DM	1,50%	5,26%	4,38 DM
02137 048202	SUMMER P. '96	Dt. Fre	69	8,26 DM	1,50%	5,26%	0,45 DM
02137 048202	SUMMER P. '96	Diverse	50	8,26 DM	1,50%	5,26%	0,33 DM
02137 048402	SUMMER P. '96	Inland	2.516	9,51 DM	1,50%	5,26%	18,88 DM
02137 048402	SUMMER P. '96	Österreich	24	9,57 DM	1,50%	5,26%	0,18 DM
02137 048402	SUMMER P. '96	Italien	50	6,66 DM	1,50%	5,26%	0,26 DM
02137 048402	SUMMER P. '96	Schweiz	8	9,50 DM	1,50%	5,26%	0,06 DM
02137 048402	SUMMER P. '96	Diverse	30	6,66 DM	1,50%	5,26%	0,16 DM
02137 288201	HOT & FRESH 12	Inland	59.922	11,80 DM	1,50%	5,26%	557,89 DM
02137 288201	HOT & FRESH 12	Italien	93	8,26 DM	1,50%	5,26%	0,61 DM
02137 288201	HOT & FRESH 12	Schweiz	1.219	11,34 DM	1,50%	5,26%	10,91 DM
02137 288201	HOT & FRESH 12	Österreich	2.489	12,01 DM	1,50%	5,26%	23,59 DM
02137 288201	HOT & FRESH 12	Dt. Fre	137	8,26 DM	1,50%	5,26%	0,89 DM
02137 288201	HOT & FRESH 12	Diverse	53	8,26 DM	1,50%	5,26%	0,35 DM
02137 288401	HOT & FRESH 12	Inland	6.293	9,51 DM	1,50%	5,26%	47,22 DM
02137 288401	HOT & FRESH 12	Italien	50	6,66 DM	1,50%	5,26%	0,26 DM
02137 288401	HOT & FRESH 12	Schweiz	30	9,50 DM	1,50%	5,26%	0,22 DM
02137 048202	HOT & FRESH 12	Österreich	106	9,57 DM	1,50%	5,26%	0,80 DM
02137 946201	MAXI DANCE 21	Inland	133.194	12,39 DM	1,50%	5,26%	1.302,07 DM
02137 946201	MAXI DANCE 21	Italien	172	12,39 DM	1,50%	5,26%	1,68 DM
02137 946201	MAXI DANCE 21	Österreich	9.116	12,39 DM	1,50%	5,26%	89,12 DM
02137 946201	MAXI DANCE 21	Schweiz	7.743	12,39 DM	1,50%	5,26%	75,69 DM
02137 946201	MAXI DANCE 21	Luxembg.	105	12,39 DM	1,50%	5,26%	1,03 DM
02137 946201	MAXI DANCE 21	Dt. Fre	1.851	12,39 DM	1,50%	5,26%	18,09 DM
02137 946201	MAXI DANCE 21	Diverse	10	12,39 DM	1,50%	5,26%	0,10 DM
02137 946401	MAXI DANCE 21	Inland	13.396	9,51 DM	1,50%	6,25%	119,43 DM
02137 946401	MAXI DANCE 21	Italien	50	9,51 DM	1,50%	6,25%	0,45 DM
02137 946401	MAXI DANCE 21	Österreich	217	9,51 DM	1,50%	6,25%	1,93 DM
02137 946401	MAXI DANCE 21	Schweiz	509	9,51 DM	1,50%	6,25%	4,54 DM
02137 946401	MAXI DANCE 21	Diverse	35	9,51 DM	1,50%	6,25%	0,31 DM
09548 344992	VIVA DANCE 4	Inland	99.956	26,32 DM	1,50%	2,94%	1.160,20 DM
09548 344994	VIVA DANCE 4	Inland	7.831	20,59 DM	1,50%	2,94%	71,11 DM
EATOC 004002	DANCEMANIA	Japan	345.030	16,86 DM	1,50%	5,26%	4.589,78 DM
000CD 035952		Österreich	750	19,90 DM	1,50%	60,00%	134,33 DM

000CD 035952		Österreich	750	19,90 DM	0,50%	13,33%	9,95 DM
000CD 035984	BRAVO HITS 13	Österreich	12.000	23,58 DM	1,50%	2,50%	106,11 DM
000X 038049		Japan	5.084	13,00 DM	1,50%	60,00%	594,83 DM
000X 038049		Japan	5.084	13,00 DM	0,50%	13,33%	44,05 DM
00004 890902	THE CHOICE OF	Dänemark	14.000	9,30 DM	1,00%	8,33%	108,46 DM
00008 380492		Belgien	894	18,63 DM	1,50%	60,00%	149,90 DM
00008 380492		Belgien	894	18,63 DM	0,50%	13,33%	11,10 DM
00008 380492		Dänemark	3.044	18,05 DM	1,50%	60,00%	494,50 DM
00008 380492		Dänemark	3.044	18,05 DM	0,50%	13,33%	36,62 DM
00008 380492		Finnland	259	19,50 DM	1,50%	60,00%	45,45 DM
00008 380492		Dänemark	259	19,50 DM	0,50%	13,33%	3,37 DM
00008 380492		Portugal	174	16,42 DM	1,50%	60,00%	25,71 DM
00008 380492		Portugal	174	16,42 DM	0,50%	13,33%	1,90 DM
00008 380492		Norwegen	807	17,69 DM	1,50%	60,00%	128,48 DM
00008 380492		Norwegen	807	17,69 DM	0,50%	13,33%	9,51 DM
00008 380492		Holland	17.249	18,68 DM	1,50%	60,00%	2.899,90 DM
00008 380492		Holland	17.249	18,68 DM	0,50%	13,33%	214,75 DM
00008 380492		Finnland	1.924	19,89 DM	1,50%	60,00%	344,42 DM
00008 380492		Finnland	1.924	19,89 DM	0,50%	13,33%	25,51 DM
00008 380492		Schweden	425	17,55 DM	1,50%	60,00%	67,13 DM
00008 380492		Schweden	425	17,55 DM	0,50%	13,33%	4,97 DM
00008 380492		Taiwan	200	9,91 DM	1,50%	60,00%	17,84 DM
00008 380492		Taiwan	200	9,91 DM	0,50%	13,33%	1,32 DM
00008 380494		Holland	1.217	9,80 DM	1,50%	60,00%	107,34 DM
00008 380494		Holland	1.217	9,80 DM	0,50%	13,33%	7,95 DM
00008 381962	BONESMIX 1	Spanien	20.238	13,37 DM	1,00%	7,14%	193,20 DM
00008 381964	BONESMIX 1	Spanien	10.237	12,91 DM	1,00%	7,14%	94,36 DM
00008 417512	LET'S DANCE12	Dänemark	15.854	18,95 DM	1,00%	5,26%	158,03 DM
00008 823282		Belgien	163	6,62 DM	1,00%	100,00%	10,79 DM
00008 823282		Norwegen	934	5,98 DM	1,00%	100,00%	55,85 DM
00008 823282		Norwegen	1.048	5,70 DM	1,00%	100,00%	59,74 DM
00008 823282		Dänemark	4.401	6,86 DM	1,00%	100,00%	301,91 DM
00008 823282		Belgien	2.786	6,60 DM	1,00%	100,00%	183,88 DM
00008 823282		Holland	32.298	6,42 DM	1,00%	100,00%	2.073,53 DM
00008 823282		Holland	8.573	6,45 DM	1,00%	100,00%	552,96 DM
00008 823282		Finnland	243	6,46 DM	1,00%	100,00%	15,70 DM
00008 823282		Finnland	206	6,33 DM	1,00%	100,00%	13,04 DM
00008 823282		Griechenl.	12	6,60 DM	1,00%	100,00%	0,79 DM
00008 823282		Schweden	1.391	6,22 DM	1,00%	100,00%	86,52 DM

00008 823282		Portugal	444	4,89 DM	1,00%	100,00%	21,71 DM
00008 823282		Griechenl.	2	6,72 DM	1,00%	100,00%	0,13 DM
00008 823282		CSSR	175	5,43 DM	1,00%	100,00%	9,50 DM
00008 823282		CSSR	69	5,25 DM	1,00%	100,00%	3,62 DM
00008 823286		Italien	34	4,67 DM	1,00%	100,00%	1,59 DM
00008 823286		Spanien	759	6,02 DM	1,00%	100,00%	45,69 DM
00008 823286		Italien	243	4,47 DM	1,00%	100,00%	10,86 DM
00008 823286		Spanien	95	5,99 DM	1,00%	100,00%	5,69 DM
00008 823286		Griechenl.	17	7,43 DM	1,00%	100,00%	1,26 DM
00008 823286		Griechenl.	2	7,56 DM	1,00%	100,00%	0,15 DM
00008 825982		Finnland	230	6,46 DM	1,00%	100,00%	14,86 DM
00008 825982		Belgien	803	6,60 DM	1,00%	100,00%	53,00 DM
00008 825982		Holland	922	6,45 DM	1,00%	100,00%	59,47 DM
00008 825982		Holland	1.698	6,42 DM	1,00%	100,00%	109,01 DM
00008 827292		Dänemark	1.240	6,86 DM	1,80%	100,00%	153,12 DM
00008 827292		Belgien	971	6,60 DM	1,80%	100,00%	115,35 DM
00008 827292		Holland	15.457	6,42 DM	1,80%	100,00%	1.786,21 DM
00008 827292		Finnland	456	6,46 DM	1,80%	100,00%	53,02 DM
00008 827292		Dänemark	132	6,84 DM	1,80%	100,00%	16,25 DM
00008 827292		Norwegen	1.534	5,70 DM	1,80%	100,00%	157,39 DM
00008 827292		Schweden	417	6,22 DM	1,80%	100,00%	46,69 DM
00008 827292		Norwegen	470	5,98 DM	1,80%	100,00%	50,59 DM
00008 827296		S-Afric	107	3,99 DM	1,80%	100,00%	7,68 DM
00008 828062		Italien	350	4,67 DM	1,00%	100,00%	16,35 DM
00008 828062		Belgien	7.725	4,46 DM	1,00%	100,00%	344,54 DM
00008 828062		Holland	27.766	4,49 DM	1,00%	100,00%	1.246,69 DM
00008 828752		Belgien	2.878	4,46 DM	1,80%	100,00%	231,05 DM
00008 828752		Holland	19.504	4,49 DM	1,80%	100,00%	1.576,31 DM
00008 829082		Holland	755	6,42 DM	1,80%	100,00%	87,25 DM
02928 372564	DANCE MAX 18	Österreich	343	10,01 DM	1,50%	6,67%	3,44 DM
02928 372564	DANCE MAX 18	Schweiz	531	8,41 DM	1,50%	6,67%	4,47 DM
02928 372564	DANCE MAX 18	Schweiz	115	8,41 DM	1,50%	6,67%	0,97 DM
02928 372564	DANCE MAX 18	Österreich	3	9,67 DM	1,50%	6,67%	0,03 DM
02928 372564	DANCE MAX 18	Schweiz	31	8,25 DM	1,50%	6,67%	0,26 DM
02928 372564	DANCE MAX 18	Schweiz	-9	8,25 DM	1,50%	6,67%	-0,07 DM
02928 380074	VIVA DANCE 3	Schweiz	918	8,67 DM	1,50%	5,00%	5,97 DM
02928 380074	VIVA DANCE 3	Österreich	51	8,67 DM	1,50%	5,00%	0,37 DM
02928 380074	VIVA DANCE 3	Österreich	77	10,00 DM	1,50%	5,00%	0,58 DM
02928 380074	VIVA DANCE 3	Schweiz	365	8,67 DM	1,50%	5,00%	2,37 DM

02928 380074	VIVA DANCE 3	Schweiz	331	8,67 DM	1,50%	5,00%	2,15 DM
02928 521774	BRAVO HITS 13	Schweiz	2.247	8,67 DM	1,50%	5,00%	14,61 DM
02928 521774	BRAVO HITS 13	Österreich	1.775	9,67 DM	1,50%	5,00%	12,87 DM
05608 823282		Österreich	26	6,51 DM	1,00%	100,00%	1,69 DM
05608 823282		Österreich	961	6,82 DM	1,00%	100,00%	65,54 DM
05608 823282		Österreich	1.664	6,82 DM	1,00%	100,00%	113,48 DM
05608 823282		Österreich	297	6,82 DM	1,00%	100,00%	20,26 DM
05608 823282		Schweiz	3.423	6,41 DM	1,00%	100,00%	219,41 DM
05608 823282		Österreich	2.819	6,82 DM	1,00%	100,00%	192,26 DM
05608 823282		Österreich	7.449	6,82 DM	1,00%	100,00%	508,02 DM
05608 823282		Schweiz	323	6,29 DM	1,00%	100,00%	20,32 DM
05608 823282		Schweiz	199	6,61 DM	1,00%	100,00%	13,15 DM
05608 823282		Schweiz	3.530	6,41 DM	1,00%	100,00%	226,27 DM
05608 823282		Schweiz	1.054	6,29 DM	1,00%	100,00%	66,30 DM
05608 823282		Schweiz	676	6,29 DM	1,00%	100,00%	42,52 DM
06908 372562	DANCE MAX 18	Österreich	21	12,84 DM	1,50%	6,67%	0,27 DM
06908 372562	DANCE MAX 18	Österreich	6.922	12,85 DM	1,50%	6,67%	88,99 DM
06908 372562	DANCE MAX 18	Österreich	439	12,84 DM	1,50%	6,67%	5,64 DM
06908 372562	DANCE MAX 18	Österreich	7.330	12,85 DM	1,50%	6,67%	94,24 DM
06908 372562	DANCE MAX 18	Österreich	-346	12,42 DM	1,50%	6,67%	-4,30 DM
06908 372562	DANCE MAX 18	Schweiz	90	12,67 DM	1,50%	6,67%	1,14 DM
06908 372562	DANCE MAX 18	Schweiz	4.863	12,92 DM	1,50%	6,67%	62,86 DM
06908 372562	DANCE MAX 18	Schweiz	677	12,67 DM	1,50%	6,67%	8,58 DM
06908 372562	DANCE MAX 18	Schweiz	7.422	12,92 DM	1,50%	6,67%	95,94 DM
06908 372562	DANCE MAX 18	Schweiz	-39	12,67 DM	1,50%	6,67%	-0,49 DM
06908 380072	VIVA DANCE 3	Österreich	5.456	12,84 DM	1,50%	5,00%	52,54 DM
06908 380072	VIVA DANCE 3	Österreich	2.437	12,42 DM	1,50%	5,00%	22,70 DM
06908 380072	VIVA DANCE 3	Schweiz	5.310	12,67 DM	1,50%	5,00%	50,46 DM
06908 380072	VIVA DANCE 3	Schweiz	7.004	12,67 DM	1,50%	5,00%	66,56 DM
06908 380072	VIVA DANCE 3	Schweiz	3.864	12,67 DM	1,50%	5,00%	36,72 DM
06908 521772	BRAVO HITS 13	Schweiz	46.306	13,37 DM	1,50%	5,00%	464,33 DM
06908 521772	BRAVO HITS 13	Österreich	80.026	12,42 DM	1,50%	5,00%	745,44 DM
			Summe:				98.611,00 DM
			MwSt. 7 %				6.902,77 DM
			GESAMT:				105.513,77 DM

Literaturverzeichnis

Adressen:

Backstage Gig-Guide, Fassungen Verlag, Hamburg, jährlich mit Updates

hörfunk-fernseh-register, „musik" Presse- und Informationsdienst, Bad Segeberg, jährlich

Entertainment Guide, Entertainment Media, München, jährlich

Musikmarkt Branchenhandbuch, Josef Keller Verlag, Starnberg, jährlich

SongLink International, David Stark, London. monatlich

Songs Wanted, Elie Weinert, München, monatlich

STAMM – Presse- und Medienhandbuch, Stamm Verlag, Essen, jährlich

Andryk, Ulrich, **Musiker-Recht,** AMA Verlag, Brühl 1995, ISBN 3-927190-42-X

Bagehot, Richard, **Music Business Agreements,** Pergamon Press, New York, 1989

Baskerville, David, **Music Business Handbook and Career Guide,** 6. Edition, Sage Publications Inc., Thousand Oaks, CA, 1995

Berndorff, Barbara, Berndorff, Gunnar, Eigler, Knut, **Musikrecht – Die Antworten,** Presse Projekt Verlag, München, 1999, ISBN 3-932275-05-5

Biederman, Donald and Berry, Pierson, Silfer and Glaser, **Law and Business in the Entertainment Industries,** 2. Edition, Praeger Publications, Wesport, CN, 1991

Blake, Andrew, **The Music Business,** Trafalgar Square, North Pomfret, VT, 1993

Blank, Ingo & Schäfer, Axel-Highlight, **Das neue Handbuch für die Musikszene,** ibas-media, Weil im Schönbuch 1990, ISBN 3-9802504-0-7

Brabec, Jeffery, Brabec, David, Todd, **Music, Money and Success: The Insider's Guide To The Music Industry,** Schirmer Books, New York, 1994

Bundesverband der phonographischen Wirtschaft e.V., **Jahrbuch der Phonographischen Wirtschaft '99,** Josef Keller Verlag, Starnberg 1999, ISBN 3-7808-0145-0

Chappel, Steve & Garofalo, Reebee, **Wem gehört die Rockmusik?** (Rock'n'roll is here to pay), Rowohlt Taschenbuch Verlag, Reinbeck bei Hamburg 1990, ISBN 3-499-17313-1 (rororo 7313)

D., Tina, Bernzott, M. & Sabol, A.. **Fit fürs Musikbusiness,** Walhalla Verlag, Regensburg 1999, ISBN

Dannen, Fredric, **Hit Men,** Times Books, New York, 1990, ISBN 0-8129-1658-1

Delp, Ludwig, **Das Recht des geistigen Schaffens,** C.H. Beck, München 1993, ISBN 3-406-37235-X

Eliot, Marc, **Rockonomics,** Citadel Press, New York 1993 2. Ausgabe, ISBN 0-8065-1457-4

Farr, Jory, **Moguls and Madmen, The Pursuit of Power in Popular Music,** Simon & Schuster, New York, 1994, ISBN 0-671-73946-8

Fink, Michael, **Inside The Music Business,** Schirmer Books, New York, 1989

Fleing, Elke, **Live Is Life,** Gerig Music Verlag, Bergisch Gladbach 1995, ISBN 3-87252-253-1

Franscogna, Xavier M., Hetherington, H. Lee, **Successful Artist Management,** Billboard Books, New York, 1990, ISBN 0-8230-7689-X

Garfield, Simon, **Expensive Habits – The Dark Side of the Music Industry,** Faber & Faber, London, 1986, ISBN 0-571-13721-0

GEMA, **GEMA Jahrbuch 1999/2000,** Nomos Verlag, Baden-Baden 1999, ISBN 3-7890-6367-3

Gesetze:

Wettbewerbs- und Kartellrecht mit neuem Markenrecht, Deutscher Taschenbuch Verlag, München 1995 17. Auflage, ISBN 3-423-05009-8 (dtv 5009)

Urheber- und Verlagsrecht, Deutscher Taschenbuch Verlag, München 1996 6. Auflage, ISBN 3-423-05538-3 (dtv 5538)

Kunsturhebergesetz, siehe Urheber- und Verlagsrecht

Gesetz über die Wahrnehmung von Urheberrechten und verwandten Schutzrechten, siehe Urheber- und Verlagsrecht

Grundgesetz, Bürgerliches Gesetzbuch, u.a. in Schönfelder, Dr. Heinrich, Deutsche Gesetze, 89. Auflage mit Ergänzungen Juli 1999, C.H. Beck'sche Verlagsbuchhandlung, München, ISBN 3-406-41545-8

Goodman, Fred, **The Mansion On The Hill,** Times Books Random House, New York, 1997, ISBN 0-8129-2113-5

Grüser, Birgit, **Kultursponsoring,** Schlütersche Verlagsanstalt GmbH, Hannover 1992, ISBN 3-87706-369-1

Halloran, Mark (Hrsg.), **The Musician's Business & Legal Guide,** 2. Edition, Prentice Hall, New Jersey, 1996, ISBN 0-13-237322-X

Hentschel, Christian, **Der Musiker-Guide – Tips für Musiker vom ersten Konzert bis zum Plattenvertrag,** Schwarzkopf & Schwarzkopf, 2000, ISBN 3-89602-314-4

Hilberger, Manfred, **Das Rock- und Popbusiness,** Voggenreiter Verlag, Bonn, 1999, ISBN3-8024-0351-7

Janal, Daniel S., **The Online Marketing Handbook,** Van Nostrand Reinhold, New York, 1995

Kashif, **Everything You'd Better Know About The Recording Industry,** Brooklyn Boy Books c/o RIIS, Venice, CA, 1996, ISBN 1-885726-03-1

Kneip, Gustav (Hrsg.), **Urheber-ABC,** Verlag Hans-Jürgen Böckel, Glinde. ISBN 3-923793-10-3

Kohn, Al, Kohn, Bob, **The Art of Music Licensing,** Prentice-Hall Law & Business, Englewood Cliffs, NJ, 1992

Lyng, Robert, **Die Praxis im Musikbusiness,** Presse Projekt Verlag, München 1990, 6. Auflage 1998, ISBN 3-9802124-8-3

Moser, Rolf & Scheuermann, Andreas, **Handbuch der Musikwirtschaft,** Josef Keller GmbH, Starnberg, 4. Auflage 1997, ISBN 3-780801-42-6

Nimmer, Melville B, Melville David, **Nimmer On Copyright,** Matthew.Bender & Co., New York, 1992

Nimmer, Melville B., Geller, Paul Edward, **International Copyright Law and Practice,** Volume 1, New York, 1994.

Nordemann, Wilhelm, Vinck, Kai, Hertin, Paul, **Kommentar zum Urheberrechtsgesetz** 9. Auflage, Stuttgart, 1998 ISBN 3-17-012677-6

Nordemann, Wilhelm, Vinck, Kai, Hertin, Paul, Meyer, Gerald, **International Copyright, Commentary,** Weinheim, 1990

Palandt, **Kommentar zum Bürgerlichen Gesetzbuch,** 57. Auflage, C.H. Beck'sche Verlagsbuchhandlung, München, 1998.

Passman, Donald, **All You Need To Kown About the Music Business,** Simon & Schuster, New York, 1994, ISBN 0-671-76139-0

Resnick, Rosalind, Taylor, Dave, **The Internet business Guide,** Sams Publishing, Indianapolis, 1995

Riordan, James, **Making It In The Music Business,** Omnibus Press, New York/London, 1989, ISBN 0-7119-1717-5

Rogan, Johnny, **Starmakers and Svengalis (The History of British Pop Management),** Futura Publications, London, 1989, ISBN 0-7088-4004-3

Sanjek, Russel, & Sanjek, David, **American Popular Music Business in the 20th Century,** Oxford University Press, New York/Oxford, 1991, ISBN 0-19-505828-3

Schack, Haimo, **Urheber- und Urhebervertragsrecht,** Mohr Siebeck, Tübingen, 1997, ISBN3-16-146817-1.

Schulze, Erich, **Urheberrecht in der Musik,** 5. Auflage, Berlin/New York, 1981

Schulze, Gernot, **Meine Rechte als Urheber,** Deutscher Taschenbuch Verlag, München 1991, ISBN 3-423-0529-1-0 (dtv 5291)

Shemel, Sidney & Krasilovsky, M.W., **This Business of Music,** 7. Edition, Billboard Publications, New York 1995, ISBN 0-6230-7755-1

Shemel, Sidney & Krasilovsky, M.W., More About **This Business of Music,** 4. Edition, Billboard Publications, New York, 1989, ISBN 0-8230-7568-0

Soocher, Stan, **They Fought the Law: Rock Music Goes To Court,** Schirmer Books, 1998.

Stark, Jürgen, **Überlebens-Kunst – Tips & Tricks für Musiker,** Zebulon Verlag, Düsseldorf 1995, ISBN 3-928679-37-6

Stark, Jürgen, **Die Hitmacher,** Econ Verlag, 1999, ISBN 3-430-1875-4

Wadhams, Wayne, **Sound Advice: The Musician's Guide to the Recording Industry,** Schirmer Books, New York, 1990

Weissman, Dick, **The Music Business: Career Opportunities and Self-Defense,** 2. Edition, Three Rivers Press, New York, 1997, ISBN 0-517-88784-3

Wenzel, Dr. Karl Egbert, **Das Recht der Wort- und Bildberichterstattung, Handbuch des Äußerungsrechts,** 2 Auflage, Verlag Dr. Otto Schmidt KG, Köln, 1979, ISBN 3-504-15671-6

Yudkin, Marcia, **Marketing Online,** Penguin, New York, 1995

Zeitschrift:

Billboard (USA), Billboard Music Group, New York, wöchentlich

Chartreport Germany, Chart Report Verlag, Regensburg, monatlich

Der Musikmarkt, Josef Keller Verlag, Starnberg, wöchentlich

Disco Post, Verlag Disco Post, Staudt, monatlich

Entertainment Law, New York State Bar Association, Albany, monatlich

Entertainment Markt, Entertainment Media Verlag, München, zweiwöchentlich

GEM-German Entertainment Market, Entertainment Media Verlag, München, zweiwöchentlich

GRUR – Zeitschrift für gewerblichen Rechtschutz und Urheberrecht,

GRUR INT – Zeitschrift für gewerblichen Rechtsschutz und Urheberrecht; Internationaler Teil

Music & Media, BPI Communications, London, wöchentlich

Music Business International, Spotlight Publications, London, monatlich

Music Matters, Music Publishers' Association, London, monatlich

Musik Woche, Entertainment Media Verlag, München, wöchentlich

ZUM – Zeitschrift für Urheber- und Medienrecht

Synthesizer
2. Auflage
22,5 x 15,5 cm, Hardcover
208 Seiten inkl. CD

Reason in der Praxis
2. Auflage
22,5 x 15,5 cm, Paperback
216 Seiten, inkl. CD-ROM

Microwave in der Praxis
1. Auflage
22,5 x 15,5 cm, Paperback
216 Seiten

ISBN 3-932275-06-3
€ 29 / DM 56

ISBN 3-932275-22-5
€ 20 / DM 39

ISBN 3-932275-26-8
€ 20 / DM 39

Warum knallt meine Electro-Bassdrum nicht, wie kriege ich meine Hüllkurven in den Griff, wer moduliert bei Crossmodulation eigentlich wen? Antworten auf diese und hunderte anderer Fragen zu Synthesizern finden sich in diesem Buch. Über das Kernthema hinaus werden auch verwandte Bereiche wie der Vocoder, Studioeffekte mit Synthesizern, der musikalische Einsatz und die speziellen Eigenschaften dieser Soundmaschinen besprochen.

Von der Optimierung des Computers bis hin zum fertigen Sound werden alle Vorgehensweisen praxisgerecht erläutert. Nützliche Tipps und Tricks gehören natürlich ebenso dazu wie Internet-Adressen und Hintergrundinformationen. Die Buch-CD-ROM enthält viele Beispiele und Sounds sowie nützliche Add-On-Software und eine Reason-Demoversion.

Pressestimme:
„Das Buch erhält von uns das Prädikat 'unbedingt empfehlenswert'."
Raveline 9/2001

Wie funktioniert die Wavetable-Synthese, wie arbeitet man mit Wave-Scanning, wie macht man die legendären PPG/Microwave-Sounds? Autor Uwe-G. Hoenig gibt in diesem Buch die Antworten: fundiert, unmissverständlich und gut lesbar.
Zu den Themen gehört das nötige Grundwissen genau so wie eine umfassende Erläuterung der Subtraktiven und der Wavetable-Synthese. Mit zahlreichen Programmierbeispielen und Tipps zur Klang- und Modulationsgestaltung geht dieses Buch weit über die Vermittlung der Grundlagen hinaus und bietet auch erfahrenen Microwave-Anwendern frische Inspiration.

Die Eurobeträge sind ab dem 01.01.2002 gültig

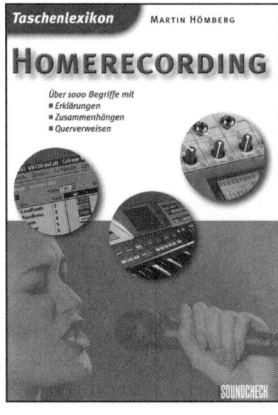
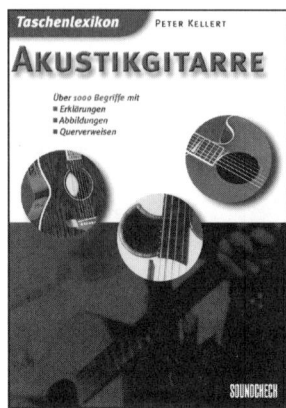